U0057515

憲法與公民教育

Constitution and Civic Education

❑ 周繼祥／著

自　序

本書是作者為了教育部訂定之大學共同必修課程「中華民國憲法與立國精神領域」、台灣大學「本國憲法與公民教育」及各大專院校與「憲法」相關課程的教學需要而編著。本書之命名，頗費周章，因書之內容大抵環繞在憲法和政府體制，所處理的問題，亦以憲法及政府體制為中心，實際上是較偏於政治學，非哲學或教育學範疇。本書在編排上係以一般性的憲法學為基礎，著重人權的論述，探討國家、政府與人民之互動關係，同時說明公民政治參與的途徑與實際，例如，介紹選舉制度、析論地方自治的重要性、闡述公民投票的發展等，皆安排專章論述。而這些課題，皆是現代社會公民所應具備的憲政理念與知識，歸結而言，憲法教育乃為公民教育之最根本環節，故本書最後定名為《憲法與公民教育》，實寓有以憲法教育為基礎，逐步完善我國公民教育之意旨。

憲法是現代國家的根本大法、人民權利的保障書，也是國家的政治規範，規定政府權力如何地分配，以達保護人民安全與自由的目的。中國自有「憲法」已將近百年的歷史，然而兩岸之憲政建設均尚待完成，中華民國憲法暨其增修條文所規範的政府體制，在學界所作的定位上常有南轅北轍的看法，雖然豐富了在學術上的研究題材，但在教學上，確實倍增困難，尤其囿於每學期授課時間僅三十小時左右，如何而能完整地介紹中華民國制憲、行憲、修憲的過程，比較各憲法條文的立法旨意與變遷原由，說明「紙上憲法」(constitution on paper or in statement)與實際憲政的差距，及據此而衍生的各項人權問題，在在挑戰授課教師的智識與時間運用的極限。有感於此，本書在編寫上，儘量化繁爲簡，僅以行政權與立法權互動之機制爲論述主軸，選擇具代表性之內閣制、總統制、雙首長制、委員制、人民代表大會制作一簡介，其後，再針對民國八十六年七月二十一日最新公布之中華民國憲法增修條文之相關規定加以分析，俾使讀者於研討我國現行政府體制之類型時，能有一參考的準據，並進而培養批判現行政制之能力。

憲法知識的傳播及憲政理念的推展，委實有賴全民的覺醒和努力，而落實與加強憲法和公民教育更是每一自由民主政府無可推卸的責任。也唯有充實一般民眾的憲法知識、公民意識與民主素養，才能維護憲法、保障人民的權益，有效監督國家權力和政府機制的實施與運作。

本書得以順利出版，應感謝揚智文化事業股份有限公司總經理葉忠賢先生和總編輯孟樊先生的大力促成，沒有他們的鞭策和支持，本書或將無緣與讀者見面。

周繼祥

誌於自台大借調赴海基會履新前夕

一九九八年七月三十一日

目錄

1 憲法的基本理論

- ❑ 憲法的概念和意義
- ❑ 憲法的詞源和法源
- ❑ 憲法的定義和分類
- ❑ 憲法的制定和變遷
- ❑ 當代憲法的發展趨勢

第一節　憲法的概念和意義

一般而言，憲法(constitution)的概念是十分多義性與複雜性的，例如，「任何國家皆有憲法」、「英國沒有憲法」、「英國爲憲法的祖國」，這三項命題看似衝突的，但卻都是「真」命題。再由民主與極權政體的光譜分類來看，最不相同的政治制度都有憲法。憲法涉及理念與實踐的問題，某種程度上它是反應現實的情況，但也無法完全反應。憲法具有普遍性與歷史性，各種憲法中的規定都具有一定的形式，並以技術性的法律語言來規定和表述，它提供的資料有一部分涉及同樣的領域，例如，政體的結構、法律制度等。而其與一國的歷史息息相關，且近代國家的憲法多少皆受英國一二一五年的大憲章（Magna Carta）、一六二八年權利請願書（Petition of Rights）、一六八九年權利法案（Bill of Rights）和美國一七七六年獨立宣言、法國一七八九年人權宣言的影響。

荷蘭兩位憲法學者馬爾賽文和唐在其合著的《成文憲法的比較研究》一書中，利用電腦進行數據處理，透過定量進行定性分析，對憲法概念歸納爲以下七種：

1.憲法是國家的基本法。

2.憲法是確立國家最重要機關的各種規則的基本總和。

3.憲法規定國家最重要的機關、它們的權力及其相互關係。

4.憲法分別且相互關聯地規定公民和政府的基本權利與義務。

5.憲法確定和限制國家及其機關的權力。

6.憲法確認居統治地位之掌權者的意志。

7.憲法確定國家和社會的實質性關係。

基本上，憲法概念爲憲法學的基本問題與核心問題，與國民主權、制憲權、人權宣言及統治機構之原理、制度、國家法律體系等息息相關。舉例而言，法國第五共和憲法，打破傳統代議政治藩籬，增設總統直選及公民投票等制度，直接民主制度產生新的憲法習慣，引起憲法概念的變化。如此一來，使憲法學研究對象的範圍擴大。憲法概念亦爲解決實際憲政課題的關鍵所在。例如，民國七十九年朝野各界對於「憲政改革」應於憲法典中增列那些內容？即有南轅北轍的看法。民國八十年五月終止動員戡亂時期之前，學者大多主張廢止動員戡亂時期臨時條款，使憲政回歸憲法。然動員戡亂時期臨時條款廢止後，有些學者呼籲回歸中華民國憲法，有些主張重新制定新憲法，有些則著手撰著台灣共和國憲法、民主憲法……，一時間百家爭鳴，統獨壁壘分明。此外，憲法爲「國家性」的文件，經常被濫用爲各種政體和政治觀念服務的工具，此種情形在共產國家甚爲普遍，在新興國家亦屢見不鮮。

「憲法」一詞的意義，通常有「廣義」與「狹義」之分。廣義的憲法係指某一個國家的整個政府組織，亦即指建立及規範政府的所有法規的總稱。這些法規有的具有法律性質，有的則是非法律性質的規則，如習俗、慣例等。值得說明的，在現代歐洲歷史中，人們將據以建立並規範其將來政府的基本原則選輯或彙集，在美、法大革命之前，通常尚未稱之爲憲法。狹義的憲法是指規定國家的基本組織及其權限、人民權利義務以及基本國策等之根本大法，以一種「公文書」的形式表現，亦可謂爲規範該國政府的法律。狹義的憲法爲最通用的憲法之意義，世界上的國家除了英國外，大多數的憲法均係狹義的意義。一七八七年美國聯邦憲法公布時，於其前言[1]中正式宣稱：「吾美國聯邦之人民……茲特爲美國聯邦制定此一憲法」，自此以後，以一種成文的公文書來記載政府組織的基本原則，才正式建立起來，而憲法的意義，亦即指此一公文書而言。

第二節　憲法的詞源和法源

一、憲法的詞源

「憲」及「憲法」一詞早見於我國古籍中，如《尚書》〈說命〉中的「鑒於先王成憲，其永無愆」；《國語》中的「賞善罰姦，國之憲法」；《史記》中的「懷王使屈原造爲憲令」；《漢書》中的「作憲垂法，爲無窮之規」等。凡此所謂「憲」或「憲法」，在古代皆作「法度」、「典章」解釋，均含有國家一般法令與刑律之意，而與今日所稱，包含人民基本權利之「憲法」的意義不盡相同。

西方國家中最早談論憲法的學者爲古希臘時期的亞里斯多德（Aristotle, 384-322 B. C.）。他從生物學入門，採取歸納法之研究，重視經驗，其爲了研究憲法，曾蒐集一百五十八個城邦的憲法，將諸歷史背景等加以分析（目前僅剩下於十七世紀在埃及所發現的雅

---

[1]近代各國凡制定憲法大多冠以「前言」（preamble），以表明憲法之構成、國家創立之由來、建國之目的、制憲之依據。憲法前言不同於各條文，它不是具體的法規，但亦屬憲法的一部分，其效力可以規範釋憲權之運用及修憲權之行使，此為各國憲法之通例。於憲法篇首冠以前言，為美國一七八七年憲法首創其例，其後各國多仿效之。參閱謝瑞智：《憲法大辭典》（台北：作者自刊本，民國八十二年四月，增訂三版），p.445。

典城邦憲法，其餘一百五十七種皆流失），並說明了憲法和其他法律之間的關係。亞里斯多德把憲法和政體連結在一起，他說：「政體（憲法）爲城邦一切政治組織的依據，其中尤其著重於政治所由以決定的『最高治權』的組織」；「法律實際是，也應該是根據政體（憲法）來制定的，當然不能叫政體（憲法）來適應法律。」（亞里斯多德，《政治學》，p.129）亞里斯多德的憲法思想，在古希臘並沒有得到發展，直到英國於中世紀末建立了代議制度，確立國王未得到議會的同意，不得徵稅和立法的原則後，英國學者將這種規定代議制度的法律稱爲"constitution"，才確立了近代意義的「憲法」一詞。日本學者首譯"constitution"爲「建國法」、「政規典範」或「國家法」，後參考我國古典，改譯爲「憲法」，中國繼受其譯詞。一九〇三年，維新派張騫曾遊日本，一九〇四年，說張之洞奏請立憲，以自刻「日本憲法」送之內廷；時出使法國大臣孫寶琦亦請定憲法，天津、上海等地報刊紛起響應。而慈禧看到張騫所進日本憲法亦說：「日本有憲法，於國家亦甚好。」[2]一九〇五年，派五大臣出國考察，載澤主張憲法仿日本。然中國何時開始以「憲法」稱"constitution"，仍有待考證。

---

[2] "constitution"一字源於拉丁文的"constitutio"，原義係指建築結構及生理組織而言，在古代羅馬帝國的立法中，以"constitutio"表示皇帝頒布的敕令、詔書、諭旨等，用以區別市民會議通過的法律文件。箕作麟祥（一八七三年，明治六年）出版《法蘭西六法》為嚆矢（然亦指一般的法律），原譯「建國法」、「政規典範」或「國家法」，後參考中國的古籍，改譯為「憲法」。明治十五年(一八八二年)伊藤博文接奉天皇所頒布歐洲考察憲法的敕令後，箕作麟祥之譯詞始成公定用法。參閱許志雄教授推論「今日吾人所稱憲法，殆仿襲日本用法」。參閱許志雄：《憲法之基礎理論》（台北：稻禾出版社，一九九三年十月，初版二刷），pp.26-27。另參閱郭廷以：《近代中國史綱》（香港：中文大學出版社，一九八〇年，第二次印刷），p.384。

二、憲法的法源

所謂憲法的法源，係指構成憲法的材料或形式。

(一)憲法習慣

所謂憲法習慣是指憲法未作明文規定，而在長期的實際政治運作中形成的涉及社會制度的根本問題,並由公眾認可而具有一定約束力的習慣和傳統。有時憲法習慣被稱為「活的憲法」，國內政治學者一般多稱之為「憲政例規」。憲法習慣可以由多元的途徑逐漸形成，就美國的憲政經驗來說,其憲法習慣是圍繞著成文憲法並在成文憲法的基礎上發展起來的。例如，有的是出於政黨的運作，由政黨全國代表大會決定總統候選人；有的是由於政府三大部門的個別措施所形成，例如，閣員不能列席國會院會；有的憲政習慣則源於殖民地時代的政治傳統，例如，眾議員必須為其選區的居民等。從英國來看，憲法習慣是英國憲法的重要組成部分之一,甚至可說它們比法律本身更重要。例如，一六八九年英國確立了「議會至上」的原則，議會享有最高的權力,但議會本身並不處理行政事務,管理國家的職能是由國王和由國王任命的大臣與官吏行使的,依這種法律關係產生了一系列的憲法習慣，使政府能夠有效運作，結果產生了「內閣制」[3]。在該

[3]「內閣」（cabinet）一詞源出於法文，是十七世紀國王單獨會見近臣和顧問的私人房間或舉行祕密會議的小房間。直接涵義是「內室」或「密議室」，即有少數人進行祕密會商的意思。內閣最早出現於英國，其前身為樞密院，它是中世紀英王之下的最高行政機關。現在許多人都將內閣和政府等同起來，但內閣僅是少數大臣所組成的政府領導核心，許多大臣和副大臣以及高級官員都不入內閣。英國大臣（minister）這個名詞相當複雜，分閣內大臣和閣外大臣兩種，直至一九三七年公布的〈國王的大臣法〉以後，內閣和首相的名稱才有正式的法律依據，同時規定閣內大臣為十七名，下院議員出任此職不得超過十五名，上院議員不得少於三名。

制度下，大臣由國王任命，而由國王任命的大臣依照慣例必須在下議院中擁有足夠多數的議員支持。而在政黨政治益趨成熟時，這種支持即是多數黨的支持，因而首相就須由執政黨的領袖擔任。一般而言，憲法習慣要成為法律規範而發生效力，必須具有下列要件：

1.必須是反覆為同一行為之事實；如果只有一、二次的事實只能算是先例。例如，英國議會政治的發展過程中，一七一四年，根據王位繼承法，德國漢諾威選後登上英國王位為喬治一世。喬治一世並不懂英文，也不熟悉英國事務，且經常不參加會議。從一七一七年起，內閣會議由一位大臣主持，開創了內閣首席大臣（後來才稱為首相）領導內閣，英王不得參加內閣會議的先例，迄今英國政治仍嚴格遵守此憲政慣例。

2.反覆、長期且持續發生之行為，必須保持同一意義。例如，一七二一年英國輝格黨（Whig；自由黨的前身）在國會下議院中占多數席位，輝格黨的領袖華爾波（Sir Robert Walpole, 1676-1745）領導的內閣，名義上是對下議院負責，實際上則是下議院受其控制。此時，內閣已發展成為一個以首相為決策中心的機制，華爾波內閣可算是英國第一任責任內閣。一七四二年，輝格黨發生內鬨，華爾波和其所領導的內閣集體辭職，於是開創了「內閣必須集體對下議院負責」和「下議院對內閣的施政方針不予支持時，內閣必須集體辭職」的先例。又如一七八三年英國托利黨（Tory；保守黨的前身）的庇特（William Pitt, 1759-1806）出任首相，第二年因得不到下議院的支持，遂下令解散下議院，重新選舉，庇特所領導的托利黨在新的選舉中獲勝，從而又開創了「內閣在得不到下議院支持時，可以解散下議院，重新選舉」的先例。一九五四年，美國參議員布瑞克（Bricker）提出對總統之締約權加以限制的憲法修正案，當時艾森豪（Dwight D. Eisenhower，1890-1969；就職年份1953-1961）總統反對，布瑞克則以總統不應干預修憲爲詞，加以抨擊。一九六七年參議員艾文（Ervin）又提出一憲法修正案的補充性法案：「限制總統對國會召集修憲會議的決議，不得予以否決。」經由國會的努力，造成現今美國國會所通過的修憲提案，可以直接送交各州批准，毋須經總統簽署的程序，此爲先例及判例成爲一項確定的制度。

3.對於此種行爲，多數國民認爲具有同一意義規範的價值。例如，美國第一任總統華盛頓（George Washington, 1732-1799；就職年份1789-1797）兩屆任滿後，堅持拒絕再任一屆，其後第三、四任總統傑佛遜（Thomas Jefferson, 1743-1826；就職年份1801-1809）、麥迪遜（James Madison, 1751-1836；就職年份1809-1817）兩位總統亦從之，如此樹立了「美國總統不三連任」的憲政習慣；直至一九四七年，美國憲法才透過修憲的方式，於一九五一年通過憲法增修條款第二十二條，除現任總統杜魯門（Harry S. Truman, 1884-1973；就職年份1945-1953）外，憲法規定：「任何人被選爲總統者，不得超過二任」。

(二)成文法

成文法包括下列幾項：

(1)憲法典。
(2)效力等於憲法典的一般條款（如我國之動員戡亂時期臨時條款、美國之憲法增修條款）。
(3)條約。
(4)法律及命令（憲法原則性規定）。

(三)條理（如全民意志、立國精神、正義、理性……等）

自然法論者謂實證法之外有自然法之存在，其認爲人類社會生活所適用的行爲規則，並不限於國家制定的法律，在國家制定的行爲規則以外，尙有性質更普遍的行爲規範，不分時間、空間適用於一切的人。此等行爲規範非由任何人創制，而係根據具有理性的人之基本需要而存在。因此，憲法之制定或修改均受自然法之限制或以自然法爲依據。實證法之純粹法學派認爲憲法之上有基本規範，此基本規範亦爲憲法制定的唯一依據。

第三節　憲法的定義和分類

一、憲法的定義

(一)固有意義的憲法

固有意義的憲法，亦爲本質意義的憲法，即「任何國家皆有憲法」之意，爲「規範之規範」。

(二)近代意義的憲法

近代意義的憲法，亦爲立憲主義的憲法，爲追求立憲主義[4]的政

[4]所謂立憲主義（constitutionalism）是對政府權威決策者所加有組織的約束之制度，故憲政制度即為法律主治或有限制的政府，而有異於專制統治。憲政制

治理想，以限制國家權力、保障人民權利為目的，始於十七世紀的英國。英國為不成文憲法，所謂「英國為憲法之祖國」，此「憲法」特指近代意義的憲法而言。

(三)實質意義的憲法

實質意義的憲法（即固有意義的憲法，只是觀察角度不同），其可以是成文法或不成文法由習慣、判例及實質存在等事實所建構者。其內容主要是規定國家基本組織與權限之法、規定人民權利和義務之法、規定國家基本國策等。

(四)形式意義的憲法

形式意義的憲法，係指成文憲法而言，將有關國家之基本規範以條文集合而成的法典。例如，一八七四年，瑞士憲法第二十五條規定：「屠宰動物，必須麻醉」；一九五六年，巴基斯坦共和國憲法第二十九條規定：「國家應儘速排除高利貸」，這些憲法所規範的內容，看似「小事一樁」，但仍不失為該國之最高指導原則之一。

概括言之，今日多數所稱之實質憲法多具下列特徵：

1.立憲之意義。

2.成文法典。

3.憲法之修改程序較一般法律困難（剛性憲法）。

度的重要基礎乃為一種準則或規範，由是政府的措施乃得以衡量，立憲政體應與規範一致的。自希臘至現代，這些規範見之於自然法、神權法、習慣法或制定法。分權制度為文明政府的基礎，亦為憲政制度的眞實意義。確立人權保障、權力分立及國民主權等「人類普遍之原理」，憲法不過加以確認而已。

二、憲法的分類

依觀察角度的不同，憲法可作多種分類，且任何分類皆有特定的條件或前提，不可能滿足一切要求。

(一)傳統（古典）分類

成文憲法與不成文憲法

此是以憲法法典存在之形式爲分類標準，是最傳統的分類。一般而言憲法都是成文的，而第一部成文憲法典是美國一七八七年費城制憲會議通過的美利堅合眾國憲法[5]。

1.成文憲法（written constitution）：係指凡將人民權利義務、國家根本組織等有關事項，以一種文書（如我國憲法）或數種文書（如法國第三共和國憲法）規定者。

其優點爲：

(1)規定明確，使國民與政府皆易遵守。

(2)憲法所保障之權利較爲穩定。

(3)政府職權明確規定，不易發生爭議，且條文明晰。

其缺點爲：

(1)制定與修改較難，缺乏彈性，不易隨社會之進化而演進，

---

[5]據稱現代成文憲法的遠祖是誕生在一六二一年英國清教徒赴北美開拓殖民地的途中，在船上仿照清教徒的教約（convenant）起草了一份簡單的約法（Mayflower Pact），此約法被後人稱為現代憲法的雛型，但它絕不是「憲法」。還有人認為一七七六年維吉尼亞州憲法，是第一本成文憲法典，但因其不是統一的國家的憲法典，所以一般認為第一部成文憲法典是美國一七八七年費城制憲會議通過的美國憲法。

不易掌握社會的脈動，可能不敷國家與社會之需要。

(2)將複雜之政治活動過於簡化為一些原則，不能顧全國家未來之發展。

2.不成文憲法（unwritten constitution）：舉凡人民權利義務、國家根本組織等有關事項，僅散見於各種單行法規及習慣法中。因其大部分係由歷史上各時期的習慣、風俗及法庭判例等彙集而成，故又稱「彙集的憲法」，最有名的例子是英國憲法[6]。

其優點為：

(1)制定與修改較易，能適應社會進化。

(2)富彈性，能適應國家、社會與人民的需要。

(3)與社會充分結合，若由賢者妥為運用補充，當能帶動社會進步。

其缺點為：

(1)內容欠缺明晰與確定，有賴運用者的素質和品格。

(2)大部分散見於習慣法上，一般人民不易充分明瞭，且易為有心者曲解和玩弄。

剛性憲法與柔性憲法

本分類由白賚士（J. Bryce，1838-1922）首創，係以憲法修改程序之難易為區分標準。

1.剛性憲法（rigid constitution）：憲法之修改程序，凡經特別規定，而較一般法律嚴格、慎重者（例如，必須召開修改憲法會議、表決時要有三分之二或四分之三的多數票通過，或交由公民複決通過等），稱為剛性憲法，如美國、日本和我國的憲法等。其修改程序不

[6] 美國學者潘恩（Thomas Paine）批評英國「拿不出一部憲法」，法國人托克維爾（De Tocgueville）也說「英國沒有憲法」，皆是從法律形式上而言。

一而足，約有下列三種方式：

(1)由特別之憲法會議修改，如美國。

(2)由普通之立法機關修改，但其程序較一般立法嚴格、慎重，如德國。

(3)憲法會議或立法機關之議決與國民投票併用，如日本。

2.柔性憲法（flexible constitution）：凡是和一般法律一樣，由國家的立法機關按照普通的立法程序來進行修改的憲法，稱爲柔性憲法，如英國的憲法。

欽定憲法、協定憲法與民定憲法

此係以制定憲法之主體爲分類的標準：

1.欽定憲法：由君主以單獨之權力，制定憲法，頒布施行者。例如，一八一四年法國憲法、一八八九年日本的明治憲法等。現行最古老的欽定憲法是一八一四年五月Eidsvoll制憲會議公布的挪威王國憲法。

2.協定憲法：非由君主以其獨斷之權力制定，而是依君主與人民，或與人民之代表機關雙方協議而制定，如一二一五年之英國大憲章。亦有謂因政治權力上政治集團間相互協調妥協形成之憲法，亦屬協定憲法，例如，謝瀛洲先生認爲我國憲法係由各黨派組成之政治協商會議議定之十二項制憲原則而制定，故亦屬於協定憲法。最古老的協定憲法是一八〇九年六月由四級會議通過，以國王的名義公布的瑞典王國政府組織法（the Instrument of Government）[7]，亦爲歐洲現行

[7]瑞典王國（Konungariket Serige）早已實行君主立憲政體，但迄今仍無名為憲法的文件，該國的憲典是由一八〇九年之政府組織法、一八一〇年之王位繼承法、一八一二年之出版自由法、一八六六年之國會法、一九九一年之言論自由基本法等所構成。有些人稱其憲法為「複式文件憲法」。

憲法中最早的一部，採納孟德斯鳩的三權分立原則，全文分爲憲法的基本原則、基本自由和權利、國會、國會規程、國家元首、內閣、內閣事務、法律和其他法規、財政權、國際關係、司法及行政、監督權、戰爭及戰爭威脅等十三章，以及過渡性規定若干條。

3.民定憲法：由人民直接或由其選出之代表間接制定。民定憲法係以國家之存在爲前提而制定，因此在理論上雖係基於國民主權說，但不一定以天賦人權爲前提。其形式有：

(1)由普通議會制定，如法國第二共和、第三共和憲法。

(2)由人民選出之特別制憲機關制定，如一九一九年特別召集國民議會所制定的德國威瑪憲法、一九四六年我國之制憲國民大會。

(3)由公民直接投票表決，如一九五八年法蘭西第五共和憲法、一九八七年菲律賓共和國憲法、一九九三年俄羅斯聯邦憲法等均爲公民投票通過或批准者。

將憲法依制憲主體不同而分爲傳統欽定、協定或民定憲法，是值得商榷的。例如，我國憲法通說認爲係屬民定憲法，然亦有學者持不同看法。另外，關於日本國憲法的類型，更是眾說紛紜，有欽定、協定與民定等說法及不同主張[8]。

---

[8]關於日本國憲法的分類，主張欽定說者注重形式程序，認為該憲法係根據明治憲法第七十三條規定，以修正欽定憲法的方式成立，故為欽定憲法。主張協定說者著眼於該憲法之成立過程，認為其係天皇意思與國民意思結合下的產物，故屬於協定憲法。主張民定說者則從成立後之日本國憲法內容立論，認為憲法本身已自行定位為民定憲法。參照清宮四郎著：《憲法Ⅰ》（有斐閣，一九八一年，第三版第六刷），p.50。轉引自許志雄：前書，pp.26-27。

(二)新式（現代）分類

除了以上分類外，當今又有許多憲法學者提出了新的分類標準，例如：

規範憲法、名目憲法及詭譎憲法

魯汶斯坦（K. Loewenstein）曾提出應將憲法分類成原始憲法與派生憲法；意識形態上之綱領性的憲法與實用主義的憲法等。之後，其又提出了「存在論分類法」，企圖對現存的憲法，以政治社會學觀點加以分析，他認為憲法依權力者與相對人對憲法規範之遵守程度，可區分為規範憲法（normative constitution）、名目憲法（nominal constitution）與詭譎（語意）憲法（semantic constitution）三種。

1.規範憲法：是指憲法的各種規範支配著政治權力形成的過程，即政治權力形成的過程，應適應並服從憲法的規範，他認為歐美多數國家的憲法屬於此類型。

2.名目憲法：是指從歐美輸入「憲法製成品」，但實際上又缺乏其精神實質的憲法，換言之，憲法雖有法的效力但是欠缺實際效果，即空有成文憲法典，卻未能實現規範作用，他認為亞、非、拉丁美洲等開發中國家的憲法多屬於此類型。

3.詭譎憲法：是指憲法制定之目的僅在維護權力者之利益，而非保障人民之權利和自由，只是把憲法作為掌控權力的宣傳手段，他認為過去的蘇聯及其衛星國的憲法屬於此類型。

社會主義憲法與資本主義憲法

憲法的作用不僅是確認某個政權的合法性，保障政權穩定和社會安定，更重要的還在於其能促進經濟基礎的鞏固，以利經濟文化的建設。不可諱言地，生產、所有與分配之經濟結構，直接影響了國民生活、權力構造以及政治基礎。當今各國憲法，依其經濟社會體制之不同，可分爲資本主義憲法和社會主義憲法兩大類。此兩種不同類型的憲法對於經濟基礎，特別是對生產資料歸誰占有這一根本問題作了明確的規定。資本主義憲法規定「私有財產神聖不可侵犯」的原則，竭力保護資本主義的私有制，從而推定資本主義經濟的發展和繁榮。在社會主義國家，憲法在確立社會主義公共財產神聖不可侵犯的同時，還具體規定了以生產資料公有制爲基礎的社會主義經濟制度，從而推動相關經濟建設。

1.資本主義憲法：古典形式的資本主義制度的主要特點是私有財產至上、以利潤動機爲動力、自由市場的存在以及自由競爭的存在。資本主義本質上是一種經濟制度，而非政治制度。但是資本主義在演進時，卻興起了一些相關而相輔相成的政治觀念[9]。西方民主國家憲法的特點，是對資本主義私有制的確認，宣布「私有財產神聖不可侵犯」的原則。在此原則下所衍生制定的憲法條款，始初主要是爲維護資本家利益，以利資本主義經濟有秩序地發展。然而，隨著資本主義經濟的發展，資本主義國家對經濟干預日益增加，十九世紀有些資本主義憲法就規定了「爲公共利益」或「公平原則」，可以有償徵用私有財產。此外，資本主義憲法還提倡「主權在民」。十九世紀六〇年

---

[9]這些資本主義的政治觀念有：①由於私有財產是個人促進自己與社會的經濟利益的手段，因此進而推論私有財產不應受節制；②經濟權力的分散被認為最能防止經濟權力的濫用；③財富的不平等被視為是正常而令人滿意的事態；④市場制度被認為是最民主的組織經濟秩序的方式。這些概念，並非都是在近代資本主義興起時才出現，但這些概念，在十九世紀時，卻普遍為受過教育的人所接受，在學校中則被廣泛傳授，而報紙亦加以倡導。參閱恩格爾等著，張明貴譯：《意識形態與現代政治》（台北：桂冠圖書公司，民國七十年三月，初版），pp.331-333。

代，美國總統林肯（Abraham Lincoln, 1809-1865, 總統任期：1861-1865）提出了「民有、民治、民享」的口號，意即指美國的權力屬於人民，權利由人民享受，國家由人民管理。一九五八年法國第五共和憲法第二條宣稱：「共和國之信條爲：『自由、平等、博愛』。共和國之原則爲：民有、民治、民享之政府」；第三條規定：「國家主權屬於人民；人民透過自己的代表及透過人民投票來行使國家主權。」

2.社會主義憲法：社會主義公有制是社會主義經濟制度的基礎。例如，中華人民共和國憲法第一條明確規定：「社會主義制度是中華人民共和國的根本制度。禁止任何組織或個人破壞社會主義制度。」此外，該部憲法從第六條至第十八條全面規定其社會主義經濟制度的基本內容。其中第六條規定：「中華人民共和國的社會主義經濟制度的基礎是生產資料的社會主義公有制，即全民所有制和勞動群眾集體所有制。」第十二條規定：「社會主義的公有財產神聖不可侵犯。……國家保護社會主義的公共財產。禁止任何組織或者個人用任何手段侵占或者破壞國家的和集體的財產。」中國大陸目前生產力的發展水準總的來說還是低落的，各地區、各層次、各企業間的生產發展也極不平衡。這種狀況也使其不得不發展多種經濟所有制，例如，勞動者個體經濟、私營經濟[10]、外商投資企業（包括中外合資經濟、中外合作經濟和外商獨資經濟等），以發揮其在改革開放和建立「社會主義市場經濟體制」的重要作用。

---

[10]私營經濟是中國大陸近十年來隨著經濟的發展和經濟體制改革的深入而出現的一種新的經濟形式。它是在個體工商業發展基礎上形成的，其中大多數是由經營規模較大、投資僱工較多的個體大户發展而來的。因認識到私營經濟一定程度的發展，有利於促進生產、擴大就業、更好地滿足人民的需要，一九八八年四月中共第七屆全國人民代表大會第一次會議通過第一條憲法修正案，對憲法第十一條增加規定：「國家允許私營經濟在法律規定的範圍內存在和發展。私營經濟是社會主義公有制經濟的補充。國家保護私營經濟的合法權利和利益，對私營經濟實行引導、監督和管理。」

近代憲法與現代憲法

以憲法之歷史演進爲分類之標準，可將憲法分爲近代憲法與現代憲法。

1.近代憲法：近代憲法係指十八、十九世紀制定之憲法。其之所以產生，大抵受到下列各項因素之影響：

(1)個人主義思想：社會應尊重個人之思想，以達成個人之需要爲目的。

(2)自由主義思想：認爲「最好政府，最少統治」，「政府之任務只限於保衛國土，不受他國侵略；在國內維持正義，安定秩序；舉辦私人不願舉辦之事業」。

(3)民主政治思想：人權宣言第三條曰：「主權之淵源，在於國民，不問任何團體或個人，均不能行使國民所未賦予之權力。」

(4)法治主義思想：制定法律，一方面以法律規範政府施政之範圍及人民應負之義務，另一方面以法律保障人民之權利。

(5)權力分立思想：將國家政治作用區分爲行政、立法、司法三權，使權力間相互制衡，以防專制。

(6)立法至上思想：行政與司法機關以立法機關所制定之法律爲施政之依據。

近代憲法的主要內容有：

(1)保障人民之自由權利：美國獨立宣言、法國人權宣言等均揭此旨。

(2)私有財產制度之確立：法國人權宣言第十七條規定：所有權爲神聖不可侵犯之權利，用以鼓勵產業之發展。

(3)門閥政治之禁止，職業自由之承認：廢止世襲相傳之門閥政治，憲法保障任何人都有選擇職業之自由。

(4)選舉制度之規定，以落實主權在民的理想。

(5)議會政治：以個人之自由與平等思想為前提，在選舉制度下，由國民選出之代表所組成之立法機關，以決定國民之意思。

2.現代憲法：現代憲法係指二十世紀所制定之憲法。現代憲法，除在政治上、經濟上，有自由平等之保障外，為推行社會福利政策，並對經濟制度及社會安全皆有積極之規定。現代憲法對於教育文化，均特設規定，以為政府努力的目標。

除上述分類外，尚可將憲法分為附有意識形態之憲法與不附有意識形態之憲法，前者如我國憲法（基於三民主義）；後者如法國第三共和國憲法及第四共和國憲法等。亦有國內學者將憲法分為戰時憲法與平時憲法，認為戰時憲法為平時憲法之特別法，具有優先效力，其主張此說之立論目的，係為解決民國三十七年動員戡亂時期臨時條款與中華民國憲法間之矛盾現象。

第四節　憲法的制定和變遷

一、憲法的制定

憲法制定與採行的主要力量為何？就憲法的特性而言，其具有：

(1)根本性：保障人權根本大法。

(2)最高性：國家之最高法規範。

(3)界限性：主權的行使必須有範圍；國家存在的目的——保障國民的基本人權；權力分立。

(4)政治性：充滿妥協色彩。

(5)歷史性：歷史文化的因素常是執行憲法的標準。

一般而言，憲法涉及的層面屬於宏觀範疇，法律屬於中觀範疇，而司法和行政決定則屬於微觀範疇。在什麼情況下，憲法才具有法律的效力呢？通常的答案是：憲法必須由具有制定法律資格的機關所制定，或經其批准，或由其公布。然而在憲法制定之前，是否可能已有一個合格的立法機構？在憲法本身授權設置各種立法機關之前，是否須有一賦予憲法以法律效力的機構？事實上這些問題，世界各國的答案殊不一致。第一次世界大戰後，由於德、俄及奧匈帝國戰敗而制定的各國新憲法，均宣稱其法律的效力來自「人民」。例如，德國威瑪憲法開宗明義謂：「德意志人民……茲制定本憲法。」捷克憲法規定：「吾捷克國民……茲爲捷克共和國制定本憲法。」第二次世界大戰之後，對於人民制定憲法的權力雖不如前時期之強調，但關於使憲法生效的部分大多規定「由人民批准之」。

大多數的憲法均宣稱其具有法律效力，而且是具有「最高的法律效力」，其理論的根據何在？依據憲法學理論，唯有超越憲法而存在的「憲法制定權力」才能更動憲法，此一權力依人民主權原理應屬於人民全體，所以人民才是國家最高權力的泉源，擁有更動憲法的權力[11]。所謂的「人民」一詞中，其包含的意義甚廣，甚至彼此間互

[11]將憲法制定權力首先予以體系化闡明者，為憲法學者薛士（E. J. Sieyes, 1748-1836），薛氏融合盧梭之國民主權論與孟德斯鳩之權力分立論，而認為憲法制定權力為人民所擁有。彼將「憲法制定權力」與「被憲法制定之權

爲衝突者。而所謂的「人民」或「人民全體」對憲法的制定或施行，實可謂「無所事事」，畢竟人民或全民從未一起制定過一部憲法，實際上也不可能一致的制定出一部憲法[12]。

每一個國家制定新憲法的原因都不同，大抵有下列三種型態：

1.一國內部的政治發展或民主改革力量興起，使其原有的憲法體制已無法順利運作，而必須另行制定一部符合現狀的新憲法。

2.戰爭動亂的因素，使國家在回歸和平狀態時，必須考慮制憲，以建立憲法新秩序，集結全民力量重建國家。

3.新的獨立主權國家誕生，也必須制憲以建立獨自的憲法秩序。

二、憲法的變遷

所謂憲法的變遷乃是透過習慣或政府公權力之解釋的運用，逐漸使憲法之正文或憲法之原意內容產生變化之情形。憲法爲其時代的產物，已是陳腔濫調，然時代爲變動不居，亦是一項真理，如此推論，憲法是否隨時代而有所變動？其變革的速度和程序爲何？而憲法與

力」兩者加以區分。並認為國民是憲法制定權力之唯一主體，立法機關之國會是依據憲法而產生者，蓋國民本身因無法直接行使憲法制定權，當需委由特別代表團行使之，此特別代表團即為憲法制定會議。因此，國民是優先所有事物而存在，在國民之上只有一種，那就是自然法。參閱謝瑞智：《憲法大辭典》，pp.466-467。

[12]傳統的歷史學家慣於敘述美國憲法乃人民所制定，迨一九一三年俾爾德（A. Beard）博士著《美國憲法的經濟觀》（*An Economic Interpretation of the Constitution of the United States*）一書，認為美國憲法實乃一批其經濟利益深受一七七七年美國聯邦條款（Articles of Confederation）壓迫的人民，為保護並擴張其利益而制定，距離所謂由全民制定者，故甚遙遠。該書甚至結論：「費城制憲會議的各代表，除極少數的幾個人外，均可自新憲法的建立的制度中，立即獲得個人的直接的經濟利益。」「憲法經人民表決通過的人數，可能不及成年男子的六分之一。」參閱涂懷瑩：《現代憲法原理》（台北：正中書局，民國八十二年一月，初版），p.68。

其所欲加以規範的政治、社會、經濟等面向的進程，是否常發生重大的不協調？憲法制定之後，確實會因政治社會環境的變化，致使原有條文不足以應對，因此而有許多的變革。表現憲法變遷的途徑是多元的，歸納言之，約有下列四種：

(一)國會立法

因關係法規或締結條約之結果而產生的變遷。例如，美國憲法於一七八七年制定時，賦予聯邦國會以「規範數州之間的貿易之權」。當時，十三州人口稀少，主要為農業社會，故少有「州際貿易」（interstate commerce）的情形。但面對十九世紀以來所發生的各種科技、交通、通訊、經濟、社會等之重大變遷，使州際貿易的項目及重要性大增。美國憲法並未因而修正任何一個字，但其國會卻藉憲法中規範州際貿易之權的規定，經由各項立法，獲致廣泛的權力，也使得聯邦與各邦之間的權力均衡發生相對的變革。

(二)憲法解釋

所謂憲法解釋，是指對於憲法規範的內涵和外延以及詞語用意，依據立國、立法精神原則等加以詮釋或說明。憲法解釋之所以必要，主要是因為：

1.憲法相對於普通法律而言，具有高度的原則性、概括性和抽象性，難免造成人們對憲法的理解不一致，為統一人們對憲法的理解，就需要由特定機構[13]作出統一的解釋。

---

[13]世界各國的憲法解釋主體、方式各不相同。從解釋的主體來看，主要可分為三種：①立法機關解釋憲法，例如，一八三一年比利時憲法規定：「憲法解釋權屬於立法機關」；②普通法院解釋憲法，這一制度通行於實行司法審查

2.爲使憲法和社會發展需要調和，也必須由特定機關作出新的解釋，從而使憲法於字面上有所更動，而實際內容產生相應變化。

3.有權解釋憲法的機關在監督憲法實施過程中，發現某個行政部門或其他機關的法律、法規違背憲法的精神或條文的規定，因而依法定程序宣布撤銷或廢止該違憲法律、法規，是爲一種特殊形式的憲法解釋。

各國實施憲政的過程，經常運用憲法解釋的手段，因其可以在保持社會穩定的情況下，在具體內容上逐漸地將新的社會要求充實到憲法之中，從而更加靈活地促進憲法的成長。

(三)憲法習慣

憲法習慣是由行憲經驗中逐漸形成的，在實際政治運作中，由先例繼而蕭規曹隨形成的憲法性政治程序或制度。行憲的歷史越久，則憲法習慣的內容可能越豐富。我國行憲歷史相較於西方老牌民主國家，爲時甚淺，某些看來近似的政治慣例，諸如行政院院長的任期、行政協定之經由立法院通過等，是否能形成我國的憲法習慣，尚待時間證明。然而，不可否認地，憲法習慣的作用，不但可以使憲法上的規定成爲具文，憲法所未規定的，可成爲憲政上新的原則或制度，這些都構成了憲法變遷成長的重要因素之一。

(四)憲法的修改

爲彌補憲法上的缺陷而產生的變遷。憲法之所以要修改，大抵

制度的國家，如美國、日本等；③專門機關解釋憲法，例如，在普遍法院系統之外另設立專門的憲法法院或憲法委員會以負責解釋憲法，如法國、德國等。

是因制憲當時考慮不周或未能預測社會之發展與時代變化，致使原有規定不敷運用，又無法藉由憲法之解釋或其他方式以爲彌補時，則需修改憲法，以應社會的新需要。例如，民國八十年五月公布之中華民國憲法增修條文，其前言明示：「爲因應國家統一之需要，……增修本憲法條文。」即屬此途徑。

雖然英國政治學者魏爾（K. C. Wheare, *Modern Constitution,* 1962）指出：「一個民治成熟的國家，其修憲次數的多寡，不在於憲法修改程序的難易，而在於其憲法內容是否能適應該國社會、政治的殷切需要。」嚴格言之，修改憲法是憲法變遷唯一的正式途徑，但當其他憲法變遷的途徑，如符合民主原則和精神，立法、解釋及習慣等能夠滿足社會的需要，那麼「修憲」應是儘量避免的，畢竟憲法具固定性，較能保持政治的安定與憲法的尊嚴。

此外，基於政治上的必要性、國家權力之不行使亦會造成憲法的變遷。任何一個國家的憲法，無論規定的多麼詳盡，就整個國家的政治規範而言，其仍屬於原則性的。在現行憲法規範幾近完美，人權充分獲得保障、政府體制順暢運作，國民普遍認同的情形下，部分條文與現實脫節而必須局部修改時，就需要進行修憲。修憲是使現行憲法維持同一性、繼續性，故有其界限存在，絕不可更動憲法的基本原理（主權歸屬、人權保障、權力分立等）部分。換言之，憲法之變遷應有其界限，宜嚴肅處理。

第五節　當代憲法的發展趨勢

第二次世界大戰後，國際、國內的情勢變化使得許多國家的憲法也發生了重大的變化。戰後，英國和紐西蘭增加了新的憲法法規，而比利時、法國、丹麥、西德、希臘、義大利、日本、荷蘭、瑞典、西班牙、葡萄牙等國都制定了新憲法。至於其他國家，通過或制定新的憲法法規以及對憲法本文的修訂，爲數更多。概言之，當代憲法的發展具有以下的特點：

1.重視基本人權。

2.防止或放棄戰爭。

3.社會權的入憲。

4.憲法審判權的發達。

5.傳統國家主權概念的鬆動等。

一、重視基本人權

目前世界各國的成文憲法大抵由兩個部分構成，一爲有關國家統治機構組織的規定，一爲有關人民基本權利之保障。在第二次世界大戰以前，憲法中基本人權的規定多屬於政治口號與宣言的性質，第二次世界大戰之後，基本人權的保障始落實於民主國家中，逐漸爲國際所重視，且成爲各國憲法的核心部分。而國際間也努力想使各國政府在對待本國國民時，也像對待外國人一樣，遵守一些「最低國際標準」[14]，希望藉由國際法對「人權」的保護能夠推及全世界所有的

[14]傳統上國際法規定各國政府給予外國國民的待遇，就某些方面而言應有別於本國國民，特別是當一國政府恣意獨裁，拒絕給予本國國民享受正當法律程序和公平審判的時候，外國國民不見得也要忍受同等的待遇。它的本國政府可以為他主張最低國際標準的司法待遇，如果當地國仍不理會的話，該國政府得要求予以補償。例如，一個美國人在沙烏地阿拉伯犯了偷竊罪，根據沙國法律應施以斬手的處罰；而一九八六年有兩名澳洲人攜帶禁藥闖關未果，被馬來西亞政府處以吊刑。許多國家特別是第三世界國家政府逐漸表明他們反對「最低國際標準」此一原則的立場，這些國家認為，他們對待外國人所承擔的唯一義務是保證外國人受到和本國國民相同的待遇，也就是達到所謂的「國家標準」。而即使是那些接受「最低國際標準」的國家，對何謂「最

公民。一九四八年聯合國大會一致通過了世界人權宣言。基本上，世界人權宣言是一項道德性的宣示，不是一種有法律約束力的文件。但它的誕生卻促進各國政府重視人權，包括民權、政治權利、經濟權利和社會權利；因它的開始讓聯合國及其他國際組織就人權問題草擬了各項條約，且對批准的國家產生拘束力。例如，西歐各國共同設立了歐洲人權法院，各國人民如果對政府的施政有所不滿，可以向這個超國家的法庭尋求救濟。

二、防止或放棄戰爭

第二次世界大戰之後，在憲法中明確規定，不以戰爭爲解決國際爭端的手段，不參與侵略戰爭的國家有日本、法國、西德、義大利等。一九四五年八月十五日，日本接受波茨坦宣言無條件投降，翌年制定了一部新憲法，政體由絕對權限的天皇制改爲君主立憲制。該憲法第九條明文規定：「日本國民誠意希望以正義與秩序爲基礎之國際和平，永久放棄以發動國權、以武力威嚇戰爭或行使武力，爲解決國際紛爭之手段。爲達到前項之目的，不保持陸海空軍或其他戰力，不承認國家交戰權。」因此之故，憲法學者稱該部憲法爲「和平憲法」[15]。

一九四六年的法國第四共和憲法序言宣布：「法蘭西共和國忠

低國際標準」的看法也有不同的意見。參閱胡祖慶譯：《國際關係》（台北：五南圖書公司，民國七十八年，初版），pp.261-262。

[15] 在美國的扶植下，日本政府從一九五〇年建立警察預備隊為起點開始重建軍隊，至一九五四年設立防衛廳，新建陸海空自衛隊，組成聯合幕僚會議（參謀長聯席會議），軍隊編制重新完備。一九五七年日本國防會議確立日本國防方針，即日本在適應國力國情和自衛所必須的限度內逐步擴充軍備，從一九五八年至一九七七年，經過四期擴軍計畫，日本總兵力已達近三十萬人，恢復到了戰前的水準。日本擴充軍備是否違反「和平憲法」，在日本國內一直是有爭議的。

於其傳統，尊重國際公法之規範，不參與任何以侵略爲目的之戰爭，並永不使其武力對抗任何民族之自由。」一九四九年的德意志聯邦共和國基本法第二十六條第一款規定：「擾亂國際和平共存之活動，或以擾亂爲目的之活動，尤其準備侵略戰爭之活動，概爲違憲，此等活動應受處罰。」一九四七年的義大利共和國憲法第十一條宣稱：「義大利不以戰爭爲侵犯他國自由之工具，亦不以戰爭爲解決國際紛爭之手段。」一九八七年的菲律賓共和國憲法第二條第二項聲明：「菲律賓放棄以戰爭作爲國家政策之工具。」

三、社會權的入憲

第二次世界大戰以後，各國憲法除了加強對自由權利的保障外，更進一步保障人民的社會權與經濟權，此可稱爲憲法的「社會化」或「民生化」。提倡社會權的目的，是基於社會安全保障之理念，在合乎社會正義的前提下，使人民擁有「實質」而非「形式」上的法的自由，使其得以發展能力與人格，擁有合乎人性尊嚴的生活。一些已開發國家，挾其優勢的經濟力，積極介人以形成正當的社會秩序，保障所有個人符合人性尊嚴的最低生活條件，以達成社會正義，成爲所謂的積極性、福利性的國家。經歷多年的實踐，「福利國家」於一九七〇年代中期開始顯露疲態，新的理念與構思不斷的提出，有的人主張應引入非政府部門的力量，以補足或替代政府部門的社會角色。於是政府由福利的提供者，轉變爲輔助者的角色，鼓勵自由市場參與福利事業，使服務民營化，強調個人與家庭的責任，推動慈善團體與志願服務的功能。

四、憲法審判權的發達

有些國家憲政制度的規劃，爲了防止立法機關和行政機關違憲，實行司法審查（judicial review）制度 ；審查和裁決均由最高司法機關進行，凡經審查而定爲違憲之法律、法令或行政行爲，均不能生效或實施。審查是否違憲的制度起源於十九世紀的美國，但這種制度在美國憲法中並無規定。一八〇三年聯邦最高法院在一項判決中宣稱：「違憲的法律不是法律」、「闡明法律的意義是法院的職權」，自此之後，聯邦最高法院實際上就有了審查國會立法和行政命令是否違憲的權力，司法機關也因此才能與立法機關、行政機關相抗衡，完備三權分立制度。

第二次世界大戰之後，不少國家（包括某些傳統的議會制國家）均設違憲審查制度。例如，一九九四年修訂的德意志聯邦共和國基本法第九十三條第一項，賦予聯邦憲法法院審判下列案件，例如，「遇有聯邦最高機關或本基本法或聯邦最高機關處務規程賦予獨立權利之其他關係人之權利義務範圍發生爭議時，解釋此基本法」；「關於聯邦法律或各邦法律與本基本法在形式上及實質上有無牴觸，或各邦法律與其他聯邦法律有無牴觸、發生歧見或疑義時，經聯邦政府、邦政府或聯邦議會議員三分之一之請求受理的案件」等。

一九七八年西班牙王國憲法有「憲法法院」專章，其第一六一條規定：「憲法法院管轄西班牙全國，有權審理：一、法律與具有法律效力之法規違憲性之聲請案。二、對侵害憲法第五十三條第二項所定之權利與自由之行爲，依法定條件與方式提出請求保護之聲請案。三、國家與自治區間或自治區相互間之管轄衝突。四、其他依憲法或基本法交付之事項。」

南韓原學德國設憲法委員會，後來改設「憲法裁判所」。依一九八七年大韓民國憲法第一一一條規定：「憲法裁判所掌管下列事項：一、法院提請法律是否違憲之審判。二、彈劾之審判。三、解散政黨之審判。四、有關國家機關間、國家機關與地方自治團體間，以及地方自治團體相互間權限爭議之審判。五、有關法律規定憲法訴願案之審判。」憲法裁判所由具有法官資格之「裁判官」九名（三名從國會選出、三名由大法院院長指定者任命之）組成之，裁判官由大統領任命之。

南非原是採英國制的憲法體系，在一九九四年修正的南非共和國憲法也改設「憲法法院」。一九九三年俄羅斯聯邦憲法亦設有「憲法法院」。這種趨勢說明了可以透過司法來適用憲法，以適應社會的需要。

五、傳統國家主權概念的鬆動

(一)國家主權受到國際規約的限制

第二次世界大戰之後，國際形勢巨變，不少國家的憲法均宣布遵守國際公法。例如，法國一九四六年憲法的序言宣布：「爲保障世界和平之必要，在相互條件下，法蘭西共和國願承受對其主權之限制。」日本國憲法第九十八條規定：「日本國締結的條約及已確定的國際法規，必須誠實遵守之。」國際法從其性質而言，它是規範「國家」而不能直接約束各國的國家機關與人民的，但如果在憲法中有遵守國際公法的原則規定，則國家機關就必須執行國際法。有的國家承認國際法是國內法的一部分，例如，一九四九年的西德基本法第二十五條規定：「國際法之一般規則構成爲聯邦法之一部分。此等一般規則之效力在聯邦法律之上，並對聯邦境內之住民直接發生權利及義務。」有些國家的憲法宣布同意限制或轉讓本國主權。例如，一九四七年的義大利共和國憲法第十一條宣稱：「……在與他國相同條件下，同意限制主權，以保障國際和平與正義之秩序。」一九八七年的菲律賓共和國憲法第二條第二項規定：「菲律賓……採納被普遍接受的國際法原則作爲本國法律的一部分。」

除各國憲法聲明遵守國際規約外，在國際上各國亦受國際人權規約的規範。例如，聯合國體系下的各項國際人權公約：一九四五年的聯合國憲章、一九四八年的世界人權宣言（Universal Declaration of Human Rights）、一九七六年的經濟、社會、文化權利國際公約（International Covenant on Economic, Social, and Cultural Rights）與公民權利與政治權利國際公約（International Covenant on Civil and Political Rights）；區域性的人權公約：一九五三年的歐洲人權公約（European Convention on Human Rights）、一九七八年的美洲人權公約（American Convention on Human Rights）、一九八六年的非洲人權與民族權憲章（African Charter on Human and People's Rights）等，均直接或間接影響一國之憲政內容以及國與國之間的互動關係。例如，根據聯合國安理會一九九三年二月二十二日第八〇八號決議案，與同年五月二十八日第八二七號決議案設立「前南斯拉夫國際刑事法庭」，位於荷蘭海牙，計有法官十一人。一九九四年十月十二日，該法庭檢察官向德國要求，將其所羈押的前南斯拉夫戰犯 Dusko Tadic 移轉管轄，正式開始其第一件受理案件。Dusko Tadic於一九九五年二月正式被起訴，至一九九七年五月七日正式作成判決，被告以不人道行爲，戰爭施暴、人道迫害等罪名，共被處以有期徒刑九十七年，由審判長商請聯合國會員國之後決定執行處所。

(二)區域整合下主權國家憲法重組

如德國、法國、義大利、西班牙、比利時、盧森堡、愛爾蘭等國皆透過修憲方式，以解決馬斯垂克條約所造成的主權讓渡問題。爲了加入歐洲聯盟（European Union）[16]，德國、法國、西班牙等國之憲法審判機關，皆曾就馬斯垂克條約之合憲性加以審查。其中德國、法國更引起修憲有無界線的爭議。爲了加入歐洲聯盟，德國修改其憲法第二十條和第二十八條(原先德國憲法第七十九條禁止第二十條和第二十八條的修改）。

[16]一九九二年二月所簽署的歐洲同盟條約（The Treaty on European Union），因簽約地點是在荷蘭的「馬斯垂克」（Maastricht），故世人多以馬斯垂克條約稱之，其旨在共同體的基礎上建立起「歐洲聯盟」。而「歐洲聯盟」一詞是自「馬斯垂克條約」生效之後方才出現，但一般所指涉的概念應包括其前身「歐洲共同體」（由歐洲煤鋼共同體、歐洲經濟共同體及歐洲原子能共同體組合而成，此三個共同體之行政機關合併條約於一九六七年生效）。歐洲聯盟主要的目標為：①透過建立單一內部市場、加強經社合作、建立經濟暨財政同盟，包括最後的單一貨幣，以促進平衡的、可維持的經濟暨社會進步；②透過實施共同外交暨安全政策，包括最終的共同國防政策，甚至共同國防力量，以扮演同一國際舞台角色；③透過同盟公民權的提出，以加強對會員國國民權益的保障；④推展司法及內政的密切合作。參閱邱晃泉、張炳煌合著：《歐洲共同體解讀》（台北：月旦出版社，一九九三年十月，初版），pp.262-263。

2 人權的理論與實踐

- 人權的概念
- 人權的基本理論
- 憲法與人權
- 我國憲法保障的人權

第一節　人權的概念

在中國語文的詞彙中，「人權」（human rights）算得上是流行語，但要認真研究起來，又總是說不清楚、道不完整。此外，當今世界在人權概念的解釋和運用上，也總是存在著某種混亂和模糊，即便拋開政治上不同意識形態之束縛，人們往往在不同意義上使用人權一詞，例如，有些人在道德意義上使用人權，有些人在法律意義上使用之。前者將人權與人性、人道、自然等概念等同；後者則將人權與公民權利等同。有些將人權視為是客觀存在於一切民族和文化中最起碼的原則，有些則將人權作為一切國家和民族為之奮鬥的目標，尤其是當作實現現代化社會的目標。有些則根據「人的尊嚴和價值」來界定人權，殊不知「人的尊嚴和價值」一語的概念本身就是模糊不清，很難說明白的。

究竟人權與人道、自由、民主、憲政、福利以及資本主義、社會主義這些概念，有何內在聯繫和區別？維護和實現這些概念所追求的目標，一定得借助人權不可嗎？人權是目的還是手段？究竟生存、發展、安全與和平是人權的保障，還是人權是生存、發展、安全與和平的保障？人權是指人們所享有的權利，還是指人們所共有的權利？是應有的？還是實有的？一九八九年溫斯頓（Morton E. Winston）出版的《人權哲學》（*Philosophy of Human Rights*, 1989）一書中，曾列舉了七個方面的議題，作為「當代人權哲學的首要問題」，這些問題都涉及人權的概念。例如，何謂權利和人權？人權與目標、義務、利益、需要及需求有何不同？人類究竟該保護什麼樣的利益？經濟、文化權利與不受奴役之類的傳統的自由權利地位相等嗎？與人權相應的義務是由政府、還是由所有人來承擔？人權原則純屬於西方哲學與政治傳統裡的一個構想嗎？一個人究竟憑什麼享有人權？何謂完整的人權？（Winston, 1989, pp.6-7）平心而論，要一一回答上述問題所涉及的面向，誠屬高難度的挑戰工作，畢竟不可否認的，對人權及其起源歷史的解釋，實際上包含著對政治、經濟、法律、哲學、宗教、倫理等繁複問題，乃至於對整個人類歷史的探源和解釋。基本上，人權概念最早出現於西方，以西方的哲學思想和法學概念作爲直接的來源。

什麼是「人權」？人權一詞在構詞方法上與其他權利有些不同。「人權」由「人」（或「人的」）和「權利」這兩個部分構成，它與「財產權」、「人身權」「公民權」等詞彙不同，例如，「財產權」一詞，「財產」是權利的對象物，而「人權」裡的「人」則不然；「公民權」是指「公民的權利」，其與「法人的權利」、「外國人的權利」等概念相對應，若將「人權」解釋爲「人的權利」（rights of man），則是與「動物的權利」相對應，在定義上不夠妥適。簡言之，人權一詞，依其本義，應是指每個人都享有或都應該享有的權利。這包含兩層意義：第一是指權利，即「是某某權利」；第二是指觀念或原則，即「每個人都享有或都應該享有權利」，前者是我們通常所說的法學意義上的權利，它是由各式各樣的權利所構成。從不同角度，這些權利可分爲生命權利、自由權利、財產權利、人身權利、政治權利、經濟文化權利等、後者是關於人的一些原則，它是由若干關於人及人類社會應該怎樣對待人、尊重人的判斷、命題或原則構成，可以簡稱爲「人道」。所以，一般說來，人權概念是由權利和人道這兩個概念所構成，是這兩者的融合。

第二節　人權的基本理論

早期人權思想是以自然法爲核心，以天賦人權爲基本精神，以人類曾存在的「自然狀態」（state of nature）爲理論前提。十六世紀中葉到十七世紀初，荷蘭的格勞秀斯（Hugo Grotius, 1583-1645）等人即提出了自然法理論，系統地論述了「自然狀態」、「自然權利」及「社會契約」等問題。之後，史賓諾莎（Benedict Spinoza, 1632-1677）繼承和發展了格勞秀斯的自然法思想，他提出，在自然狀態下，人們具有天賦的自然權利，擁有自由、平等和生存的權利，這些權利來自於人類的本性。雖然格勞秀斯、史賓諾莎等人率先提出了自然權利的思想，但真正將自然法、自然權利形成一完整的思想體系，並據此思想體系提出人權理論，主要還是英國、法國、北美等思想家，其中以洛克（John Locke, 1632-1704）、盧梭（Jean Jacques Rousseau, 1712-1778）和潘恩（Thomas Paine, 1737-1809）等人的理論影響最大。

一、洛克的人權思想

洛克認爲在人類還沒形成「政治社會」之前（即政府出現之前），曾經存在著一種人類生存的自然狀態。人們「按照他們認爲合適的辦法，決定他們的行動和處理他們的財產和人身，而毋須徵得任何人的許可或聽命於任何人的意志」（《政府論》下篇，p.5）。同時，在自然狀態下，人們之間是一種完全平等的關係，在這種狀態下，「一切權力和管轄都是相互的，沒有一個人享有多於別人的權力，……人們既毫無差別地生來就享有自然的一切同樣的有利條件，能夠運用相同的身心能力，就應該人人平等，不存在任何從屬和受限制關係。」但他並不認爲自然狀態是一種人人爲所欲爲、放任的社會生存形式，他提出人的權利與自由在自然狀態下的限制：「在這種狀態下，雖然人具有處理他的人身或財產的無限自由，但他並沒有毀滅自身或他所占有的任何生物的自由，也沒有侵害他人的生命、健康、自由或財產的自由。」

如何維持自然狀態？洛克提出其權利理論中的根本觀點：自然法。他認爲「自然狀態有一種爲人人所應遵守的自然法對他起著支配作用」；他主張自然法只能「交給每個人去執行」，「每個人都有權懲罰違反自然法的人」。在自然狀態中，每個人執行法律、懲罰犯罪的唯一依據就是人類的理性和良心。

洛克的自然狀態和自然法等理論，歸根結底都是在說明一個核心的內容：自然權利。洛克認爲，自然法確認了人類生存最基本的權利，這些權利來自於人類理性，是不可侵犯、不可剝奪的，也代表著最基本的社會的公平、正義、道德和良心。這些自然權利概括起來就是：人爭取自由的權利、平等權、生命權、財產權。爲了進一步說明自然權利的至高無上，和肯定人們爲保衛這種權利而進行反抗的權利，洛克在國家起源的問題上，與盧梭、孟德斯鳩（Montesquieu, 1689-1755）、史賓諾莎等人一樣，提出了社會契約理論。洛克提出社會契約論的根本目的是在保護人的自然權利。在其所提的社會契約論中，人們所交給政府的僅僅是除了自然權利以外，其他用於保護自然權利的各種具體的權利，而自然權利本身是不可轉讓的，是人們所固有的權利，也是任何一個政府所不得侵犯的，否則就構成違反契約。同時，政府及執法者與人民之間的關係只是締約雙方的關係，及在契約中規定了政府的權利和義務，也規定了人民的權利與義務。

簡言之，洛克的契約論實質上就是自然權利論，以人的自然權利反對封建君主的權利，以社會契約論反對君權神授論，爲近代民權革命提供理論依據。

二、盧梭的人權思想

如同當時大多數啓蒙思想家一樣，盧梭也提出自然狀態和自然法思想。他認爲是社會使得人們墮落悲慘，自然使得人們快樂幸福，任何事物不順應自然，則都是壞的，而最壞的是文明社會。神使得所有的東西都是好的，而因爲人的干預而使其變壞。盧梭所謂的「自然」，不同於霍布斯（Thomas Hobbes, 1588-1679）與洛克之原始自然狀態，其心目中所讚美的自然是古斯巴達、古羅馬的狀態，而非原始自然狀態。究竟是什麼破壞了自然狀態，導致了人們之間的不平等？盧梭認爲是私有財產權。他認爲一旦私產進入人類社會，那麼平等就真正消失了，其視私產爲人類不平等的起源，亦是人類文明社會的起源。

在論證封建專制統治不合理時，盧梭提出了社會契約理論，認爲國家和法律都以社會契約爲其理論上的根據；社會契約是以人民的總意志爲基礎，其內容是對人類共同體（國家）讓與自己個人的自由與權利，同時由國家授讓其爲人民所應享有的自由與權利。盧梭把政治組織的建立視爲人民和他們所選出的首領之間一種真正的契約，雙方約定遵守其中規定的法律，這些法律構成了他們結合的紐帶。人民在一切社會關係上，既已把他們每個人的意志結合成爲一個單一的意志，所以一切表現這個意志的條款，同時也就成爲對於國家全體成員無不具有拘束力的根本法。「而且就契約的性質而論，我們也可以看出這種契約並不是不可以取消的。因爲，如果沒有更高的權力來保證締約者的信守不渝來強使他們履行相互間的允諾，締約雙方仍然是他們自己爭訟的唯一裁決者，那麼兩造中的一造一旦發現了對方違背了契約的條款，或者那些條款對他不再適合的時候，他就有隨時拋棄契約的權利。」（盧梭，《論人類不平等的起源和基礎》，pp.137-139）

盧梭的自然法理論和社會契約論，歸結是環繞一個問題：權力的來源是什麼？其最終目的在為其提出人民主權和天賦人權思想奠定基礎。盧梭認為在訂定社會契約時，每個社會成員都將自己的全部權利轉讓給了全體社會；同時，每個人又都可以從社會得到平等的、相同的權利。由於每個人都轉讓了自己的權利，在此基礎上所形成的社會共同體就不得按照某個人的意志行事，而是遵循一種以公共利益為基礎的、公正的共同體意志，也就是「公意」。而主權就是對公意的運用，盧梭由此推斷出主權應該永遠屬於人民，因為主權是公意的運用，公意又是共同體的意志，共同體則是社會中每一個人根據社會契約而形成的，因此，主權屬於全體人民。他還指出，主權者既然只能由組成主權者的各個人所構成，所以主權者就沒有且也不可能有與他們的利益相反的任何利益（盧梭，《社會契約論》，p.28）。

盧梭一方面極力反對封建專制制度，猛烈抨擊君主權力的不合法性和不合理性，而提倡自然權利論；另一方面，盧梭又承認作為一個共同體的社會和國家所應擁有的權力，但盧梭將這種社會或國家權力看作是人民主權的派生，人民是權力的主人，人民主權是絕對的、神聖的、至高無上的，其他任何權力都從屬於人民主權或來源於人民主權。國家權力的行使，必須以人民全體的共同福祉為其目標，且主張人民的意思不許代表，所以被認為是直接民主制的主倡者。

盧梭的一切論證無非是在說明人是自由的，每個人的權利都是與生俱來的，其人權理論主要分成兩個部分：人的自然權利以及它與法律的關係。他認為自由、平等和追求幸福是每個人與生俱來的權利，是人的不可剝奪、至高無上的權利。人類社會的一切政治和法律制度都必須是為了保障而不是損害這些權利與自由而設立的；人類建立政治社會的目的也在於持久地保障這些權利。如果這些制度與保障人民的天賦人權這一宗旨相違背，或這些制度損害人們的天賦權利，那麼人們就有充分的理由廢除這些制度，直至採用暴力手段摧毀這些制度，建立符合這一宗旨的新制度。

三、潘恩的人權思想

托馬斯・潘恩[1]是美國人權理論的奠基者，「天賦人權」是其人權思想的核心，他也肯定其他啓蒙思想家所提出的自然權利觀和契約論，同時又根據當時北美革命的需要，進一步闡述了人權的基本內容。

潘恩認爲「在自然狀態下，所有的人在權利上都是平等的，但在權能上並不平等，弱者無法抵禦強者。既然如此，文明社會的制度就在賦予人們以平等的權能，作爲平等權利的對等部分和保障。一個國家的法律如果制定得恰當，必然符合這一目的。」（《潘恩全集》，1945，第二卷，p.583）爲了保障人們所擁有的權利，消除人們在權能上的不平等，就必須要有一個符合公意的政府，而政府的產生是以社會契約爲基礎的。

在潘恩所著《人權》一書的結語部分，說明其基本權利觀和人權的基本內容：

---

[1]潘恩為美、法革命時期的英國思想家，著有《常識論》（*Common Sense*, 1776）、《森林通訊》（*Foresters' Letters*, 1776）、《美國的危機》（*The American Crisis*, 1776-1783）等書，鼓吹民主共和，反對君主制度及貴族繼承，堅持美國獨立、維護法國革命，並曾實際參加兩國之革命事業，而不獲祖國之諒解。其言論，影響於美國對於君主及貴族制度的態度，強調民選及獨立觀念者，至深且劇。其認為英國制度缺少成文憲法，為其重大缺點；而其政治建立於傳統與習慣上，不能稱為正當的憲政。故美國採用異於普通立法方式而制定的成文憲法，乃一劃時代的進步。參閱《雲五社會科學大辭典》第三冊——政治學，pp.141-142。

1.在權利方面，人們生來是而且始終是自由平等的。只有在公共作用上面才顯出社會上的差別。

2.任何政治結合的目的都在於保存人的自然和不可動搖的權利。這些權利就是自由、財產、安全和反抗壓迫。

3.整個主權主要是以國民爲本源，任何個人或任何一批人都不能享有任何非由國民明確授予的權利。

在他諸多的著作中一再強調，人們生來是而且始終是自由平等的，並且將每一項公民權利都視爲是自然權利的派生。其中，他特別重視平等權，認爲平等權是人們能夠真正獲得和享受自然所賦予的各項權利的基礎，沒有平等就談不上其他權利。

此外，爲了說明北美人民反對英國統治的合理性和必要性，潘恩在其人權思想中提出一項具有根本意義的權利——反抗壓迫權。他認爲當人民被置於一種暴政統治下時，採用和平手段已無法維護和捍衛自己的權利，人民就有權利直接採取暴力手段推翻該項統治，這種行動不僅不違反法律，而且是正義的行爲，是人們不可動搖的權利。潘恩一方面論證以暴力手段推翻專制政體的合理性和必要性；另一方面對新的政府在革命勝利以後仍採用暴力的手段卻持反對態度。

潘恩在闡述人權的基本內容時，進一步地將人權與法律上的公民權密切結合起來，提出人權保障的問題。其首先肯定一個好的政體——共和政體或代議政體，是對人權的根本保障。他將法律看作是對人權切實而有效的保障，認爲若沒有法律，自然也就談不上權利的保護，爲了更好地從法律上保護人權，就有必要將抽象的、概括性的自然權利分解爲具體的、法律上的公民權。他曾分析法國大革命雅各賓黨（les Jacobins）的某些專政措施的起因時說道：「這一切都歸因於缺少一部憲法：因爲憲法的性質和目的就在於防止政黨的統治，其辦法是確立一條限制和控制政黨權力和衝擊的共同原則。」（《潘恩全集》，第二卷，p.588）他不僅直接參與了法國人權宣言的起草工作，而且親自於一七九三年一月寫成了關於人的自然權、公民權和參政權的宣言草案，這個宣言草案詳細論述了法律與自由的關係以及保護公民權利的法律措施。他強調：自由是靠遵守法律來維護的，因爲法律是總體意志的表現，凡是法律不予取締的，則不能加以禁止；凡是法律沒有規定的，也不能強迫人們去做。正因爲自由要從屬於法律，所以法律本身的公正性就極爲重要。其次，在宣言草案中提出了保護公民權的措施以防止有人以法律的名義侵犯和剝奪他人的正當權利。例如，規定「除經法律裁決，並依照法律所規定的方式執行外，不得任意傳訊、逮捕、控告或監禁任何人」；「在證明一個人有罪之前應假定他是無辜的，因此在逮捕他時，法律應禁止使用爲捕獲他所不需要的暴力」；「除非根據犯罪前制定和頒布的法律，並依法適用，否則不得對任何人加以懲罰」等。

既然公民權要受制於法律，那麼誰有權利制定法律?法律本身的內容該有什麼限制?以及一旦法律本身成爲壓迫人民的一種工具時，人民可以通過怎樣的手段廢除該法律?對此，潘恩亦作了說明：「國家主權基本上屬於全民，每個公民都享有共同行使國家主權的同等權利。國家主權不得授予部分公民的任何團體或任何個人；如未經合法的正式委任，這些團體或個人不得行使權力或擔任公職。如果法律不明確公職的權限，如果全體官吏的責任沒有確立，社會保障就不存在。」進而他主張組成社會的人應具有反抗壓迫的手段，且解釋什麼是「壓迫」，他說：「當法律破壞它所應保障的自然權利、公民權利或政治權利時即構成壓迫。當官吏在法律應用到個人行動上時破壞法律，即構成壓迫。當違反法律條文而以專斷的行動破壞公民的權利時，即構成壓迫。在每個自由政府中，憲法均應規定反抗上述種種壓迫的辦法。」（《潘恩全集》，第二卷，p.560）其認爲憲法是民主制度的基礎，也是公民權利的法律基礎，因此公民永遠都有重審、修正和更改憲法的權利。

在強調公民權利的同時，潘恩也強調公民的義務，他主張應該把權利和義務的觀念結合起來，且認爲二者有密不可分的聯繫。由於相互間的關係，權利會變成義務。一個人所享有的權利，是保障他人享有這種權利的義務；他人對於我人，亦是如此。誰不履行義務，誰就應該喪失這種權利。

第三節　憲法與人權

人權一詞的廣泛使用是近代的事，但在法律觀念與立法者的觀念中，界定並保護人的合法權利，可溯源至羅馬法律，但探究人權保障的制度與關鍵性歷史文件，非談及「憲法之母」的英國不可。十七世紀，英國人爲與國王爭權而有四份重要文獻：

一、大憲章（Magna Carta, 1215）

大憲章中規定任何自由人如未經其同級貴族之依法裁判，或經國法判決，皆不得被逮補、監禁、沒收財產、剝奪法律保護權、流放或加以其他任何損害。

二、權利請願書（Petition of Rights, 1628）

權利請願書主要規定此後非經國會同意，亦即國會法律之規定，不得強迫任何人提供捐獻（gift）、借款（loan）、獻金（benevolence）或繳納租稅（tax），與其他類似性質的款項。不得強迫任何人做違反自願之招供、宣誓或出庭作證。軍法機關亦不得對任何人民科處死刑。

三、人身保護法（Habeas Corpus Act, 1679）

人身保護法共二十條，係國會爲了從刑事訴訟程序上保障人權而訂定。之後更確定不依法律不得逮補、拘禁國民，國民具有迅速而公正地接受裁判的自由。

四、權利法案（Bill of Rights, 1689）

一六八八年光榮革命之後，英國的君主立憲政體有新的變化，這一變化也表現在有關人權的保障上。權利法案共十三條，系統地通過對國王權力的限制，以保障人民的權利。法案中規定：凡未經國會同意，而以王權停止法律或施行法律，均爲僭越行使權力，均屬非法。人民有向國王請願之權利，凡對於人民請願所爲之判決及控訴，均屬非法。國會議員之選舉，必須自由。國會內之演講、辯論或其程序，不得在任何法院之中或國會外之任何其他處所，予以彈劾或追問。

這些文獻始意不在爲人民爭基本權利，而是藉由限制王權，加強國會和法院的權力，以減輕某些特別的痛苦，然而其所揭櫫的觀念和內容卻影響了美國的獨立宣言（The Declaration of Independence, 1776）和法國的人權和公民宣言（The Declaration of the Rights of Man and of the Citizen, 1789）。

一七七四年九月，美國維基尼亞州發表的權利宣言宣稱：「凡人天性上是平等的自由獨立，且享有某種固有權利。此種權利，並不因其加入社會之際，能加以剝奪。其中所包含的有：一、生命之享受。二、自由之享受；再加上取得財產之方法與追求幸福與安全之方法。」

美國獨立戰爭勝利後，於一七七六年七月四日召開由十三個州代表組成的第二次大陸會議上，一致通過了獨立宣言。該宣言首先指出：「我們認爲這些真理是不言可喻的，人人生而自由平等，他們都從他們的『造物主』那邊被賦予了某些不可轉讓的權利。爲了保障這些權利，所以才在人們中間成立政府。而政府的正當權力，則係得自被統治者的同意。如果遇有任何一種形式的政府變成損害這些目的的，那麼，人民就有權利來改變它或廢除它，以建立新政府。」這是近代史上第一個確認基本人權的全國性正式文件。一七八九年制定的美國憲法中，沒有規定人權的內容與保障的原則，後因形勢所迫，於第一屆聯邦國會中提出以人權爲內容的十條憲法增補條款，並於一七九一年生效。這十條增補條款合稱爲「權利法案」，這也是人類史上第一次以「憲法」之根本法的形式來確認與保障人權。

法國大革命時的國民議會於一七八九年發布人權和公民宣言，該宣言是參考美國維基尼亞及其他各州憲法中權利宣言的體例，並基於自然法的觀點及個人權利的信念，以確保人民自由平等的權利。該宣言稱：「國民會議在上帝面前承認人民與國民以下各種神聖的權利：一、各人生下來的時候，他們的權利是自由平等的，任何差別之承認須以公共利益爲理由。二、政治結社之目的，即爲自然的且不可移讓的人權保護，此種權利爲：自由；財產；安全；反抗壓迫。」

之後，美、法二國將人權清單具體納入憲法的作法，爲歐陸各國仿效，且普及全球，成爲十九、二十世紀的趨勢。一九三九年第二次世界大戰開始，美國總統羅斯福（Franklin D. Roosevelt, 1882-1945）與英國首相邱吉爾（Winston Churchill, 1874-1965）在大西洋憲章中宣示四種自由：「一、免於貧乏之自由。二、免於恐懼之自由。三、言論之自由。四、信仰宗教之自由」，由是也展開了新的人權運動。

據統計，「人權」目前已寫入世界上差不多所有一百六十個國家的憲法之中。但事實上，有關人權的內容，每個國家或時代，可能有其特別的遭遇或需要，因而產生不同權利的要求。例如，第一次世界大戰之後，在社會安全的需要、社會主義思想衝擊、福利國家學說盛行，於是人民要求若干前所未有的經濟性和社會性權利。同時，一項權利往往也因新問題的出現，在學理或實際上有不同的主張與作法。例如，受教育、參與選舉等最初都是權利，依照傳統的說法，權利是可以拋棄的，但有些國家對於受教育、參與選舉，一方面規定其爲權利，使人民可以據以向政府提出要求，同時又規定其爲義務，使政府可以據而責成人民予以履行。例如，新加坡共和國憲法規定總統直選，若無故不參與選舉投票者，處以新幣五元之罰鍰。

近代國家的憲法之所以對個人的各種自由權利，提供明確的保障，就是由於文明人類的意識覺醒，認爲那些自由權利，乃是構成個人人格的要素，爲個人發展其知識、道德、潛能以及身心上的優越性，從而陶冶爲健全人格所必需者。各國憲法對於人民權利義務事項的規定方式不一，有的採「列舉」式，將人民之權利義務事項，一一明訂於憲法條文之內。有的採「概括」式，僅抽象規定人民之權利應予保障，人民之義務應爲遵行，並不一一列舉事項，而由一般法律規定之。有的採「折衷」式，對於最基本的權利義務事項採例示性列舉，復爲概括性之規定，例如，美國憲法增修條款第九條（Rights Retained by the People, 1791 批准）之規定：「在憲法中所列舉的某些權利，不得用來解釋或否定或輕忽保留於人民的其他權利。」因美國憲法增補條款前八條所列舉的一些自然權利，無法完全包含所有的自然權利，該條款的提出在增加對人民與生俱來的權利的保證與保護，聯邦政府不得侵犯這些未列舉的權利。我國憲法關於人民之權利義務，亦採例示規定的折衷式，憲法第七條至第二十一條，列舉人民之基本權利與義務，復於第二十二條規定：「凡人民之其他自由及權利，不妨害社會秩序，公共利益者，均受憲法之保障。」以此條補列舉規定之不周，且須依據民主憲政保障人權的精神與原則，就個別事例經由解釋予以認定。

西方各國憲法保障公民的各項基本權利，從十七、八世紀憲法文件上的簡單規定，發展迄今，已建立了龐大的基本權利體系，各國憲法學者對於基本權利的分類，也形形色色各有不同。進入二十世紀後，公民基本權利中有關社會經濟方面的權利規定，增加不少新的內容，一九一九年德國威瑪憲法就是一個典型的代表。第二次世界大戰之後，在社會經濟、科學技術、文化生活等快速的變遷下，出現許多新的公民基本權利的要求，其中不少已被憲法或法律所確認，有些則仍處在發展過程中。例如，由於公害問題造成環境污染與生態平衡遭受破壞，因而有「環境權」和「健康權」的要求。此外，作爲社會福利方面的權利，「休息權」（right of rest）和「休閒權」（right of recreation）也被提出。有些特殊情況下之特定公民的某些權利，正醞釀受到國家法律的承認與保障，例如，晚期癌症或受其他嚴重疾病磨折的患者享有「安樂死權」（right of euthanasia），即是一例。可以預見的，隨著人環境的進一步改變，仍是會不斷產生新的基本權利之要求，而憲法體系所保障的人權內容亦將隨之不斷發展。

對公民基本權利的分類，各國憲法學者看法不一。例如：

1.美國哈佛大學勞倫斯・泰伯（Laurence H. Tribe）認爲，公民的基本權利可以分成六大類：

(1)契約和契約以外的自由。

(2)通信和表達自由的權利。

(3)政治結社權。

(4)宗教信仰權。

(5)私人和個人資格方面的權利。

(6)平等保護權。

2.美國普林斯頓大學教授史坦利・凱萊（Stanley Kelley）按照美國憲法增修條款第一條到第十條的內容來分類，認爲公民的基本權利可分爲：

(1)信仰、言論、出版、集會自由（第一條）。

(2)武裝保衛自己的權利（第二條）。

(3)人身、財產、文件、住宅不受侵犯（第三、四條）。

(4)私有權和受法律程序保障權（第五條）。

(5)被告人的權利（第六、七條）。

(6)不受酷刑及過重罰金權（第八條）。

(7)其他保留的權利和地方自治權（第九、十條）。

3.日本東京大學小林直樹教授則將公民的基本權利分爲四大類：

(1)追求幸福權：包括環境權、私生活權、休息權、知道權、和平生活權等。

(2)自由權：包括精神自由（信仰自由、學問自由、表現自由、學習權等）和人身自由（法律保障權、人身住宅不受侵犯權、不受拷問虐待權等）。

(3)社會經濟權：包括私有財產權、居住和遷徙自由、福利權、勞動權等。

(4)參政和請求權：包括選舉與被選舉權、請願權、地方自治權、請求賠償權等。

以上這些分類多是根據其個人教學研究或本國憲法的規定而爲之，各有特點。

第四節　我國憲法保障的人權

關於我國憲法所規定的基本權利，國內研究憲法的學者，多依其性質分之爲四類：

1.平等權。

2.自由權，包括人身自由、居住遷徙自由、言論、講學、著作及出版自由、祕密通訊自由、宗教信仰自由、集會結社自由、財產自由。

3.受益權，包括生存權、工作權、請願、訴願及訴訟權、受國民教育權。

4.參政權，包括選舉、罷免、創制、複決四項政權和應考試、服公職權。

這些權利就其適用對象而言，參政權中的四項政權在性質上屬於政治權，限於具有公民身分者才能享有；受益權及應考試、服公職權，大體上除了請願、訴願及訴訟權外，可以視之爲民權（civil rights），以具有本國國籍的人民享有爲原則；至於平等權和自由權，則屬於人權，凡在中華民國國權管轄下之人民，無論爲本國人或外國人，一律皆應享有。玆分項說明，並佐以近代各國憲政發展與一、二個國家憲法之規定以爲參考比較。

一、平等權

「人生而自由平等」是西方民主政治理論的基本假設，中山先生則認爲人是生而不平等的，所謂「平等」應是人爲的，如何補救人類天生的不平等？他主張應發展民權與發展人類服務的道德心，發揮「巧者拙之奴」的精神，以達真正的平等。法國人權宣言第六條謂：「法律對任何人，其保護或懲罰，應爲平等。」美國憲法增修條款第十四條規定：「各州對其管轄內的任何人，不得拒絕法律的平等保護。」印度憲法第十四條第二款的用語和美國憲法一模一樣，保障人人能夠獲得「法律的平等保護」。法律之前人人平等是英國憲法制度的基本特色之一。法律之前的平等，一般是指國家法律應該不偏不倚、不加分別地對所有人施行。這是一項原則，任何人、任何階級都不能高於法律，或不受法律約束，法院和裁判機構獨立地維護人權，判決適當的處罰。印度憲法進一步規定禁止各種宗教、種族、種姓、性別、出生地和血統上的歧視；此外，該國憲法還增添一些特別規定，允許對婦女、兒童、表列種姓和表列部落、落後階層及公民，以保護性、補償性的區別對待。在某些情況下，對資源、資格、資質明顯不一的人，不計他們之間切身的差別，一律給予同等待遇，反而是一種歧視或不平等。然不可否認的，基於「法律的平等保護」的承諾，加上「國家政策指導原則」作爲採取肯定性行動保護、提高印度社會中的「弱者」地位的指令行事，已成爲印度憲法的一大特色。

中山先生於民國十三年演講三民主義之民權主義時，提出與西方民主政治理論之「人生而自由平等」的假設不同的看法，他認爲「人是生而不平等的」，人有聖、賢、才、智、平、庸、愚、劣之天生之不平等的差別，鼓吹發展民權，打破專制體制下之王、公、侯、伯、子、男等階級地位的不平等，意即打破「人爲的不平等」，主張「立足點的平等」、發展的機會平等，並發表平等的精義，期許人人發揚服務的道德心，以造福社會中的弱勢者。民國三十六年公布施行的我國憲法第五條規定：「中華民國各民族一律平等。」第七條復規定：「中華民國人民，無分男女、宗教、種族、階級、黨派，在法律上一律平等。」近代由於社會主義思想的影響，法律的規定漸有特別保護弱者的傾向，各國憲法除宣示平等主義外，亦對勞工、婦女、兒童、老人、殘疾人士等經濟上或生理上的弱勢者，設立特別的保護，以保障其安全。如我國憲法第一五三條至第一五五條、第一六五條、第一六九條之對文化工作者及邊疆人民的特別照顧等。

(一)男女平等

性別是最為古老、頑固的歧視之一。美國在南北戰爭之前，男子和婦女的法律地位就不平等，甚至到一九六一年，美國最高法院還堅稱：「婦女仍被認為是家庭生活中心」（Hoyt v. Florida, 368 U.S. 57, 61-62, 1961）。所謂男女平等是指人民不得因性別不同而有不平等的待遇。例如，在私法上承認男女繼承權的平等，在公法上承認參政權的平等。一九〇八年制定的瑞典政府組織法第二條規定：「公權力之行使應顧及所有人民之平等、個人之自由及尊嚴。……國家應保障男性及女性具平等權利，並應保護個人之私生活及家庭。」英國一九二八年之國民參政（男女選舉平等）法，共有條文八條，主要規定國會議員及地方政府選舉權，男女平等及其他有關事項。

有鑑於我國社會重男輕女的觀念根深蒂固，憲法訂定之初，為扶持女權的發展，對婦女有特別的保護與保障，例如，憲法第一三四條：「各種選舉，應規定婦女當選名額。」憲法增修條文第十條規定：「國家應維護婦女之人格尊嚴，保障婦女之人身安全，消除性別歧視，促進兩性地位之實質平等。」

(二)宗教平等

歐美的民主國家過去大多共同的或個別的發生過宗教戰爭，人民之信仰若與統治階級不同，常受到歧視、破害或剝奪其參政權或其他權利。除少數回教國家於憲法中明訂「依斯蘭爲國教」外，大多數國家於憲法中不訂定「國教」，且宣誓保障人民的宗教信仰自由。我國歷來從未發生類似西方的宗教戰爭，憲法之有此規定，應爲沿襲外國憲法之成例，以防患未然。宗教之種類繁多、派別不一，所謂宗教平等，是謂不論人民信仰何種宗教，在法律上均受同等之待遇。至於假宗教之名，而違法亂紀、邪說斂財者，亦不得藉口宗教平等或信仰自由，而委卸應負之法律責任。例如，一九四七年制定、一九九三年最新修訂的義大利共和國憲法第十九條規定：「所有人無論以個別或集體方式，皆有自由公開表示其宗教信仰、自由變更其宗教信仰及自由舉行公私禮拜儀式之權利。但以其儀式不違背公共道德者爲限。」

（三）種族平等

一國國民中，若是由各個不同種族構成者，經常會發生多數種族壓迫少數種族的事情，例如，德國納粹政府的反猶太人政策，屠殺猶太人的極端例子。而美國黑白種族間的不平等，乃是該國憲法上一項重要的問題，經過長時期的民權運動和歷次的民權法案的改善，現在黑白種族在法律上的平等問題雖告大體解決，但心理上和社會上的不平等，卻未能有效消除。現代大多數的複合式民族國家的憲法，對於國內少數民族的地位，均以憲法特別保障之，以求實質之種族平等。例如，波蘭一九九二年十月七日通過繼續適用之一九五二年憲法第八十一條規定：「一、波蘭共和國人民，不分民族、種族或宗教，在公共、政治、經濟、社會與文化生活各方面，應享有平等權利。凡因民族、種族或宗教，以任何直接或間接賦予特權或限制權利而違反本原則者，皆應予處罰。二、因民族、種族或宗教之不同，而散播仇恨或輕蔑，激起爭端或侮辱者，皆應予禁止。」一九九二年最新修訂之印度共和國憲法第十五條即禁止因宗教、人種、階級、性別、出生地點而構成的差別待遇。義大利共和國憲法第三條規定：「全體國民不分性別、種族、語言、宗教、政治意見或社會及個人條件，皆有平等之社會地位，在法律之前人人平等。」第六條且進一步規定：「共和國以特殊法規保護語言上之少數民族。」

一九八〇年公布、一九九二年最新修訂之新加坡共和國憲法第十二至十六條，均宣誓不得僅因宗教、種族、祖先或出生地而受任何歧視。由於新加坡係被迫脫離馬來西亞而獨立成為民主共和國，因此憲法中處處表明其立國精神與理想，為了解決種族間之紛爭與衝突，其重視法律之前人人平等的精神，以促進團結。例如，總統依法由公民直選之，總統候選人所應具備的資格由「總統選舉委員會」審核之，依其憲法第十八條第二項規定「總統選舉委員會」的成員，包括「公共服務委員會」主席、依會計師法設立的「公共會計委員會」主席和「少數民族權利總統理事會」委員一名（由該理事會主席提名之）。在政治實務、社會福利、住房政策等的運作上，處處可見新加坡政府維護「種族平等」之用心。

我國憲法除了於第五條明文規定：「中華民國各民族一律平等」外，復於本條規定中華民國人民無分種族在法律上一律平等；於基本國策章中，特設「邊疆地區」一節，以保障邊疆少數民族的利益；民國八十六年七月修正公布的憲法增修條文第十條第九項增列：「國家肯定多元文化，並積極維護發展原住民語言及文化。」第十項規定：「國家應依民族意願，保障原住民族之地位及政治參與，並對其教育文化、交通水利、衛生醫療、經濟土地及社會福利事業予以保障扶助並促其發展。」

(四)階級平等

階級之形成，係基於政治、經濟、社會等因素。自民主政治發達以後，除了英國等少數君主國尚有貴族階級外，其餘國家大多已廢除貴族階級與奴隸階級，甚至於憲法中明文禁止階級制度，例如，美國憲法第一條第九項明示不得授予貴族爵位，其修正第十三條並禁止奴隸制度；日本國憲法第十四條規定：「華族及其他貴族制度，不予承認。」其他如一九九四年最新修訂的阿根廷共和國憲法，對於維護憲政體制運作，保障人民權利，保護生態環境與消費者權益等新觀念，均植入其憲法條文中。有關階級平等，該憲法第十五條明文規定：「阿根廷國境內不得有奴隸；原存少數奴隸自本憲法生效日起一律解放，凡因本條款公布而發生之賠償，以特別法定之。凡簽訂買賣人口之契約，均係違法；主犯及核准此項契約之公職人員、公證人，均應負法律責任。不論奴隸如何進入本國境內，入境後即應予以解放。」

我國自推翻滿清專制，封建貴族制度瓦解。民國元年中山先生就任臨時大總統後，即禁止買賣人口，通令恢復人權。凡從前對於蜑戶、惰民、丐戶、義民、優倡、隸卒及薙髮者的特殊限制，一概取消。主張各種權利「均許一體享有，毋稍歧異。」；「凡屬國人，一律平等。」民國十三年其演講時一再強調：「不許有軍閥官僚的特別階級，要全國男女的政治地位，都一律平等。」我國憲法承其精神，明文規定人民無分階級，在法律上一律平等，以杜絕因階級關係所產生的流弊。

(五)黨派平等

所謂黨派平等有二個意義：其一是政黨平等，即依法成立的政黨在法律上立於平等之地位，任何政黨均不得享受特殊優待或特權，同樣地，亦不受任何歧視和壓迫。其二是黨員平等，即人民不論屬於何種政黨，均不得在公權上享有差別待遇。民主政治是以政黨政治為基礎，在民主國家，一切合法的政黨，皆應立於平等地位，否則無法成爲真正的民主國家。但所謂黨派平等，並不是指公職應平均分配於各黨派，而是各黨派均受法律同等的保護，享有同等的機會從事公職的競選活動。我國目前尙未制定政黨法，有關政黨的成立與相關規定，是依人民團體法（82.12.31）與公職人員選舉罷免法（83.10.22）等法律來規範政黨的活動。

二、自由權

(一)人身自由

人身自由權，亦稱「人身不可侵犯權」（inviolability of the person），即人民的身體不受國家權力、任何團體或個人之非法侵犯。人身自由權實爲一切自由的基礎。若無人身自由，其他集會、言論、結社等自由權均爲空談。因此各國對於人民權利的保障，亦以人身自由爲首要。一九七八年經公民複決的西班牙王國憲法第十七條規定：「一、人民有自由與安全之權利。除依本條規定且以法律規定之方式與條件外，任何人不得被剝奪自由。二、預防性羈押不得超過確定犯罪事實所需要的偵查時間，在任何案件受逮捕者，應至遲於七十二小時內釋放或移送司法機關。三、對於受逮捕者應立即以其可以理解之方式，告知其權利及逮捕之理由，且不得強迫其供述。應依法律規定之條件，保證受逮捕者在警察偵查和司法調查中獲得律師之協助。」日本國憲法第三十三條規定：「任何人除爲現行犯而受逮捕者外，非經有權限之司法機關所簽發並明白記載犯罪理由之逮捕令狀，不得逮捕之。」第三十四條規定：「任何人非經立即告以理由，且立即給予委託辯護人之權利，不得拘禁或羈押。又對任何人，非有正當理由不得羈押之。如經要求，必須立即在本人及辯護人出席之公開法庭上說明理由。」

我國憲法第八條第一項規定：「人民身體之自由應予保障。除現行犯之逮捕由法律另訂外，非經司法或警察機關依法定程序，不得逮捕拘禁。非由法院依法定程序，不得審問處罰。非依法定程序之逮捕、拘禁、審問、處罰，得拒絕之。」此所謂「現行犯」，依刑事訴訟法第八十八條規定，是指犯罪在實施中或實施後即時被發覺者。但有下列情形之一者，以現行犯論：①被追呼爲犯罪人者；②因持有兇器、贓物或其他物件或於身體、衣服等處露有犯罪痕跡，顯可疑爲犯罪人者。對於現行犯，不問何人，得逕行逮捕之。所謂法定程序，是指依刑事訴訟法所規定的程序，例如，傳呼犯人，應用「傳票」；拘提被告，應用「拘票」；通緝被告，應用「通緝書」；羈押被告，應用「押票」等。且行爲之處罰，必須是行爲當時法有明文規定者[2]。

第二項規定：「人民因犯罪嫌疑被逮捕拘禁時，其逮捕拘禁機關應將逮捕拘禁原因，以書面告知本人及其本人指定之親友，並在至遲於二十四小時內移送該館法院審問。本人或他人亦得聲請該管法院，於二十四小時內向逮捕之機關提審。」第三項：「法院對於前項聲請，不得拒絕，並不得先令逮捕拘禁之機關查覆。逮捕拘禁之機關，對於法院之提審，不得拒絕或遲延。」第四項：「人民遭受任何機關非法逮捕拘禁時，其本人或他人得向法院聲請追究，法院不得拒絕，並應於二十四小時內向逮捕拘禁之機關追究，依法處理。」

憲法第八條第二項規定嫌疑人犯應於二十四小時內移送「法

---

[2]此即所謂「罪刑法定主義」之原則，最初見於法國人權宣言第八條，有所謂「無律文則無刑罰」的規定，後來各國均奉為刑法上的根本原則。我國刑法第一條亦開宗明義宣稱：「行為之處罰，以行為時之法律有明文規定者為限。」罪刑法定主義，依通說其涵義如下：①刑法不得溯及既往；②刑法應以成文法為法源，不能根據習慣法或行政命令科以罪行；③刑法不得適用類推解釋；④刑法不得有絕對不定期刑。參閱張治安：《中國憲法及政府》（台北：五南圖書出版公司，民國八十二年十月，二版二刷），p.152。

院」，過去所謂「法院」，在制憲當時其意即包含檢察官在內[3]。但由於司法院大法官會議於民國八十四年十二月二十二日公布釋字第三九二號解釋，檢察官擁有羈押權係屬違憲，相關條文須於民國八十六年十二月二十二日失效。由是立法院司法委員會於民國八十六年十月二十二日審查刑事訴訟法部分條文修正草案，通過被外界咸認有助於人權保障的關鍵性條文，立法院院會復於同年十二月十九日通過刑事訴訟法部分條文修正案，後經總統公布於二十一日凌晨零時起生效。將我國實施長達六十二年的檢察官具有羈押權之制度予以廢除。

在新通過的條文中規定，檢察官不再擁有羈押權，僅能在拘提或逮捕之時起二十四小時內，聲請該管法院羈押之。不過檢察官在嫌疑犯遭羈押前，仍具有具保、責付和限制居住的權力，如果嫌疑犯不能具保、責付或限制居住，而有必要之情形，檢察官得聲請法院羈押之。此外，為避免刑求，建立詢問筆錄的公信力，使偵辦犯罪透明化，明定訊問被告應全程連續錄音，必要時並應全程連續錄影，但有急迫情形且經記明筆錄者，不在此限。筆錄內容所載之被告陳述與錄音或錄影內容不符者，除前項但書外，其不符部分不得作為證據。錄音和錄影資料分別由司法院和行政院定之。司法警察官或司法警察詢問犯

---

[3]理論與實務上，檢察官與法官的角色不同，一為行政機關，一為審判機關，本是司法制度的基本概念，但在我國卻因制度設計上和實務上長期的積非成是，卻形成檢察官不像檢察官、法官不像法官的畸形狀態，嚴重腐蝕司法的公信力，也極度妨礙犯罪偵防、維護治安的機能；在羈押權回歸審判機關之後，此一問題已然徹底顯現，必須進一步謀求改進之道。檢察機關定位錯誤，不僅妨礙檢察官發揮「法律人」的角色，亦是犯罪偵防之治安工作上的一大負數，「白曉燕案」如此轟動，動用了多少檢警資源，竟還只知依賴被告自白，落得舉證不足的下場，檢察機關難辭其咎。再者，若檢察官對其「公訴人」的定位不清，動輒在法庭上缺席，法官一旦依職權調查證據，就自然失去其聽訟的中立立場，而與被告對立起來；若法官代行檢察官的職務成為普遍的現象，那麼，司法獨立以保障人權的作用，在觀念上即宣告破產。參閱社論：〈檢察官在現行司法體系中應當扮演何種角色〉，台北：《聯合報》，民國八十七年二月八日，第二版。

罪嫌疑人時準用之。為進一步保障被害人，修正案增列被害人於偵查中受詢問時，得由法定代理人、配偶、直系或三等親內旁系血親、家長、家屬、醫師或社工人員陪同在場，並得陳述意見。

按警察機關逮捕犯罪嫌疑人後，須迅速解送檢察官或法官，是各個民主國家都有的規定，稱之為「迅速移送條款」[4]，目的在防止非法訊問、刑求取供，以保障人權，此在世界各主要人權公約中都有規定。以各國的例子來說，檢警偵查的時限，一般都在四十八小時以上，像我國憲法明文規定「二十四小時」的情形，少之又少。既然將二十四小時限定在憲法之中，以致毫無彈性可言，造成實務上困難時，唯有仰賴大法官會議解釋來放寬，過去大法官就曾在釋字第一三〇號解釋中，認定嫌疑犯在押送途中的所謂「在途期間」，不算入這二十四小時之中，以免檢警「違憲」。這次大法官就羈押權問題所作的第三九二號解釋，仍顧慮此問題，而創造了所謂「法定障礙事由」的名詞，容許在刑事訴訟法中，明文列出：①交通障礙時間；②解送時間；③犯罪嫌疑人在夜間被逮捕不得接受偵訊；④被告或犯罪嫌疑

---

[4]在日本，警察逮捕人犯後四十八小時移送檢察官即可，檢察官可另有二十四小時決定要不要向法官聲請押票，檢警合計共有七十二小時可用。在德國、義大利，檢警不分，合用四十八小時。在法國、瑞士，檢警各有二十四小時，合計四十八小時可用。在荷蘭，警察可留置人犯三日又六小時。美國則設「預審法官」，人犯直接送給法官決定羈押與否，移送時間並未明定，僅於刑事訴訟法中規定不得有不必要之遲延，根據該國判例所顯示，四十八小時是合理的，超過則警察須舉證其必要。比較起來，我國原刑事訴訟法第二二九條規定警察專用二十四小時算是最短的。依大法官會議第一三〇號解釋，此二十四小時只能在有天災等不可抗力時才延長。時至今日，審檢分立，檢察官之屬性重新定位，不再是憲法所稱的「法院」，則檢察官收到人犯之後，自警察逮捕人犯時起算，須於二十四小時內向法官聲請押票，換言之，「檢警共用二十四小時」，較之原先「警察專用二十四小時」，雖有助於保障嫌疑犯的人權，旦似乎亦影響了刑案偵查的品質。參閱羅明通：〈檢警共用二十四小時絕對不夠！〉，台北：《中國時報》，民國八十四年十月二十日，第十一版。

人身體健康發生狀況；⑤等待辯護人時間；⑥等待通譯的時間；⑦經檢察官命令具保或責付之被告；⑧犯罪嫌疑人經法院提審時期，這些相關時間都可排除在二十四小時之外[5]。如此，自警方逮捕嫌疑犯起算，嫌疑犯置於警力控制之下而失去人身自由的時間，當然不只二十四小時，則憲法的規定豈非被陽奉陰違？總之，刑事訴訟法是技術性很強的法規，在制度設計上，固然應以保障人權爲目標，但也必須兼顧實務，否則扞格橫生，甚至侵犯人身自由權，而人權法治和治安衝擊是否能在最短得時間內取得平衡，值得觀察與重視。

(二)不受軍事審判之自由

一般人民犯罪，依刑法及刑事訴訟法的規定，應由普通法院審判之；而軍事審判應以現役軍人犯罪或戰時之特殊情況爲限，一般人民不應受軍事審判，此一原則已為各民主國家所普遍遵行。例如，西班牙王國憲法第十五條規定：「全體人民享有生活及身心完整之權利，在任何情況下不受拷訊，不受不人道或侮辱性之處遇，除於戰時依軍事刑法之規定外，死刑應予廢止。」我國憲法第九條規定：「人民除現役軍人外，不受軍事審判。」亦是依循上項原則而行。

所謂普通法院是指法院組織法所規定的法院，即指地方法院、高等法院、最高法院而言。至於其他法院，如軍事法院、特別法院等，

---

[5]根據修正後的刑事訴訟法第九十三條規定：「偵查中經檢察官訊問後，認有羈押必要者，應自拘提或逮捕之時起二十四小時內敘明羈押理由，聲請該管法院羈押。」依此規定，檢警雙方超過二十四小時後的留置行為，都將被視為違法羈押。由於羈押權從檢方回歸法院，多了檢方向法院聲請羈押的必要程序，因此法務部初步規劃警方使用十六小時，地檢署使用八小時。此外，還加入若干「但書」規定此八種特殊情況之經過時間，並不計算在二十四小時之內，讓檢察機關或警察單位可以較為彈性運用這段偵訊時間。參閱社論：〈重視刑事羈押新制與司法實務之扞格〉，台北：《聯合報》，民國八十七年一月七日，第二版。

則無審問處罰一般人民犯罪之權限。所謂現役軍人，依軍事審判法第二條規定是指陸海空軍軍官士兵現職在營服役者。而各國憲法之所以規定一般人民犯罪不受軍事審判的原因主要係基於普通法院的訴訟程序，係採三級三審制，亦即當事人若對地方法院的裁判不服時，可向管轄之高等法院提起上訴；若對高等法院之裁判仍不服時，可再向最高法院提起上訴，以保障被告之權益。相對地，軍事審判則給人較嚴厲的感覺，且在制度設計和程序正義上不若普通的司法制度[6]。

(三)居住、遷徙自由

居住自由

外國有些憲法學者認為，人身自由和人身不可侵犯權的延長，就是公民每個人的住所及個人物品的不可侵犯，因此必須受到保障。我國憲法第十條規定：「人民有居住及遷徙之自由。」亦即人民有居住自由和遷徙自由。所謂居住自由，即人民居所、住所不受非法侵犯之意。居住為人民靜止之所在，不問其為久居之住所或暫時棲身之地或旅店等，非得居住人之同意，一切軍、警、行政官員或其他人不得無故侵入、搜索或封錮，是為居住處所不可侵犯權。居住自由的觀念，

---

[6]民國七十六年七月十五日解除戒嚴前，軍人犯罪全歸軍事審判，一般人民犯罪，大部分歸司法審判，但如觸犯「戒嚴法」等若干重大犯罪，則歸軍事審判。例如，民國六十八年之高雄美麗島事件、民國七十一年之李師科搶銀行案等，係由軍事審判。同我國一樣，擁有軍事、司法兩套審判系統的國家，固不乏其例，如英、美、韓等國；但祇有司法審判，而無軍事審判制度者，亦有德、法、日、瑞典等國。目前我國軍法審判祇有三級二審，其審判獨立、公開性（因軍事法庭多設在部隊中）等，相較普通司法制度，對人權的保障多有不足，因此有者主張廢除軍事審判制度，或以普通最高法院為軍法機關之終審法院（所謂司法一元化）等改革聲浪。參閱王海南、李太正、法治斌、陳連順、顏厥安合著：《法學入門》（台北：月旦出版公司，一九九四年十一月，二版二刷），p.311。

早爲英國普通法院所承認的一項原則，所謂「住宅爲個人之城堡」（one's house is his own castle），不容侵犯。美國憲法修正第四條規定：「人民有保護其身體、住所、文件與財產之權利，不受無理拘捕、搜索與押收。」日本國憲法第三十五條規定：「任何人就其居住、文書及所持物品等，有不受侵入、搜索及扣押之權利，……非基於正當理由且簽發載明搜索場所及扣押物之令狀，不得侵犯之。」

我國古時漢律即有「無故入人宅，格殺勿論」之重視居住自由的規定。現行憲法第十條僅是原則性的規定，至於詳細保障居住自由的辦法，則以普通法律訂定之。例如，刑法第三〇六、三〇七條對於無故侵入他人住宅，或不依法令（刑事訴訟法、行政執行法、強制執行法等有關規定）搜索他人住宅者，均構成妨害自由罪。

遷徙自由

遷徙自由爲人身自由的延長，所謂遷徙自由，包括旅行自由及擇居自由。我國憲法第十條保障人民有遷徙的自由，但在特殊情形下，則可予以適當的限制：

1.國內遷徙的限制，例如，軍事防護法第五條規定：「軍事設防區，不許人民任意侵入」；傳染病防治條例第二十六條規定：「時疫流行時，行政機關得限制人民出入傳染病流行區域」；破產法第六十九條規定：「破產人非經法院之許可，不得離開其居住地。」

2.國際遷徙的限制，例如，我國人民之出國境與外國人之進入我國國境，必須持有護照。另依國家安全法規定，人民入出境，應向內政部警政署入出境管理局申請許可；未經許可者，不得入出境。民國八十一年七月通過的台灣地區與大陸地區人民關係條例規定，台灣地區人民進入大陸地區，應向主管機關申請許可；大陸地區人民非經主管機關許可，不得進入台灣地區，經許可進入台灣地區之大陸地區人民，不得從事與許可目的不符的活動或工作。

(四)精神自由

在西方的憲法教科書中，一般都強調公民的「精神自由」，有的認為公民精神生活的自由是維持「人類尊嚴」的基本條件，同時也是建立民主制度不可缺少的前提。所謂精神自由，其範圍大抵包括思想、信仰、學問自由、表達自由（言論、著作、出版）等。一七八九年之法國人權宣言第十一條指出：「自由傳達思想和意見是人類最寶貴的權利之一，因此，各個公民都有言論、著述和出版自由。」我國憲法第十一條規定：「人民有言論、講學、著作及出版之自由。」所保障者為人民之意見自由，亦為精神自由之一環。此外，為了保障公民內心的意見自由，有些憲法學者且引申出公民應有「沈默自由」（freedom of silence），即有不說話保持緘默的權利。

言論自由

凡以口頭表達其意見者為言論；所謂言論自由，根據社會科學大辭典的解釋，係指個人在群聚集會或人煙稠密的場所，有發表演說或參加討論問題的一種權利。一般政治學者大都認為言論自由與民主政治的實現，有互為因果的關係。唯有言論自由，民主政治才有可能，也才真實。十七世紀英國詩人米爾頓（John Milton, 1608-1674），因爭取言論出版自由，在國會的陳情演說中曾謂：「殺一個人，不過是毀滅一個理性的動物；而禁止言論出版自由，則根本是扼殺理性。」米爾頓將言論出版自由與理性相提並論，等同一體，乃是通過理性經驗所得之智者之言。也由於言論自由與民主政治有著密不可分的關係，所以現代國家的憲法，無不將言論自由列為人民之基本權利。

綜觀各國憲法對言論自由的保障，無論在文字的表述上如何規定，而在實際運用上，所有的國家都承認一個原則：言論自由並不是一項絕對的權利。在當代成文憲法中，談民權的保障，美國是成效卓著的國家之一，其憲法修正案第一條明確且肯定的規定：「國會不得制定法律，剝奪人民之言論及出版之自由。」從憲法文字上來看，美國人的言論自由是絕對的，但實際上除了一般刑法中爲了保障個人私利所作的限制規定外，爲國家社會安全、秩序、公益，國會曾先後制定了不同的法律，以管制人民危害國家的言論。例如，第一次世界大戰時，美國國會於一九一七年制定了一個戰時限制言論自由的間諜法，以禁止一切妨害政府作戰的言論；一九四〇年的史密斯法，明文取締危害國家安全，鼓吹武力顛覆政府的言論；一九五〇年及一九五四年，先後制定了國內安全法和共黨管制法，以圖對共產黨之顛覆言論與活動作有效的控制。

一般而言，言論自由是指個人在法律範圍之內，均有自由發言之權，其發言內容，不受干涉，但並不是漫無限制者，若逾越法律所規範的限度，仍須依法制裁。我國憲法第十一條保障人民有言論、講學、著作及出版的自由，但是基於「防止妨礙他人自由，避免緊急危難、維持社會秩序，或增進公共利益」之需要，憲法第二十三條又授權立法院得制定必要之法律予以限制，例如，以演說煽惑他人犯罪、違背法令或抗拒合法之命令者，構成妨害秩序罪（刑法第一五三條）；以言語或舉動相侵謾，公然侮辱人者，構成公然侮辱罪（刑法第三〇九條）；意圖散布於眾，而指摘或傳述足以毀損他人名譽之事者，爲誹謗罪（刑法第三一〇條）。至於以善意發表言論而有下列情形之一者，刑法第三一一條則規定不罰：①因自衛、自辯或保護合法之利益者；②公務員因職務而報告者；③對於可受公評之事，而爲適當之評論者；④對於中央及地方之議會或法院或公眾集會之記事，而爲適當之載述者。該條酌採多數國家之立法例，認爲保護名譽應有相當之限制，否則箝束言論，足爲社會之害，故以善意發表言論，而有上述四種情形者，不論事之真僞，概不處罰，凡此皆寓有保障言論自由之意。

講學自由

講學自由爲學問自由（freedom of learning knowledge）之一種。學問自由的觀念，首先從西歐國家一些大學中產生的，主要是在十九世紀拿破崙戰爭時期，一些知名大學學府（例如，德國柏林大學）反對政府當局對學校採取高壓政策，提出「大學自治」、「學術自由」等口號。一九一九年德國威瑪憲法第一四二條明確規定：「藝術、科學及其學理爲自由，國家應予以保護及培植。」第二次世界大戰之後，許多國家的憲法針對該項自由權利作出規定，例如，一九四七年義大利憲法第三十三條規定：「藝術與科學自由，講授自由。」一九四九年聯邦德國基本法規定：「有自由從事藝術、科學、教育和研究的權利。教育自由應忠誠於憲法。」

學術自由（academic freedom）是從「大學自由」的口號發展而來的，主要是指高等學校有學術研究和討論的自由、教授和發表學說的自由，反對官僚體系和威權統治對教育和科學研究的干涉。此外有些人還提出「大學自治」的問題，要求賦予學校維持其內部正常秩序的自己管理自己的權利，嚴禁軍警等當局侵犯大學的自治權。

著作及出版自由

爲了具體實現思想、信仰，就必須賦予保障表達思想與信仰的手段和機會。凡以文字圖畫發表其意見者，謂之著作；以此等著作，從事印刷發行者，謂之出版。出版與著作關係密切，必須先有著作，然後才能有出版，出版的內容，即爲著作。但有著作並不一定都出版；而出版者所出版的出版品不以本人著作爲限，他人之著作，亦可依法予以出版。

就言論、著作和出版三項自由而言，出版自由影響最廣、其範圍亦涵蓋言論自由和著作自由。各國對於出版之管理，約可分爲兩種制度：

1.預防制：所有出版品在出版之前，應經政府之特許或檢查，否則不得發行。實行此制度者，可再分爲四種不同方式：

(1)檢查制：事先檢查出版品之內容，經政府機關之檢查核准後，始可出版。

(2)特許制：即出版品之出版，如報紙、雜誌、期刊等，雖事前不受檢查，但經營出版業者，應先經政府的特許。

(3)保證金制：令出版者事先預繳保證金，以備將來該出版有違法情事時賠償及罰款之用。

(4)報告制：於出版時，即向主管機關報告以備查考，但政府機關不得拒絕其出版。

2.追懲制：是指政府對於出版品之發行，事前並不干預，惟於出版發行之後，發現其有違法之事實，則依法予以懲處。

英、美兩國對於出版品向來採取追懲制，但在戰爭期間，爲維護國家安全，亦曾採用預防制。歐洲大陸國家過去多採用預防制，然隨著民主政治思想的蓬勃發展，現今已有多國憲法明文廢止預防制。一八三一年制定、一九九四年最新修訂之比利時王國憲法第二十五條規定：「出版自由；永遠禁止預先審查制度；不得要求著作者、發行者、印刷者繳納保證金。」義大利共和國憲法第二十一條則規定：「所有人皆有以言論、著作及其他傳播方式自由發表意見之權利。出版不受許可制或檢查制之限制。出版品之扣押，惟於出版法就該出版之犯罪有明文規定得扣押時，或因違反出版法明示負責人之自律規則時，依司法機關之正當授權令始得爲之。」一九七六年制定、一九八九年修訂之葡萄牙共和國憲法聲明出版自由受保障，並於該憲法第三十八條第二項明定出版自由包括：「一、新聞記者及文字工作者的表達與創作自由，其在大眾傳播媒體所採取的編輯取向亦同；但國營傳播媒體、政黨及宗教團體不在此限。二、新聞記者依法享有接近訊息來源的權利、保障職業機密及職業中立的權利，並有權選舉編輯委員。三、成立報社及其他出版社的權利，並不須事先聲請主管機關許可或對之提供保證。」但對廣播和電視台的經營，則規定須依法定要件發給許可並公告之。

依我國現行出版法（19.12.16 公布；62.8.10 修訂）之規定來看，係採預防制中的部分特許制，並兼採追懲制。所謂「部分特許制」，是指新聞紙及雜誌之發行，應以發行人首次發行前，填具登記聲請書報經該管直轄市政府或該管縣（市）政府轉報省政府，核與規定相符者，准予發行，並轉請行政院新聞局發給登記證（出版法第九條第一項）；至於其他書籍出版品，不須經過上述准許之程序，即可逕行出版。所謂「兼採追懲制」，是指出版品登載的內容，違反法律規定之限制，主管機關得爲警告、罰鍰、禁止出售散布、禁止進口或扣押沒入、定期停止發行、撤銷登記等之行政處分（出版法第五章、第六章）。

出版自由固受憲法保障，但出版品的內容並非毫無限制，爲維護國家安全與社會公益，各國對於著作與出版，多採取管理與限制的態度。我國由於出版法對於違法出版品的處罰相當嚴格，監察院恐其妨礙出版之自由，曾就有關規定請司法院大法官會議解釋，針對該項申請，大法官會議於民國五十三年十月七日，作成釋字第一〇五號解釋：「出版法……所定定期停止發行或撤銷登記之處分，係爲憲法第二十三條所定必要情形，而對於出版自由所設之限制，由行政機關逕行處理，以貫徹其限制之目的，尚難認爲違憲。」若出版人不服該項行政處分，得提起訴願及行政訴訟以尋求救濟。

(五)祕密通訊自由

凡用書函、電報、電話、傳真、網路等傳達意思者，均謂之通訊。祕密通訊自由是指人民意思之交流可以祕密方式進行，不受任何政府官吏或他人侵犯之意。近代各國憲法，對於人民祕密通訊之自由均加以保障，但在一些特殊情形下，依法得限制人民該項自由。例如，義大利共和國憲法第十五條規定：「通信及其他通訊之自由與祕密，不得侵犯。前項自由與祕密之限制，唯依司法機關基於法定之正當授權令，始爲有效。」一九九四年最新修訂之德國聯邦共和國基本法第十條規定：「一、書信祕密、郵件與電訊之祕密不可侵犯。二、前項之限制唯依法始得爲之。如限制係爲保護自由民主之基本原則，或爲保護聯邦或各邦之存在或安全，則法律得規定該等限制不須通知有關人士，並由國會指定機關或輔助機關所爲之核定代替爭訟。」

我國憲法第十二條規定：「人民有祕密通訊之自由。」據我國法律規定，所謂「祕密通訊自由」，其涵義爲：①人民通訊不得無故被扣押或隱匿；②通訊之內容不容無故遭人拆閱。依郵政法第十七、二十三、二十四條規定，郵件等非依法律，不得檢查、徵收或扣押；從事郵務人員因職務知悉他人情形者，均應嚴守祕密等。郵政人員如果侵犯人民通訊自由，則構成瀆職罪（刑法第一三三條）；一般人民若侵犯他人的通訊自由，無故開拆或隱匿他人之封緘信函或其他封緘文書，則構成妨害祕密罪（刑法第三一五條）。

通訊自由雖爲憲法所保障，但在特殊情形下，法律得以相當的限制。例如，在戒嚴區內，最高司令官得拆閱郵信電報，必要時並得扣留或沒收之（戒嚴法第十一條第四項）。而未成年人之通訊得由家長或監護人拆閱；法院檢察官爲偵查犯罪得拆閱嫌疑犯的通訊書信等。

(六)信仰自由

信仰自由的問題在歐美國家被視爲是極重要的問題，許多國家不得不在憲法中作出詳細的規定，例如，瑞士憲法對宗教問題以四條十四款的篇幅作出規定，而我國憲法除於第七條宣示宗教平等的精神外，復於第十三條保障人民有信仰宗教之自由。

所謂信仰自由其本意是指追求脫離教會的束縛，使人民有精神思想的自由。因爲在中世紀至十五世紀末，教權高張，甚至科學研究也受到教會的壓抑和支配，例如，哥白尼（Nicolaus Copernicus, 1473-1543）的地圓說被教會視爲邪說，最後被教會判刑活活燒死。所以思想自由或信仰自由是從宗教的束縛中解放出來的，而宗教自由的保障又是宗教改革的結果。在中世紀，羅馬教支配一切，歐洲人民大多隸屬於「天主教會」（catholic church），教會的首腦爲羅馬教皇，其下分爲各教區及各級主教與牧師，當時不僅是政教合一，而且是教控制政，教會權力超越國家權力之上。十六世紀初期，一批代表資本主義勢力的新教徒（Protestant），不滿教會的專橫起而反抗，這一運動起於一五二〇年至一五七〇年間，歷史學家稱之爲宗教改革（Reformation）運動。領導這一運動的有馬丁·路德（Martin Luther, 1483-1546）、喀爾文（Calvin，原名 Jean Cauvin, 1509-1564）等。改革的結果，歐洲出現與羅馬教廷對立的改革教會派（reformed church），其中在法國的稱爲耶穌新教徒；在英國的稱爲清教徒；在蘇格蘭的稱爲長老派教徒。從羅馬教廷來看，這些都是「新教徒」，因其勢力越來越大，欲以武力尋求宗教信仰的統一已不可能，所以當時有些政治家提出彼此容忍的主張。一六八九年英國通過容忍法案，同時承認各教派的存在，不再誣指異教爲邪教。

宗教信仰自由有兩個涵義：

1.公民對教義的信仰不受干涉，換言之，公民有信仰任何宗教與不信仰任何宗教的自由，國家不得強制公民信教或不信教，例如，德國威瑪憲法第一三六條規定：「任何人皆無宣告其宗教上信仰的義務。」

2.信教公民舉行和參加宗教儀式不受干涉，國家也不得強迫公民舉行任何宗教儀式。相對的，憲法之保障信仰自由，並不保障反社會的信教行爲。例如，以宗教信仰爲由而拒絕向國旗敬禮或服兵役的事件，最早曾發生於美國。美國憲法第一修正案保障人民享有宗教信仰之自由，但這個規定並不保障任何個人可以宗教信仰爲由，而豁免其違法的責任或守法的義務，當然當事人可以法律違憲的理由提起訴訟，甚至告到聯邦最高法院，最後也可能獲得勝訴，但無論如何，遵守正當法律程序，卻是不容破壞的基本原則。換言之，宗教信仰自由，並不能對抗合憲的法律。

爲了保障公民宗教信仰自由，西方國家的憲法一般都作出具體的規定，例如，①宗教與國家分離，不規定國教制；②宗教與政治法律分離，即公民不因信仰不同而影響其在政治上和法律上的地位，公民不分宗教不同一律平等；③宗教與教育分離，即在公立學校中不應設立宗教課程，不強迫學生參加宗教活動；④國家對任何宗教結社（教會、教派、宗派、教團、修道會、司教區等）的宗教團體一視同仁，禁止賦予某宗教團體以特權。

(七)集會與結社的自由

人不能離群索居，而人類生活隨文化進展、社會發達，也擴大了人們團體生活的範圍，而近代文明國家的憲法一如保障個人自由般，保障人民的團體生活。「集會」爲人們暫時的團體生活或集體活動；「結社」則爲特定多數人之一種較長久的結合。集會與結社雖均爲人民集體活動之一種，但二者仍存有顯著的不同，例如，結社必須具有永久性、有一定的規章、有固定的組織等。茲分別說明如下：

集會自由

按各國法律對於集會自由的限制，大抵有兩種方式：

1.預防制：是指在集會之前，須向警察機關辦理一定的程序。如取得警察機關的許可，或是向警察機關報告。

2.追懲制：在集會之前，不受任何機關的干涉，不須向警察機關報告或是取得其許可，僅於集會發生違法行爲時，始依法處理。

英、美等老牌民主國家對於集會自由，一如人身自由、言論自由般，採取追懲制。人民集會，不論是政治性或非政治性的、屋內舉行或屋外舉行、參加人員的身分職業等，事先均不須取得警察機關的許可或向其報告，唯有在集會有違法行爲發生時，才依法處罰之。歐洲大陸國家對於人民之集會，大抵區分爲政治性集會或非政治性集會、屋內集會或屋外集會、勞工集會與非勞工集會，對於政治性集會、屋外集會、勞工集會，大多採取預防制；而非政治性集會、屋內集會、非勞工集會等則採追懲制。例如，比利時王國憲法第二十六條規定：「比利時人依規定行使集會權之法律，得和平、不持武器，且不須先經核准而集會。但該條文不適用依違警法規定的露天集會，而露天集會應完全適用違警法律。」德國基本法第八條規定：「一、所有德國人均有和平及不攜帶武器集會之權利，毋須事前報告或許可。二、露天集會之權利得以立法或根據法律限制之。」

我國憲法第十四條規定：「人民有集會及結社之自由」且爲保障人民集會、遊行之自由，維持社會秩序，於民國七十七年一月公布施行動員戡亂時期集會遊行法，動員戡亂時期終止後，復於民國八十一年七月修正該法為集會遊行法以為規範。依該法第二條規定，所謂「集會」是指於公共場所或公眾得出入之場所舉行會議，演說或其他聚眾活動。而「遊行」是指於市街、道路、巷弄、其他公共場所或公眾得出入之場所之集體行進。室外集會、遊行，應向主管機關申請許可，但依法令規定舉行者、學術、藝文、旅遊、體育競賽或其他性質相類的活動；宗教、民俗、婚喪、喜慶活動，不在此限。室內集會毋須申請許可，但使用擴音器活其他視聽器材足以形成室外集會者，以室外集會論。

民國八十六年十二月五日司法院大法官開啓憲法法庭，就反核人士聲請解釋集會遊行法違憲的案件[7]，舉行言詞辯論；此是大法官在行憲四十多年之後，首次面臨正式闡釋憲法上集會遊行自由範圍的機會。集會遊行法在憲法法庭中受到的挑戰有三項：

1.集會遊行法採取許可制，給予警政機關有從事事前審查的權力，乃有違反憲法上言論自由保障的高度質疑。

2.集會遊行法可否禁止人民以集會遊行的方式主張共產主義或分裂國土？這是高度政治性的議題，但卻也是大法官必須正面回答之有關言論自由保障問題。

3.運用刑罰處罰違反集會遊行法的行為，是否合憲？此牽涉刑罰與行政罰的界限為何，以及罪與罰應該比例應對的問題，也是法學上值得釐清的重大難題，嚴肅考驗釋憲者的智慧[8]。

---

[7]本號解釋是環保人士於民國八十二年十月四日，為抗議台北市政府違法傾倒廢土，向台北市警察局申請集會遊行，未獲准許，於同年十月九日強行遊行，民國八十四年四月間被高等法院依違反集會遊行法論處罪行，其乃於同年七月聲請大法官釋憲。

[8]參閱社論：〈保障人權是憲法的終極目的——對集遊法釋憲辯論的省思〉，台北：《中國時報》，民國八十六年十二月六日，第三版。

一般而言，任何一種言論若不會招致「立即而明顯的危險」，即應受到保障。更精確的憲法觀念是，以和平而非暴力方式表達思想，也並未達到「教唆」行爲程度，不足以立即引起犯法行爲，即使是爲多數所不同意的意見表達，也應該受到尊重與保障，不容政府恣意限制處罰。

民國八十七年一月二十三日大法官會議作成釋字第四四五號解釋，宣告集會遊行法部分條文違憲，即起失效。可是大法官並未宣告集會遊行法第四條「不得主張共產主義或分裂國土」兩原則違憲[9]，但大法官認爲該法第十一條第一款以違反上述兩原則爲不許可的要件，使主管機關有權審查人民的政治言論，作爲是否許可集會遊行的準則，已違反憲法保障表現自由之意旨，應自解釋公布之日起失效。大法官同時宣告集會遊行法第十一條第二款「有事實足認爲有危害國家安全、社會秩序或公共利益之虞者」及同條第三款「有危害生命、身體、自由或對財物造成重大損害之虞者」等兩項不予許可的規定違

[9]民國八十一年七月修正原動員戡亂時期之相關法規而成並生效的〈國家安全法〉第二條：「人民集會、結社，不得主張共產主義，或主張分裂國土。」人民團體法第二條：「人民團體之組織與活動，不得主張共產主義，或主張分裂國土。」和〈集會遊行法〉第四條：「集會遊行不得主張共產主義與分裂國土。」此三法皆規定人民集會、結社、遊行不得「主張共產主義或分裂國土。」解嚴迄今已逾十年，政治、社會歷經極大的變化，民眾也已漸漸習於多元的政治立場和主張，民意並有將各種政治主張納入民主憲政體制內解決的趨勢，故大法官會議第四四五號解釋當屬符合時代的需求，但解釋的本身似仍有所不足，例如，未直接認定「集會遊行不得主張共產主義或分裂國土」違憲，則對於〈國家安全法〉、〈人民團體法〉的相同規定是否違憲，自然不會產生骨牌效應。此外，該號解釋理由書尚認為，在集會遊行「許可後」，如有「主張共產主義或分裂國土」的情形，主管機關仍可以據〈集會遊行法〉的其他條文，施予處罰。換言之，大法官認為，以「主張共產主義或分裂國土」來「申請」集會遊行，不可以拒絕；但申請許可之後，「集會遊行中」出現了主張共產主義或分裂國土的行為，還是可以禁止。參閱社論：〈四四五號解釋仍有為德不卒的遺憾〉，台北：《聯合報》，民國八十七年一月二十四日，第二版。

憲[10]。對於申請人質疑違憲的「集會遊行法第二十九條對不遵命解散之首謀者科以刑責」，解釋文認爲，這是「立法自由形成範圍」，並與憲法第二十三條規定尙無牴觸。

結社自由

人民結社，大抵可分爲兩類：

1.以營利爲目的的結社，如公司。

2.不以營利爲目的的結社，又可細分爲政治結社（如政黨）與非政治結社（如職業團體：農會、工會、商會、律師工會、醫師工會等；社會團體：婦女團體、宗教團體、慈善團體、學生團體等）。

各國憲法和法律對於結社自由的限制，與集會相同，採預防制或追懲制。過去歐洲大陸國家對於結社多採預防制，目前的潮流則趨向追懲制。例如，比利時王國憲法第二十七條規定：「比利時人有結社權；結社權不受任何預防措施之限制。」德國基本法第九條規定：「一、所有德國人均有結社之權利。二、結社之目的或其活動與刑法牴觸或違反憲政秩序或國際諒解之思想，應禁止之。三、保護並促進勞動與經濟條件之結社權利，應保障任何人及任何職業均得享有。凡限制或妨礙此項權利爲目的之約定均屬無效；爲此而採取之措施均屬違法。」義大利共和國憲法第十八條規定：「國民有自由結社之權利，毋須事前許可，但以結社之目的爲刑法對個人所不禁止者爲限。祕密結社及以軍事性組織直接或間接求達政治目的之結社，皆禁止之。」

[10]大法官釋字第四四五號解釋文指出，這兩項條文均有欠具體明確，對於在舉行集會、遊行前，尚無明顯而立即危險之事實狀態，僅憑將來有發生之可能，即由主管機關作為准否之依據，與憲法保障集會遊行之意旨不符，亦應自解釋公布之日起失效。關於該法第九條第一項但書偶發性集會、遊行得於二日前提出申請的規定，解釋文認為對於此等偶發性集會、遊行，不及於二日前申請者、不予許可，與憲法保障集會遊行之意旨有違，亟待檢討改進。

二、經濟權

憲法第十五條規定：「人民之生存權、工作權及財產權，應予保障。」

(一)生存權

是指人民爲維持其生存，得向國家要求予以扶助的權利。對於有生存能力的人民，國家不得剝奪其生存的權利；對於無生存能力的弱勢人民，國家應積極作爲保障其生存。我國憲法第一五五條第二項規定：「人民之老弱殘廢、無力生活及受非常災害者，國家應予適當之扶助與救濟。」第一五六條規定：「國家爲奠定民族生存發展之基礎，應保護母性，並實施婦女、兒童福利政策。」在改善國民生活、提高醫療品質方面，憲法第一五七條規定：「國家爲增進民族健康，應普遍推行保健事業及公醫制度。」目前政府已開辦全民健康保險，普遍照顧老弱傷殘等生理、經濟上的弱勢者。

(二)工作權

是指人民在社會上有選擇適當工作之權利。我國憲法第一五二條規定：「人民具有工作能力者，國家應予適當之工作機會。」憲法保障工作權之目的最終在保障人民之生存權，其保障的內容主要有：

1.國家不得剝奪或侵犯人民的工作權。
2.人民有向國家要求給予工作以謀生活的權利。
3.人民得要求國家保護其工作安全。
4.工作的結果或所得，必須足以維持其生存。

針對上述需求，國家應有相關立法配套，例如，嚴禁奴隸制度、開辦失業保險、最高工作時數和最低工資基準等。憲法第一五三條規定：「國家為改良勞工及農民之生活，增進其生產技能，應制定保護勞工及農民之法律，實施保護勞工及農民的政策。婦女兒童從事勞動者，應按其年齡及身體狀況，予以特別之保護。」如民國八十七年五月，立法院在朝野一致的共識下，快速通過勞動基準法第三十條之一修正案，規定農、林、漁、牧業以及新納入勞動基準法適用範圍之行業的女性勞工於妊娠、哺乳期間，不得於夜間工作；換言之，從懷孕開始到子女一歲之前，不能在晚上十時到翌晨六時之間工作。此外，為協調勞資合作，憲法第一五四條規定：「勞資雙方應本協調合作原則，發展生產事業。勞資糾紛之調解與仲裁，以法律定之。」

同樣地，對於人民工作權之保障並非毫無限制的，例如，違法營業之禁止（販賣毒品、槍械、彈藥等）、須具備專門知識者之資格限制（醫師、工程師等），以及從事之工作有違反憲法第二十二、二十三條之規定者，非但不受憲法之保障，更應以法律規定限制之。

(三)財產權

法律上的財產概念是指人與資源之間的關係。財產權使得擁有者能對資源的使用、消費和移轉作出決定。至於哪些資源可以被用於這些目的，在各種法律制度中則是千差萬別，特別是取決於文化價值和技術發展的狀況。在許多國家的憲法中都保護「財產」，但什麼是「財產」卻取決於什麼被給予（或應當被給予）憲法保護。

保護財產的正當理由

十八世紀美法大革命時代均認為財產權是天賦人權之一，其與人民之身體、居住、信仰等自由權同是與生俱來的，因此，個人對於所擁有之財產，有使用、收益、處分或毀棄的絕對自由，國家或他人不得加以侵犯。康德（Immanuel Kant, 1724-1804）關於個人自治的觀念曾謂：「顯而易見，確認財產權是劃定一個保護我們免於壓迫的私人領域的第一步。」財產是自由的基本要素，從而對於作爲道德存在的人的自我表現也是不可少的。從這個意義上說，財產權是一種不可剝奪的「自然」權利，從洛克以來的政治哲學幾乎都奉爲聖律。另有一種實質上是功利主義的觀點：財產被視爲是促進經濟福利和社會效率一個不可或缺的工具，若對人民勞動結果不加保護，人們就會喪失生產的動力。而一個包含有自由轉讓權的財產制度，將可保證社會資源流到被估價最高的用途上，使社會效用最大化。不管其憲法原型是取自英國、美國還是法國，或是直接源於其他政治或意識形態源泉，許多憲法都對私有財產的神聖不可侵犯有所宣示。據一九五六年的一項調查顯示，在當時有效的成文憲法中，有四十四個國家載明了這樣的條款。

限制財產權的正當理由

即使信奉財產權的強烈概念與其不可剝奪性的制度，也會出現必須限制財產權的情形，因爲市場失靈會阻礙社會福利目標的出現。從社會的富有層向貧窮層進行資源再分配，是二十世紀許多工業化社會的一項國策，而達到此一再分配目標的不可少手段——徵稅，將不可避免地侵犯到財產權的絕對性。

從來就沒有哪個制度否認過政府的「徵用」權，重要的是有關徵用的法律限制。美國憲法有關財產權保護的核心是一七九一年生效的增修條款第五條：「凡未經法律正當程序不得剝奪任何人的生命、自由或財產；凡私產、非有公正補償，不得收爲公有。」之後，增補條款第十四條亦規定：「各州不得未經正當法律程序，即行剝奪人的生命、自由或財產。」這些條款包含著兩個意思：「正當程序」和「公正補償」。所謂「正當程序」的要求是指，透過法律和舉辦公聽會或類似程序，明顯地防止行政權力的任意行使；美國最高法院從正當程序條款中引申出一些更嚴格的限制及更廣泛的司法審查權力。而「公正補償」可能是對抗政府一系列干預之最有效的武器。其他國家憲法制定者對因襲美國之「正當程序」一詞並不是很情願的。一九五五年發表的一份研究報告指出，有幾個國家（例如，澳大利亞、愛爾蘭、印度等），曾積極考慮將「正當程序」入憲，但最終仍遭否決，這種抵制並不是針對作爲合法性和公正程序要求的正當程序而來，而是有鑑於美國最高法院一九三七年以前關於「實質性正當程序」的獨特經驗，引起這些國家對過度膨脹的司法權及阻礙社會改革的恐懼。

在英國的憲政模式運作下，補償並不是一項憲法權利，只有一個公認從未偏離過的慣例存在，那就是立法者若是要行使主權進行徵用，就必須提供補償。在美國，徵用財產的公共目的實際上是不受限制的，甚至包括爲保存審美價值而徵用，當然「公正補償」是不能迴避的。補償的「充分」、「公正」、「合理」原是司法或准司法機關判定的事，但在當代也寫進了大多數工業化國家的憲法之中。一八三一年比利時憲法第十一條規定：「除爲公共目的依照法定程序，並予以公平補償外，任何人之私有財產均不應予以剝奪。」一九四七年義大利共和國憲法第四十二條規定：「法律承認並保障私有財產，但法律爲了保證私有財產能履行其社會職能並使人人均可享有，得規定獲得與使用私有財產的辦法，以及私有財產的範圍。爲了公共利益，私有財產在法定情況下得有償徵收之。」

我國憲法規定人民之財產權應予保障，爲亦有其限制，例如，對財產所有權之限制，我國憲法第一四二條規定：「國民經濟以民生主義爲基本原則，實施平均地權，節制資本，以謀國計民生之均足。」第一四三條規定：「中華民國領土內之土地屬於國民全體。人民依法取得之土地所有權，應受法律之保障與限制。私有土地應照價納稅，政府並得照價收買。附著於土地之鑛，及經濟上可供公眾利用之天然力，屬於國家所有，不因人民取得土地所有權而受影響」。

美國憲法也沒有把土地改革排除在「公用」之外，在其他國家，農業改革和土地改革已成為公認的經濟發展的必經之路——剷除土地占有的障礙，把地權分給農民和村社，以鼓勵耕種，重整地塊提高效率，引進新的耕作灌溉制度等。這些國家一般都沒有足夠的資金進行「完全」補償，若嚴格使用「正當程序」，有可能對發展造成嚴重阻礙。更重要的還是政治因素：地主的權力與他們手中的田產難分難解地糾結在一起，而鼓舞憲法變革的人民力量，經常是對準這些權力擁有者。台灣地區自一九四九年四月起開始進行「三七五減租」、「公地放領」、「耕者有其田」等土地政策和經濟建設計畫，逐步調整社會結構，縮小貧富差距，算是世界各國土地改革最成功者之一。

三、司法受益權

司法上的受益權，憲法第十六條規定：「人民有請願、訴願及訴訟之權。」

(一)請願權

依請願法（43.12.18 公布施行；58.12.18 修正）第二條規定：「人民對國家政策、公共利害或其權益之維護，得向職權所屬之民意機關或主管行政機關請願。」同法且規定：人民對於依法應提請訴訟或訴願之事項，不得請願。人民請願時，不得有聚眾脅迫、妨害秩序、妨害公務或其他不法情事，違者，除依法制止或處罰外，受理請願機關得不受理其請願。

(二)訴願權

依訴願法（19.3.24 公布施行；68.12.7 修正）第一條規定：「人民對於中央或地方機關之行政處分，認為違法或不當，致損害其權利或利益者，得依本法提請訴願、再訴願。但法律另有規定者，從其規定。」該法所稱「行政行為」，是指中央或地方機關基於職權，就特定之具體事件所為發生公法上效果之單方行政行為。中央或地方機關對於人民依法聲請之案件，於法定期限內應作為而不作為，致損害人民之權利或利益者，視同行政處分。例如，司法院（民 34 院解字 2928 號）謂：「公立學校聘請教職員係屬私法上之契約關係，學校當局之解聘並非行政處分，如在約定期限屆滿前無正當事由而解聘者，該教職員自得提起民事訴訟以資救濟，不得提起訴願。」

人民提起訴願，須以官署之處分致損害人民的權利或利益為前提，所謂損害人民的權利或利益是指原處分所生具體的效果，致損害其確實的權利或利益而言。如果人民對於普通法院所為之民事裁判有所不服，僅得依法定程序向上級管轄法院提起上訴或抗告，不得依行政爭訟方法提起訴願或行政訴訟。

(三)訴訟權

是指人民於權利受損害時，向法院提請訴訟，請求為一定裁判的權利。依我國憲法第七十七條規定：「司法院為國家最高司法機關，掌理民事、刑事、行政訴訟之審判」參照第一百三十一條規定：「選舉應嚴禁威脅利誘。選舉訴訟，由法院審判之。」可知憲法保障之人民訴訟權包括四種：民事訴訟、刑事訴訟、行政訴訟、選舉訴訟。

民事訴訟

乃人民的法益，被他人非法侵害時，請求法院爲一定裁判之爭訟。

刑事訴訟

乃人民之權利因他人犯罪而受侵害時，提起訴訟，請求國家適用刑罰規定，科犯罪人以刑罰之爭訟。

行政訴訟

爲人民因中央或地方官署違法處分，致損害其權利，經訴願、再訴願之程序，向行政法院提起之爭訟。依行政訴訟法（21.11.17 公布；64.12.12 修正）第一條規定：「人民因中央或地方機關之違法行政處分，認爲損害其權利，經依訴願法提起再訴願而不服其決定，或提起再訴願逾三個月不爲決定，或延長再訴願決定期間逾二個月不爲決定者，得向行政法院提起行政訴訟。逾越權限或濫用權力之行政處分，以違法論；已向中央各院提起之訴願，以再訴願論。」例如，台北縣政府違法徵收人民的土地，該土地所有權人（某甲），即可依訴願法之規定，向台北縣政府的上級機關——台灣省政府，提請訴願，希望台灣省政府對台北縣政府之處分重新加以審查，並以行政程序，停止或撤銷原處分。若某甲對於台灣省政府的處分不服或不滿意，可再向台灣省政府的上一級機關——行政院內政部提起再訴願，如果對內政部的裁定仍有不服，最後還可向司法院之行政法院提請行政訴訟，請行政法院以審判程序審查該項處分或決定而爲一定之裁判，以求最後的司法救濟。

由是可知，訴願權是對行政機關行使的，而行政訴訟則是經過訴願、再訴願的行政程序之後，請求行政法院以「審判程序」予以司法救濟。

選舉訴訟

係人民因某種選舉違法，請求法院判決其選舉無效或當選無效之爭訟。

四、受教育權

我國憲法第二十一條規定：「人民有受國民教育之義務與權利。」此所謂國民教育即憲法第一六〇條所規定之：「六歲至十二歲之學齡兒童，一律受基本教育。」國家對於學齡兒童應強迫其入學受教育，因民爲國本，掃除文盲是現代文明國家最基本的要求。依國民教育法規定，國民教育以養成德、智、體、群、美五育均衡發展之健全國民爲宗旨。凡六歲至十五歲之國民，應受國民教育；已逾齡未受國民教育之國民，應受國民補習教育。六歲至十五歲國民之強迫入學，另以法律定之。國民教育分爲兩階段，前六年爲國民小學教育，後三年爲國民中學教育。對於資賦優異之國民小學學生，得縮短其修業年限；但以一年爲限。若學齡兒童不入學，因其未達成年，並無負擔法律責任之能力，依「強迫入學條例」，應由其父母或監護人代爲負擔不履行受國民教育義務之責任，先予以勸告，再次警告，最後處以罰鍰，此外，仍限期強迫其兒童入學。

五、參政權

憲法第十七條規定：「人民有選舉、罷免、創制及複決之權。」有關選舉、罷免、創制、複決這四項政治權利，多數國家的憲法於「人民的權利」專章中較少規定，我國憲法非但於第十二章專章規範外，於第二章中亦有相關條文的保障。這四種政權的行使，是中山先生憲政思想中所堅持的，其認爲要體現主權在民，實現全民政治的理想，一定要訓練人民行使四項政權，以管理政府的五項治權（行政、立法、司法、考試、監察），實現萬能政府、專家政治的理想。有關憲法所保障之此四項政治權利內容，擬於本書第五章詳細論述。

我國憲法第十八條規定：「人民有應考試服公職之權。」所謂「應考試」之權是指人民具有法定資格者，無分男女、宗教、種族、黨派等，均得參加考試。而「服公職」之權是指凡具有法定資格的公民，均得擔任公職的權利。依憲法第八十六條的規定：公務人員的任用資格和專門職業及技術人員執業資格，應經考試院依法考權銓定之。故應考試權實爲人民服公職及執行專門職業的先決條件。而所謂「公職」，依司法院大法官會議釋字第四三號解釋：「憲法第十八條所稱之公職，涵義甚廣，凡各級民意代表、中央與地方機關之公務員及其他依法令從事於公務者皆屬之。」雖然具有法定資格者的人民，享有服公職的權利，但並不意味著，具有法定資格者，國家必須給予公職。

六、人民自由權利的限制及損害救濟

憲法爲人民權利的保障書，我國憲法序言中明示「保障民權」，爲制定憲法的目的之一，憲法第二章所列舉之各項人民權利，均由憲法直接予以保障，列舉以外的其他自由權利，若不妨害社會秩序、公共利益者亦受保障。

憲法第二十三條規定：「以上各條所列舉之自由權利，除爲防止妨礙他人自由，避免緊急危難，維持社會秩序或增進公共利益所必要者外，不得以法律限制之。」意在防止立法機關濫權侵害或限制人民之自由權利。由是亦可知，我國憲法對人民權利之保障係相對保障，而非絕對保障。

憲法第二十四條規定：「凡公務員違法侵害人民之自由或權利者，除依法律受懲戒外，應負刑事及民事責任，被害人並得依法律向國家請求賠償。」民國六十九年七月二日公布，七十年七月一日施行的國家賠償法爲關於國家賠償責任的專屬法律，依該法第二條第二項規定：「公務員於執行職務行使公權力時，因故意或過失不法侵害人民自由或權利者，國家應負損害賠償責任。公務員怠於執行職務，致人民自由或權利遭受損害者亦同。」

七、人民的義務

人民的義務是指人民居於被動的地位，依據法令規定，服從國家的統治權的支配，而有所作爲或不作爲。世界各國憲法，除保障人民的基本權利外，亦皆規定了人民應盡的義務。例如，瑞士聯邦憲法第十八條規定：「瑞士之男性均有服兵役的義務。法律規定民防組織。爲聯邦服役而犧牲生命或受永久傷殘之士兵本人或其家庭，在其需要時，均有權自聯邦獲得救濟。士兵免費受領第一套武器、裝配、服裝，依聯邦法律之規定自行保管之。」

我國憲法關於人民義務的規定方式，係採列舉式，主要有納稅、服兵役和受國民教育三種。關於履行義務的方法，皆規定於各種義務有關法律之中，如所得稅法、兵役法、國民學校法、強迫入學條例等，義務人若不履行義務時，是爲義務之違反，依法應予以制裁之，得爲行政上之強制執行或處以行政罰，如逃避兵役或逃漏營業稅款，則分別依妨害兵役治罪條例或營業稅法之規定，科以罪行、罰鍰或並得停止其營業，以資制裁，若不服該制裁者，得以依行政救濟程序或司法上的訴訟程序請求救濟。

3 國家、政府與人民

- 國家與人民的關係
- 政府的起源和分類
- 晚近政府與人民的關係
- 萬能政府的當代意義

現代政治學對「國家」（state）的解釋是指人民、領土、主權和政府等諸種要素所構成的政治狀態。亞里斯多德曾謂：「人是政治的動物」，概由於人類有種種基本需求，復有各種高遠理想之追求，故無法離群索居，而不得不組織政治社會，以滿足生活上的需求及實現其所欲的目標，此即國家誕生之由來。政府是國家的組成要素之一，雖早於國家而產生，但隨國家的發展而發展。在不同的歷史階段，由於經濟和政治條件的不同，人們對政府的期望亦有所差異，而政府機構的組織也因此明顯不同，一般而言，隨著人類文明的演進，政府機構的變化本質上是一個不斷而複雜化的過程。自有信史以來，「無政府」的思想雖時有所見，但始終未曾被實現，相對地，人們總是在探求所謂最適當的政府形式。

第一節　國家與人民的關係

人類社會經常出現一種奇特的現象，一方面人們愛好自由、追求自由，另一方面卻處處要受國家的管理和約束；在非常時期，一旦國家號召人們為延續此一「大我」的生命而犧牲時，人們又會為了國家的光榮，不惜彼此兵刃相見，以血肉之軀築成國家的長城。因此之故，國家的精神為何？國家權力的本質為何？國家代表何種利益？經常是政治思想家們熱烈討論的問題，而在眾多相對立的國家理論中，對國家的起源、發展及對社會的影響都有不同的解釋。

多數學者發現國家均由統治者和被統治者的關係形成，如果無此種關係存在，即無所謂國家。為什麼人類會建立「國家」這樣的組織？人民與國家之間的關係為何？亞里斯多德認為：人本是政治動物，既欲追求至善，又有合群的天性。而且從此兩種天性出發，非結合成爲國家，人們即無法得到滿足。故其認爲國家的形成是從人類的內心要求而自然產生的。

十九世紀德國唯心學派學者黑格爾（G. W. F. Hegel, 1770-1831）則指出，社會存在的三種重要「時段」爲家庭、市民社會和國家。他強調在家庭中由於一種「特定的利他主義」（particular altruism）運作，促使人們將照料下一代和老人當作他們的利益之一。相對的，市民社會被視爲是一個「普遍的自利主義」（universal egoism）的領域，每個人視他們自己的利益比其他人還要來的重要；而國家則是由「普遍的利他主義」（universal altruism）所強化的倫理社群。黑格爾強調國家所主持的公道標準是最崇高且最偉大的。公道的標準無時無刻不在演進之中，以個人有限的生命去追求崇高的公道標準殊不可能，而國家有無涯的生命，且能匯集眾人的心智結晶以表現最正確的公道標準，且歷史的使命，只有國家才能完成。由此推論服從國家的人最道德，也最爲自由，國家雖然有時表現的極不合理，但此不合理是向合理目標前進的必須過程。該說法替國家之強制服從找到一個合於理性的答案——國家既爲最高的善，則有理性的人，必然自動地服從國家，而反抗國家者，即是作惡，對作惡之人予以制裁，不僅使其走出迷途重歸真我，對國家、對個人均是有益之事。柏拉圖（Platon, 427-347B. C.）的「哲學家皇帝有無所不包的權力」，盧梭的「國家主權異常絕對」，黑格爾的「國家是上帝在人世間的運行」，大體上都屬於上項觀點。當然也有許多學者持批評的立場，認爲執政者可能爲自私的獨裁者，國家的行動也不一定是合理的，且國家強制的結果必然爲個人自由的限制，不會產生唯心主義者所說的昇華作用。

另有許多人認爲國家乃壓迫者的工具，統治者與被統治者的關係是由征服的方式產生，國家永遠代表征服者的利益，以武力去壓制被征服者，此即政治學中相當著名的國家「武力起源說」。

西元十七、十八世紀的政治思想家，因深恨專制君主的殘暴統治，在窮究國家的本源時，假設人們本來生活於沒有國家的自由社會中，爲何卻要成立「國家」？他們從「人爲理性動物」的前提來推論，認爲人民絕不會無緣無故建立各種組織來限制自己，故國家等組織必然爲保護人們的安全及利益而存在。此即所謂「國家器械論」，爲契約論者所倡導的學說，其主要看法爲國家是人類所創造者，用來滿足大家要求的一種器械。洛克的《政府二論》（*Two Treatises on Government*, 1690）和盧梭的《社會契約論》（*Social Contract*, 1762），雖各有不同的說法，但皆認爲國家爲人類所設計的一種工具，其作用與蒸汽機相同，無非是便利人生。洛克和盧梭的國家工具觀是指國家是一切組成份子的公器，與馬克思（Karl Marx, 1818-1883）主張「國家是統治階級的工具」有所不同。

基本上，國家不是上帝的賜予，而是因應人們的需要而產生的，但人們的需要會因時代的變遷而有所不同。人們的需要是多方面的，基於理性、慾望、環境、意志等的交互作用，經濟、倫理、文化、權勢都可能是需要。在人們不同的需要下，國家的性質、權力和作用也會大異其趣。在二十世紀中期以後，經歷「全球化」歷程的洗禮，國家的角色和重要性備受衝擊，例如，聯合國和歐洲聯盟等國際整合與超國家組織的角色日益重要，而歐洲聯盟的成員身分明顯地有損於國家主權，各國對貨幣政策、農業政策、國防、涉外事務等決策權，逐漸轉由委託歐洲聯盟組織制定，而不是由個別的國家定奪，在在對國家的作用進行挑戰。但不可否認，迄今國家的影子幾乎仍籠罩在人民的每一項活動之中，從教育到經濟的管理、從社會福利到公共安全、從內政到國防，國家都對之進行管制、監督、授權或委任，甚至人民的私人生活領域，例如，結婚、離婚、墮胎、同性戀、宗教活動等，最終還是得臣服於國家威權之下。

多數思想家認爲國家與人民的關係，屬於統治與被統治的關係，也就是強制與服從的關係。然統治的關係是否必須出諸於強制？被治者的服從，是否一定是強制所得的結果？是頗堪翫索的課題。雖然法學家強調法律的重要性，認爲國家中的秩序是由法律建立起來的，但政治學者們深入觀察後，發現國家中一般人民的日常生活，受治於共同的理念，而非受治於法律。所謂「理念」（ideology），即是社會所提供的是非善惡的評判標準。它有時是社會的風俗，有時是先哲的格言，又有時是普通人的信仰，以種種不同的形式銘烙於各個人的心智之中。理念多數由家庭爲傳授的所在，父母對子女所作的獎勵與禁止，不知不覺把原有的理念移交給下一代人們。多數人在他們的活動中很少考慮法律條文的規定，而大家的行動不致過於分歧，就因大家接受此共同理念的緣故。理念是一個社會中無數「應該」與「不應該」的總體，因之很難對其作詳盡的描述，但人人日常受其規範，而且很少人懷疑它的作用。理念的形成，毋須經過及頒布等程序，也不必由政府的強制執行。它是大家於實際生活的體驗中歸納出來的原則，國家法律與此理念的關係，通常是法律接受理念的原則，但巨變的時代，也可能是法律來領導一新的理念。法律接受理念的原則時，法律的推行易；法律領導新理念時，法律的推行難。革命的政權常須賴酷烈的手段以貫徹其法令，及因革命的政權創造新理念之故（鄒文海，《政治學》，pp.36-37）。國家秩序的維持，有賴共同理念的維持，否則一部分人主張改變此理念，而另一部分的人卻堅決不肯放棄，此時理性的說服往往無法產生作用，衝突事件或訴諸武力的發生機率陡增，而政府與人民可能形成對立狀態，治者強制而被治者反強制。

第二節　政府的起源和分類

一、政府的起源

所謂「政府」有廣義與狹義之分，廣義的政府是泛指依法行使國家權力的一切機關，包括立法機關、行政機關和司法機關等；狹義的政府是專指執行法律、政策，負責國家事務的行政機關。關於政府的起源，可粗分爲「有機論學派」和「契約論學派」，前者以亞里斯多德、阿奎那（Avicenna, 980-1037）、休謨（David Hume, 1711-1776）等人爲代表，他們認爲政府是由於社會的需要而自然產生的。契約論學派對政府的起源和目的，與有機論學派截然不同，是以「自然狀態」爲設立政府前之個人生活狀態爲先決條件，而政府契約的成立是每個人同意放棄各自獨立的條款。該學派最著名的代表者爲霍布斯、洛克和盧梭。

二、政府的分類

古今中外，對政府制度有多種不同的分類方式，亞里斯多德在討論大部分人都可以過的、且不需要有特殊的民族傳統或特殊教育的「可能最優政體」（the best possible state；the best practical state）時，先以「公益」或「統治者的利益」而分爲二大類，再以「最高治權的執行者」人數的多寡爲標準，於每一類中把政府再細分爲三種。一爲公益的（true form；正常的）可分爲：君主政體（royalty）、貴族政體（aristocracy）和混合政體（polity；constitutional government）；

另一爲統治者利益的（perverted form；變態的）可分爲：暴政（tyranny）、寡頭政治（oligarchy）和民主政治（democracy）。後來各國的學者們大多承其學說並有所發展。此外，亞里斯多德認爲任何政府都有三種機構：司法（judicial organ）、行政（system of magistra）、立法（deliberative organ）。但其並無今日三權分立的思想，而是認爲應該有上述三種機構履行三種功能，一般大眾所參與的是立法與行政工作，有權參與立法、司法工作的人稱爲「公民」。在古希臘時代，司法是獨立於行政之外的，其認爲司法代表人民、保護人民，所以主張司法與行政系統的分離，古羅馬亦是如此，但在中國則是合而爲一的。

爲政府分類的目的在化繁爲簡，以利於認識、分析和解釋。在進行政府分類時，首先釐清現代國家與政府概念的不同。就理論而言，國家爲人民、領土、主權以及政府的全體，而政府僅爲國家所設立的機關，應該很容易區別，但在討論實際政治問題時，國家與政府卻又幾乎變成涵意相同的名詞。沒有一個國家沒有政府，但並不能說政府就是國家，十九世紀以來政治學者重要的努力之一，即在區別國家與政府。多數人之所以常常把國家與政府混爲一談，是因爲政府每每以國家的代理人自居，除此之外，因爲國家有主權，政府有權力，而主權與權力又極爲相似。實際上，主權與權力有重要的區別，政府的權力是出於主權的授與，且受主權的限制。主權爲國家最高之權力，一般論者主張主權有永久性、普遍性、不可分性、不可限制性和不可移讓性。政府的權力可說是因職務而產生的便宜行事之權，因職務而生，隨職務之終了而消滅，與主權之永恆性質不同。而權力可由特定的人行使，例如，總統的權力可交由當選總統之人行使，教育部長的權力可以交由受命爲教育部長之人行使，但主權則必須由公民全體行使。我國憲法第二條規定：「中華民國主權屬於國民全體」，故我國之主權，應由國民全體所掌有，政府公務員和民意代表，非真正主權所有者，其一切權力，係由全體國民透過法令規定所賦予，以代表人民行使主權，因之，其一切行爲均須對全體國民負責。

(一)君主制和共和制

對於政府的分類，會因分類的標準不同而不同。例如，依選擇國家元首的方式作爲分類標準，可以將政府分爲「君主制」和「共和制」。

君主制

君主制作爲一種政體，是指以君主（國王或皇帝）爲國家元首的政權組織形式。而所謂「君主立憲制」是指某些國家中君主（國王、皇帝、天皇等）爲世襲之國家元首，但其權力由憲法規定，受到一定限制的國家政權組織形式，目前仍採用君主制的國家約有三十個（亞洲十四國、歐洲十一國、非洲三國、大洋洲二國）。

共和制

共和制是君主制的對稱，共和制的法律特徵是：「人民主權」原則，國家權力機關和國家元首由選舉產生，並有一定任期。國家元首權力的大小由憲法和其他法律規定。共和制最早產生於西元前五世紀的古希臘和古羅馬等國家，目前大多數的國家是採此制。

(二)單一制和聯邦制

以地域性分類作爲分類標準，可將政府分爲「單一制」和「聯邦制」。

單一制

在對外關係中，單一制國家是國際法的主體，國內各行政區域的地方政府不具有國家的外部特徵，目前多數國家採單一制，例如，英國、法國、日本、義大利等。實行單一制政府體制的國家，其地方官員的產生及其權力的大小，各國並不相同，有的實行任命制，有的實行選舉制；有的地方政府權力很大，有的則較小，但不論權力大小，都是中央政府所賦予的，地方政府都必須服從中央政府的領導，中央政府對其權力可隨時收放。

聯邦制

聯邦制是由許多分子邦組成國家，稱為「聯邦」（federal state），其特徵為：

1.聯邦國之組成、中央政府與各邦政府及各邦的權力和相互間權限之劃分，係由憲法規定，直接受憲法保障。關於權力的分配方式，各國不盡相同，一般可分為二種情況：一是在憲法中對聯邦政府的權力一一列舉，除了憲法明文禁止各邦或各州行使者外（例如，不得締結條約、發行貨幣等），其餘一切權力均屬於各邦或各州，如美國憲法規定「剩餘權」屬於各州。二是與上述情形相反，凡未明文授予各邦或各州的權力，則一概為聯邦所有。如加拿大憲法對各邦的權力採列舉規定，對聯邦權力則採保留規定。

2.組成國家的各邦，對內雖有自己的立法機關和行政機關，有自己的憲法和法律，但對外則無國際法人的資格，聯邦國的國民有統一的聯邦國籍。聯邦有統一的憲法和法律，若各邦的憲法和法律和聯邦憲法和法律衝突時，則以聯邦憲法和法律為準。設有最高立法機關，一般實行兩院制；設有最高行政機關，即聯邦政府，統一行使國家的立法、外交、軍事和財政等主要權力。美國是最早實行聯邦制的國家，其後，加拿大、德國、瑞士、澳大利亞、阿根廷、墨西哥、馬來西亞等國也採用。

(三)民主政制和威權政制

以政府是否對人民負責來分類，一般稱該政府是實行「民主的政府體制」或「威權的政府體制」。

民主政制

「民主」（democracy）一詞源於希臘文，由 demos（人民）和 kratie（統治）衍生而來，原意爲「由人民進行統治」。從西元前五世紀中葉，希臘人首次使用此詞至二十世紀之前對「民主」存在著諸多不同的解釋。一般而言，民主政治是一種生活方式，若民主作爲一種政府的組織型態，其應遵循的原則至少是：主權在民、政治平等、大眾諮商、多數統治。

1.主權在民：要求政府作政治決策的根本權力和最終的決定權應屬於全體人民，而非一個人或少數人或某一統治階級手中。這是「民主政治」的核心概念，其餘三者爲其邏輯推論而得。

2.政治平等：在群體中的每個成員都能平等的取用政治權力，有同等的機會參與政府的決策過程，每個成年公民擁有相同的投票權，都列入計數，且票票等值。此外，在選民面前必須有真正的競選者，使選民做真正的選擇，同時每一社會成員必須有平等的機會來說服他人，或被他人說服，而後選擇競選者。

3.大眾諮商：此涉及兩個要件，其一是一個民主國家必須有某種機制，讓公職人員知道什麼是人民希望採行的公共政策。其二是確知民心所欲後，公職人員不管本身贊成與否都得付諸實行。大眾諮商原則要求關於什麼樣的公共政策最能促進人民利益時，基本上是由人民自身來決定。換言之，某一政策的決定是否為「民主」的，取決於「政策是如何制定的」，而不在於政策的內容。

4.多數統治：民主政治的大多數決策，最後總會變成在不同觀點中做一抉擇，問題是，一個民主政府在「主權在民」的原則下，如何決定意見相左的團體，哪一個獲勝？實際政治運作中有不同的方式，理論上只要政府決策的程序始終獲得人民中半數加一的贊同，且只要同樣比例的人數可以隨時修正這些程序，就符合了多數統治的原則。

威權政制

威權主義（authoritarianism）是一種與民主政制相對的政府體制，其特徵為國家主權集中於一個人或少數人手中，為少數統治。威權政治的統治當局可能是一個人（有的人稱之為獨裁 dictatorship），如納粹德國（1933-1954）的希特勒、蘇聯（1922-1953）的史達林、利比亞（1969-迄今）的格達費、古巴（1959-迄今）的卡斯楚。它也可能是少數人掌權，通常稱之為寡頭政治，例如，史達林死後蘇聯政治局的運作；或是在不同時期統治拉丁美洲國家的軍人團體。威權政治有各種不同的統治形式，獨裁者或寡頭執政團也可能是由繼承獲得權力，如古代東方的專制體制和非洲摩洛哥的哈桑二世國王（Moulay Hassan Ⅱ, 1961 年即位迄今）；或是在內戰中推翻原先的政權而取得權力，例如，一九三九年四月西班牙的佛朗哥（Francisco Franco）率領軍隊攻占馬德里，正式結束內戰，開啓近四十年的獨裁政權；或是先以民主的程序取得合法地位，再消滅異己以取得權力，如德國希特勒（Adolf Hitler, 1889-1945）之納粹主義統治。此外，一九二二年義大利墨索里尼（Benito Mussolini, 1883-1945）奪取政權後實行法西斯黨領導的獨裁體制，和伊朗神權政治中之柯梅尼（1980-1988 年兩伊戰爭，1989 年 6 月逝世）的基本教義派體制等均屬此類。

在一九八七年出版的《布列克維爾政治制度百科全書》（*The Blackwell Encyclopaedia of Political Institutions*）中，政治學者芬納（Samuel E. Finer）曾歸納威權政治的特徵爲：

1.以大眾討論和投票作決策的方法，大致或全部被統治當局的決策所取代。

2.統治者不受憲法約束，而且可以強硬執行他們所決定的任何政策。

3.統治者所擁有的威權並不一定要而通常也不是來自於政府的同意，而是來自統治者所擁有的特質，一些異於常人的個人魅力或特殊智能。

(四)內閣制、總統制和委員制

若是以行政權與立法權的功能與互動機制來分類，可將政府粗分爲「內閣制」（cabinet system；parliamentary system）、「總統制」（presidential system）、「委員制」（council system）等。

英國是議會內閣制的發源地，現代各國立法制度無論爲內閣制或總統制，甚至「半總統制」，多少均有從英國議會制度沿襲或者改造而來的痕跡。例如，前蘇聯的蘇維埃制和中華人民共和國的人民代表大會制，其運作的規則在某些方面也和內閣制相似。西方國家的立法制度大原則上（如天賦人權、主權在民等）大體相同，但在具體制度的建構上則各有特色，其有關內容將安排於本書第四章中作介紹。

第三節　晚近政府與人民的關係

一、凱恩斯革命的衝擊

(一)世界經濟大危機的發生

歐戰結束以後，中山先生極力主張國際共同開發中國，欲利用戰時之機器、人力，一方面助長中國實業之發達，另一方面幫助各國戰後工人問題之解決，惟他並未能如願，依中山先生所述，結果是：「我國失一速進之良機，而彼竟陷經濟之恐慌。」世界性的經濟恐慌，於中山先生晚年即已顯露，中山先生逝世後，情況益加惡化。在一九二九年至一九三三年之間，大蕭條、大衰退（the Depression）終告爆發。貿易空前萎縮，銀行紛紛倒閉，失業人數激增，生產力大幅下降，有組織的勞工、農民、工廠消費者團體，因此都向政府尋求協助，以改善收入和謀求經濟安定。爲了滿足此一需求，政府權力的擴張，遂成爲西方社會的主要事實。

傳統的新古典經濟學因無法解釋爲何發生大規模的生產過剩和失業而陷入危機，促使人們對統治西方經濟思想長達百餘年之久的傳統信念，即「市場機制的自發運作能使一切生產資源獲得合理配置和充分利用，因而『自由放任』是經濟獲得迅速發展的最佳政策選擇」之理念，得以進行深刻的反省。

(二)新政的提出與福利國家的出現

在經濟一片恐慌聲中於一九三二年就任美國總統的羅斯福（Franklin Delano Roosevelt, 1882-1945），上任後即大力推行新政（New Deal），其理論是：「市場的能力有限，且通常後果不良，國家應該在限制商業、調整收入和福利不平等方面，扮演一個主動角色。」（張承漢，民 79，p.188）據此，政府遂進行其對市場經濟的干預，以收預防和調和之效，俾幾決危機，但並無任何瑣碎的辦法，損及個人及企業的經濟自由。孫殿伯教授形容爲：「這是第一個民主政府從實際經驗中體認到其本身對全民的經濟利益有其應負之責任，並勇敢的作統籌全局之謀，以發揮政府在經濟方面的功能。這不僅拯救美國於極端困難之境，更爲一個民主政府應有之責任與功能，做了一次成功的實踐，也爲現代民主國家政府定一新型。」（孫殿柏，民 74，p.166）

自一九三〇年代美國的「新政」實施之後，特別是第二次世界大戰之後，便因各種社會福利措施的先後推出，形成了所謂福利國家（welfare state）的紛紛出現。由此可見，人民在經濟大危機之後，對政府的態度已由消極轉爲積極，大多數人要求政府有所作爲。

(三)凱恩斯的政府觀

美國的「新政」雖收到一定程度的效果，緩和並舒解了當時的經濟危機，但它的理論尚未系統化，猶不能充分說明何以國家干預可補充市場供需的自由調節之不足的理由。

對新古典學派關於自行調節的資本主義概念的主要挑戰，是英國經濟學者凱恩斯（John Maynard Keynes, 1883-1946）在世界性大蕭條的背景下，於一九三六年出版的《就業、利息和貨幣通論》（*The*

General Theory of Employment, Interest and Money, 1936）一書中所發起的。大蕭條似乎從經驗上證明新古典學派關於經濟穩定概念的失敗，並導致對它的主要政策處方的懷疑，其處方是：由於長期來看存在著傾向於均衡的自動趨勢在蕭條和失業期間，政府只應起一種中性的作用。凱恩斯則認爲在這樣的情況下，積極的政府行動是必要的，而正是這一主張代表了他對資本主義思想的主要貢獻。他認爲政府的責任，就是利用相機抉擇的貨幣政策和財政政策這些工具，來保證國民資源的充分就業——這也是凱恩斯革命的基礎。

瑞典的米爾達爾（K.G. Myrdal, 1974 年諾貝爾經濟獎得主）、波蘭的卡萊茨基（M. Kalecki）等人在各自研究的情況下，獲得凱恩斯理論非常相似的結論，即「資本主義經濟在市場力量的作用下，必將導致經濟長期不振，因此，政府唯有廢棄自由放任政策，運用財政政策和貨幣政策來調節社會消費和投資總量，才能熨平經濟週期，達到充分就業和穩定增長的目標。」（李任初，1991，p.2）但由於凱恩斯在掙脫舊傳統的過程中，創立了關於國民收入怎麼決定的現代宏觀經濟學體系，從而爲戰後西方國家實施經濟總量管理提供了一個便於運用的基礎理論，它的學說在經濟新思潮中獨占鼇頭，因此，這一運動被稱爲「凱恩斯革命」。

(四)凱恩斯革命的影響

凱恩斯主義顯然迎合了時代的需要，吸收了大批的追隨者，在第二次世界大戰後的二十五年期間，它風靡了西方世界，成爲西方資本主義國家制定政策的指導思想。西方國家推行凱恩斯主義的結果，刺激了西方經濟的發展，但另一方面，又使資本主義固有矛盾累積起來，從而使西方世界在六十年代後期以後，出現了長期困擾西方政府和凱恩斯主義者的「停滯膨脹」頑症。西方各主要國家在經濟上所遭遇的困境不僅爲經濟自由主義思潮的重新興起，提供了良機，而且也爲主張經濟自由主義的學派提供了攻擊凱恩斯主義的彈藥。

二、各國政府角色的調適

二十世紀三〇年代到六〇年代，提倡政府干預的凱恩斯主義是各國政府制定經濟戰略和政策的主要依據，並且有了相當程度的表現，首先，國家的社會管理職能不斷改善，管理機構設置逐步健全。其次，政府對國民的收入和再分配的能力不斷提高，政府對經濟干預和調節的範圍擴大，作用增強。但一九七三年第一次石油危機發生後，各種經濟政策和思想，紛紛被用來解決此一難題，試觀各國所採行的策略。

(一)美國

歷史上美國人大都支持保守主義的若干原則，對政府採取懷疑的態度。一九二九年的經濟大恐慌，使大多數美國人改變了想法，認爲要想使經濟復甦，必須有一個強有力的政府執行經濟計畫，後來因與德、日交戰，又不得不依賴強大政府的領導。自羅斯福總統實行「新政」以來，一直到一九七〇年代，此一所謂「自由主義」思潮，影響美國大部分的政經措施，至八〇年代各種保守主義思想再度重現，政府的角色受到質疑，雷根（Ronald Reagan）總統在就職演說中便指出，政府本身是一個問題而不是解決問題的途徑。因此，一九八一年在他上任不久之後，即把三〇年以來新政趨向的政治措施徹底改變，通過大量減稅方案，減少社會福利支出，廢除許多立法方案，並放棄聯邦政府在保障少數民族權利與受歧視者方面所擔任之角色。

(二)英國

一九七九年五月，柴契爾（Margaret Thatcher）夫人入主唐寧街十號後，一反前任工黨政府熱衷於國家干預經濟和國有化政策，改採美國芝加哥大學弗里德曼（Milton Friedman）教授所創立的貨幣主義，希望經由限制政府干預經濟，發揮個人的創造力，實行市場經濟，使英國擺脫困境，促使經濟成長。因此，自一九八一年起，英國實行有史以來最大規模和最廣泛的私有化。柴契爾夫人長達十年的執政，其所造成的影響，自然是極爲深遠的，因此有人斷言：在英國實行社會主義的可能性已被排除，甚至實行凱恩斯主義都很困難。

(三)法國

二次大戰後，法國歷屆政府基本上奉行凱恩斯主義經濟政策，一九七六年以後，政府曾試行「新自由主義」經濟政策，但經濟成長率連年下降，失業率和通貨膨脹率都達到戰後最高程度，導致季斯卡（Giscard de Estaing）總統連任失敗。一九八一年五月，社會黨在總統選舉和議會選舉中同時獲勝，密特朗（Francois Mitterand）總統執政後，再度轉向凱恩斯主義，加強國家干預，大規模實行國有化，使法國的國有化程度躍居西歐首位。但社會黨先膨脹後緊縮的經濟政策都未奏效，法國經濟遇到了很大困難，擴大國有化後，法國企業對外競爭力也未加強，貿易逆差增加。社會黨的國家干預政策，既然明顯失敗，自由化思想和政策自然成爲替代的選擇。一九八六年三月議會選舉的結果，右翼聯盟獲多數席位組閣，新閣以市場經濟爲出發點，主力整理財政，實行經濟自由化，否定前社會黨政府的國有化政策。

(四)西德

和英、法兩國不同，它自戰後未出現過國有化，政府向來以社會市場經濟理論爲政策的指導原則，認爲政府的責任不應是直接干預私營企業的經濟事務，仍必須是制定和執行私人經濟活動所應遵守的規則，鼓勵競爭，爲市場經濟的順利進行創造適當的環境。(李任初，1991，p.10)但此一理論並非一成不變，大致經歷了三個階段：

1.在六〇年代末期以前是有限調節的社會市場經濟。

2.此後則變爲加強國家干預的全面調節的社會市場經濟，亦即在市場資本主義經濟膨脹的壓力下，凱恩斯主義對西德經濟政策的影響逐步增大，經濟增長速度則明顯減慢。

3.爲了擺脫困境，一九八三年科爾(Helmut Kohl)政府又將其改造爲適度干預的社會市場經濟，重新強調發揮私有作用。

(五)北歐諸國

在素以「福利國家」見稱的北歐各國，諸如挪威、瑞典、丹麥、芬蘭，自一九八〇年代起，亦都明顯的轉向保守主義的經濟思潮，減少稅收、減少政府干預、減少財政赤字的若干主張，成爲各國經濟政策的主流。

(六)東歐和前蘇聯

由於受到蘇共總書記戈巴契夫(Milhail Gorbarchev)自一九八六年中，推動「開放」改革的影響，在政經方面產生了極大的變化，原先各國採用「蘇聯模式」的社會主義國體，共產黨一黨專政，中央計畫經濟制度，現在則因共黨集團的瓦解，而使各國或多或少的採納市場經濟。戈巴契夫雖誓言擁護社會主義，強調要用社會主義的尺度來衡量一切成績和錯誤，要「走向更美好的社會，而不是離開它。」一九九一年十二月下旬，俄羅斯總統葉爾欽接受美國新聞週刊社記者訪問時，曾批評戈巴契夫的「經濟重建」是試圖把完全無法協調共產主義和市場經濟調合在一起，而他改革失敗的結果，造成了共產世界的分崩離析，有人因而著書立說揚言：「歷史的終結」，也使社會主義在各國成爲選舉的「票房毒藥」之意識形態。例如，瑞典社會民主黨在一九九一年九月及法國社會黨和英國工黨分別在一九九二年三、四月的大選中均先後失利。

總結晚近世界各主要國家的發展經驗，應可看出經濟自由化是一種明顯的趨勢，政府積極干預的政策雖然曾在二十世紀中葉廣被採用，但在世紀末葉似乎已限於窮途末路。

三、台灣經驗的啓示和省思

(一)以民生主義為指導原則

民生主義以「養民」爲目的，依中山先生之意，人民有向政府要求食、衣、住、行等生活需要之滿足的權利。若標榜以養民爲目的的經濟，那麼政府必須負起經濟行政的責任，這和亞當斯密（Adam Smith, 1723-1790）時代，以個人主義爲重心，強調自由競爭的放任政策，要求政府在經濟活動中置身事外，在概念上可以說是完全兩樣。中華民國政府自民國三十八年播遷來臺後，即以民生主義爲指針及藍圖，並進而發展出具體的政策與措施，大力從事經濟建設，遂有成爲亞洲四小龍之一的成就。

(二)政府介入經濟活動的手段

政府介入經濟活動的手段有下列幾項：

1.經濟計畫：自民國四十二年至七十年，中華民國政府實施了五期的四年計畫，一期的六年計畫，第六期四年計畫中途放棄。上述各項計畫和民國八十年起推動的「六年國家建設計畫」，及先前的「十項工程建設」、「十二項社會經濟建設」、「十四項重要建設計畫」，都是政府指導經濟活動進行的明證。

2.財政和貨幣政策：包括政府採彈性原則決定公共支出的多或少、增加國家稅收、鼓勵僑外投資、管制外匯、利率和匯率等。

3.發展公營企業：首先，凡關鍵性和獨占性產業多收歸公營。其次，公營生產事業產值所占製造生產總值，曾高達 56%，後雖節節下降，但目前仍占 10%左右。再次，公營事業對全國資本形成的貢獻，一度至 45%，近年仍有 20%。最後就對政府收入的貢獻而言，公營事業繳庫盈餘則占了 20%。此外，對於創造就業機會、穩定物價等方面，公營事業也都有其不可否認的貢獻。

4.移轉支出：政府有計畫地推行各項社會福利政策，已逐步完成公保、勞保、農保及民國八十三年開辦的「全民健康保險」，以此推行所得的重分配。

(三)萬能政府有助於經濟發展

海耶克（F.A. Hayek）教授素以反社會主義聞名，他也反對現代自由主義者傾向於企求透過政府的功能，進行財富的重分配。但台灣經驗卻清楚顯示：政府的介入與經濟成長的加速有正面的聯繫。而令〈國家與台灣經濟發展〉一文作者阿姆士頓特別感興趣的是，何以在軍事防衛優先於發展，以及軍方在國家機制中占絕對優勢之下，情況爲何仍然如此有效？她認爲現有的討論尚無法解惑(Alice H. Amsden, 1985, p.99 ）。此一問題與「萬能政府」有關，即由於在台灣「政府萬能」的觀念早已深植民心，使政府官員有較大的空間可藉此發揮，加以過去四十年來在威權體制之下，政府可以抗拒群眾利益團體的壓力，而自由介入經濟事務，並追求最高的效率。對台灣經濟發展貢獻頗多的李國鼎資政曾歸納出台灣經驗的四要項，其中「政策和改革的連續性」及「政府提供福利措施注重效率和資源的有限性」兩項與政府的作爲有關[1]，此或可爲筆者上述觀點作一佐證。然而，晚近台灣各方面的發展，特別是民意的高張和民意代表威權的膨脹，實在值得我人民對政府的態度加以省思。

(四)民意政治的本質不變

二十世紀之初，中山先生在民權主義第一講中指出：現在是民權時代，這是世界潮流，是沒有方法可以抵抗的。然則在人類文明即將進入二十一世紀的前夕，世界潮流有無改變？試觀以下諸點事實：

1.英國前首相柴契爾夫人曾因強硬實行「人頭稅」（poll tax）引發軒然大波，繼任首相梅傑（John Major）爲爭取民心，不得不屈從民意，廢除該稅制，以新的地方稅來取代之。

2.美國總統布希（George Bush）爲順利競選連任，不得不於一九九一年十二月簽署一項耗資一千五百一十億美元的運輸法案，欲藉由政府增加公共投資，修建地鐵、公路等各項公共設施，來刺激經濟

[1]另兩項為「在工業化過程中，台灣持續發展農業部門，大量投入資本財和人力」及「出口不但有助成長，而且可有效運用資源」。參閱李國鼎：〈追求現代化——中華民國在台灣的發展經驗〉，台北：《工商時報》，民國八十年二月一日，第四版。

成長，俾討好選民。一九九二年柯林頓於競選策略上提出減少中產階級稅賦的政策以打擊共和黨候選人布希，此外還提出增加公共建設支出，以創造就業機會的政見，並加重富人及大企業的所得稅，基本上「減稅」是一般大眾所樂見與支持的。

3.歐洲主要國家，法、德、義近年的選舉，原執政黨均見失利，在在說明選民藉由選票抒發心中的不滿情緒，他們已不願再忍受現任政府在諸多方面的表現無力和治絲益棼，終使主政的傳統政黨遭挫，選民們可渴望由新朝新政來創造新局。

由此可見，當前各國的政治，本質上仍是以民意為依歸的民主政治，因政府的去留由民意來決定，故各國政府制定政策前，必須先探詢民意之所在。

(五)民意的趨勢

研究社會福利的香港大學周永新教授認為：「英國保守黨和美國共和黨於七〇年代上場，並且長期執政，顯示人們歡迎的並不是那些承諾為人民謀取最大福利的政黨，而是那些限制政府權力範圍，讓人民承擔更大責任的政黨。政治取向的轉變，顯示人們對過往『福利國家』的理想失去信心，他們也不認為政府能有效的改善他們的福利。」但周教授這一段話是否意旨人民不再寄望政府有所作為呢？他接著說：「人們並不否定政府的功能，也不是提議取消各種集體性的社會福利措施；事實上，工業發達國家仍採用『福利國家』的制度，但人們已不願意把全部責任交給政府，他們明白政府可以做的，實在非常有限。」（周永新，1990，pp.29-30）周教授雖在大作中宣示了人們對政府無能的失望，但他並未能證明人民已經不再指望政府有能。

《柴契爾夫人的革命》一書的作者彼得詹金斯（Peter Jenkins）指出，在柴契爾夫人長期主政之下，英國人的態度已有相當大的轉變，此新態度的出發點是個人主義，而不是集體主義，它認爲私有制優於國有制，認爲工會會員的權利重於工會的權利，認爲保持健全的貨幣比啓動經濟更爲重要。但是，如果說這種態度有著一種新的共識的要素，它卻仍然沒有擴展到福利國家制度方面，人們依然認爲福利首先應由國家負責，醫療衛生、社會保險和教育等都應當用公款來提供。依詹金斯之見，英國人並未因基本心態的轉變，而放棄對政府的要求。

中山先生在民生主義第四講中曾言：「我們現在要解決民生問題，也不是要解決安適問題，也不是要解決奢侈問題，只是要解決需要問題。」儘管他在這裡語意不十分明確，並未交代需要問題解決之後政府是否要更進一步解決安適問題，據筆者多年教學經驗，大學生們仍大多認爲政府解決人民生活問題，應以安適程度爲目標。

由此可見，人民渴望有爲的政府實不分中外、古今。就政治運作而言，「政府一定要介入經濟活動，這是出於實際的需要，並不是用任何自由經濟理論可以解釋或推翻的。只是需要注意的一點是，政府規模不能膨脹太快，膨脹太快超過了實際的需要，就會像美國那樣，反而得到反效果。至於傅利曼他們一派人說現在思潮正在走回頭路，這是不對的。歷史事實有時相似，但絕不會重演；思想潮流可以迴旋，但絕不會倒流。無論世界或美國現在的思潮流行什麼，絕不會回到十九世紀。」（王作榮，民 79，p.51）政府的作爲可以有程度深淺之別，但絕不可能完全的放任。

(六)自由化的省思

如前所述，自一九八〇年代以來，「自由化」成爲世界經濟發展的趨勢。許多開發中國家紛紛奉爲規臬，發展經濟學（development economics）似乎已告結束。於一九九二年出版之《國家與市場——新自由主義與發展政策的辯論》一書（論文集）的作者們，不畏來自全球的批評，在各自的論文中堅稱新自由主義（neo-liberalism）大部分是錯的而傳統的發展經濟學卻大部分是對的！（Cristopher Colclowgh and Janes Manored, 1992, p.97）新自由主義者的中心思想——「不完全的市場比不完全的政府做的更好」在書中大受反對者的質疑，被要求「拿出可靠的證據來」！假如該書作者的觀點是對的，則發展中國家之轉向市場經濟，將會是一場災難。

正如同一般開發中國家，我國政府亦深受時代趨勢的影響，自一九八五年起推動經濟「自由化」，行政院經濟建設委員會對所謂「自由化」曾詮釋如下：「自由化」（liberalization）係針對原有不當管制或限制而來，因此其意義與「解除管制」（deregulation）爲同義語，而不是一般所認爲的放任不管或無爲而治（laissez-faire）。而經濟自由化的精神，係指任何經濟活動，除非具有自然獨占、外部性或變動比較利益等特質，致市場機能（market mechanism）無法充分發揮，否則應尊重價格機能，減少不必要干預，俾創造公平競爭的環境，以增進資源使用效率。經濟自由化並不是無政府狀態（anarchy），相反地，自由化更需要政府的正面參與，政府除了必要時隨時主動減少或去除不必要的行政干預外，更須制定一套公平合理的競賽規則（rule of game），以利自由化的遂行，對市場機能無法充分發揮功能的經濟活動，尤須政府適度地加以干預，爲此，政府的角色必須視時空的變化作必要的調整。由此可知我國官方對「政府角色」的認知，與上文所述世界主要國家執政當局的體會，有著明顯的距離。不但政府如此，一九九二年初，全國經濟會議提出要求政府作爲的結論多達數百條，可知民間亦對政府頗有期待。數年前，各界爭相指責「六年國家建設計畫」的不當，但批評的重點多在於「計畫草率，倉促提出」，卻較少有人從根本上質疑其爲違反自由化的計畫經濟。朝野對政府的角色如此器重，固然是所謂「台灣經驗」使然，但何嘗不是因長期以來受萬能政府理論的「薰陶」所致？經濟「自由化」雖是世界性的趨勢，但就我國的國情而言，則必須先行考量民意是否接受此一趨勢，依目前民意看來，社會大眾對有爲政府仍有諸多期待，故政府不宜貿然隨波逐流，放棄國家的自主性和基本立場。

第四節　萬能政府的當代意義

「萬能政府」是孫中山先生在政治學理上的一項主張，呂亞力教授推崇其爲我國近世少數具有獨創見解的政治理論家之一。中山先生主張分開權與能，即人民有權，政府有能，如此一來：「人民有了很充分的政權，管理政府的方法很完全，便不怕政府的力量太大，不夠管理」人民反抗政府的態度便可以改變，而政府有了五個治權，「無論什麼事都可以做」；「政府有了這極大的能力，有了這些作工的門徑，才可以發出無限的威力，才是萬能政府」以謀人民的幸福。

從中山先生有關的言論和著作中，我們以可清楚地發現：他基本上肯定政府有積極、正面的功能和價值，所以他曾明白指出：「國家的責任，是設立政府，爲人民謀幸福。」也因此，他所要建構之萬能政府的大前提在於人民對政府有極深的期許，即依中山先生本人的認知——必須先是人民對萬能政府多所期待和支持，才有下一個問題：「要怎樣才能夠把政府變成萬能？」以及另一個問題：「變成了萬能政府要怎樣才能聽人民的話呢？」的依次提出，這三個一貫相連的問題，正足以反應中山先生建構其萬能政府理論的思想脈絡，本節擬從這三個問題的層次解析「萬能政府」的當代意義。

一、萬能政府仍然是可欲的

十九世紀的經濟異端有兩個共同的特點，一是否定自由放任的原則，二是對古典經濟學展開批評，而社會主義便是當時最具影響力的異端之一。儘管社會主義的流派甚多，但「鼓吹集體行動及公有企業，以改善群眾的生活；至於公有企業的所有權可委諸中央政府、地方政府或合作企業」，則是社會主義者共同的信仰之一（林鐘雄，民68，pp.157-158）。倫敦蒙難後，中山先生深受社會主義思潮的影響，具體而言，他立志要在落後的中國，實行「國家社會主義」，亦即他要通過政府的力量來改造社會，「如果有了好的政府，社會文明便有進步，便進步得很快。」能爲人民謀幸福的政府，勢必廣受人民熱烈歡迎，此即中山先生力倡萬能政府的根本理由和原始動機。

二十世紀三〇年代的世界經濟大危機，促使人們對主宰西方經濟思想長達百餘年之久的：「市場機能是使一切生產資源獲得合理配置和充分利用的最佳政策選擇」此一傳統信念進行了深刻的反思。自六〇年代末至八〇年代初期，國家調節市場的各項政策呈現出效率遞減，甚至是產生反效率的明顯跡像。英國保守黨和美國共和黨於七〇年代末期掌權，並長期執政，顯示人們所歡迎的已非承諾爲人民謀最大福利的政黨，反而是主張限制政府權力範圍、讓人民承擔更大責任的政黨。此政治取向的轉變，顯示人們對過往「福利國家」的理想失去信心，他們也不認爲政府能有效的改善他們的福利。由此可見，在八〇年代，人民對政府的態度已有所轉變，政府的能力受到質疑。之後，東歐、蘇聯共產政權瓦解，象徵著社會主義的式微和自由主義精神的大獲全勝。日裔美籍學者福山（Francis Fukuyama）在“The End of History？”一文中宣稱：「在今日自由主義政治已成爲唯一選擇的道路。」有人則認為：自由化已經成為二十世紀最後十年的時代精神，例如，中國社會科學院政治研究所前所長嚴家其教授曾批評瑞典的大弊病之一是政府的全能主義，即政府代替人民做了太多與社會生活無關的事。然則瑞典政府的全能主義，與中山先生的萬能政府論，似乎頗為雷同。批評前者，不免要波及後者。總之，政府力量從管轄人類經濟生活的領域中撤退，已成為一種明顯的趨勢。

惟若因此而遽論：民心已不再期待政府有能，甚或謂萬能政府論已不符合時代潮流，則仍然大有商榷的餘地。首先，人們並不是否定政府的功能，亦非提議取消各種集體性的社會福利措施，事實上，工業發達的國家仍採用「福利國家」制度，人們之所以不願把全部責任交給政府，是因為他們明白政府可做的實在十分有限。其次，人是政治的動物，只要有人類就有政治，有政治就有政府，雖然政府不時地受到抨擊，但「無政府」終究只是人類一種渺不可及的理想。《明日資本主義》一書的作者李甫基（Henr Lepage）雖敢於攻擊政府，推崇自由經濟，但他承認：「其實，我不鼓吹拆掉政府；相反的，我是在鼓吹加強它做正經事的效率。……在這樣的社會組織中，即使政府干預的範圍大為縮小，政府在其主要功能上（保證國防的安全與維持交換機制的公平運作）反而會更強有力——也更得民心。」（夏道平等，1988，p.258）既然政府是必要的，則思考政府未來的重點顯然在於如何使其迎合當代人對它的期望：為所應為，止於至善。故萬能政府論被提出的時代背景雖已大異今日，但人們對於政府有能的要求，並未因時空的差異而稍有鬆懈。中山先生的萬能政府論固然是出自其個人的主觀願望，但作為一種政治主張、見解，高度理想性是不可或缺的。

二、五權分立以萬能政府爲目標

中山先生在民權主義第五講中，提出萬能政府的兩個例子，一是俾斯麥執政時的德國政府，另一是堯舜禹湯文武諸帝的政府。由此二例，我們可以推知，他所謂的萬能政府必須具備兩個條件：政府必須具有很大的能力及政府必須由具有才能和政治道德的人們組成。在民權主義第六講中，他進一步指出：行政、立法、司法、考試與監察權五權分立的政府，是世界上最完全最良善的政府。「政府替人民做事，要有這五個權，就是要有五種工作，要分成五個門徑去做工。……政府有了這樣大的能力，有了這些做工的門徑，才可以發出無限的威力，才是萬能政府」由此可知，在其理念中，五權分立政府其實就是他所謂的「萬能政府」。

中山先生認爲外國實行立法、司法和行政權三權分立：「還是不大完全」，但他的批評主要是從政治體系分化的程度不夠專化爲著眼點，他認爲，行政兼考試有選舉不得其人與濫用私人之弊，而立法兼監察則有議會專制或監察權形同虛設之弊。至於孟德斯鳩所倡：「從事務的性質來說，要防止濫用權力，就必須以權力約束權力」的制衡原則，他似乎未加批評。根據權能區分的原理，政府權力是集中的，則五個治權只是五種不同的職務，是不能相互制衡的。否則，三權分立已減少政府的權力，使政府無能；五權分立豈不更減少政府的權力，使政府更無能嗎？就政府內部的組織而言，五權的相互關係及其功能，並不在於政府權力的分立，而是在於政府職能的分配，即不重在分權而在分工，不在於政府權力的相互制衡，而是在於政府職務的統一與合作。中山先生既已設計人民行使四權來掌握政治機構，所以他才會認爲：「機關分立，相待而行，不致流於專制」而「分立之中，仍相聯屬，不致孤立，無傷於統一」此即五權分立而相成，一方面各自獨立，各有權限，另一方面相需相成，互相合作。

近年來，社會上有些人士，因鑑於考試權和監察權成效不彰，而從根本上質疑五權分立制存在的意義，甚至因認同於三權分立制，故主張於修憲時以三權分立的精神來取代五權分立。這和中山先生的想法正好相反，中山先生其實是希望以五權分立政府來超越三權分立政府。更進一步而言，三權分立是否真優於五權分立呢？胡佛教授的見解可能是一項有力的反證，他認爲五權憲法實際爲政治和行政兩個面向，前者是對事的（規章與政策），存於立法、行政及司法三權之間，後者是對人的，存於監察及考試兩權之間，在制衡上，行政面向至少不會損害到政治面向，甚至有利於防止政府的集權與專權。監察權的獨立，不僅無損於政治面向的制衡，且可收相輔相成之效。

若依中山先生的主觀想法，則五權分立的政府既是治權集中，且是由通過考試的專家組成之，因而本質上它是一種專家政治，並有防止腐化的特殊機關設置，故它必定是一個極有作爲的政府，換言之，五權分立的政府在理論上應當是萬能政府，至於實際上是否仍然如此，則必須用事實經驗來檢證。

三、人民控制萬能政府的理論與實際

精研政府理論的李查羅斯教授認爲：一個理想的政府，必須是一個完全合法的權威，並享有公民的同意及行動的效率。（Richard Rose，1980，p.8）中山先生所主張的萬能政府，是一種「良政府」，在理論上兼顧了民主與效能，他把人民比爲工程師，政府比爲機器：「一方面要政府的機器是萬能，無論甚麼事都可以做。又在他一方面要人民的工程師，也有大力量，可以管理萬能的機器。」且「彼此平衡相互調劑，不相衝突。」但從相關的上下文：「政府就是有大權力，人民只是把自己的意見，在國民大會上去發表，對於政府加以攻擊，便可以推翻，對於政府加以頌揚，便可以鞏固」及「人民有了這樣大的權力，有了這樣多的節制，便不怕政府到了萬能，沒有力量來管理，政府的一動一靜，人民隨時都是可以指揮的。」觀之，可知中山先生的構想，是要以人民的選舉、罷免、創制與複決四個政權來控制萬能政府。就此而言，假使人民一點也沒有才幹，便很難行使我們期待能行使的民權。既希望人民能用選舉、罷免、創制與複決各種方法控制政府，就不能不假定他們有分別善惡與判斷是非的能力。

(一)對直接立法的商榷

中山先生以為四個民權是人類經驗中的事實，不是假設來的理想，他說：「我們現在來採用是很穩健，並沒有什麼危險。」他舉瑞士已實行過了三個權為例，並指出美國的西北幾省除採用瑞士的三個政權外，並加入一個罷免權。在當時，他或許耳聞或目睹了一些有利於他的理論的事實，但若在今日，他所看到的應當是不同的反證。

郭仁孚教授認為中山先生的直接民權論，是有其時代背景的，但時代的演變終究是不利於直接民主制的。他說：「美國新英格蘭地區施行的直接民主制沒落了，第一次世界大戰後，德國主張公民投票的威瑪憲法也失敗了。更重要的是，工業社會的公共事務太複雜了，行政機關職權急速膨脹，國會議員從事立法工作每有力不從心之感，遑論要求全體公民積極參與政事，遂行罷免、創制、複決了。」政治學者奧斯汀阮尼也曾對直接立法（創制和立法兩權）作過深刻的介紹：探究瑞士、德國威瑪時代和美國各州直接立法施行情形的研究者，大都獲得類似的經驗觀察，例如，參加創制和複決權行使的投票者比參加選舉官吏的投票者為數少；直接立法主要是由有組織的利益團體而非由隨機取樣的民意團體推動。因此，與報紙專欄作家所稱許的信念相反的意見，對投票結果少有影響。有時政黨對某些議題採強硬公開的立場，如果政黨和議題站在同一方，則議題通常會被通過，如不在同一方，則選民的政黨認同通常較強，但對他們的投票並非有絕對的影響。相似的，由政府機構發動的議案，雖然並非每次皆贏，但情況確實比由公民團體發動的議案爲佳（Austin Ranney, 1990, p.197）。至於直接立法是優或劣，政治學者尚無定論。支持民意代表立法的意見認爲：第一，一方面立法過程鼓勵競爭的利益團體必須彼此溝通、妥協，故各團體皆可有得有失，而非零和的遊戲。另一方面複決的結果常導致全有或全無的極端後果。第二，立法機關可權衡需求和數量的強度，而複決權的行使是假定每一投票者的喜好都是相同的，且在投票贊成或反對的兩分法之間，無從顯示強度。話雖如此，許多直接立法的支持者都認爲：相對於創制和複決權可使選民不受民意代表的扭曲及沖淡，而能直接表達他們對政策的偏好，上述批評顯然較不重要。阮尼並進一步指出：近年來，沒有一個民主國家在立法時增加創制或複決權的使用，但至少有一個原先使用直接立法的國家（西德）現已廢除之。因此，他認爲定期的選舉立法者、行政官和某些系統的法官，才是一般公民表達他們對政府應該做及不應該做之觀點的主要形式。

由前述直接立法的發展過程可知，晚近各國的民權發展史和中山先生當年所見顯有不同，我們雖不能預知中山先生若仍在世是否必然依據事實經驗，修改他的直接民權理論和觀點，但可以斷言的是：直接立法確有民主的象徵性價值，否則某些獨裁者或寡頭的統治者便不會相信——經由即使在實質上是違反民主的自由選舉原則的複決，可以加強其政策的合法性和可接受性。

(二)對國民大會的商榷

在國民大會的設計方面，中山先生僅作了基本架構和原則的說明，尚未詳及細部結構和內容，以致有關此一制度的詳盡主張，國人至今尚未能充分瞭解。林銘德先生在其大著《五權憲法中的國民大會》一書中，就「應否成立常設機關與代表應否兼職」、「選舉與罷免權的內涵及其有關問題」、「創制與複決權的內涵及其有關問題」、「是否行使直接民權與『係一種過渡的代表體』」等四個項目進行了深刻的討論。顯示此一制度的確問題叢生。如從中山先生對全民政治的推崇，佐之以他對西方代議政治的批評，使我們很難相信他會認爲國民大會確實具有西方代議機構的性質。若再慮及他認爲國大代表是由每縣舉一人組成之的單數選舉區的設計，則也可同意在修訂後的憲法中明定國民大會代表爲政治學上所謂的「命令委任」，如此一來，不僅國大選舉總統、副總統可以「委任直選」，其他包括修改憲法、複決立法院所提之憲法修正案及行使創制複決兩權等國民大會代表的職權，均應本「命令委任」的精神，接受選民的具體指示，並在國大會議上精確無誤地傳達選民的指示。

雖然中山先生於人民行使直接民權之外，曾另作國民大會——對於中央政府官員有選舉權、有罷免權；對於中央法律有創制權、有複決權（建國大綱第二十四條）的設計，唯在直接民權與間接民權之間如何協同運作？卻尚未能盡釋群疑，但在筆者看來，最主要的問題，似乎是因現行政制在運作上有過太多的扭曲、迴避，並未真正地落實憲政所致，畢竟憲政精神是需要緩步長成的，需要以實踐來檢驗。呂亞力教授認爲中山先生爲十九世紀時，極少數主張把政治參與的權利擴充至社會每一成員的思想家之一。而且，其認爲政治參與的擴充不僅爲一人數的問題，也涉及參與的方式，換句話說，僅賦予人民以選舉權是不足的，而主張賦予人民以四種民權，如此人民不僅能於選舉期間參與政治，而且能於任何時間參與，他並批評代議制，認爲此制下的政治參與極爲有限。準此，筆者更認爲，在地狹而人口僅二千萬，且有教育、交通、治安等各項有利條件的配合下，中山先生直接民權的理論，在此時此地未嘗不能大膽一試，付諸實踐，或可創造及豐富台灣經驗的政治內涵。

一九二四年四月間，中山先生在演說「民權主義」第五、第六講時，具體地宣示「萬能政府」的理念，迄今已超過七十年。這期間，世事多變，就「政府」而言，今日世界各國政府所扮演的角色功能，甚至政府本身的組織結構，與中山先生的時代已不可同日而語。而重要的是：致使政府成長的環境已不能反轉，即使是其他的社會組織，如公司、工會、大學，也不能在規模上萎縮，決策者所面對的問題已不是政府應否爲大政府，而是政府目前的規模有何意義？當年，從君主到民主的過渡社會中，以一個政治領袖而言，中山先生之提出萬能政府論的確具有前瞻性的意義，時至今日，此一理論不僅對落後地區或開發中國家仍有參考的價值，對回答前述問題、思考政府的未來角色也仍有著積極的意義。隨著共產政權的瓦解、社會主義的式微，自由化、國際化的呼聲在國內與國際均已高聳入雲。但所謂經濟自由化，並不意味著無政府狀態，相反的，自由化更需要政府的正面參與。政府除了必須隨時主動減少或去除不必要的行政干預外，更須制定一套公平合理的競賽規則，以利自由化的遂行，對市場機能無法充分發揮功能的經濟活動，尤須政府適度地加以干預。故政府的角色必須視時空的變化作必要的調整。假若是一個萬能政府，則它對其自身角色的調整，理當是輕而易舉之事。

解析中山先生的萬能政府理論在當代的意義，總結而言，首先，在「人民對政府的態度」方面，雖然福利國家的困境，似乎已造成人民對政府態度的轉趨保守，但這何嘗不是因各國政府未能達到萬能的境界而引起的，故萬能政府若有望實現，則人民不可能不歡迎。其次，在「如何才能把政府變成萬能政府」方面，中山先生擬議的五權分立政府，吾人至今仍僅見其架構而已，實際運作的可行性如何雖不可知，但如同筆者在本文中所析論的：於理論上並非不可能。最後，在「人民如何控制萬能政府」方面，直接立法的利弊得失於今雖尙無定論，但其爲民主政治的象徵性意義，卻是不容忽視的。至於國民大會制度，其存廢與修改在今日雖成眾矢之的，但討論國民大會的功能若不從五權憲法的原理出發，則其間理論與現實之扞格自然不難想像，社會大眾亦無從給予客觀公正的評價。

4 政府的體制

- 內閣制
- 總統制
- 雙首長制
- 委員制
- 人民代表大會制

憲法規範國家的基本制度，在眾多的憲法之中，其構成的形式、發展、基本原則、現行政治制度等方面，都有不相同之處。就憲法構成的形式看，英國至今仍是「不成文憲法」；美國、法國、瑞士、中華人民共和國等則爲「成文憲法」。就憲法的發展方式來看，美國自一七八七年制定出第一部憲法後，迄今未再制定新憲法，而是採用增補憲法修正案的方式，來適應社會環境的發展；而法國則是隨著歷史的發展，採用廢止原憲法、制定新憲法的方式，從一七八九年制定第一部憲法後，二百多年來制定出的憲法有十一部之多。就現行憲法規定的政府體制來看，美國實行總統制、英國爲議會內閣制、瑞士實施合議的委員制、法國則爲兼具總統制與議會內閣制相結合的雙首長制、中華人民共和國卻是實行議行合一的人民代表大會制。據此，本章在論述政府體制的主要類型時，即針對上述五國不同的政府體制作闡述和分析。

第一節　內閣制

一、歷史的發展

英國憲法不是由一個特定的制憲會議所制定的，我們通常說英國憲法是由個個歷史時期頒布的憲法性文件和憲法慣例、判例所構成的。這些憲法性條文和憲法慣例甚至是從中世紀遺留下來的，如一二一五年英王約翰在與封建貴族的衝突中被迫簽訂的大憲章，確認國王必須受法律的約束，「萬一國王不肯守法，人民有權強制國王遵守」及「徵稅須得納稅人同意」的原則，體現了早期立憲主義的思想。之後，隨著資本主義經濟的發展，新興資產階級和王權之間的衝突加劇，經過常時間的較量，國王不得不簽署一系列讓步性的法案，例如，一六二八年的權利請願書、一六七九年的人身保護法、一六八九年的權利法案、一七〇一年的王位繼承法等，逐步限制王權，不斷擴大議會的權力，最終形成君主立憲制的國家政體；達到議會有了節制政府的權力，內閣有了實際的治權。英國內閣制爲歷史的產物，其運用的各種方式，大多由政治慣例建立，沒有法律條文的根據。內閣制的責任精神爲民主時代的產物，並不是內閣制必然發生的作用。一九七三年的皇室法中始正式提及內閣名稱。英人恆稱內閣制爲巴力門政府（Parliamentary government），可見議會之享有某種特殊地位，亦是內閣制的重要內容。

二、內閣制的特徵

內閣制又稱議會制，是指國家由內閣（政府）總攬行政權並對議會負責的一種政府制度。通常由議會中占多數席位的一個政黨或幾個政黨（政黨聯盟）組成，由多數黨領袖擔任內閣首相（閣揆），經國家元首任命，由內閣對國家政策作出集體決定。內閣制政府通常有兩種情況：一是「一黨內閣」：由一個在議會中獲得半數以上席位的政黨組成，如英國。二是「聯合內閣」：由於在議會中沒有一個政黨獲得半數以上的席位，無法單獨執政，便由幾個政黨聯合組閣。此外，在西方國家議會中有所謂「影子內閣」（shadow cabinet）或稱「預備內閣」，是指實行責任內閣制的議會，反對黨按照內閣的組織形式組成一個準備上台的執政班子，影子內閣一般由下議院反對黨領袖指定本黨有影響力的議員組成，亦有由反對黨全體議員選舉產生。內閣制政府的主要特點是：

1.議會至上，議會是國家政治活動的重心，國家最高權力機關，享有立法權、組織內閣（行政機關）、監督內閣的權力。

2.虛位元首，國家元首是國家權力的象徵，但不掌政治實權，不負實際政治責任。閣揆（首相、總理）不對國家元首負責，國家元首不能單獨行使職權，在履行憲法規定的職責時（如頒布法律、命令等），須由閣揆或閣員副署，始生法律效力。

3.行政權與立法權的連鎖，內閣總攬一切行政權力，內閣成員通常必須同時是議會的議員。內閣由議會中占多數席位的政黨或構成多數席位的數黨聯盟產生，並對議會負責，內閣閣揆與閣員須至議會報告、備詢、接受議會的監督。議會中的多數黨或數黨聯盟即為執政黨，其領袖受國家元首的委託組成政府，授命組閣的政黨領袖即為閣揆，根據法律由國家元首任命，負實際政治責任。

4.政府對議會負責，接受議員的質詢。當議會對政府的政策或政治行為贊同時，政府才能繼續執政；當議會通過對政府的「不信任案」，或否決內閣提出的「信任案」時，內閣要嘛必須總體辭職，要嘛由閣揆提請國家元首（國王、天皇、總統……）下令解散議會，訴諸選民，提前舉行議會選舉，由新議會席次的分配決定內閣的去留。雖然有些國家憲法規定內閣的任期與下議院議員的任期相同，但在實際的運作上則是不固定的。

三、英國的政府與政治

(一)關鍵歷史事件（1688-1689年「光榮革命」）

光榮革命期間，國會通過多項法律，藉以保障英人的權利，並使國會自身的權力不受國王的侵害。例如，通過了信仰自由法案，允許所有的基督教徒有信教的自由。特別是一六八九年十二月制定的權利法案，規定陪審團制度，確定人民有向政府請求冤獄賠償的權利，並禁止國王延擱法律或未經國會的同意而徵稅。光榮革命象徵著「國會戰勝了國王」，使君主專制政體沒落。一七〇一年通過的王位繼承法更強調國會有權決定誰應該繼承王位。一七六〇年以後，王室將祖傳的王田收入和其他財源全部交給政府，改由政府每年支付一筆津貼供應王室的薪水和一切開銷。一八三二年的改革法（the Reform Act）正式確立英王在政治上的中立地位，不再捲入政治紛爭，而實際的政治權力由首相和內閣掌控。

(二)國家元首產生的方式

英國實施君主立憲制，國家元首爲世襲產生，現爲伊莉莎白二世（Her Majesty Queen Elizabeth Ⅱ，1926年4月21日生，1952年即位迄今，其全稱爲「托上帝洪恩，大不列顛及北愛爾蘭聯合王國以及其他領土和屬地的女王、英聯邦元首、基督教的保護者伊莉莎白二世」），無實權，毋須負擔任何政治責任，對外代表國家，主持各種儀式或慶典等。對於國務，英王有被告知的權利，據凡國會通過的法律、內閣會議的決定等，都由首相或專人向其報告，在英王與首相的私人談話中，英王可以表達自己的觀點，但首相有全權決定是否接受英王的意見。國會召開會議或休會，必須以英王的名義行之，國會召開時，其須頒賜訓詞發表演說（文稿由首相執筆）。國會通過對內閣之不信任案或否決內閣所提的信任案時，可由首相向英王提請解散國會（英王無權私自解散國會）。法律案通過後，必須國王的簽署（正署）才可公布施行，依例其若不認可，可拒絕予以公布，但此否決權（veto power）自一七〇七年安妮女王行使後，近三百年來未再運用過。總言之，英王雖享有許多特權（例如，大赦、特赦、授予榮典、指派駐外大使、締結條約、對外宣戰……），但幾乎都是名義上的，真正的決定權操之於內閣，尤其是首相居關鍵決定權。

（三）最高行政首長和政府的組成

英國採行責任內閣制，首相為最高行政首長。名義上政府是由國王所組成，國王任命首相及大臣，首相為國王的首席參贊，提供政策諮詢意見給國王。實際上，國王對於首相的任命，並無自由選擇的權利，只能任命國會中多數黨的領袖為首相，由首相組成政府。英王公布法律命令必須首相或內閣副署，始生效力。

（四）國會制度

國會的形成

諾曼人入主英國後，將往昔薩克森時代之賢人會議（Council of Wise Men）改稱為大議會（Magnum councilium），每年舉行三次，參加的成員仍為皇室人員、教會高僧及君主召集的重要人士，無民選代表。一二一五年大憲章的通過，更確立大議會的地位。一二五四年亨利三世為籌措戰費，下令召開有武士參與的大議會，並將大議會改稱「巴力門」（Parliament）。一二九五年愛德華一世也為籌措戰費，遂令市鎮選派代表與會，以廣徵財源。英國史家稱此次會議為「模範國會」（the Model Parliament），當時與會者共三百七十二人，其中騎士六十一人，市鎮代表一百七十二人，堪稱真實國會，然其成熟的兩院制發展則是十四世紀末葉的事。

國會的地位

為最高立法和司法機構。瑞士政治學者狄隆（De Lolme）於其所著《英國憲法》（*Constitution of England*, 1770）一書中曾說：「英國國會除了不能使女變為男、男變為女外，能做任何事情。」英國國會確實與一般國家的國會不同，多數學者喜以「巴力門」稱英國國會。英國巴力門享有原始的權力（由漸而來非一蹴而成），而且是無限制的，其可以延長自己的任期、可以改變憲法、也可以改變國體，如此也使得英國有不流血革命的機會。較諸美國，其國會享有的權力是來自於憲法的授權，有一定的限度，超過此限度即違憲，最高法院可宣判該違憲的法律無效。依政治學者鄒文海教授的看法：「巴力門權力的無限，不過是法理中的一項假設（legal fiction），事實上並不是真的無所限制的。英國的輿論，限定了國會可以行動的方向。英國悠久的政治傳統，亦告訴巴力門何者是其行為的邊緣。」（鄒文海，民70年，p.83）

國會的組成

英國國會由國王、上議院（貴族院、上院）、下議院（平民院、下院）組成。上議院包括一千多名的王室後裔、世襲貴族、新封貴族和九位法學權威代表及二十六位國教主教。下議院議員由普選產生。國會兩院每年於十月底、十一月初開會，至聖誕節停會，翌年一月底、二月初再開會，至七月底、八月初閉會。兩院須同時開會、同時閉會，遇下院解散時，上院亦須停會。

1.上議院：其人數並沒有一定數額，目前總人數約一千二百人（經常參與活動者約二百人）。為抑制貴族量的增多，一九五八年、一九六三年國會通過終身貴族法（Act of Life Peerage）部分貴族尊銜即身而止，不可世襲。上院議員的任期為終身制（除世襲貴族外，不得世襲），以大法官為議長。大法官依首相的推薦，由國王任命之。會期中上院每星期開會四次（每次16：30開會，18：30散會），出席人數寥寥無幾，據其議事規則規定，凡有議員三人出席就可開會，有三十人出席即可議決一切法案。

2.下議院：其人數並非固定的，是以每十年人口普查重新調整選區後而定，總人數在六百五十人至六百六十人左右。下院候選人資格爲：年滿二十一歲的英國公民、繼續三個月以上住在同一選區者。選舉方式採「單一舉區、比較多數當選制」；任期五年，但政府可決定提前大選。議長由下議院議員選舉，經英王批准後就職。當上議長後，必須脫離黨派關係，公正超然地主持議事，只要其願意繼續擔任議長，若遇國會解散，依慣例，其可以無競爭的在其選區當選爲議員。會期中下院每星期開會五次，有特別必要時，星期六、日亦得開會。凡有四十名議員出席即可開會與議決一切法案。

一九九二年英國下院選舉時，共有六百五十一個議席，保守黨的票率爲41.9%，獲得三百二十三席；工黨得票率爲34.4%，獲得二百七十四席，由保守黨梅傑繼續擔任首相。本屆國會下院於一九九七年五月三日舉行大選，共有六百五十九個席次。此次選舉合格選民約有四千四百萬人，投票率71.3%，是自第二次世界大戰以來最低的一次。大選結果，新工黨得票率爲45%，獲得四百一十九席；保守黨得票率爲31%，獲得一百六十三席；自由民主黨得票率爲17%，獲得四十五席。由新工黨黨魁布萊爾組閣執政。

第二節　總統制

一、歷史的發展

要創建一嶄新、獨特的政治體制，必賴某一特定社會發展的規律和能使之實現之政治理論爲基礎。十七、八世紀是歐洲民權思想與革命的高潮時期，洛克的《政府論》、布萊克斯頓（Sir William Blackstone, 1723-1780）的《英國法律論》、孟德斯鳩的《論法的精神》（《法意》）、盧梭的《社會契約論》以及霍布斯的《利維坦》等著作在歐美流傳甚廣，其所論述的自然法和自然權利說、社會契約說、人民主權和革命權利說，對君主專制制度進行嚴厲的批評。其中洛克的議會主權學說和分權理論、孟德斯鳩的分權學說和漢彌爾頓（Alexander Hamilton, 1755-1804）的制衡學說在美國更是深得人心，成爲美國革命的政治思想理論基礎。加以美國革命時期的思想家托馬斯・潘恩接受洛克和孟德斯鳩的思想，並積極宣傳三權分立與制衡學說，在其出版的《常識》一書中強烈反對君主制，主張人民主權和革命權利，對美國的獨立和建立總統制政體有重要的影響。

美國建國之初，參加制定美國憲法的制憲會議代表實到五十五人，其中三十五人爲金融家和造船廠的資本家，十五人爲奴隸主，但核心人物都是受過高等教育的政治家，對歐洲的政治制度都有相當的瞭解，對英國憲法與西歐各國政府現況尤爲瞭解。在三個多月的討論過程中，這些代表形成不同的派別，在很多問題上都是採取妥協方式加以解決。在君主制還是總統制的問題上，有些人主張君主制，並選擇喬治・華盛頓（George Washington, 1732-1799）爲第一位君主的人選。華盛頓當時爲一位德高望重且獨掌軍權的重要人物，但他堅決反對君主制，籌備並主持制憲會議的全部過程，爲制憲會議確立總統制有重要貢獻，之後被選爲美國第一任總統。至此，美國成爲世界上第一個三權分立的總統制國家。

二、總統制的特徵

總統制起源於美國，以總統爲行政機關的最高首長，同時又是國家元首的一種政府制度。總統制政府實行立法、行政、司法三權分立和權力制衡（check and balance）的原則。其特點是：

(一)立法與行政的分立，保障雙方的獨立地位

國家最高的權力分別由總統和議會共同行使。總統獨立於議會之外，不由議會（國會）產生，一般由公民直接或間接選舉產生，總統的選舉與議會的選舉分別進行，議會與總統各有獨立職掌，各有獨立地位，議會（立法機關）既不能侵越行政的權力，總統（行政機關）亦不能侵犯立法的權力。總統只對選民負責，不對議會負責。議會不能對總統提不信任案，不能透過不信任案投票強迫總統辭職；總統也無權解散議會。總統和議會的任期是固定的，屆數也有限制，在法定任期未屆滿以前，即使總統和議會意見不合，也必須任滿任期，待下次大選後再重組政治勢力。

簡言之，在總統制政府中表現立法與行政分立精神的辦法大抵如下：

1.總統及內閣人員，不得由國會議員兼任；內閣人員不得出席議會討論法案或參與表決；各項議案由國會議員提出。

2.總統任免之內閣各部部長及高級行政人員，向總統負責，不向國會（立法機關）負責。總統任命各部會首長，常是從實際需要考量，不完全以黨派為限。

3.總統直接向選民負責，不對國會負責；除總統有犯罪行為外，國會不得對總統進行不信任投票或通過罷免決議，強迫總統去職。

4.總統不得解散議會;議會對其亦無「倒閣權」。

總統制的政府由大選中獲勝者組成，毋須獲得國會中多數議員的支持，總統所屬的執政黨不一定是議會兩院中的多數黨。政府與議會是完全分離的，總統及政府成員（內閣人員），不得由議員兼任。內閣人員與總統是僚屬關係，在總統的領導下為其幕僚，一切問題最終由總統決定。內閣閣員不向議會負責，而是服從總統的決策，總統有權隨時將其解職。政府成員經參議院同意後由總統任命，不得同時兼任議會議員。內閣人員不得出席議會，不能參加議會立法的討論和表決；國會中各種立法提案都由議員提出，政府不得向議會提出法律案或預算案。

雖然憲法規定議員才能提案，但實際上，主要的、重要的法案大多是總統授意提出的。例如，美國總統每年向國會提出的國情咨文，其實就是政府要求國會立法的綱領。總統可以邀請國會兩黨領袖出席「私人會議」，或進行早餐會、午餐會達成祕密協定，以影響或操縱立法。此外，總統還可以透過同黨的議員代理提出法律草案，送交參、眾兩院審議。美國院外活動之利益集團和遊說團體的數量，超過任何一個民主國家，其亦是世界上第一個對院外活動制定法律的國家。院外活動的集團和個人，如同做生意的公司一樣，必須登記註冊後，才可以合法地從事相關活動。委員會開會期間，是院外活動最活躍的時期，但從事院外活動者，不能走進國會大廳裡，只能在走廊和休息室中和議員密商。

(二)行政與立法的互相制衡，防止雙方的專制權力

總統與國會議員透過不同程序產生，任期亦不盡相同，國會的多數黨未必是執政黨。其行政權與立法權的互動方式約有：

國會對總統的制衡

1.參議院的任命同意權和條約批准權：參議院對總統的人事任命（內閣或最高法院的人選等）與締約，有責任行使同意權。參議院可以經由三分之二的票數，同意或否決條約，亦即行使「諮詢與同意」（advise and consent）的職能。

2.參眾兩院的立法權：任何總統想制定的法律皆需經國會通過。

3.軍事權、宣戰媾和權：例如，憲法規定只有國會才有宣戰權（雖然總統是軍隊的統帥），且國會可依一九七三年的「用兵權力法」（War Power），限制總統在海外的用兵。

4.國會可以對總統行使彈劾權（impeachment）；眾議院可以控訴被告的官員（包括聯邦法官在內），參議院就像陪審團，而且可經由三分之二的票數，判決官員有罪或無罪。

總統對國會的制衡

1.總統的否決權（又稱「要求覆議權」）：總統有「否決權」，議會通過的法律案須送交總統簽署，然後公布施行。總統若不同議該法律案，有權加以否決。但議會如以三分之二多數再通過，該法案即可生效成為法律。總統如有嚴重違憲行為時，議會可以對總統進行彈劾，並提交法院審理，但議會沒有罷免總統的權力。

2.總統的咨文權：總統可利用向國會提出附有法律草案之「國情咨文」的形式，行使部分立法創議權，亦可行使委任立法權，頒發具

有法律效力的行政命令。

(三)司法對行政及立法兩機關的制衡

司法與總統的制衡關係

1.最高法院有權裁定總統所爲係違法或超出其權力範疇;最高法院及聯邦各級法院可作出相反於行政部門之判決。

2.總統任命包含最高法院在內的各級聯邦法官。若最高法院法官於總統任期內有出缺的情形,總統可以任命權改變最高法院的結構。

司法與立法的制衡關係

1.最高法院得裁決國會立法係違憲而無效;司法部門得以解釋國會立法之意義及其影響。

2.參議院得經多數決同意所有聯邦法官的任命,參議院司法委員會主掌最高法院大法官人選的審查。國會有權決定最高法院大法官總人數以及次級法院的數目;國會得彈劾法官或因其失當的行爲而迫其去職。

三、美國的政府與政治

(一)歷史背景

美國是最早制定成文憲法的國家,其原來是英國的殖民地,一七七五年北美十三個州發動獨立戰爭。一七七六年七月四日,在費城召開的第二次殖民地大陸會議上通過獨立宣言。宣言內容包含了三部分:一是宣布民主和自由的原則;二是列舉英王壓迫北美殖民地的二十七條罪狀，說明殖民地人民是在忍無可忍的情況下起來革命的；三是宣布聯合起來的十三個州為「自由獨立的合眾國，且有權取得自由獨立國家的地位，解散其與英王的一切隸屬關係，並應完全廢止其與大不列顛王國的政治關係」。一七七七年大陸會議制定了邦聯條例，一七八一年經各州批准施行，從而建立聯邦制國家。一七八七年，十三個州的代表在費城召開了制憲會議，通過美利堅合眾國憲法，這部憲法由序言和七條正文構成，用根本法的形式確立了以聯邦制和立法、行政、司法三權分立為原則的國家制度。

在許多美國人的心目中，「總統」一職是政治體制的重心，多數公民可能不知他們在國會中的代表是誰，但幾乎都知道總統是誰。美國憲法的制定者雖承認美國必須有一位堅強的領袖，但他們也想辦法預防「總統」變成蹂躪人民自由的暴君，其設計出許多制衡的力量，目的即在限制總統的權力，制憲者篤信國會為人民之代表機關，故以聯邦權付託國會，而政府權力的行使，立法為掌舵工作，是以三權分立體制下，立法在先，行政與司法在後。美憲以第一條規定國會之作用，並非偶然，在制憲者的想像中，立法權為聯邦政府之根本，且認為國會將成為美國政府的首要機關。但制憲者不可能預見二十世紀總統的權力會達到何種程度，以及聯邦權或可謂仍在憲法規範之中，未嘗逾矩，但因聯邦國會的立法、總統的行動與聯邦最高法院的解釋，使得聯邦權特別發達，非如十八世紀美國獨立時代之制憲偉人所能想像者，例如，聯邦之軍事權，可包含十八世紀人們夢想不及的「空軍」在內；而州際貿易管理權，並可包含「運河」及「森林」之管理權在內。

(二)總統

總統的權力

憲法第二條有關總統的權力，有四項簡短的條款：

1.賦予總統行政權。

2.爲海陸軍統帥，有締結條約權(須參議院同意)，可提名大使、公使、領事、最高法院法官、政府官吏(應經參議院同意任命之)。

3.向國會報告合眾國國務情形，並以本人所認爲必要而妥當之政策咨送國會，以備審議。且應注意一切法律是否受到忠實的執行。

4.總統、副總統及合眾國政府之文官，受叛逆罪、賄賂罪，或其他重罪、輕罪之彈劾與定讞時，應受免職之處分。

總統的資格

美國憲法第二條第一項第四款規定總統資格爲：「無論何人，除出生而爲美國國民或在採行本憲法時即爲美國之國民者外，不得當選爲總統、凡年齡未滿三十五歲及居住於美國境內未滿十四年者，亦不得當選總統。」依該規定可知，想要成爲美國總統，必須具備三項資格：

1.至少年滿三十五歲。

2.出生即爲美國籍。

3.在美國至少居住十四年。

除憲法明文規定外，事實上有許多不成文的資格限制，例如，幾乎所有的總統都是白人，又是盎格魯撒克遜的清教徒(約翰·甘迺迪是唯一信仰天主教的總統)。而且，從來沒有一位黑人、婦女、西班牙裔或猶太人擔任過美國總統。自一九三二年迄今，總統皆有學士學位，且在任職總統前，已有豐富的政治或軍事經驗。（Larry Elowitz, 1993, p.108）

總統產生的方式

依憲法第二條第一項規定：「……總統與副總統依下列程序選舉之：各州應依照各州州議會所定程序選出選舉人若干名，其人數與各州所當選派於國會之參議員與眾議員之數相等。但參議員或眾議員或在美國政府下受俸或任職之人，不得被選派為選舉人。……（部分條文經第十二條修正案廢止）」過去各州議會所定總統選舉人產生的方式不盡相同，有遊藝會選出者，有按國會劃分區域選出，有由該州全體公民選舉產生者。今日各州幾乎都依「全面投票」（general ticket）制度選出。綜合美國憲法第二條及增修條款第十二條、第二十條、第二十五條之規定與政黨運作的實務經驗，美國總統的產生大致經過預選、兩黨全國代表大會、競選、大選等四個階段[1]。

---

[1] 美國總統是由總統選舉人團的投票而非由選民直接選舉產生。這些總統選舉人甚至從未集會而形成所謂的「團體」，他們只是在某一依法擇定的日子裡，在各州的首府集會，負責在當天投票選出總統、副總統，任何一組的候選人只要贏得二百七十張選舉人票即可宣告當選。各州分配的選舉人票並不平均，以加州為例，其選舉人票高達五十四張，但哥倫比亞特區和懷俄明、北達科他、南達科他、德拉瓦、佛蒙特、阿拉斯加、蒙大拿這七個州則各僅有三張選舉人票。此外，在一個州贏得最多選民票的候選人，獨獲該州全部的選舉人票，換言之，如果某位候選人在加州獲勝，他可以禁得起其他小州失利的代價仍居不敗之地。以一九六八年及一九九二年的大選為例，已故美國前總統尼克森與現任總統柯林頓，就是在未獲半數以上選民認同的情況下，依然宣告當選者。這套美國開國先賢所制定的總統大選辦法，是基於擔心建國初期知識水準不高的選民直接投票的結果，可能選出不適任的國家最高領導人，且認定選舉人是一群睿智的精英，選民應相信選舉人有能力選出最有資格、最適任的總統人選。但隨著政黨政治的發展，有識之士曾多次設法修正該制度，但囿於政治現實與修憲的困難而功虧一簣。

總統的任期

原先，制憲者都同意「總統任期四年」，至於可否連任憲法原文並未規定，自第一任總統華盛頓堅拒不三連任後，形成慣例。長久以來，雖不乏有欲打破該項慣例者，例如，曾於一八六九至一八七七擔任兩任總統的格蘭（Ulysses S. Grant, 1822-1885），於一八八四年尋求第三任提名時失敗（雖然投票三十五次皆名列前茅）。一九一二年的希奧多．羅斯福總統（Theodore Roosevelt, 1858-1919）尋求第三度連任時也遭失敗。直至富蘭克林．羅斯福總統（Franklin Delano Roosevelt, 1882-1945）才打破憲政慣例，之前，從來沒有一位總統任職超過兩任。富蘭克林．羅斯福自一九三三年上台，一九三六年選舉大勝（於總數五百三十一張的選舉人票中贏得五百二十三張），一九四〇年當選第三任總統，一九四四年蟬連第四任，至一九四五年四月十二日於任內逝世，由副總統杜魯門（Harry S. Truman, 1884-1973）

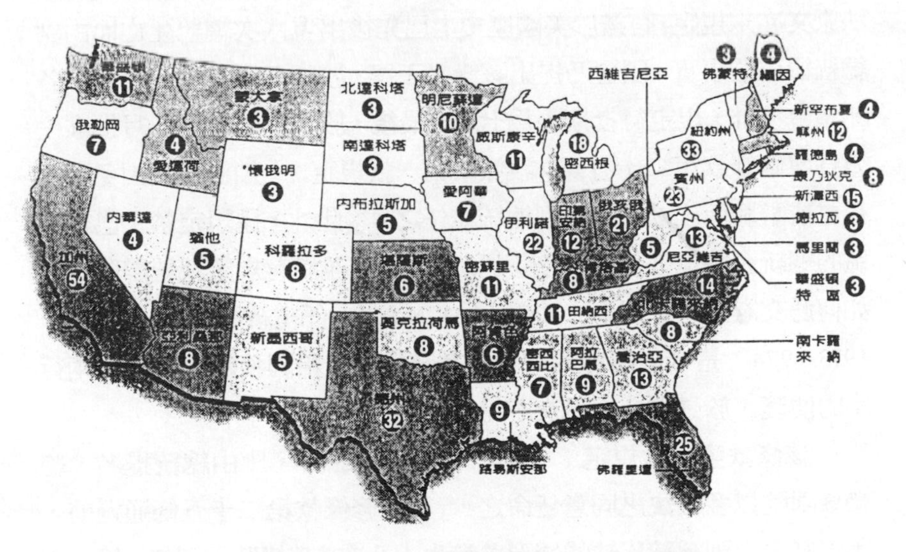

美國總統大選各州選舉人票分配圖

繼任總統。持平而論，富蘭克林·羅斯福的四度連任，與當時正值第二次世界大戰期間，有極大的相關，但有鑑於富蘭克林·羅斯福總統的「長期執政」，美國國會不希望歷史重演，遂於一九四七年三月提出憲法修正案，至一九五一年三月即通過生效，成為第二十二條修正案。該修正案規定：「任何人，被選為總統者不得超過兩任；任何人，繼任為總統或代行總統之職權者，其期間如果超過一任中兩年以上者，任滿後，只能再連任一次。但本條不適用於在國會提出本條時正在擔任總統職務的任何人；本條對於施行時已繼任為總統或代行總統職務而補足原任的任何人亦不適用之。本條非經各州四分之三的州議會，在國會將其提交各州之日起七年內批准為憲法修正案，不發生效力。」

總統的繼任人選

有關美國總統喪失工作能力和副總統缺位等相關問題，美國憲法原文亦未規定，有鑑於美國歷史上已先後出現八次總統死亡而由副總統繼位的事實，國會乃提出該條修正案，於一九六五年七月交付各州議會批准，規定待批期限為七年。最後，於一九六七年二月批准生效為增修條款第二十五條。該條款第一款規定：「如遇總統因免職、死亡或辭職而出缺時，由副總統繼任之。」此外，還規定禁止已經辭職的總統企圖以任何方式恢復原職。該條款並沒有規定總統辭職應該如何遞交辭呈，尼克森（Richard M. Nixon，任總統職：1969-1973；1973-1974）是唯一辭職的總統，其辭職時，給國務卿寫了一張兩行字的便箋，於是變成為遞交辭呈的先例。

該條款第二款規定：「副總統職位出缺時，應由總統提名，經參眾兩院以多數決之同意任命之。」在增修條款第二十五條通過前，美國歷史上副總統出缺的情形共發生十八次，該條款通過後，第一次適用是發生在尼克森總統被捲入「水門事件」（Watergate Affair）疑團時，副總統安格紐（Angnew）因害怕刑事指控而提出辭職。於是，尼克森總統提名共和黨、眾議院中少數黨領袖福特（Rudolph Ford）接替副總統職務，當時國會並未多方責難即通過。此後不久，尼克森總統爲了避免受到彈劾，主動提出辭職，由福特繼任總統，副總統再一次出缺。福特總統提名曾四次擔任紐約州州長的知名人物洛克菲勒（Nelson A. Rockefeller）爲副總統，在對洛克菲勒的檔案資料進行一段長時間的審查後，國會才確定該項提名。（福特總統和洛克菲勒副總統是美國歷史上第一次不是由選民經過選舉程序而產生的）如果總統與副總統同時缺位時，依該條款，繼任總統的順序爲：眾議院議長、參議院臨時議長、國務卿、國防部長、內閣其他部門的首腦。

總統不能視事時

依憲法增修條款第二十五條第三款規定：「當總統向參議院臨時議長和眾議院議長提出書面證明，表示其無履行其職權和責任能力時，在其提出相反之書面聲明之前，應由副總統以代總統身分行使其職權。」第四款且提出在總統沒有能力聲明其無能力履行職責時如何處理的方式：副總統和內閣成員有責任聲明此事；在聲明發布後，副總統應「立即」代行總統職務。在該款中第一次提到政府行政部門的主要官員——「內閣」，以集體的身分履行職責。此外，副總統有權否決內閣多數成員關於總統喪失工作能力的聲明。無能力的總統保留總統頭銜，但至少在二十一天內他無權以總統身分履行職責。此後，當總統向參議院臨時議長和眾議院議長提出書面聲明，表示其並未喪失能力時，總統得恢復其權力和責任，除非副總統和內閣或由國會以法律規定的其他機構的多數長官在四日內向參議院臨時議長和眾議院議長提出書面聲明，表示總統仍然喪失履行其權力和責任的能力。在此種情況下，國會應對此問題作出決定。（國會兩院必須有三分之二的多數票通過才能讓副總統繼續代理總統職務，履行總統的職責）。

彈劾總統與總統的離職

憲法規定眾議院可以「彈劾」總統（及聯邦其他官員），亦即在總統濫用權力或有犯罪行爲時，眾議院可以提出控訴，最高法院院長爲彈劾案的主審法官。如果眾議院的多數通過對總統的彈劾案後，須再經參議院三分之二的多數通過，始能定罪。至今，只有詹森總統（Lyndon B. Johnson, 1908-1973）被眾議院彈劾，但以一票之差，未被參議院定罪。一九七四年，在眾議院可能進行正式的彈劾表決之前，尼克森已先行辭去總統一職。

（三）國 會

國會的權力

憲法第一條第八款特別授予國會二十七項不同的權力。此外，憲法第四條給予國會認可新州加入聯邦的權力。憲法增修條款第十六條給予國會徵收聯邦所得稅的權力，另依其他增修條款的規定，國會也有「強制權」（power of enforcement）。簡言之，國會有權「課徵稅款，進出口關稅與貨物稅，以償付債款，以及提供美國國防與福利之所需……」；有權「管理與外國通商，州際通商，以及與印第安部落通商」；有權「製造貨幣」（各州不得發行自己的貨幣）；可以「憑藉美國的信用進行貸款」（一九九〇年初聯邦政府債款總額已超過二兆美元）；有權制定全國一致的破產法，對歸化爲美國公民的進程、專利與版權、度量衡的統一、創立新郵局與立法防止郵件詐欺等具有控制權。此外，國會對聯邦法官亦有控制權，關於聯邦司法方面，國會可以在美國最高法院之下，創立新的聯邦法庭，以及改變下級聯邦法院審理案件的管轄與種類。

國會的監督功能

國會主要的監督功能爲預算審查權，「看緊荷包權」（power of purse）使國會有機會可以平衡總統的權力。另外，國會可經由委員會的聽證，促使美國公眾注意社會的重大問題——環保、藥物試驗、對外貿易、犯罪等。同時，國會也可以調查行政機關是否公平、有效率地執行既定的法律。

國會議員的資格

美國國會議員所必須具備的條件爲：

1.眾議員：至少年滿二十五歲、成爲美國公民至少七年，且必須居住在所代表的州（但未必住在選舉區）。

2.參議員：至少年滿三十歲、成爲美國公民至少九年。

除上述憲法規定的資格外，實際上，幾乎所有的國會議員，都具有學院或大學的學士學位，也比一般的美國人富有（約有五分之一的國會議員是百萬富翁），在職業方面，律師、銀行家與企業家支配著國會山莊（Capitol Hill）。雖然美國婦女占美國人口50%以上，但她們在國會議員中只占5%。美國黑人占全國人口的12%，然而一九九一年的參議院議員中沒有一位黑人；在眾議院中也只有大約百分之五的議員是黑人。再者，參議院議員的平均年齡較眾議院議員爲高，由於參議員係全州人民之喉舌，比眾議員擁有更大的選區，知名度較高，在州內具有更大的影響力。所謂「參議員的禮貌」（senatorial courtesy），這項傳統意即指同一政黨的總統在任命官員時，會向該州參議員諮詢；事實上，參議員多會主動向總統推薦其中意的人選，如聯邦法官的空缺等。

國會的組織

國會是兩院制（two house）的立法機關，由四百三十五位眾議員（1922年立法訂定的最大數額）和一百位參議員組成。眾議員是從自己代表的州所劃分的國會議員選舉區選出，州的人口越多，在眾議院中的代表也越多。各州依法也有兩名參議員（目前美國有五十個州），每一位參議員都是由整個州選出。參議員的任期六年，每兩年必須改選三分之一的參議員（每州每次改選一人）。眾議院所有的眾議員，任期兩年（每兩年全部改選）。

美國憲法提及的國會公職人員只有三位：眾議院議長、副總統（擔任參議院議長）、參議院臨時議長（在副總統缺席時擔任參議院議長）。副總統在參議院通常沒有太大影響力（事實上其很少出席院會），而臨時議長通常是多數黨且年資很高的參議員。參議院的多數黨領袖在整個立法工作的效應上表現各有不同。相較之下，眾議院的議長卻是最有影響力的議員，由議會中多數黨議員選舉產生，負責召開院會、詮釋眾議院的規定、將法案列入適當的委員會、裁決程序問題、將爭論交付表決、宣布會議投票的結果等。

國會的立法過程

在眾議員兩年的任期中，可能有兩萬件以上的法案送至國會，但其中約只有5%至10%的法案獲得通過，成爲法律。法案可分爲公共法案（此類法案可適行於全國，例如，國防開支法案、新稅率等）、私人法案（此類法案是應用於個人，例如，某位人士想獲得特別許可成爲歸化的美國公民）。

大多數法案是由行政部門與機關的官員依總統的願望規劃，然後由支持總統的國會議員提出。此外，立法的構想也可以由利益集團或個別的公民創制，參、眾議員也可自行草擬法案。法案可在眾議院或參議院提出，也可同時在參眾兩院提出（但憲法規定所有歲入或課稅的法案必須先送交眾議院）。法案的提出，必須經由眾議院或參議院助理人員先予以編號，同時為法案訂標題及簡短的摘要，然後登載在議事錄與國會記錄，至此完成一讀（first reading）程序。

在一讀之後，眾議院議長會把法案送交適當且有關的委員會。目前美國國會有三十八個常設或永久的委員會、二百四十個左右的次級委員會，許多法案是在委員會中被封殺或擱置。委員會主席會把法案交給適當的次級委員會，接著，會有公聽會，讓與法案有關的政黨、利益集團遊說者，以及政府官員可以論證支持或反對立法，通常常設委員會都會接受次級委員會的建議。決議案必須是由兩院同意，以及總統簽署，才算通過。獲得通過的決議案，就等於是法律。

當總統收到國會於會期通過的法案時，可以有四種選擇：

1.簽署法案（sign the bill）：同意法案成為有效的法律。

2.把法案擱在辦公桌上（keep the bill on his desk）：總統可以選擇不簽署，以表示他對法案內容有所保留，但在十天之後（不包括星期日），該法案自動生效成為法律。

3.否決法案（veto the bill）：亦即公開拒絕，然而總統僅能就整個法案進行否決，不得否決其中的某一部分或某一項目。如果總統否決某個法案，他必須檢附理由說明送還國會，若國會兩院能各以三分之二的多數通過原法案，便可「反否決」（override）總統的決定。否則該法案雖然存在，但在該會期等於被撤銷。在技術上，為防止國會的反否決，總統至少要能夠掌握三分之一的參議員（即三十四位）。

4.袋中否決（pocket veto）：若總統於國會休會前七天之內才收到法案，即使他不簽署，該法案亦自動打消，且不用向國會說明不簽署的理由。此項制度的設計為預防國會於會期結束前倉促且草率地結束法案的審查。

第三節　雙首長制

一、歷史的發展

法國是歐洲大陸上最早制定近代意義之成文憲法的國家。受到美國獨立戰爭的影響，一七八九年爆發了大革命，八月二十七日制憲會議通過人權和公民權宣言（簡稱人權宣言），規定私有財產神聖不可侵犯、提倡人權和法治、公民在法律之前一律平等，爲法蘭西共和國憲法的先聲。同年底，國王被迫簽署以人權宣言爲序言，確立君主立憲政體的憲法。

(一)第一共和

一七八九年法國大革命之後至一七九二年間，仍是君主立憲政體。至一七九二年，第一共和才正式成立。一七九九年至一八一四年間，拿破崙（Napoleon Bonaparte, 1769-1821）當選「終身皇帝」，建立第一帝國。後因軍事失利，帝國崩潰，路易十八返國，於一八一五年再行君主立憲制。

(二)第二共和

一八四八年，拿破崙三世（Louis Napoleon, 1808-1873）當選總統，成立第二共和。一八五一年改爲第二帝國，直至一八七〇年，德法戰爭失敗後結束。

(三)第三共和

一八七五年，主張共和體制的人士取得優勢，陸續通過三項政黨法，是爲新的憲法，其中明定法國爲一「民主共和政體」，第三共和開始。基本上，採取英國「內閣制」的憲政機制；憲法規定總統任期七年，由國會兩院議員選舉產生（須獲得絕對多數通過），連選得連任。至一九四〇年七月德國占領法國後，第三共和結束。

(四)第四共和

一九四五年八月，第二次世界大戰結束。一九四五年十月，法國婦女開始擁有投票權。同月，法國人民經由公民投票決定制定新的憲法，成立新共和。一九四六年十月十三日經由公民投票通過憲法草案，十月二十七日正式公布實施，第四共和成立。至一九五八年六月戴高樂（Charles de Gaulle, 1890-1970）將軍再度受命組閣後，立即著手制憲的工作，並以強化行政權，削減立法權，設置憲政機關，修改選舉制度爲主要改革方向。一九五八年九月，新的憲法經由公民投票表決通過，十月八日正式公布實施，第四共和結束，第五共和開始。

大體而言，第四共和的憲政運作與第三共和時期的「內閣制」大同小異。法國第四共和是在第二次世界大戰之後，欲走出戰爭陰影、重新建立新的政經秩序所成立的，然爲何僅維持了短短的十二年？其憲政體制上最主要的缺失有：

1.立法權優勢。根據憲法，國民議會不但可以隨時召開院會，自行決定會期的長短，同時有權規範所有審議法案的過程與方式，造成行政權處處受制於立法權的現象。

2.總理的任命與內閣的組成程序繁瑣，且國民議會中缺乏穩定的多數黨或聯盟，增加政府倒台的機率。

3.解散國會的限制太多。例如，新選舉產生的國民議會在一年半之內不得予以解散；若政府要提請總統解散國會，必須是在國民議會以過半數的票數反對政府的情形下，國民議會始可被解散；而解散國民議會，須獲得國民議會議長的同意。

根據統計，自一九四七年一月哈瑪吉爾（Paul Ramadier）上台出任總理，直到一九五八年六月戴高樂擔任第四共和最後一任總理這段前後十二年的期間，第四共和一共換了二十二個政府，而每任政府的平均壽命僅爲六個月[2]。

(五)第五共和

一九五八年九月二十八日，法國人民透過公民複決投票的方式，通過了新憲法——「第五共和憲法」。就當時多數制憲者的理念而言，除避免第三、四共和時期的多黨林立、立法權高漲、政府不穩定的缺失外，在強化總統職權的同時，憲政運作的機制，仍是延續第三、四共和以來由政府和國會爲互動主軸的「內閣制」。然而卻因戴高樂總統的強勢作風，使得總統的權力日增；一九六二年，戴高樂冒著違憲的風險，再次以公民複決投票的方式，將總統選舉改由「全民直接選舉」，並採取兩輪多數決的制度，使總統擁有高度民意的支持，順理成章地施行憲法所賦予的所有職權。戴高樂之後的數位總統，如龐畢度、季斯卡等人，亦承襲綜攬大權的作風，在在使得第五共和總統的權力凌駕總理之上[3]。一九九七年六月法國社會黨、共產黨及綠

[2]參閱張台麟：《法國總統的權力》（台北：志一出版社，民國八十四年五月出版），p.12。

[3]自第五共和成立起就反對戴高樂，同時也反對總統直接選舉的左派社會黨領袖密特朗，於一九八一年當選總統之後，對總統權力的掌握與運用，基本上

黨所形成的左派聯盟，經過兩回合的苦戰，終於獲得壓倒性勝利，使得右派的總統席哈克必須任命左派陣營領袖喬斯潘組閣，出現法國第五共和史上第三次的「左右共治」（cohabitation）的局面。

二、雙首長制的特徵

近來習稱之「雙首長制」（dual-executive system），學理上稱爲「半總統制」（semi-presidential system）。「半總統制」之政府體系的概念是法國政治學者杜瓦傑（Maurice Duverger）於一九七八年所提出的，之後他曾在陸續發表的著作中加以詮釋。其實，早在法國建立「第五共和」之初（1958-1962），西方政治學界就曾不斷地探索此一政府體系，然而迄今各家對此概念之名稱仍無統一的界定[4]。大體而言，這種從議會內閣制與總統制衍生而來的政府體系，主要係指全民直選的總統根據憲法所賦予其之權責，共同與國會選出之內閣總理來決定國家的政策取向[5]。依其所下之定義，所謂「半總統制」有三個重要的特徵：

和前幾任總統並無太大差別。最特別的是，一九八六年三月至一九八八年五月之間，以及一九九三年三月至一九九五年，由於右派兩黨在國民議會改選中分別贏得多數的席位，造成左派總統與右派總理共同執政的局面。雖然兩次「左右共治」的政治環境與權力互動有相當的差異，但是總統的權力則明顯地受到局限。參閱張台麟：《法國總統的權力》，pp.1-2。

[4]當代學界對政府體制的比較研究，主要集中在總統制與內閣制的討論，但自從法國第五共和創立了二元領導的體制後，許多新興的民主國家受到啓發，也採行既非總統制也非內閣制的混合體制。對於此種體制，一般泛稱為「半總統制」、「雙首長制」、「準議會制」（quasi-parliamentary government）、「準總統制」（semi-presidential system）、「議會總統制」（parliamentary-presidential republic）或「內閣總統制」（premier-presidential system）等。

[5]參閱吳東野：〈「半總統制」之探討〉，見《美歐月刊》，民國八十五年一月出版。

1.總統由人民直接選舉產生。

2.總統有相當實權。

3.總理領導政府並向國會負責。

目前除法國外，歐洲另有奧地利、愛爾蘭、冰島、芬蘭、葡萄牙與威瑪共和時代的德國等，同被歸納爲此種模型。

一九五八年法國第五共和國採用的雙首長制，其特點如下：

1.行政首長（總統）和立法機關（議會）由不同的選舉程序產生。

2.總統是國家元首，有權任免總理，並根據總理提名任免部長；有權任命最高法院法官，負責統帥三軍，並主持最高國防會議。

3.與內閣制相似，政府向議會負責。

4.總統從行政與立法之間的制衡關係中超脫出來，位於行政、立法、司法之上。雖然總統直接領導下的行政機關向立法機關負責，但總統本身則不對立法機關負責。立法機關對政府有監督權，但對總統，則無監督權。對於立法機關通過的法案，總統可以發還，要求重新審議，還可行使非常權力，以發表諮文的方式推行自己的政策。立法機關可以對政府投不信任票，總理可以辭職，但總統毋須辭職。如總統支持總理，他可以立即下令解散立法機關。

5.總統掌握支配行政機關的方式是設立一個部長會議，總理和內閣部長參加，由總統自任主席。

6.立法機關本身又設置上、下兩院，其職權大致相等，使兩院互相牽制，便於總統對付議會。

7.立法機關就某一問題與總統僵持不下時，總統可越過議會將法案交公民表決。

三、法國的政府與政治

一九五八年公布施行的法國第五共和憲法由序言及十五章九十二條條文組成。法國現行憲政制度即是依據該部憲法所建構者。本節擬透過對該憲法關於總統、中央政府及總理、議會、憲法委員會等問題的規定，對其現行憲政制度作一概述。

(一)總統

總統產生的方式

法國第五共和憲法相較於該國以往的憲法，最特出的一點是加強了總統的權力。一九五八年憲法第五條原規定總統由總統選舉團選舉之，任期七年。選舉團由國會議員、省議會議員、海外屬地議會議員以及各區議會選出代表組織之。總統之選舉，第一次投票，以能得到絕對多數票者爲當選。無人獲得絕對多數時，第二次投票以得票比較多數者爲當選。

一九六二年十月戴高樂總統提出修改原憲法規定之總統選舉方式的法案，經由公民複決後通過。修正後的條文爲：「共和國總統應以直接普遍選舉法選舉之，任期七年。」「共和國總統之選舉，應以獲得有效票之絕對多數者爲當選。若第一次投票無人獲得此項多數，則應於兩個星期日後，舉行第二次投票。第二次投票中參加競選的候選人，以在第一次投票中獲得最多票之二人爲限，但在第一次投票後自動退出者，不在計算之列。」從此，法國總統改由全民直接投票產生，任期仍爲七年。因憲法並未就連任之事加以規定或限制，換言之，連選可連任。

在法國政治制度中，從來不設副總統，憲法第七條規定：「在總統缺位或因故不能行使職權時，由參議院議長代理總統，直到總統行使職權或新總統就任爲止。」

總統的主要職權

現行憲法第八條至第十九條，是有關總統權力的規定，這十二條以及其他有關總統權力之規定，綜合起來有：

1.維護憲法之遵守。由其仲裁，保障公權力之正常運作及國家之延續。確保國家獨立、領土完整，與國際條約之遵守。（第五條）（1995.8.4 增修）

2.任命總理，並依總理提出政府總辭而免除其職務。並依總理之提議任免政府部會首長。（第八條）

3.主持部長會議。（第九條）

4.簽署和頒布議會通過的法律。總統應於最後通過的法律送達政府後十五日內公布之。在上項期限內，總統得要求國會將該法律或其中部分條款予以覆議，國會不得拒絕。（第十條）

5.提交公民複決權。總統依政府在國會開會期間所提之建議，或國會兩院之聯合建議（並經政府公報刊載），將有關公權組織、國家經濟或社會政策及相關公共事務改革之法律草案，或有關國際條約之批准，該條約雖未牴觸憲法，但足以影響現行制度之運作者，提交公民複決。如公民複決案係由政府提議，政府應至國會兩院提出報告，並予以討論。如公民複決贊同某法律草案，總統應於投票結果公告後十五日內公布法律。（第十一條）（1995.8.4 增修）

6.解散國民議會的權力。總統於諮詢總理及國會兩院議長後，得宣告解散國民議會。國民議會因解散而改選後一年內，不得再予解散。（第十二條）

7.任命國家文武官員。（第十三條）且有權任命三位憲法委員會

委員。（第五十六條）

8.簽署總統行政命令以及部長會議所決議之行政命令。（第十三條）

9.外交權。任派大使及特使駐節外國；並接受外國大使及特使的到任。（第十四條）此外，總統負責對外談判並批准條約。（第五十二條）

10.軍事權。總統爲三軍統帥，主持國防最高會議及委員會。（第十五條）另根據一九六四年一月十四日的行政命令，總統擁有決定核子武器的「按鈕」權。

11.緊急狀態行使「非常權力」。在共和制度、國家獨立、領土完整或國際義務之履行，遭受嚴重且危急之威脅，致使憲法上公權力之正常運作受到阻礙時，總統經正式諮詢總理、國會兩院議長及憲法委員會後，得採取應付此一情勢的緊急措施。總統應將此措施昭告全國。此等措施須以保障憲政機關能在最短期間內獲得達成任務之方法。此等措施應諮詢憲法委員會之意見。國會應自動集會。國民議會在總統行使緊急權力期間不得解散。（第十六條）

12.特赦權。（第十七條）

13.咨文權。總統得向兩院提出咨文，予以宣讀，上述咨文毋須討論。如值國會休會，須爲此召集國會。（第十八條）

14.對國會臨時會的召開擁有否決權。國會臨時會的召開與休會，均依總統所發布之命令爲之。（第三十條）

15.司法權。總統保障司法機關的獨立。總統主持最高司法會議。總統由最高司法會議襄贊處理司法事務。（第六十四、六十五條）

16.修改憲法的倡議權。憲法修改案得由總統依總理之建議提出，或由國會議員提出。憲法修改草案或提案須以同一內容並經由國會兩院表決通過。修改案須經公民複決同意後，始告確定。總統如將修改案提交國會兩院聯席大會議決，則該修改案毋須交付公民複決。在此情況下，修改案須獲聯席大會五分之三有效票數，始得通過。國家領土完整遭受危險時，不得從事修憲或繼續進行。政府之共和政體不得作爲修憲議題。（第八十九條）

17.毋須總理副署的權力：①任命總理；②將重大議案提交公民複決；③解散國民議會；④緊急狀態行使「非常權力」；⑤向國會提出咨文；⑥將國際條約之內容提請憲法委員會釋義；⑦任命三位憲法委員會委員；⑧將尚未公布之法律案提請憲法委員會審議。除上列八項外，其他總統所簽署的法案，須經總理副署，或視情勢需要並由各有關部會首長副署之。（第十九條）

(二)中央政府及總理

法國政府制定並執行國家政策；掌管行政機構及軍隊。總理指揮政府行動，負責國防，確保法律之遵行。政府閣員不得同時兼任國會議員、全國性之職業團體代表及其他公職或專門職業。

依一九九五年八月四日增修的憲法第四十九條規定：「經部長會議審議後，總理得就其施政計畫，或於必要時，就整體施政報告，向國民議會負擔政府責任。國民議會得通過不信任案追究決定政府之責任。此項不信任案須經國民議會至少十分之一議員之連署，始得提出。動議提出四十八小時之後，始得舉行表決。不信任案僅就贊成票核計，並須獲得國民議會總席次之絕對多數始能通過。除後項所規定之情形外，國民議會議員在同一常會會期中簽署不信任案不得超過三次，在臨時會期中則不得超過一次。」

總理得就通過某項法案爲由，經部長會議討論後，向國民議會提出信任案。在此情形下，除非在二十四小時內，有不信任案的動議提出，並依憲法第四十九條前項之規定進行表決，否則政府所提法案即視同通過。此外，總理有權要求參議院認可其總體施政報告。依憲法第五十條規定：「國民議會通過不信任案，或對政府所提施政計畫及總體施政報告不予同意時，總理應向總統提出政府總辭。」

憲法授予之法國政府的權力與實際脫節的情況是十分明顯的。憲法列舉了總理享有的一系列權力：向總統建議任免政府官員，並可免除總統職權外的所有文職和軍職人員，指導政府的活動，協調各部的關係（憲法第二十一條）；代表政府向議會提出施政綱領或發表政策聲明，並向議會負責（憲法第四十九條）；總統在解散國民議會或行使憲法第十六條規定的宣布緊急狀態的權力時，必須徵詢總理的意見，總理以政府的名義宣布戒嚴令；代表政府享有立法創議權和修改憲法建議權；對國防負責，領導國防部，負責組織國防並兼任國防委員會副主席，必要時代替總統主持最高國防會議和國防委員會；總理領導的政府享有廣泛的條例制定權和命令發布權。但在第五共和的體制下，總理主要依靠總統而存在，上述總理的各項權力，無一不是最終成為總統的權力。在實際政治過程中，法國總理主要起著「管家」、「紐帶」和「保險絲」的作用。

戴高樂總統曾說：「總統任務的性質、範圍和期限，意味著他不要無休止地全神貫注於應付政治、經濟和行政上的日常事務。相反的，這是法國總理的複雜任務。」換言之，總統掌握大政方針，總理負責事務，處理那些總統不感興趣的瑣事。其次，總理是聯繫總統和議會的紐帶。總理向議會反應總統意圖的總政策聲明，如同季斯卡總統所說：總理是總統政策「忠實和積極的發言人」。此外，總理還必須和議會保持良好關係，以保證政府提議和總統的政策能在議會中順利通過。最後，總理是「保險絲」或「避雷針」，因為總理的權力轉移到總統的手中，總理卻繼續承擔著「責任」，總統反而可以免受議會和輿論的「雷擊」。

另一方面，由於總理的地位自一九五八年憲法頒布以來，一直呈下降的趨勢，由總理主持的內閣會議之重要性也不斷減弱，內閣會議召開的次數越來越少，重要的決策都是在總統所主持的部長會議上討論決定。出席內閣會議的是總理、各部部長、部長級代表和國務祕書；出席部長會議的是總理、各部部長，國務祕書一般不出席該會議。部長會議每星期三上午在總統府舉行，由總統主持。如果總統不能到會，可委託總理主持，但這種情況很少發生。部長會議的作用一方面是向總統提出意見和建議，另一方面是協調各部的行動。內閣無法對重要問題發表意見，它僅僅是實施政策的工具[6]。

(三)議會

法國第四共和可算是傳統的議會制——「國民議會單獨享有決議法律案的權力，該項權力不得委託代行」。一九五八年的第五共和之政府體制，則將議會降到從屬於行政的地位，不僅立法權的範圍受到限制，而且歷來屬於議會下院的「荷包權力」也移轉到行政機關。總之，議會作爲立法機關已經不再是「議會至上」了，它必須和總統、內閣、憲法委員會分享立法權；此外，公民亦可透過公民投票的方式參與立法的活動，在在使得議會地位低降。

法國的議會，實行兩院制，由國民議會和參議院組成，但兩院不具有同等的權力，總體而言，國民議會的權力大於參議院的權力。關於議會的選舉制度，憲法第二十四條規定：「國民議會議員依直接選舉選出之。參議院議員依間接選舉選出之。參議院應確保共和國所屬各行政區域之代表性。居住於法國境外之法國人民，得選出代表參加參議院。」茲依據憲法制定的組織法規定分別說明之：

---

[6]參閱艾爾蒙等著、龔文庠等譯：《當代比較政府與政治》（台北：風雲論壇出版社，民國八十四年四月，再版），pp.424-425。

國民議會

國民議會的議員，從法國本土及海外省和海外領地設立的四百九十一個選區直接選出，每個選區直接選出一名議員。其中法國本土選出四百七十三名，海外省和海外領地十八名。國民議會議員任期五年，國民議會被總統解散時，則提前進行國民議會議員的選舉。

參議院

參議員由各省的選舉團間接選舉產生，各省選舉團由各省的國民議會議員、省議員、市議員代表組成，當選的參議員絕大多數都是地方的知名人物或地區紳士。參議員共二百九十五名，任期九年，每三年改選三分之一。

國民議會和參議院各設議長一名，分別由各院議員選舉產生，連選得連任。依憲法第三十二條規定：「國民議會議長之任期與議會任期同。參議院議長則在參議院每次部分選舉後改選之。」換言之，國民議會議長任期爲五年；參議院議長任期爲三年，可連選連任。

憲法規定之議會兩院的權力，概括起來主要有：

1.立法權：憲法第三十四條具體規定了議會立法的主要項目範圍，包括公民權及有關行使公共自由權利之基本保障、司法訴訟制度、稅率、稅收和發行貨幣制度的法律等。依憲法第三十九、四十五條規定可知，一切法律草案或者建議案，應相繼在議會兩院進行審議，以便通過內容一致的法案。但關於財政的法案，應首先提交國民議會通過，然後再交參議院審議。應特別指出的，第五共和憲法雖然賦予了議會多方面的立法權，但實際上議會的立法權受到很大的限制。例如，憲法第三十八條規定：「政府爲執行其施政計畫，得要求國會授權，在一定期限內，以行政命令之方式逕行實施原屬法律範圍的事宜。」這使得議會對有關問題的立法權，由立法機關轉移到政府手中。其次，總統可以繞過議會，直接將由其提出的立法案提交公民投票。再者，總統還可以行使「非常立法權」進行立法，使得議會持有異議，或已被否決的立法案，被總統運用立法權力而得到確立。憲法第四十八條還規定：「議會兩院之議程應優先審議政府所提草案及爲其接受的提案。上述審議照政府所定次序爲之。」此皆有利政府法案在議會中順利通過，相對地也削弱了立法機關的權力。

2.監督權：根據憲法第二十條規定，政府對議會負責，議會對政府有監督權。議會對政府行使監督權的方式有質詢權、財政執行監督案、對政府提出不信任案等。

3.批准宣戰和實行戒嚴權：憲法第三十五條規定：「宣戰須經國會核准。」第三十六條規定：「戒嚴須經部長會議頒布之。戒嚴期限超過十二日者，須經國會同意。」

4.修改憲法程序上的權力：依憲法第八十九條規定，議會議員和總統一樣，有提出修改憲法的倡議權。同時還規定，修改憲法的草案或者建議案，必須由議會兩院以同樣的詞句表決通過。

5.選舉特級法院法官權：依憲法第六十七條規定：「特級法院在國會兩院每次全部改選或局部改選後，由國民議會及參議院就其議員中選出同數委員組成之。特級法院庭長由委員互選之。」依規定，議會兩院各可以本院議員中選出十二名正式特級法官和六名候補特級法官，組成特級法院（有的稱之爲高級法院）。此特級法院不同於普通法院序列中的最高法院的司法機關，即它不是審理普通民事和刑事案件的最高審判機關，而是審理總統及政府成員在執行職務中，所犯叛國罪、危害國家安全罪等特殊犯罪的司法機關。

6.對共和國總統提出控告權：憲法第六十八條規定：「共和國總統執行職務，僅對其所爲之叛國行爲負有刑責。對總統之控告，須經國會兩院採用公開、統一的投票方式，並獲得兩院議員絕對多數通過，始能成立。總統由特級法院審判之。」（1993.7.27增修）

（四）憲法委員會

憲法委員會是法國現行憲法所新規定的一個國家機構。就其性質而言，該機構兼有司法、監督、諮詢等多種職能，具有與其他西方國家的憲法法院不同的特點。現行憲法第七章中，用專章的內容規範其組織程序和職權等。

組成

憲法委員會設委員九名，任期九年，不得連任。憲法委員會委員，每三年改任三分之一。憲法委員中，三名由總統任命，三名由國民議會議長任命，三名由參議院議長任命。除上述九名委員外，歷任共和國總統爲憲法委員會之當然終身委員。憲法委員會主席，由總統任命之。在贊成與反對票同數時，主席有決定權。

憲法委員會委員不得兼任政府閣員或國會議員。

憲法委員會之組織與運作規程、提付憲法委員會審議之程序，特別是有關提出爭議問題之期限等，以組織法定之。

職權

憲法委員會的職權包括：

1.監督總統選舉，務使其依法進行；並審理選舉糾紛，宣布選舉結果。國民議會議員及參議院議員選舉發生爭議時，其合法性由憲法委員會予以裁決。

2.監督公民複決過程之合法性並宣布其結果。

3.各組織法在公布前，以及國會兩院規程在實施前，均應送請憲法委員會審議，就其合法性予以裁決。經宣告爲違憲的條款，不得公布或付諸實施。

4.憲法委員會之裁決，不得上訴，並對公權機關及一切行政、司法機關具有拘束力。

從總體上看，法國憲法委員會的權力是比較大的，與美國最高法院的司法審核權相比，法國憲法委員會的憲法監督權有兩個顯著的特點：第一，美國最高法院是在法律公布實施後，再對法律的合憲性進行審查，屬於事後的監督。而法國憲法委員會是在法律未公布實施之前，即對其合憲性進行審查，屬於事前的監督。第二，美國最高法院，是在審理某一具體案件的過程中，結合審理案件是否違憲；而法國的憲法委員會，是在訴訟活動之外，專門進行憲法的審查工作。

第四節　委員制

一、歷史的發展

「委員制」以議會統率行政機關，與內閣制及總統制的精神均有不同。瑞士的民主政治在所有的民主政治之政府制度中，呈現出獨特的現象，而形成此特殊政治制度，可由其歷史發展條件來解釋。

從西元第三世紀起，北方的日耳曼野蠻民族開始入侵現今瑞士的地方，到了五、六世紀則定居在Aar河以東的地帶，到西元第七世紀法朗克人也在瑞士定居。經過羅馬天主教士的傳教洗禮，漸次被教化成爲文明人。到了十一世紀馬扎人（Margyars即匈牙利人）及回教徒（Muslins）也出現在瑞士本土，或許離本國太遠，結果並沒有留居下來。西元十一世紀瑞士終於成爲神聖羅馬帝國的一部分（因此有些瑞士地名仍留有古羅馬帝國的遺跡）。十三世紀下半貫穿南北的聖格達隘道（St. Gothard Pass）通行後，到義大利的通道大大提高了烏麗（Uri）、瑞士（Schwyz）、下森林（Unterwalden）的影響力。

瑞士的憲法史是從永久性的聯盟開始的，這個聯盟由原始的三個邦——烏麗、瑞士、下森林三個邦組成，爲了抵禦奧地利的國家統治，三邦於一二九一年合併，因此而產生的瑞士聯邦。後來在奧地利與法國東部之布爾根（Burgund）自由之戰的兩百年當中，其透過與其他社區的合併而擴張，到了一五三一年，瑞士聯邦已有十三個所謂的老「地區」(orte)。一六四八年，西發里亞條約(Traite de Westphalie)除了結束三十年的戰爭之外，同時也承認瑞士的獨立地位。

一七九八年四月法國出兵占領瑞士，受法國統治。當時拿破崙宣稱瑞士爲「黑爾維蒂共和國」（IIelvetische Republik），規定該共和國爲中央集權的統一國家，各邦資格降低，僅成爲行政區而已，此政治結構與瑞士的傳統和文化格格不入，實施成效不彰。一八〇二年拿破崙復公布瑞士的第二部憲法，但瑞士人民仍然反對，一八〇三年拿破崙再頒布所謂的「仲裁憲法」，終結瑞士的「黑爾維蒂共和國」，恢復其原來的邦聯政體，但仍受法國的管轄，然這部仲裁憲法於一八一三年十二月，隨著拿破崙的失敗而告結束。此時瑞士要求歐洲列強承認其獨立與中立的地位。一八一五年的維也納會議，肯定了瑞士的要求，承認瑞士既有的疆界，同時也確立瑞士永久中立國的國際地位。至此，瑞士共有二十二個邦，各邦於一八一五年八月七日訂定聯邦條約（La Pacte federal）將各邦重新組織起來，由是瑞士的國家邦聯逐漸鞏固。不幸卻於一八四七年內部爆發「特別聯盟戰爭」，戰爭結束後，於一八四八年制定新憲法，改採聯邦政府制度的形式，且決定採用委員制。

簡言之，瑞士的現代國家聯盟是源自於合作的、有組織的社區共同體聯盟，此聯盟經過五十年的過渡階段，在一八四八年決定一種最終的國家形式。一八四八年制定的憲法曾於一八七四年大幅度修訂，之後即不曾全面修正過，只有部分適時性的修訂以應時代潮流之需。

一八七四年五月修訂之瑞士聯邦憲法，共分爲三章：總則、聯邦機關、聯邦憲法之修正，凡一百二十三條。第一章「總則」規範各種不同之公共範疇，主要內容係根據劃分聯邦與各邦之職權、國家與個人之間的關係，保障個人權利爲目的的七十條條文所組成。有關聯邦的職權僅限於憲法所明文授予的範圍，主要有外交政策、軍事、經濟政策、自然與風景區的保護、社會立法、財政和關稅、民法和刑法、外事和公共衛生管理等事項。憲法所保障的個人權利，主要有經營工商業的自由、遷徙自由、信仰自由、言論與結社之自由和所有權之保障、結婚之權利、訴願之權利、被正常法官審判之權利等。第二章「聯邦機關」，包含了聯邦立法機關之「聯邦院」和「國民議會」，聯邦之行政和管理機關之「執行委員會」，和掌理聯邦議會和執行委員會總務業務的「聯邦總務處」，以及聯邦司法機關之「聯邦法院」的條文，自第七十一條至第一一七條，共四十七條。第三章「聯邦憲法之修正」，自第一一八條至第一二三條，共六條。該章規定聯邦憲法得於任何時間作部分或全部的修正，並就修正程序做了詳細的規定。

瑞士之所以採用委員制有兩個因素：第一，已經因歷史而形成的各邦憲法結構，要使之移轉到聯邦的領域。瑞士各邦的憲法在細節上雖然大有不同，但他們共同的特徵，是有一個顯著的同僚原則（Kollegialprinzip）以及至少具有兩個機關：一個是當時以民選的或以合作方式形成的大參議院（Grosser Rat），一個是小參議院（Kleiner Rat），小參議院是由大參議院成員組成的。原本政府的重心是在小參議院，但後來的發展卻是小參議院隸屬於大參議院之下，且小參議院的權限也僅限於執行的功能。第二，一七九八年的黑爾維蒂憲法是根據一七九五年法國委員制憲法（Direktorialverfassung）的模式，採用委員制。（Georg Brunner, 民84, pp.127-130）

根據一九九〇年的人口普查依宗教信仰劃分，全國有46.1%的瑞士公民是天主教徒，40%是新教徒，猶太教、回教占2.7%，其他無宗教信仰則占11.2%。依族群語言分布來考察，瑞士與其他歐陸國家大致相似，雖然如此，但在伯恩（Bern）、邦郡（canton）、內朱拉（Jura）山脈地區靠近法、德邊境，在七〇年代曾有法語系瑞士人要求脫離德語系占絕大多數的伯恩邦郡，而成立獨立自主的朱拉邦郡，最後經過公民投票和平解決政治難題，朱拉邦郡終於在一九七九年成爲瑞士的最新獨立邦郡[7]。

現今的瑞士版圖於一八一五年維也納條約確定的，當時歐陸各列強確認瑞士爲永久中立國迄今。瑞士位居西歐重要戰略地帶，卻能確保其永久中立國的國際地位，這除了拜賜於瑞士地居險峻的高山地帶容易護衛之外，最重要的是族群和諧、各族群強烈認同瑞士，其護土的決心，使得法、德、義及奧地利諸列強從不敢造次侵占。瑞士一直沒有跟其他國家簽署軍事聯盟，在第一次、第二次世界大戰也能戒慎惶恐地避免介入戰端。從十九世紀以來，瑞士的國力不僅蒸蒸日

[7]固然宗教摻雜在語言風俗習慣不同的族群中會把族群關係弄得很複雜，然而透過靈活的瑞士聯邦體制，確實能夠平和地解決棘手的族群矛盾關係。同樣的居於絕少數的羅曼語族群，由於族群祥和的理念能貫徹在日常生活中，其語言也漸次受到多數族群的重視，極可能在不久的將來列為瑞士的第四官方語言。瑞士表面上是個極難協調的多民族國家，但是實際上卻是最「統一又團結」的國家。統一在相互尊重族群文化背景的差異性及愛好民主與自由的崇高價值觀上，所以不因隸屬於德、法、義強勢國家的文化、血緣族群範疇而陷於分崩離析的窘境。參閱張維邦：〈瑞士的聯邦體制與族群關係〉，資料來源：http://taup.yam.org.tw/PEOPLE/961116-6.htm。

上，加上經濟發達，金融銀行業務數世紀來得到世界各國的信賴，精密科技製造業（鐘錶、製藥、化學、機械）無遠弗屆，暢銷全球。瑞士平均國民所得高，一九九四年高達三萬七千美元，稅率又低，遠高於其各同族群的鄰國。此外，全國皆兵，年輕人定期接受嚴格的軍事訓練，受過訓練的成年人都需要妥善保管自己的隨身武器，爲了保衛國土與維護民主體制，國防預算也不算低（1993年占國內總生產的1.7%）。

二、委員制的特徵

瑞士是一個多民族、多語言、多文化的國家，憲法中不但認同瑞士境內的四種語言：德語、法語、義大利語、羅曼語，同時也確認德語、法語、義大利語三者爲瑞士的官方語言。此外，各邦也可自行規定所使用的正式語言。瑞士民主政治的特色，即在人民權力的形成當中，特別是在邦的層面，具有直接民主政治的許多要素。不過耐人尋味的是，一直到一九七一年，瑞士的婦女才對聯邦議會議員的選舉擁有投票權，而至一九九〇年全國各邦才賦予婦女參政權。

(一)議會至上

瑞士爲聯邦國家，由二十二個邦的人民同盟組織之，所實行的制度，並未依照三權分立的原則，而是將一切治能交付議會。依憲法第七十一條規定：「除各邦及人民保留的權利外（第八十九條及第一二三條），聯邦議會行使聯邦最高權力。聯邦議會由兩院組成之：一、國民院；二、聯邦院。」

聯邦院以各邦所選舉之議員共四十六名組成之，每邦任命代表二人；劃分邦則每半邦選出一人。每邦議員產生的方式、任期和薪給，均由各邦自己規定及支付。有的是由普選產生，有的由邦民大會推定，亦有的由邦議會間接選舉，而任期亦自一年至四年不等。

國民院是由瑞士人民依照比例代表制直接選舉產生的二百名議員組成之。依規定每二萬四千人選舉一名議員，任期四年，每四年全部改選。依規定凡瑞士人民年滿十八歲，而未被聯邦之法律褫奪公權者，均有權利參加選舉及投票。議員由聯邦國庫支領津貼。

兩院常開聯席會議處理下述各種事項：

1.選舉七個執行委員、聯邦法官，以及戒嚴時期的軍事統帥。

2.議決原則，對執行委員會指示行政方針。

3.議決原則，命令執行委員會根據此原則起草法案。

4.仲裁聯邦機關間所發生管轄權的衝突。

5.撤銷執行委員會違法的命令。

6.頒發大赦與特赦的命令。

7.宣布戰爭的存在，進行媾和的工作，並批准條約。

8.頒發戒嚴令及解嚴的命令。

聯邦院和國民院有完全的立法權。在進行立法工作時，兩院分別開會審議，且完全處於平等的地位。每一項法律案，如為任何一院所反對，即不能成立。兩院之決議皆以絕對過半數之表決定之。依一九七七年修訂的憲法第八十九條規定：「聯邦法令只能在聯邦兩院同意下通過。一般性聯邦法令，如有五萬以上有選舉權之公民或八個邦以上之請求，必須提交人民決議。」一般性聯邦決議經聯邦議會兩院分別以全體議員之多數決議可立即生效。但此項決議之實施期限必須限制。緊急聯邦決議經五萬以上有選舉權的公民或八個邦以上請求複決後，如不在聯邦議會通過一年內經人民批准，則在一年後失去其效力；如經人民批准，則其效力可再予延長。牴觸憲法之緊急聯邦決議，必須在聯邦議會通過後一年內經人民與各邦的批准；如未獲人民與各邦批准，則此項決議一年後失去其效力，並且不得再予延長。

(二)合議制的聯邦執行委員會

依憲法第九十五條規定：「聯邦權力之最高指揮與執行，由七人組成之聯邦執行委員會行使之。」由此七位聯邦執行委員會委員分掌政務、軍事、司法及警察、財政及關務、內政、國家經濟及郵電交通等七部。聯邦執行委員會委員由聯邦議會聯席會議自有國民院議員資格的瑞士公民中選任之，任期四年，連選可以連任，連任次數並無限制。但委員中不得有二人選自同一邦，且現任議員和官吏，均不得選任為聯邦執行委員會委員。聯邦執行委員會於國民院改選時，全部改組之。聯邦執行委員會委員在四年任期中出缺時，由聯邦議會在次一會議中選出新的委員遞補之，其任期以原任期之未任滿部分為限。聯邦執行委員會委員在任期中不得擔任其他任何職務，不論在聯邦政府或邦政府中服務，或從事任何其他職業，均不得為之。

依憲法第九十八條規定：「聯邦總統為聯邦執行委員會之主席，聯邦執行委員會另設副總統一人。聯邦總統及副總統均由聯邦議會自聯邦執行委員會中選任之，任期一年。」換言之，聯邦執行委員會七位委員中有二人分別兼任總統和副總統，任期均為一年，並規定原任總統不得連任，亦不得任副總統。且同一委員不得連續二年擔任副總統，聯邦總統及聯邦執行委員會委員自聯邦國庫領取年俸。相較於美國、俄羅斯、法國等國之總統所享之職權，瑞士的總統並無特殊的權力，不過為國家名義上的元首及主持聯邦執行委員會的會議而已，事實上，總統算是合議制下的首席部長代表而已（the first among equals），因此競爭並不激烈。

聯邦執行委員會採合議制，委員會至少須有四人出席始得開會，任何重要的決定，並須經委員會多數表決通過，且其決定不能違背聯邦議會所定原則。在憲法規定的範圍內，聯邦執行委員會的職權和責任如下：

1.依據聯邦法律和命令，掌理聯邦事務。

2.確保聯邦憲法、法律、命令與聯邦協議之遵行。

3.注意各邦憲法之保障。

4.向聯邦議會提出法律或命令的草案，並對議會兩院或各邦提出法案和提出意見。

5.對聯邦法律與命令、聯邦法院之判決、各邦間爭執之協議或裁定等事項。

(三)聯邦執行委員會與聯邦議會的實際關係

1.聯邦執行委員會是聯邦議會的隸屬機關，有執行的責任，而無決策的權力。決策的權力，完全為聯邦議會所有。聯邦執行委員會委員須列席聯邦議會，以備諮詢。

2.聯邦執行委員會受聯邦議會的指示，提出各種法案，其可發表意見，說明法案的立場。然聯邦執行委員會委員對於法案並沒有表決權，並須完全服從議會的決策。

3.聯邦執行委員會委員毋須因不受信任而辭職，但也無權對議會的決定要求覆議。（此點是委員制與內閣制和總統制都不相同的地方）

(四)聯邦法院

瑞士設置聯邦法院一所，以管理聯邦司法事件。凡瑞士公民具有被選舉為國民議會議員資格者，均得當選為聯邦法院法官。

(五)公民投票

依瑞士憲法規定，聯邦法律得經三萬公民或八州政府之要求，由人民表決，或採用、或否決之。

一般政治學者提及瑞士的政治體制都以Swiss Confederation（瑞士聯邦）稱之。瑞士的政治體制有一個特徵，除了五個邦（Glarus, Appenzell Ausserrhoden, Appenzell Innerrhoden, Obwalden, Nidwalden）施行直接民主（landsgemeinde）外，聯邦及絕大多數的邦都實行創制權與公民投票制（referendum and initiative），這種介於直接與間接民主的體制，對解決各種人民與國家間的問題很有效益；凡是涉及複雜的政治社會經濟甚至是文化的棘手難題都用公民投票解決之[8]。在日內瓦雖然有聯合國的駐在歐洲總部，可是瑞士一直還沒加入聯合國。一九八六年瑞士聯邦政府贊成加入之，可是經過全民投票，結果75.7%的瑞士公民拒絕聯邦政府的建議，依然維持中立的傳統。之後，一九九二年五月瑞士經過全民投票終於加入聯合國周邊組織的國際貨幣基金會及世界銀行，但是加入「歐洲聯盟」卻功虧一簣，這與瑞士享有獨特之金融體系和跨國企業之優勢有關。

---

[8]這種「半直接民主體制」的公民投票也是化解族群緊張矛盾關係的有效制度。在邦與聯邦層次經常舉行公民投票。有些邦還硬性規定所有的立法（有些邦僅在財政事務上規定）最後應由全邦邦民投票裁決認定之。有關聯邦事務同時獲得聯邦及全體邦民大多數決的通過才能修正或改革聯邦憲法，才能進行緊急措施或是加入國際組織。根據Kris W. Kobach所引的統計資料，從一八四八年施行公民投票以來，瑞士是全球訴諸公民投票最多的國家；迄一九九二為止瑞士一共舉行了三百九十八次全國性的公投，打破全世界記錄，第二個多的國家是澳大利亞也僅有四十三次而已 。參閱張維邦：〈瑞士的聯邦體制與族群關係〉，資料來源：http://taup.yam.org.tw/PEOPLE/961116-6.htm。

第五節　人民代表大會制

在長達五千年文化的古代中國社會，從未出現過古希臘的選舉制度和古羅馬的共和政體，自歷史文字記載觀知，實行的都是君主專制政治。十九世紀中葉，受到中國的積弱不振和西風東漸的影響，人們才開始認真思考未來中國該以何種體制取代專制政體的問題。先有鄭觀應、康有為、梁啓超等人宣揚君主立憲制，後有以孫中山為代表的革命派主張民主共和，並經艱辛的奮鬥，始將滿清專制體制推翻，這一切的發展都為後繼者於設計未來中國的政治體制奠定基礎[9]。

一般人耳熟能詳的政府體制，不外乎是總統制、內閣制、委員制或雙首長之混合（折衷）制，而人民代表大會制（people's congress system）則較為人所不知，但隨著中華人民共和國（以下簡稱中共）在世界政治舞臺的漸露頭角，其獨特的政體即人民代表大會制度（以下簡稱人大制度）正吸引著人們的注意。而中共之所以採用人大制度為其政體形式，如同其他國家採用其相應的某一政體一樣，皆是有其一定的歷史淵源、社會條件，亦有其法制基礎，本節分別從人大制度的產生和發展、人大制度的涵義及原則、國家機構的主要成分，加以

[9]中共建政之後，頒布過四部憲法，依據現行憲法（一九八二年十二月四日第五屆全國人民代表大會第五次會議通過，包括其後所通過的全部憲法修正案）規定其是「工人階級領導的、以工農聯盟為基礎的人民民主專政的社會主義國家」。一九八八年第七屆全國人民代表大會第一次會議通過憲法修正案，對憲法第十條第四款和第十一條進行修改和增補。一九九三年第八屆全國人民代表大會第一次會議通過憲法修正案，將「國營經濟」和「國營企業」分別改為「國有經濟」和「國有企業」；將「社會主義初級階段」、「建設有中國特色社會主義理論」、「國家實行社會主義市場經濟」等內容寫進憲法之中。

說明。

一、人大制度的產生和發展

據上海復旦大學政治學者浦興祖教授的見解，人大制度作爲國家的具體政體形式，是中共在馬克思主義指導下，結合中國國情，經過長期探索所作出的審慎選擇[10]。

早在中國共產黨發動的工人運動和農民運動中，就曾經有「工人代表大會」、「市民大會及由其選舉產生的市民政府」、「農會」等人大制度的雛形。一九三○年初，在江西共黨根據地曾有「工農兵蘇維埃代表大會」之運作。抗日戰爭時期共黨統治下的陝甘遼寧區有「參議會」的政治制度。戰後，共黨在其所謂「解放區」進行土地改革的過程中，曾於農村建立區、村兩級人民代表會議並據以產生人民政府。

在中共建政的前夕，「中國人民政治協商會議」通過共同綱領，確立人大制度爲中共的政權組織形式。共同綱領第十二條規定：「中華人民共和國的國家政權屬於人民。人民行使國家政權的機關爲各級人民代表大會和各級人民政府。各級人民代表大會由人民用普選方法

---

[10]中共在建政以前，曾先後頒行了中華蘇維埃共和國憲法大綱（一九三一年頒行；一九三四年修訂）、陝甘寧邊區施政綱領（一九四一年十一月）、陝甘寧邊區憲法原則（一九四六年四月）等憲法性文件。一九四九年十月一日中共在北京天安門廣場舉行開國典禮，主席毛澤東宣告中華人民共和國中央人民政府成立。迄今其政治制度已有近五十年的歷史，就理論上概括地說，人大制度是指：中國各族民族人民在定期普選的基礎上，產生各級人民代表大會，作為人民行使國家權力的機關，並由人民代表大會組織其他國家機關，以實現人民管理國家與社會的一種政權組織形式。人大制度不僅涉及「人民代表大會」這類機構，而且還涉及到政府（國務院）、法院、檢察院等各類國家機構。參閱浦興祖等著：《中華人民共和國政治制度》（香港：三聯書店[香港]有限公司，一九九六年十一月，香港第一版第二次印刷），pp.6-7。

產生之。各級人民代表大會選舉人民各級政府。各級人民代表大會開會期間，各級人民政府為行使各級政權的機關。」由於中共建政之初，尚未具備進行普選、召開各級人大的條件，因此，依據共同綱領實行了過渡性措施：在中央，由政治協商會議的全體會議代行全國人民代表大會的職權，制定中央人民政府組織法，選舉中央人民政府委員會；在地方，則由各界人民代表會議逐步代行中央人民代表大會的職權。

一九五三年一月十三日，中央人民政府委員會第二十次會議決議召開全國及地方各級人大。同年二月十一日通過中華人民共和國全國人民代表大會及地方各級人民委員會選舉法，旋即展開全國第一次普選，並逐級召開鄉、縣、省（市）人民代表大會，選舉產生地方各級國家機關。

一九五四年九月十五日，第一屆全國人大第一次會議在北京隆重舉行，大會通過中共第一部憲法（五四憲法），另通過全國人大組織法，中共人大制度於焉確立。

人大制度正式確立以後，歷經了三個階段的發展：第一階段，一九五四至一九六六間的初步運作，此一期間，依據憲法及法律，人大制度基本上尚能實行。第二階段，一九六六至一九七六間的停頓，由於文革的動亂，人大制度陷於嚴重挫折。第三階段，一九七六以後的逐步恢復，特別是自一九七八年二月二十六日，召開第五屆全國人大第一次會議修改並通過憲法部分條文，使人大制度獲得發展契機。

二、人大制度的特徵

(一)人大制度的涵義

一如總統制是以總統爲核心、內閣制是以內閣爲核心、委員制是以委員爲核心，顧名思義，人大制度係以人大爲核心。因此人大制度不僅涉及人大，還涉及政府、法院、檢察院等各類國家機構，但人大在各類國家機構中居於全權的、最重要的、主導的地位，殆無疑義。學者習於以行政權、立法權、司法權三者彼此間的關係來闡明政體的內涵，但此一模式並不適用於人大制度的解析。中共憲法第二條明文規定，全國人大和地方各級人大是人民行使國家權力的機關；憲法第三條進一步規定，國家行政機關、審判機關、檢察機關，都由人大產生，並對人大負責，受人大監督。由以上規定可知人大爲國家權力機關的性質。中共憲法第五十七條規定：「全國人大是國家最高權力機關，它的常設機關是全國人大常務委員會。」全國人大和其常務委員會行使國家立法權（第五十八條），因而，大陸學者喜以「議行合一」（combination of legislative and executive powers）[11]來說明人大制的基本精神，亦即，自權力分立的角度觀之，人大的確是非常奇特的機制，兼有立法至上，由立法權衍生出行政權和司法權的性質[12]。

---

[11]「議行合一」源於一八七一年成立的「巴黎公社」，是指立法和行政權力均屬於「公社委員會」而言，與西方強調的「三權分立」（separation of power）的概念不同。一九一七年十月俄國革命成功，列寧創立蘇維埃社會主義國家機關即採行此制。一九三六年之蘇聯憲法且規定：「蘇聯最高蘇維埃及其常設機關最高蘇維埃主席團領導最高行政機關。」亦是採取此一制度。

[12]但也有學者對「議行合一」持保留的態度，認為它不是人大制度的組織原則，更批判它不利於加強人大制度建設。參見蔡定劍：《中國人大制度》（北京：社會科學文獻出版社，一九九二年八月，第一版），pp.82-83。

(二)人大制度的原則

民主集中制

中共憲法第三條規定：「國家機構實行民主集中制。」所謂民主集中制既是一種組織原則，亦為一種活動原則。從組織原則而言，首先，各級人大都由選民或選舉單位選舉產生，對人民負責，受人民監督。其他國家機關都由本級人大選舉產生，對其負責，受其監督。其次，人大代表人民的共同意志，統一行使全部的國家權力。再者，中央和地方國家機構職權的劃分，以「在中央的統一領導下，充分發揮地方的主動權、積極性」為原則。從活動原則而言，所有國家機關都必須充分發揚民主，在民主的基礎上集中正確的意見，據此作出決定，並加以貫徹。

民族平等的原則

中共憲法第四條保障各民族平等。人大制度為體現此一原則，賦予各少數民族在全國人大及其常委會的組成人員中，應當都有適當名額的代表。藉此保障各民族透過本民族的代表，平等地決定和管理國家事務。

法治的原則

中共憲法第二條宣示：一切權力屬於人民。惟人民必須依照法律規定，透過各種途徑和形式，管理國家事務、管理經濟和文化事務、管理社會事務。人大制度既是中共政體的具體表現形式，依法運作，自然是其基本原則，故全國人大和地方各級人大的代表名額、代表產生辦法、組織權限等相關事項，均應以法律規定之。

三、中共國家機構的主要成分

現行中共的政權架構是由三大系統（黨、政、軍）、五個層級（中央、省、市、縣、鄉）和六套機構（黨委、紀委、政府、人大、政協、軍區）組成[13]。其國家機構的重要組成爲全國人民代表大會及其常務委員會、國家主席、國務院、中央軍事委員會等。茲分別說明如下：

(一)全國人民代表大會及其常務委員會

依憲法第五十七條規定，全國人大是中共最高國家權力機關，它的常設機關是「全國人民代表大會常務委員會」，其組成人員都是全國人大代表，由全國人大主席團提名，全國人大會議選舉產生。常委會設委員長一人、副委員長若干人、祕書長一人、委員若干人，一般每兩個月開會一次，其在全國人大閉會期間行使國家最高權力[14]。現任人大委員長爲李鵬（1998.3.16當選）。

全國人大由省、自治區、直轄市和軍隊選出的代表組成（各少數民族亦有適當名額的代表）。每屆全國人大的人數近三千名，任期爲五年。全國人大會議每年舉行一次（通常是於每年三月份召開），

[13]中國人民政治協商會議（簡稱「政協」）在中國共產黨的領導之下，有八個民主黨派（中國國民黨革命委員會、中國民主同盟、中國民主建國會、中國民主促進會、中國農工民主黨、中國致公堂、九三學社、台灣民主自治同盟）、無黨派民主人士、人民團體、少數民族人士和各界愛國人士參加，亦號稱是由「全體社會主義勞動者、擁護社會主義的愛國者和擁護祖國統一的愛國者組成，包括台灣同胞、港澳同胞和國外僑胞在內的最廣泛的愛國統一戰線組織」。一九九三年三月，李瑞環當選全國政協主席，一九九八年三月連任。

[14]依中共憲法第五十八條規定：「全國人民代表大會和全國人民代表大會行使立法權。」

由全國人大常委會召集。依憲法第六十一條規定，如果全國人大常委會認爲必要，或者有五分之一以上的全國人大代表提議，可以臨時召集全國人大會議。

依憲法第六十二條、第六十三條的規定，全國人大的職權包括：

1.修改憲法[15]。

2.監督憲法的實施。

3.制定和修改刑事、民事、國家機構的和其他的基本法律。

4.選舉國家主席、副主席。

5.根據國家主席的提名，決定國務院總理的人選；根據國務院總理的提名，決定國務院副總理、國務委員、各部部長、各委員會主任、審計長、祕書長的人選。

6.選舉中央軍事委員會主席；根據中央軍事委員會主席的提名，決定中央軍事委員會其他組成人員的人選。

7.選舉最高人民法院院長。

8.選舉最高人民檢察院檢察長。

9.審查與批准國民經濟和社會發展計畫及計畫執行情況的報告。

10.審查和批准國家的預算和預算執行情況的報告。

11.改變或者撤銷全國人大常委會不適當的決定。

12.批准省、自治區和直轄市的建置。

13.決定特別行政區的設立及其制度。

14.決定戰爭與和平的問題。

15.應當由最高權力機關行使的其他權力。

16.有權罷免國家主席、副主席、國務院總理、副總理、國務委

[15]依中共憲法第六十四條規定：憲法的修改，由全國人大常委會或者五分之一以上的全國人大代表提議，並由全國人大以全體代表的三分之二以上的多數通過。法律和其他議案由全國人大全體代表得過半數通過。

員、各部部長、各委員會主任、審計長、祕書長、中央軍事委員會主席和其他組成人員、最高法院院長、最高人民檢察院檢察長。

由是可知，全國人大擁有修憲權、立法權、組織其他最高國家機關、最高任免權、對於國家大事之最高決定權和最高監督權。

依憲法第六十七條的規定，全國人大常委會行使下列職權：

1.解釋憲法，監督憲法的實施。

2.制定和修改除了應當由全國人大制定的法律以外的其他法律。

3.在全國人大閉會期間，對全國人大制定的法律進行部分補充和修改，但是不得與該法律的基本原則相牴觸。

4.解釋法律。

5.在全國人大閉會期間，審查和批准國民經濟和社會發展計畫、國家預算在執行過程中所必須作的部分調整方案。

6.監督國務院、中央軍事委員會、最高人民法院和最高人民檢查院的工作。

7.撤銷國務院制定的與憲法、法律相牴觸的行政法規、決定和命令；撤銷省、自治區、直轄市國家權力機關制定的與憲法、法律和行政法規相牴觸的地方性法規和決議。

8.在全國人大閉會期間，根據總理或中央軍事委員會主席的提名，決定各人選。

9.根據最高人民法院院長或最高人民檢察院檢察長的提請，任免各人員。

10.決定駐外全權代表的人選、規定軍人和外交人員的銜級制度、規定和決定授予國家的勛章和榮譽稱號等。

11.決定與外國締結的條約和重要協定的批准和廢除。

12.決定特赦。

13.在全國人大閉會期間，決定戰爭狀態的宣布。

14.決定全國總動員或者局部動員；決定全國或個別省、自治區、直轄市的戒嚴。

15.全國人大授予的其他職權。

由上可知，根據憲法規定，全國人大常委會擁有比較廣泛且非常重要的權力，在中共政治舞台上所起的作用相當大。

(二)國家主席、副主席

國家主席、副主席由全國人大選舉產生[16]。國家主席、副主席每屆的任期與每屆全國人大代表相同（一任爲五年），連續任職不得超過兩屆。國家主席缺位時，由副主席繼任主席的職位。副主席缺位時，由全國人大補選；在補選以前，由全國人大常委會委員長暫時代理主席職權。中共第九屆全國人大於一九九八年三月舉行選舉，江澤民連任國家主席、胡錦濤新當選爲國家副主席。

國家主席主要職權有：

1.根據全國人大及其常委會的決定，公布法律。

2.提名國務院總理人選，任免國務院總理、副總理、國務委員、各部部長、各委員會主任、審計長、祕書長等。

3.授予國家的勛章和榮譽稱號，發布特赦令，發布戒嚴令，宣布戰爭狀態，發布動員令。

4.代表國家接受外國使節，根據全國人大常委會的決定，派遣和

---

[16]依中共憲法第三十四條規定，年滿十八周歲的公民，不分民族、種族、性別、職業、家庭出身、宗教信仰、教育程度、財產狀況、居住期限，都有選舉權和被選舉權；但依照法律被剝奪政治權利的人除外。另依憲法第七十九條規定，有選舉權和被選舉權的年滿四十五周歲的公民可以被選為國家主席或副主席。

召回駐外全權代表，批准和廢除與外國締結的條約和重要協定。

(三)國務院

國務院即中央人民政府，是國家最高權力機關的執行機關和行政機關。它是中共的中央人民政府，對全國人大或其常委會負責並報告工作。國務院由總理、副總理、國務委員、各部部長等組成，實行首長負責制，任期與每屆全國人大同。總理、副總理連任不能逾兩屆（國務院總理是國家政府首腦，由全國人大選舉產生。雖然憲法規定總理由國家主席提名，實際上由黨中央領導先決定人選）。歷任之中共國務院總理爲：周恩來（1949-1976）、華國鋒（1976-1980）、趙紫陽（1980-1987）、李鵬（1987-1998.3）、朱鎔基（1998.3迄今）。

依憲法第九十二條規定，國務院對全國人大負責並報告工作；在全國人大閉會期間，對全國人大常委會負責並報告工作。

（四）中央軍事委員會

中共中央軍事委員會領導全國的武裝力量，其組成人員包括：主席一人、副主席若干人、委員若干人，實行主席負責制。中央軍事委員會每屆之任期與全國人大每屆任期相同（一任爲五年）。中央軍事委員會主席對全國人大及其常委會負責。現任主席爲江澤民（1998.3.16當選），同時亦爲中國共產黨中央軍事委員會主席[17]。

---

[17]此外，江澤民除擔任中國共產黨總書記外，還擔任中共黨中央對台工作領導小組組長。該小組於一九九八年四月上旬進行改組，其他成員為：副組長錢其琛（中國共產黨中央政治局委員、國務院副總理）、祕書長王兆國（中央統戰部部長、全國政協副主席）和汪道涵（海協會會長）、許永躍（國家安全部部長）、陳雲林（中台辦主任、國台辦主任）、熊光楷（中共解放軍總參謀部副總參謀長）、曾慶紅（中共黨中央書記處書記、中央辦公廳主任）等八人。參見台北：《聯合報》，民國八十七年四月二十一日，第一版。

5 公民與選舉

- 公民的資格
- 我國公民的參政權
- 民主國家的選舉制度
- 各國元首的選舉
- 我國中央民意代表的選舉

在政治過程中，公民的角色主要可分爲參與者和順從者二種類型。儘管政治參與對民主政治體系的政策制定是非常重要的，但在所有國家中，最普遍的公民角色還是順從者角色，納稅義務人是所有公民最普遍的一種角色，當代非社會主義國家以徵稅方式從整個國民收入中提取四分之一到二分之一；而社會主義國家，則通過稅收和國營企業的利潤，提取國民收入的一半到四分之三（曹沛霖，民 80，p.160）。各國用來強制公民提供所需資源的方法是多種多樣的，通常促使人們服從稅收規定的主要刺激是政府的強制力，因而非法逃漏稅將受到嚴厲的懲罰；當然各國政府也會透過教育或其他傳媒的管道，從道德規範上強調遵守法律的重要和褒揚模範公民，但這都是對強制力的一種補充。此外，服兵役、受國民教育也意味著公民斷斷續續地承擔或面對著順從者的角色。

關於公民的參與者角色，首先得指出，這種角色的資格通常是由國家或社會的決策結構規定的，而這些結構本身往往是在某一部憲法約束下活動的。獨裁的政治體系通常不允許政黨競爭，即使提供選舉角色，其作用只在動員群眾的支持，公民的政治參與屬於象徵性的；民主的政治體系對於參與者也有各式各樣的要求（尤其是對選民角色，例如，有居住期限、選民登記的限制等），但是允許個人和團體在作決定時有較大的選擇性。例如，美國憲法規定，公民透過選舉權與被選舉權，實現其政治參與的權利。但從憲法制定之初至第二次世界大戰結束以前，美國各州的憲法和選舉法，對於公民參政的選舉權和被選舉權的資格作了多重的限制，甚至迄今，仍有不少的州對公民參政權的資格作限制。就選舉權而言，雖然一九六四年生效的美國憲法第二十四條修正案，廢除了關於選舉權資格中繳納人頭稅的制度，但聯邦最高法院在解釋該條憲法修正案涵義時又宣稱，各州如願意，可規定選舉人應繳納其他項目稅款的資格條件，由於選民登記的各種條件，從某種程度上說，已造成美國比歐洲國家投票率較低的情況。大多數的歐洲國家，選民登記是自動的；而另外有許多國家，如比利時、澳大利亞、新加坡、委內瑞拉等，爲了給公民參與直接的刺激，規定公民若不參加投票將被罰款或是受其他處罰。就被選舉權而言，以美國國會兩院議員參選爲例，有不少州實行繳納競選保證金制度（各州規定的競選保證金數額不等，一般爲美金一百至一千元左右）。另據資料顯示，一九八六年的選舉中，共和黨每位參加競選參議員的代表，平均花費競選經費爲三百一十八萬美元，由此可推論，最終能當選者，必得財力雄厚不可，美國國會歷來有「富翁俱樂部」之稱，多少可以說明，儘管憲法於形式上賦予公民選舉權與被選舉權，但並不能保證人民參政權的絕對實現。

第一節　公民的資格

公民資格（citizenship）就其現代意義看，和國籍（nationality）有密切關係。無國籍者無公民資格，必先有國籍[1]，才可以依法取得公民的資格，今日各國都保留公民權給本國公民，不讓外籍人士享有。一般國家只承認已成年的本國國民爲「公民」，而幾歲才算成年？各國法律規定成年者的最低年齡皆不一致，一般多是以「選舉權」之

[1]國民是國家組成的分子。國家是一個擁有主權，在固定疆界行使統治權的政府，以及接受此統治權統治的人民所組成。依主權在民之原則，國家內的人民遂構成主權的所有者，即為「國民」。我國憲法第三條規定：「具有中華民國國籍者，為中華民國國民。」因此，不如某些國家在憲法中直接規定國民的資格，而是抽象的規定「具有中華民國國籍者為國民」。但何者為「具有中華民國國籍」？中華民國國籍如何取得？則全部交由「國籍法」（18.2.5國民政府公布全文二十條）來規定。參閱陳新民：《憲法學導論》（台北：自刊本，民國八十五年一月出版），p.31。

取得年齡爲準，例如，德國基本法第三十八條第二項規定：「凡年滿十八歲者有選舉權，成年者有被選舉權。」我國憲法第一三〇條規定：「中華民國民年滿二十歲者，有依法選舉之權。」美國大多數的州定爲二十一歲。據統計，各國憲法有關取得選舉權年齡之規定情形：「滿十八歲者」有二十國（奧地利、南非等）、「滿十九歲者」有一國（阿爾及利亞）、「滿二十歲者」有七國（中華民國、大韓民國、瑞士等）「滿二十一歲者」有二十九國（英國、印度、馬來西亞、菲律賓、芬蘭等）、「滿二十三歲者」有二國（挪威、荷蘭），僅規定「依法定年齡或法定條件始有選舉權者」有二十三國（日本、義大利、法國、丹麥、阿拉伯、摩洛哥等），未規定年齡或沒有規定選舉權者有二十四國，其他國家則是規定不同的年齡，如玻利維亞憲法第二二〇條：「所有年滿二十一歲，或十八歲以上已婚的玻利維亞人都是選民……。」墨西哥憲法第三十四條並規定未婚者滿二十一歲始有選舉權，已婚者年在十八歲以上，有正當謀生方法者爲公民，公民即有投票權[2]。

由上述可知，各國憲法中規定有選舉權的選民之最低年齡限制，最小者爲滿十八歲，最大者爲二十三歲，以滿二十一歲始具有選舉權者爲最多。

通常所謂的「公民」，並不包括所有的本國人民，有國籍的國民未必全都具有公民的資格；而有公民資格者，未必享有公民的權利。具有公民資格者，在一般情形下，得享受公民權利。所謂一般情形，是指積極方面已經成年，且已在國內某地設籍若干時間；消極方面不被褫奪公權、不受禁治產之宣告、不患心神喪失等疾病等。有些國家剝奪赤貧者、流浪者的公民權，更有些國家規定行使公民權者須

[2]參閱中央選舉委員會編纂：《各國憲法有關選舉制度輯要》（台北：中央選舉委員會，民國七十六年六月出版），pp.693-696。

依法辦理登記手續，這表示有公民資格者未必可以享有公民權利[3]。

第二節　我國公民的參政權

我國公民之參政權，除規定於憲法第二章「人民之權利義務」之第十七條：「人民有選舉、罷免、創制及複決之權」外，另立專章規範「選舉、罷免、創制、複決」四權之行使與相關規定。

「選舉、罷免」是指人民擁有選舉與罷免中央及地方公職人員的權利；而「創制、複決」是指人民享有直接制定法律或否決法律的權利。這四種權利，一般稱爲人民的「參政權」，也是所謂的「公民權」，唯公民方可享有，非公民之國民（如未成年者或被褫奪公權者等）不能享有，且是政治性質之人權也。

狹義的參政權是指「參與國家或地方政策決定」之權；廣義的參政權包括「選舉權」、「被選舉權」及憲法第十八條保障之「應考試、服公職」等權利，亦即包括人民投票選舉各類公職人員，或人民擁有投身公職、擔任公務員，加入政府行列，制定政策與執行國家權利的基本權利之權利（陳新民，民 85，p.145）。茲依據我國憲法第十二章，自第一二九條至第一三六條之內容，說明我國公民的參政權。

[3]參閱《雲五社會科學大辭典》第三冊——政治學（台北：台灣商務印書館，民國六十七年一月，四版），p.40。

一、選舉權

(一)選舉方法

憲法第一二九條規定：「本憲法所規定之各種選舉，除本憲法別有規定者外，以普通、平等、直接及無記名投票之方法行之。」目前世界各國有關選舉權的行使，大多於憲法中明定採「普通、平等、直接、祕密」等方式進行，例如，大韓民國憲法第二十四條：「所有國民依法律規定享有選舉權。」第四十一條：「國會由國民依普通、平等、直接、祕密選舉選出之議員構成。」葡萄牙共和國憲法第十條第一項規定：「國民依普通、平等、直接、祕密及定期選舉以及其他憲法規定之方式行使主權。」

普通選舉（universal suffrage）

普通選舉亦稱「普及選舉」，是指選舉權的取得，不受財產、種族、性別、教育程度等條件限制[4]。在歐美實施民主政治的過程中，始初曾採「限制選舉」（limited suffrage），例如，規定「具有選舉權者須以『納稅』為前提」，例如，法國一七九一年的選舉法、一九一八年以前的英國下議院選舉，皆奉行「不納稅、無投票權」的原則。美國獨立建國後，也受英國選舉制度的影響，在初期，其選舉方式也採取以土地所有權或其他財產所有權為取得選舉權的先決條件。例

[4]過去以性別為限制要件者，是排斥婦女的參政權利。德國自一九一九年威瑪憲法、美國遲至一九二〇年才通過憲法第十九條修正案、英國至一九二八年男女平等選舉權法（The Equal Franchise Act），才賦予女子參政的權利。而瑞士則更遲至一九七一年二月七日才通過憲法第七十四條的修正案，賦予婦女參與聯邦選舉的投票權利。參閱陳新民：《憲法學導論》，p.149。

如，一七八九年聯邦憲法規定，各州對於州議會的選舉可以制定法律，但自一八九五年起，美國南方各州憲法採用的「祖父條款」（Grand-Father Clause），為限制黑人選舉權的方法之一。包含兩個要點：第一，嚴格規定取得選舉權的教育條件或財產條件，使大多數黑人無法取得選舉權。第二，規定凡在一八六六年或一八六七年以前已取得選舉權者及其子孫，一律可取得選舉權，毋須具備上項的教育條件或財產條件。該條款於一九一五年為聯邦最高法院宣告違憲才停止採用。美國於憲法第二十四條修正案通過後，始廢止以繳納「人頭稅」為取得選舉權條件的規定，但直至一九六六年，美國聯邦最高法院才正式確認人頭稅的限制為無效。

在選舉權的發展史上，首先採取普及選舉的是法國。一七九三年雅各賓憲法已有打破選舉權限制的創議，一八四八年法國正式採行普及選舉之制，規定凡國民年滿二十一歲以上者，連續居住同一區域六個月者，就有選舉權。自此，歐陸各國乃相繼仿效法國制度，皆以廢除納稅條件為擴大選舉權的基礎[5]，由於民主政治之主權在民思想的流行，普及選舉已成為世界潮流。但仍有些國家憲法對於選舉人資格的取得，有較特殊的規定，例如，巴西憲法第一三二條規定：「不識字、不能以國語表達意見，及剝奪參政權者，不得登記為選民。」瓜地馬拉憲法規定女子年滿十八歲能閱讀書寫者始有選舉權。祕魯憲法第八十六條規定：「能讀能寫之公民均享有選舉權。已成年或已結婚之婦女及未成年但已組織家庭為子女之母親者，在其所居住市之區

---

[5]英國在十九世紀以前，因財產的限制，合格選民極少，後來經一八三二年、一八六七年及一八八四年三次大改革之後，選舉權大為普及；至一九一八年選舉法（The Representation of the People Act）和一九二八年男女平等選舉權法的先後實施，普及選舉運動遂告完成。美國在一八〇〇年之前，各州選舉法中，尚有限制選舉權的種種條件，一八八八年之後，在實質上，美國也可算是實行普及選舉的國家。參閱《雲五社會科學大辭典》第三冊——政治學，p.306。

均有選舉權。」

平等選舉（equal suffrage）

每個人只有一投票權，而且每一投票權的價值皆相等者，稱為「平等選舉」，反之則為「不平等選舉」。不平等選舉，約有兩種：一種是每一個人所擁有的投票數不平等。例如，英國在一九四八年以前曾採「複數投票制」，即選舉人在其選區之外，若以營業為目的，占有每年租金十磅以上的土地或房產者，可在其財產所在地再投一票；而大學畢業生在大學選舉區，亦得再投一票，如此，同一個人可能享有投三票的權利。另一種是每一票的價值不平等，例如「職業代表」可以較少票數即當選。而厄瓜多爾憲法規定男子有投票權的義務，婦女則可自由參加投票與否，男子若不投票，應依法受處罰[6]。就某種觀點而言，「強迫投票」雖違反「投票自由選擇」的原則，然也算是一種「不平等」選舉之遊戲規則。

直接選舉（direct election）

由選舉人直接選出當選者，稱為「直接選舉」；反之，由選舉人先選出代表，再由代表代為行使選舉權選出被選舉人者，稱為「間接選舉」（indirect election）。例如，民國三十六年公布施行的中華民國憲法規定國民大會代表、立法院立法委員、省長、縣長、縣議會

---

[6] 各國憲法首先採用「強迫投票制度」的是比利時、羅馬尼亞、西班牙、阿根廷、荷蘭等國。比利時因鑑於許多選民對選舉權的拋棄，遂將強迫投票制度納入齊國一九八三年的憲法之中。西班牙一九〇七年也以法律採取強迫投票的制度，規定凡年滿二十五歲之男子，除去法官、教士、公證人及年逾七十歲以外，如果不是患病或離開選舉區，皆必須投票。阿根廷於一九一二年以法律採行強制投票，據說結果是成功的；荷蘭一九一七年亦修改憲法採行此種制度，但遭人民普遍的反對。參閱董翔飛：《中國憲法與政府》（台北：自刊本，民國八十一年九月，大修訂二十四版），p.141。

議員等，均爲直接選舉。而總統、副總統是由人民直接選舉產生的國民大會代表再選舉產生的，是爲間接選舉。民國八十三年八月一日總統令修正公布的中華民國憲法增修條文第二條將我國總統、副總統的選舉方式改「間接」爲「直接」，規定總統、副總統由中華民國自由地區全體人民「直接選舉」之。

無記名選舉（secret voting）

此即所謂「秘密投票」，凡在選票上僅記載被選舉人的姓名，由選舉人依規定於選票上劃上一定的記號或蓋圖戳，並不書寫選舉人的姓名於選票上，選舉人投票時，不公開其意向，一般無從得知其投票給誰，是爲秘密投票；反之，則爲公開投票。如舉手投票、唱名投票、記名投票等均屬於公開投票。

(二)選舉人、被選舉人之資格

憲法第一三〇條規定：「中華民國國民年滿二十歲者，有依法選舉之權。除本憲法及法律別有規定者外，年滿二十三歲者，有依法被選舉之權。」

選舉人的資格，依憲法及公職人員選舉罷免法（83.7.23）規定，須具有本國國籍、年滿二十歲、在各該選舉區繼續居住四個月以上、未被褫奪公權或褫奪公權已復權者、未受禁治產之宣告或受禁治產宣告已撤銷者。

被選舉人的資格則有較多的限制，如年齡、國籍、學經歷等限制：

年齡的限制

公職人員之候選人須年滿二十三歲，但憲法或其他法律有特別規定者，從其規定。例如，擔任鄉（鎮、市）長，應年滿二十六歲；縣長與省轄市市長，須年滿三十歲；省長、直轄市市長，須年滿三十五歲；總統、副總統，須年滿四十歲。

國籍問題

如回復中華民國國籍三年或因歸化取得中華民國國籍滿十年者，方得具有公職人員之被選舉權。

學經歷之限制

現行公職人員選舉罷免法規定的各種公職人員的學經歷要件，已將民意代表部分完全刪除，僅規定省（市）長、縣（市）長、鄉（鎮、縣轄市）長之學經歷。

1.台灣省省長、台北市市長、高雄市市長須專科以上學校畢業或高等考試以上考試及格，並具有行政工作經驗，或曾在專科以上學校擔任講師以上教職，或執行經高等考試及格之專門職業合計三年以上，或高級中等以上學校畢業或普通考試以上考試及格，並曾任省（市）議員以上公職或縣（市）長以上公職合計三年以上。

2.各縣縣（市）長亦須專科以上學校畢業或高等考試以上考試及格，並具有行政工作經驗，或曾在專科以上學校擔任講師以上教職，或執行經高等考試及格之專門職業合計三年以上，或高級中等以上學校畢業或普通考試以上考試及格，並曾任縣（市）議員以上公職或鄉（鎮、市）長以上公職合計三年以上。

3.鄉（鎮、市）長候選人須國民中學以上學校畢業或普通考試以上考試及格，並具有行政工作經驗三年以上或曾任鄉（鎮、市）民代表以上公職合計三年以上。

消極資格

曾犯有內亂、外患及貪污罪之前科等，及未具選舉權之資格者；及現役軍人、警察、在學之肄業學生、辦理選舉事務人員等，均不得擔任候選人（參照公職人員選舉罷免法第三十四條、第三十五條規定）。

(三)選舉原則

憲法第一三一條規定：「本憲法所規定各種選舉之候選人，一律公開競選。」第一三四條復保障婦女參政的權利，而規定：「各種選舉，應規定婦女當選名額，其辦法以法律定之。」第一三五條：「內地生活習慣特殊之國民代表名額及選舉，其辦法以法律定之。」如民國八十六年七月二十一日修正公布之憲法增修條文第一條規定國民大會代表當選人，每直轄市、縣市選出之名額，在五人以上十人以下者，應有婦女當選名額一人，超過十人者，每滿十人，應增婦女當選名額一人。僑居國外和全國不分區部分，採政黨比例方式選出，各政黨當選之名額，每滿四人，應有婦女當選名額一名。

(四)選舉訴訟

民主政治之運行始於選舉，無論在理論上或制度上各國的選舉大抵皆已發展至「一人一票」、「票票等值」的程度，而民主政治是一種多數決的計量政治，所以每一張選票，都應有獨立的決定作用和價值。而選舉是一種社會全面動員的政治活動，直接介入此活動的有政府、政黨、候選人及選民（當然包括一般所謂的「金主」、「黑道」

等），所以整個活動有賴於政府依法從中公正地主持和處理[7]。我國憲法第一三二條規定：「選舉應嚴禁威脅、利誘。選舉訴訟，由法院審判之。」刑法第一四二條至第一四八條規範「妨害投票罪」，包括妨害投票自由罪、投票受賄罪、投票行賄罪、誘惑投票罪、妨害投票正確罪、妨害投票事務罪以及妨害投票祕密罪，即是在藉由法律規範，要求所有選務人員中立、所有參選人嚴守公平、公開競選之原則；若干與選民有關的規定和罰則，不外乎是防微杜漸與抑遏賄選之歪風。

二、罷免權（recall）

所謂罷免權，是指公民對於公職人員在其法定任期未滿前，用投票的方式使其去職。通常罷免權行使的對象，均限於由公民所選出的官吏或行政官員，但美國有對非民選之行政官員即民選的法官行使罷免權者。中山先生曾說明選舉權和罷免權的關係：「選舉權等於是將機器向前推進的力，罷免權則是將機器拉回來的力。機器有了這兩種力量，然後一推一拉，來去才會自如。人民有了選舉權和罷免權，

---

[7]如大韓民國憲法關於選舉，特列「選舉管理」專章，自第一一四至一一六條，共三條，第一一四條規定：「為公正管理選舉與國民投票，處理有關政黨之事務，設選舉管理委員會。中央選舉管理委員會由大統領所任命之委員三名，國會選出之委員三名，及大法院院長所指定之委員三名組成之。委員長由委員互選之。委員之任期六年。委員不得加入政黨或參與政治。委員非因彈劾或受禁錮以上刑之宣告，不被罷免。中央選舉管理委員會得於法令範圍內，制定有關管理選舉、管理國民投票或政黨事務規則，並得於不牴觸法律範圍內，制定有關內部規律之規則。各級選舉管理委員會之組織、職務範圍及其他必要事項，以法律定之。」第一一五條規定：「各級選舉管理委員會對有關選舉人名簿之編制等選舉事務，及國民投票事務，得向有關行政機關作必要之指示。受上項指示之各該行政機關不得拒絕。」第一一六條規定：「選舉運動在各級選舉管理委員會管理下，於法律規定範圍內為之，均等之機會應予保障。有關選舉之經費，除法律規定者外，不得由政黨或候選人負擔之。」

然後可以將官吏和議員放出去，也可以將他們收回來，這樣一放一收，人民的政權才能運用自如。」依國父遺教，罷免權也規定於我國憲法之中，但此項政權與選舉權不同，凡民主國家之公民憲法多保障其有選舉權，但罷免權則不一定享有[8]。行使罷免權的國家，對於可罷免的對象範圍和罷免程序均作嚴格的規定，通常對罷免案的成立有高額法定人數的規定，以防止罷免權的被濫用。

我國憲法第一三三條規定：「被選舉人得由原選舉區依法罷免之。」依公職人員選舉罷免法（83.7.23）第四章「罷免」規定，罷免公職人員[9]，除由「原選舉區」選舉人向選舉委員會提出外，尚有一定的程序和限制，茲說明如下：

1.就職未滿一年者，不得被罷免，全國不分區、僑居國外國民選舉之當選人，不適用罷免之規定。

2.必須符合提議人數：

(1)欲罷免「國民大會代表、立法委員、省議員、直轄市議員」其提議人數為「原選舉區應選出之名額除該選舉區選舉人總數所得商數 3%以上」。

(2)欲罷免「縣議員、省轄市議員、鄉（鎮、市）民代表」其提

---

[8]理論上罷免權在人民的政權中占有重要的地位，但各國採行者並不普遍，在各國憲法中，規定人民有罷免權的，僅有我國、日本、奧地利、保加利亞、南斯拉夫、烏克蘭、羅馬尼亞、波蘭和匈牙利等九個國家，未於憲法中規定而採行者，尚有瑞士及美國，加拿大則只在少數城市實行。參閱薄慶玖：《地方政府與自治》（台北：五南圖書出版有限公司，民國八十年四月，初版二刷），p.108。

[9]公職人員選舉罷免法（83.7.23）所稱公職人員是指：①中央公職人員：國民大會代表、立法院立法委員；②地方公職人員：省（市）議會議員、縣（市）議會議員、鄉（鎮、市）民代表會代表和省長、直轄市市長、縣長、省轄市市長、鄉長、鎮長、縣轄市市長、村長、里長。此外，有關總統、副總統之選舉、罷免等事項，是依總統副總統選舉罷免法（84.8.9 公布）辦理。

議人數爲「原選舉區應選出之名額除該選舉區選舉人總數所得商數 5%以上」。

(3)欲罷免省長、北高兩市市長、縣（市）長、鄉（鎮、市）長、村長、里長，爲原選舉區選舉人總數 2%以上。

3.必須符合連署人數

(1)欲罷免「國民大會代表、立法委員、省議員、直轄市議員」，其連署人數爲「原選舉區應選出之名額除該選舉區選舉人總數所得商數 12%以上」。

(2)欲罷免「縣議員、省轄市議員、鄉（鎮、市）民代表」，其連署人數爲「原選舉區應選出之名額除該選舉區選舉人總數所得商數 15%以上」。

(3)欲罷免「省長、北高兩市市長、縣（市）長、鄉（鎮、市）長」，其連署人數爲「原選舉區選舉人總數 13%以上」。

(4)欲罷免「村長、里長」，其連署人數爲「原選舉區選舉人總數 18%以上」。以上所謂之「選舉人總數」，是以被罷免人當選時原選舉區之選舉人總數爲準。罷免案於未徵求連署前，經提議人總數三分之二以上同意，得以書面向選舉委員會撤回之。

4.一案不得爲罷免二人以上之提議，但有兩個以上罷免案，得同時投票。

5.現役軍人、警察或公務人員不得爲罷免案的提議人。

6.原提議人對同一被罷免人，自宣告罷免案不成立之日起，一年內不得再爲罷免案之提議。

7.罷免案之投票，應於罷免案宣告成立後三十日內爲之。罷免票應在票上刊印「同意罷免」或「不同意罷免」兩欄，由投票人以選舉委員會製備之工具圈定之。

8.罷免案投票結果，投票人數合於規定[10]，且「同意罷免」票多於「不同意罷免」票者，即爲通過。

9.罷免案若通過，被罷免人自解除職務之日起，四年內不得爲同一公職人員候選人；其罷免案宣告成立後辭職者亦同。罷免案若被否決，在該被罷免人之任期內，不得對其再爲罷免案之提議。

三、創制權（initiative）和複決權（referendum）

創制和複決是人民的直接立法權力。所謂創制，是指經由選民一定人數之簽署，得直接提出憲法修正案或普通法律案。所謂複決，即對憲法修正案、國會所通過或未能通過的法案，依據憲法的明文規定或經一定額數公民的連署申請複決，予以廢止或予以成立。我國憲法第一三六條規定：「創制、複決兩權之行使，以法律定之。」然關於創制、複決兩權，依憲法第二十七條第二項規定，應「俟全國有半數之縣市曾經行使創制複決兩項政權時，由國民大會制定辦法並行使之。」民國五十五年曾增訂動員戡亂時期臨時條款第八條，規定國民大會可以藉由召開臨時會之方式行使創制、複決兩項政權，但直至民國八十年四月三十日臨時條款廢除爲止，國民大會代表從未實施過這兩項政權。省縣自治法（83.7.29）和直轄市自治法（83.7.29），也未給予省民或直轄市市民行使創制、複決二權的規定。換言之，迄今關於創制、複決兩權之法律尚未制定，其行使之程序如何，故無法律之依據可循，將來立法時，應針對法案是否由公民表決之直接創制，或是法案先由立法機關討論，再由公民表決之間接創制；是採條文創制

[10]罷免案之投票人數「國民大會代表、立法委員、省議員、直轄市議員、縣議員、省轄市議員、鄉（鎮、市）民代表」，應有原選舉區選舉人三分之一以上的投票。「省長、北高兩市市長、縣（市）長、鄉（鎮、市）長、村長、里長，應有原選舉區選舉人二分之一以上的投票。

還是原則創制，還是重新以「公民投票」法取而代之，均應規範清楚，才不失憲法保障人民享有此二項政權之原意。

第三節　民主國家的選舉制度

據史學家的考證，選舉制度最早發生於古希臘的城邦（city-state）。住在愛琴海各島嶼上的人們，由許多村落的發展而為城邦，又因天然的屏障，得以各自獨立發展其海岸城邦的政治組織。這些城邦國家的面積不大，人與人之間朝夕可以相見，在政治的溝通上並不困難，遂提供了發展民主政治的條件。例如，雅典的城邦，其重要政府部門的成員，不是由市民選舉產生，就是用抽籤的方式決定，可說是民主選舉的起源。在中國政治思想中，早有「民為貴、社稷次之、君為輕」或「民為邦本、本固邦寧」的民本思想，但直至孫中山先生領導國民革命推翻滿清專制政治以前，從未發生過如西方民主政治的機制，由人民選舉官吏或代表的事實。

英國的代議制度曾被法國學者杜瓦傑（Maurice Duverger）稱為「民主制度的典型模式」，之所以如此，是因英國為最先確立近代立憲政體的國家，而其選舉制度可溯源至十三世紀中葉。當時國王為了增加稅收，才次第令各縣市選出武士以及市民的代表出席大議會。於是，一二九五年愛德華一世（Edward I）所召開的模範國會（Model Parliament），有貴族、僧侶、各縣武士、各縣市的代表等各階級人士參加，而漸次發展成為近代之代表全國人民之代議政治制度。

選舉制度最初源起於古希臘城邦，一直到十九世紀中葉，在方法上都是採用比較簡單和自然的「多數選舉制」，至一八四六年瑞士學者康西得朗（Victor Considerant）提出比例代表制的構想，認為議會的組織，應該反應存在於社會中的各種不同的民意，使議會成爲國民的縮影。一八八九年，比利時採取頓特（Victor d'Hondt）的設計，開始實施比例代表制，成爲第一個實施比例代表制的國家，第一次世界大戰後，大多數的西歐國家也陸續實施，例如，德國威瑪憲法第二十二條規定之比例代表制乃爲保障各政黨依其現實之勢力，取得其議席之意。目前在憲法上明文採用比例代表制的國家有比利時、荷蘭、盧森堡、瑞士、奧地利、挪威、瑞典、芬蘭、愛爾蘭、哥倫比亞、以色列等國。然由於各國的歷史背景、政治環境不同，在選舉制度的設計上也五花八門，各有不同。而同一個國家在不同時期，也可能因政治、社會、經濟等條件的改變而有不同的選舉制度。

最基本的選舉制度分類法，是將選舉制度二分爲「單一選區相對多數或過半數制」和「比例代表制」。李帕特（Arend Lijphart）於其所著《當代民主類型與政治：二十一個國家多數模型與共識模型政府》（*Democracies：Patterns of Majoritarian and Consensus Government in Twenty-One Countries,* 1984）一書中，認爲可從選舉規則（electoral formulas）、選區規模（district magnitudes）、附加席位條款（provisions for supplementary seats）、選舉門檻（electoral thresholds）和選票結構（ballot structures）這五個面向，來觀察或描述不同國家選舉制度的差異。

依據「選舉規則」來分類，大抵可將民主國家的選舉制度分爲：①相對多數決制（plurality formulas）；②絕對多數決制（majority formulas）；③比例代表制（proportional representation）。所謂「相對多數決制」是最簡單的規則，候選人只要獲得最多選票，不管是過半數或相對多數，都可宣告當選。至於「絕對多數決制」（或稱「過半數制」），則必須在選舉中獲得絕對多數（50%以上）的選票。比例代表制則是依各政黨得票的比例分配議會的席次，其實施必須以大選舉區制爲前提。

依據「選區規模」來分類，最簡單的分法爲：①單一選區制（single-member districts）：在選舉區內，應選名額僅有一名，有時稱爲「小選區」；②複數選區制（multi-member districts）：在選舉區內，應選名額超過一名者，通常應選名額爲二至五名時稱爲「中選區」，應選名額爲六人或六人以上者，稱爲「大選區」。

若將「選舉規則」和「選區規模」二個面向一起觀察，又可將相對多數決制分爲「單一選區相對多數決制」和「複數選區相對多數決制」；而絕對多數決制則可分爲「兩輪決選制」和「選擇投票制」。茲分別說明如下：

一、相對多數決制

在選舉制度中所謂的「多數」，包括「相對多數」、「絕對多數」或「指定多數」。相對多數是指在某一選區中，不論候選人數的多寡，彼此相較後，得票最多者爲當選。絕對多數是指候選人所獲得的票數必須超過 50%才可算是當選，而這 50%的計算方式，可以是登記的選民或合格選民的半數，也可以是有效選票的半數。而指定多數是規定候選人的得票，必須得到或超過某一比例的選票才可宣告當選。例如，南韓總統的選舉，其憲法規定若候選人僅有一名時，其得票必須超過有效票的三分之一，否則不得宣告當選。

(一)單一選區相對多數決制

此制度的設計是採單一選區（選舉區內應選名額僅有一名）、單計投票（不論選票上出現多少名候選人，投票人只能圈選一名候選人）。在計票時，以獲得選票數最高的一名候選人爲當選者。

(二)複數選區相對多數決制

在複數選區中，當選名額大於一名，候選人是以得票高低依次宣告當選。因選民可以圈選候選人的數目不同，又可分「全額連記法」、「限制連記法」、「單記非讓渡投票」。

全額連記法（block vote）

如在某選舉區內或某次選舉，應選名額爲五名，有十二名候選人參與選舉，依全額連記法，每位選民可投五票或圈選五位候選人，開票結果以得票較多的五位爲當選者。

限制連記法（limited vote）

是指在複數選區中，每位選民可投票數或可圈選之候選人數，少於應選名額。例如，在某選舉區內或某次選舉，應選名額爲六名，有十五名候選人參與選舉，依二分之一限制連記法，每位選名可投三票或圈選三位候選人，開票結果以得票較多的六位候選人爲當選者。

單記非讓渡投票（single non-transferable vote，**簡稱** SNTV **制**）

是指在複數選區中，不管應選名額爲多少，每位選民只能投一票，開票結果，以候選人得票高低排列，依次宣告當選。所謂「非讓渡」是指不管候選人得票多寡，均不能將其選票移轉或讓渡給其他的候選人。以有別於愛爾蘭、澳大利亞等國實施的「單記可讓渡投票」（single transferable vote）。某些學者將單記非讓渡投票視爲限制連記法的特殊形式，而有些學者則將此投票法稱之爲「半比例制」（semi-proportional representation）。日本是最早採用該投票制度的國家（1900-1994），韓國在一九八八年以前也採行此制，台灣在日本統治時期，於一九三五年舉行的首次市會議員及街庄協議會員選舉，亦採用此制。（王業立，民 87，p.20）由於韓國於一九八八年起將其選舉制度改採「四分之三單一選區相對多數決與四分之一比例代表制之混和制」，而日本亦於一九九四年通過政治改革方案，將眾議員的選舉制度改爲「五分之三單一選區相對多數決與五分之二比例代表制之混和制」後，所謂「單記非讓渡投票」應只有我國中央民意代表（國民大會代表、立法委員）之區域選舉部分仍採用之。

二、絕對多數決制

(一)連續投票制（repeated ballots）

所謂連續投票制，通常是規定候選人的得票必須達到指定多數或絕對多數之票數，始能宣告當選。若舉行第一次投票之後，沒有任何一位候選人的得票達到規定的當選票數，就必須再重新投票。若舉行第二次投票之後，仍然沒有任何一位候選人的得票達到規定的當選票數，必須再舉行第三次投票，如此連續舉行投票，直至有候選人達到指定多數或絕對多數之票數爲止。此制困難度較高，若選區過大時，採用之，可能發生勞民傷財的情形。

(二)兩輪決選制（the second ballot）

是指若候選人在第一輪選舉中獲得絕對多數（50%以上）的選票，即宣告當選。假如沒有任何一位候選人在第一次投票中，獲得過半數的選票，則得票最多的前二名候選人，將再參加第二輪投票（run-off second ballot），以期有候選人獲得過半數選票。通常實施該制的國家規定，在第二輪決選中，是以獲得相對多數選票的候選人爲當選者。據統計，在由人民選舉總統的二十六個國家中，有十五個是採取兩輪投票決選制，例如，法國、芬蘭、波蘭、俄羅斯和大多數的拉丁美洲國家。（傅恆德，民 86，p.11）法國自一九六五年以來的總統選舉即採此制，在已進行的六次總統選舉（1965、1969、1974、1981、1988、1995），每一次都是在第二輪投票後才決定勝負，一九八一年和一九九五年的總統選舉，甚至出現第一輪的領先者，在第二輪投票卻敗陣下來，拱手讓出總統寶座的情形。

(三)選擇投票制（the alternative vote）

選擇投票制是由美國的維爾（W. R. Ware）教授所創，故又稱爲維爾制（Ware System），澳洲人名之爲「喜好投票」（preferential ballot）。實施該制，亦採單一選區，但投票人圈選選票的方式較爲複雜，其方式爲：選民可對其所支持的候選人，依愛戴或喜好程度，按 1、2、3、4……等順序連記，有多少名候選人，即連記多少名。例如，某一選區應選議員一名，有五人競選，則選民圈票時，可按對這五名候選人的愛戴或喜好程度，分別以 1、2、3、4、5 之數字圈選（對其最愛好的候選人寫「1」，其次寫「2」，再其次寫「3」，餘類推，寫至「5」爲止。）計票時，第一次先計各候選人得「1」的票數，如果其中有某一候選人得「1」的票數超過 50%，即告當選，否則進行第二次計票，淘汰得「1」最少的候選人，並將其所得選票中之第「2」選擇，按數加入其他候選人的得票之中，仍以得票超過總投票過半數者爲當選。若仍無人當選，則淘汰得「1」次少的候選人，再依前法計票，直至有人得票數超過半數爲止。

三、比例代表制

在二十世紀以前，西方民主國家的選舉制度都是採行多數絕制，所不同的，只是一輪投票與兩輪投票的差別而已。自十九世紀中葉開始，一些數學家與政治家提出比例代表制的構想，鼓吹根據政黨得票的比例來分配議會的席次。在一八六四年與一八八五年，歐洲各國甚至召開了兩次大型的國際會議，來討論選舉制度的改革。至一九二〇年代，大多數的西歐國家都已改採比例代表制（王業立，民 87，pp.24-25）。

比例代表制必須採行複數選區，才可能按「比例」分配，經驗上，若選區規模越大，則越能達成比例代表制的理想。除以色列和荷蘭以全國為一選區外，大多數施行此制的國家都會依其歷史、政治、種族、地理環境等條件，將全國劃分為數個複數選區。同時由於選舉規則、選區規模、附加席位條款、當選門檻、計票公式和選票結構等的不同，使得現今各國施行的比例代表制皆不相同，而各種形式的名單比例代表制可算是目前較多國家採用者。

在名單比例代表制下，「政黨」是主要的計票單位。一般的作法是，在選舉之前，各黨通常會提出一份排好順序的候選人名單，以供選民選擇。選後，計算各黨所獲得的選票，按規定的公式分配各黨應得的總席次；而各黨再從其原定名單中，依序將席次分給前幾名候選人。在實際上，又可分為下列數種不同的類型：

(一)政黨名單封閉制

各政黨候選人的名單順序，完全由該黨事先決定，選民只能決定投某一黨，無法選擇投給特定的候選人，以改變各黨當選名單的順序。

(二)政黨名單開放制

選民可投給特定政黨之某一特定候選人，以左右名單順序的先後次序。也可以同時連記多位同黨的候選人，以改變其排名順序。

(三)跨黨混合連記制

此制特別之處是，選民可連記多位候選人，且這些候選人不必屬於同一政黨，給予選民較大的選擇自由，瑞士和盧森堡所施行者屬之。

總體而言，名單比例代表制可使一國之內不同語言、種族、宗教信仰、生活習慣之多元團體，藉由選舉於國會產生所屬團體的代表，有助於國家的穩定發展。

第四節　各國元首的選舉

世界各民主國家元首產生的方式，除君主立憲國家採世襲制度者外，其餘民主國家元首產生的方式大抵可分為四種：

1.由人民直接選舉產生。
2.由人民間接選舉產生。
3.由議會選舉產生。
4.由議會議員與人民代表選舉產生等。

一般認為幅員較小的國家可採直接選舉制；若幅員廣大，由人民直接選舉元首或總統，則耗時費財，不易維持秩序，而易生動亂，非民主政治之福。現今即將進入二十一世紀，科技、資訊的進步一日千萬里，如何設計、改進與實行符合國情及社會脈動的政治機制與選舉制度，不單是政治學者研究的課題，也是各國人民所關心的大事。本書第四章介紹各類政府體制時，已連帶說明了英國、美國、法國、瑞士等國之國家元首產生的方式，於此不再贅述。茲選擇與我國關係較爲密切或有特色的十個民主國家，簡介其元首經由選舉而產生的方式。

一、中華民國

中華民國憲法第三十五條規定：「總統爲國家元首，對外代表中華民國。」依憲法增修條文（83.8.1 修正公布）規定：「總統、副總統由中華民國自由地區全體人民直接選舉之，自中華民國八十五年第九任總統、副總統選舉實施。總統、副總統候選人應聯名登記，在選票上同列一組圈選，以得票最多之一組爲當選。在國外之中華民國自由地區人民返國行使選舉權，以法律定之。」

依總統副總統選舉罷免法（84.8.9 公布）規定：

(一)資格

在中華民國自由地區繼續居住四個月以上且曾設籍十五年以上之選舉人，年滿四十歲，得申請登記爲總統、副總統候選人。而回復中華民國國籍、因歸化取得中華民國國籍或大陸地區人民經許可進入台灣地區者，不得登記爲總統、副總統候選人。

(二)登記

總統、副總統候選人，應聯名登記。其方式有兩種：政黨推薦或連署人連署。

政黨推薦

依「政黨推薦」方式向中央選舉委員會申請登記為總統、副總統候選人者，應檢附政黨推薦書，同一政黨只能推薦一組候選人，且該政黨必須於最近任何一次省（市）以上選舉，其所推薦候選人得票數之總和，應達該次選舉有效票總和 5%以上（約七十萬票），否則不得採政黨推薦方式。

連署人連署

依「連署方式」申請登記為候選人者，應於選舉公告發布後五日內，向中央選舉委員會申請為被連署人，申領連署人名冊格式，並繳交連署保證金新台幣一百萬元。連署人數於規定期限內（四十五日），已達最近一次中央民意代表選舉選舉人總數（約一千四百三十萬人）1.5%以上（約二十萬人）時，中央選舉委員會應發給連署人完成連署證明書並發還保證金。若於規定期限內連署人數不足前項規定人數二分之一以上者（約十萬人），保證金不予發還。

(三)保證金

登記為總統、副總統候選人時，各組應繳納保證金，其金額約為新台幣一千五百萬元（依規定保證金為競選經費最高金額的二十分之一，競選經費最高金額是以中華民國自由地區人口總數 70%，乘以基本金額新台幣十五元所得數額，加上新台幣八千萬元之和，約為三億元）。

二、美利堅合眾國

美國總統的產生大致經過預選、兩黨全國代表大會、競選、大選等四個階段：

(一)預選

多數州在選舉年的二月至六月，由民主黨和共和黨兩黨在各州由普通黨員直接選舉參加本黨全國代表大會的代表，各州選出出席兩黨全國代表大會的代表辦法各不同，有直接選舉、間接選舉或指定者。想要成爲總統候選人，必須先當選各黨之全國黨代表大會的代表。所謂預選，實際就是選出本黨的總統候選人。在選舉年的前一年，想參加競選總統的人就開始積極佈署活動。

(二)兩黨全國代表大會

選舉年的七月至八月，兩黨分別召開全國代表大會，一般是在野黨先召開。全國代表大會的任務是決定本黨的總統、副總統候選人，通過本黨的競選政綱，選出新的黨的全國委員會，修改黨的規章等。總統候選人必須獲得過半數代表的票，方可獲得提名，經常是經過激烈的角力與多輪的投票，才選出過半數票的總統候選人，之後，由該總統候選人提名副總統候選人人選，再由全國代表大會通過。

(三)競選

選舉年的九月至十一月，兩黨總統候選人在全國各地競選，各候選人有自己的競選組織，在各州各地設點，制定競選策略，運用一切宣傳工具，特別是利用電視發表現場直播的演說，宣揚本黨政綱，提出治理國家的政治承諾，或批評對手的政見，進行公開的辯論。候選人還需要率領自己的競選班底，到全國各地發表演說，競選經費的來源主要依賴財團和大公司的捐助。

(四)大選

總統選舉年之十一月第一個星期一之後的第一個星期二（on the first Tuesday after the first Monday in November），選出總統選舉人。同年之十二月第二個星期三之後的第一個星期一（on the first Monday after the second Wednesday in December），各州選舉人在各州州議會分別投票選舉總統與副總統，其中一人至少不應為與選舉人同住一州之居民；選舉人應於選票上註明其所選之總統姓名，並於另一張選票上註明其所選之副總統姓名。之後，分別造具被選為總統與被選為副總統之人名及每人所得票數多寡之名冊，各項名冊應由選舉人簽名為證，封印後送達美國政府所在地，逕交參議院議長。隔年的一月六日，參眾兩院全體議員在眾議院集會，參議院議長應當著參眾兩院全體議員之前拆開所有名冊，然後計算票數。凡獲得總統選舉人票最多者且得票過半數者，分別當選正、副總統。如未有任一總統候選人得票過半數，則由眾議院從得票最多的三個候選人中，投票選舉一人為總統。如未有任一副總統候選人得票過半數，則由參議院從得票最多的二個候選人中，投票選舉一人為副總統。

美國總統是由總統選舉人團的投票而非選民的直接普選產生。這些選舉人甚至從未集會而形成所謂的「團體」，他們只是在某一依法擇定的日子裡，在各州的首府集會，負責在當天投票選出總統、副總統，任何一組的候選人只要贏得二百七十張選舉人票即可宣告當選。各州分配的選舉人票並不平均，以加州為例，其選舉人票高達五十四張，但哥倫比亞特區和懷俄明、北達科他、南達科他、德拉瓦、佛蒙特、阿拉斯加、蒙大拿這七個州則各僅有三張選舉人票。此外，在一個州贏得最多選民票的候選人，獨獲該州全部的選舉人票，換言之，如果某位候選人在加州獲勝，他可以禁得起其他小州失利的代價仍居不敗之地。以一九六八年及一九九二年的大選為例，已故美國前總統尼克森與現任總統柯林頓，就是在未獲半數以上選民認同的情況下，依然宣告當選者。

三、大韓民國

韓國現行第六共和憲法為一九八七年十月全民投票通過者，一九八八年二月生效。該憲法規定大統領享有作為國家元首和武裝力量總司令的權力，任期五年，不得重任。憲法第六十七條：「大統領依國民之普通、平等、直接、祕密選舉選出之。在上項選舉中最高得票者有兩人以上時，由國會在籍議員過半數出席之公開會議獲得多數票者為當選人。大統領候選人僅有一名時，其得票數未達選民總數三分之一以上者，則不得當選為大統領。能被選舉為大統領者，應有國會議員之被選舉權，於選舉當天年滿四十歲。有關大統領選舉之事項，以法律定之。」

四、新加坡共和國

新加坡獨立後，建立的國家機制為議會制（內閣制）的共和國。一九六三年九月新、馬合併頒布了新加坡州憲法；一九六五年十二月州憲法經修改後成為新加坡共和國憲法。該憲法規定總統為國家元首，由議會選舉，任期四年。第一任總統為伊薩克（Yusof bin Ishak，任期1965.8-1970.11）、第二任總統為謝里斯（Benjamin H. Shearse，任期1970.11-1981.5）、第三任總統納爾（Devan Nair，任期1981.10-1985.3），爲印度人或馬來人；第四任總統黃金輝（任期1985.4-1993.8），爲華人。一九九一年國會通過法案，將總統改由公民直接選舉產生。一九九三年八月二十八日，原內閣副總理王鼎昌當選新加坡憲政史上第一位由人民直接選舉產生的總統（爲第五任總統），任期爲六年。

五、菲律賓共和國

菲律賓共和國憲法（1987 年公民投票批准後公布施行）第七條爲「行政部門」的規定，於該條第一項即明示「行政權授予菲律賓總統」，而有關總統的資格、任期和產生的方式，分別規範於第二項至第四項。

總統候選人必須是天生的菲律賓人、經登記的選民、選舉日當天至少年滿四十歲，以及在選舉日以前在菲律賓居住至少十年者。副總統的資格、選舉辦法和總統一樣。總統、副總統分別投票，同時被選出。除非法律另有規定，總統和副總統的定期選舉在五月的第二個星期一舉行。

每一次總統和副總統選舉的投票結果，經每省或市的檢票委員會鑑定後，須移交給國會，由參議院議長接受。收到檢票證書後，參議院議長須在選舉日後的三十日內，在參眾兩院聯席會議中打開全部檢票證書，國會在確定檢票證書之真實性和合法性後，依法律規定的程序，檢算選票。

總統和副總統應由人民直接投票選出，以得到最多選票者當選，如果有兩人以上得票數相同者，則國會兩院將個別投票，以多數票選出其中一人。總統、副總統任期均爲六年；總統不可競選連任，副總統至多只能連任一次。

一九九八年的菲律賓總統大選，爲「人民力量」於十二年前推翻馬可仕獨裁政府以來的第二次大選，所謂「人民力量」的三大「支柱」——天主教會、前總統艾奎諾夫人、現任總統羅慕斯（任期1992.6.30正午-1998.6.30），在本次選舉中口徑一致批評現年六十一歲的總統候選人艾斯特瑞達，性好漁色、酗酒、欠缺知識背景，但投票結果卻是艾斯特瑞達當選總統。政治分析家指出，經常在電影中扮演保護窮人之螢幕硬漢角色的艾斯特瑞達，以其個人魅力打破了政黨制度的迷思，雖然有不少知識份子感慨，人民錯把艾斯特瑞達在螢幕的「平民英雄」形象，錯解爲他的個人性格，忘了「那只是電影」，但畢竟在現實社會中，窮人們卻團結寄望翻身，而這次大選（合格選民人數約三千三百萬人）可能是菲律賓有史以來第一次由窮人決定候選人勝負的選舉。

六、馬來西亞

一九五七年頒布的馬來亞憲法，於一九六三年馬來西亞成立後繼續沿用，改名爲馬來西亞聯邦憲法，後經多次修訂。一九九三年三月，馬國議會再次修改憲法，取消了王室的法律豁免權等特權。一九九四年五月通過憲法修正案，修改的內容主要是規定國家最高元首必須接受及根據政府的勸告執行任務。憲法規定：最高元首爲國家首腦、伊斯蘭教領袖兼武裝部隊統帥，由「統治者議會」（由柔佛等九個州的世襲蘇丹和馬六甲等四個州的州長組成）選舉產生，任期五年。現任國家第十任元首爲端姑·賈阿法爾·阿卜杜勒·拉赫曼（1922年生），一九九四年四月二十六日就任。就憲法規定國家最高元首擁有立法、司法、行政的最高權力，以及任命總理、拒絕同意解散國會等權力，但最高元首的權力僅爲象徵性質，內閣掌握真正的權力，而最高行政首長爲總理，現任總理達圖·斯里·馬哈迪（1925年生）。

七、印度尼西亞共和國

印尼現行憲法稱爲四五年憲法。該憲法規定「人民協商會議」（MPR）爲國家最高權力機關，負責制定、修訂憲法和國家施政大綱，選舉總統、副總統。其成員共一千名，除了包括人民立法會議（國會，簡稱DPR，現有五百名議員，其中四百名爲選舉產生，一百名由總統任命）全體成員之外，還有各政黨、武裝部隊、專業集團、地方及各行業組織的代表（爲總統依照各政黨得票率，從各政黨及各從業團體遴選任命產生），人民協商會議議員的任期爲五年。

八、印度共和國

印度的國家政體爲聯邦共和制，國家機構由議會、總統、政府、司法機構組成。總統是法定的國家元首和武裝部隊的統帥，由議會兩院和各邦立法議會議員選出的「選舉團」選出，每屆任期五年，連選得連任（但一般只任兩屆）。憲法規定，總統擁有行政權、立法權、司法權和宣布緊急狀態權，但總統行使上述職權時，須依照以總理爲首的部長會議的建議而行使。印度司法機構中，最高司法權力機關爲最高法院，各邦設有高等法院、縣設有縣法院，最高法院法官由總統任命。

政府實行總理內閣制，設立以總理爲首的部長會議，協助總統行使職權。總理由議會中占有多數席位的政黨領袖擔任，爲內閣首腦，憲法賦予總統的權力，實際上都是由總理通過內閣行使的。總理由總統任命，各部部長（內閣人員）由總理提請總統任命，部長必須具有議員身分，政府一旦在議會中失去多數地位，總理即行辭職。

九、德國

德意志聯邦共和國基本法係臨時憲法，於一九四九年五月生效；一九五六、一九六八年作了較大的修改。一九九〇年八月兩德「統一條約」對基本法某些條款進行適應性修訂。依其規定，德國是聯邦制國家，外交、國防、貨幣、海關、航空、郵電屬聯邦管轄。國家政體爲議會共和制。總統爲國家元首；聯邦總理爲政府首腦。

依據基本法第五十四條的規定：聯邦總統由「聯邦大會」不經討論，選舉之。凡德國人民具有聯邦議會議員選舉權而年滿四十歲者，均有被選舉權。聯邦總統任期五年，連選得連任一次。

「聯邦大會」由聯邦議員全體（一九九四年十月選出眾議院議員六百七十二名；參議院議員六十八名）與各邦議會依比例代表原則選出之同數代表組織之（共一千四百八十人），主席由聯邦眾議院議長擔任。

凡能得到聯邦大會代表過半數票者（七百四十一票），當選爲聯邦總統。兩次投票均無人得票過半數時，則以第三次投票時得票最多者爲當選。現任總統赫爾佐克（Dr. Roman Herzog）一九九四年七月就職，任期五年。

第五節　我國中央民意代表的選舉

我國公職人員由人民直接選舉產生者，基本上可區分爲行政首長和民意代表兩大類。前者因當選名額僅有一名，採行的是「單一選區相對多數決制」，除總統、副總統之全國性選舉是否應改採「絕對多數決制」，朝野各界的聲音並不一致外，其他如省長、各直轄市市長、縣（市）長、鄉（鎮、市）長、村長、里長等行政系統之公職人員選舉，較無太大爭議。至於各級民意代表的選舉制度則可能有多種變化與選擇，而不同選舉制度的採行，又將產生不同的結果，而現行中央層級的民意代表（國民大會代表和立法委員）對於國家整體的發展，具有相當重要的決定性。本節將介紹其現行之「複數選區單記非讓渡投票制」，並檢討該制度的優缺點，並提出可能的改進之道。

我國以往之中央民意代表選舉的選區劃分，皆是以「屬地」或「屬人」的兩種思維爲之，亦即將選舉區主要分爲以「行政地域」爲基礎的「區域代表」（geographical representative）與以「職業背景」爲基礎的「職業代表」（professional representative）[11]。例如，民國三十六年公布施行的憲法第二十六條規定，國民大會代表之產生方式，除區域代表外，蒙古、西藏、各邊疆民族、僑居國外國民、職業團體和婦女團體，皆得選出代表；第六十四條規定，立法院立法委員產生方式，除各省、各直轄市選出者外，蒙古各盟旗、西藏、各邊疆民族、僑居國外國民、職業團體，皆得選出代表。民國八十年五月一日公布的憲法增修條文第一條和第三條，分別改變原憲法條文規定之國民大會代表和立法委員之人數和分配方式，二者最主要的變化皆爲取消職業代表制，採行「政黨比例方式選出」之「全國不分區」和「僑居國外國民」代表。

依最新公布的中華民國憲法增修條文（86.7.21）第一條，國民大會代表產生的規定爲：一、自由地區每直轄市、縣市各二人，但其人口逾十萬人者，每增加十萬人增加一人；二、自由地區平地原住民及山地原住民各三人；三、僑居國外國民二十人；四、全國不分區八

[11]參閱行政院研究發展考核委員會編印：《公職人員選舉制度之比較研究》，民國七十七年七月，pp.89-91。

十人。其中每直轄市、縣市選出之名額，在五人以上十人以下者，應有婦女當選名額一人，超過十人者，每滿十人，應增婦女當選名額一人。僑居國外國民和全國不分區之名額，採政黨比例方式選出之，各政黨當選之名額，每滿四人，應有婦女當選名額一人。

第四條規定，立法委員自第四屆起共有名額二百二十五人，其產生及名額分配方式為：一、自由地區直轄市、縣市共有一百六十八人，每縣市至少一人；二、自由地區平地原住民及三地原住民各四人；三、僑居國外國民八人；四、全國不分區四十一人。僑居國外國民和全國不分區之名額，採政黨比例方式選出之。直轄市、縣市選出之名額，暨僑居國外國民和全國不分區各政黨當選之名額，在五人以上十人以下者，應有婦女當選名額一人，超過十人者，每滿十人，應增婦女當選名額一人。

就國民大會代表和立法委員之直轄市、縣（市）所選出之「區域代表」而言，其是以直轄市或縣（市）等行政區為選舉區（或在其行政區內劃分選舉區），並不刻意將選舉區縮小至應選名額僅一名的情況，通常在一個選舉區內應選名額在二名或二名以上，而每位選民只能投一票給一位候選人，且選票不能在候選人之間轉移，於是造成了「單記非讓渡投票」（SNTV 制）。而「原住民代表」，是以原住民為選區，並得劃分為平地原住民和山地原住民選舉區，亦是採取「單記非讓渡投票」。至於「全國不分區」代表和「僑居國外國民」代表則皆採政黨比例代表制（PR 制）。但因我國係採「一票制」，即 PR 制部分的席位取得完全依賴 SNTV 制部分的總得票比例，要改變現行 PR 制，前提應是先探討可不可能改採「兩票制」？民國八十七年年底進行的第四屆立法委員選舉，仍依現制採行「一票制」，在前提未變的情況下，為討論方便起見，暫先排除影響不大卻可能干擾 PR 制部分之因素，僅就 SNTV 制部分說明現行中央民意代表選舉制度的優缺點。

一、優點

(一)制度簡單易行

選民可任意選擇其所喜好的候選人，至於候選人則可由其所獲得的選票總數瞭解其受支持的程度。在計票上，只要將各候選人所得總票數開出，依得票高低依次宣告當選，對選民、候選人和選務機關而言，在操作程序上，爲易懂易行的制度。

(二)多元民意政治的建立

由於各選舉區當選名額通常大於二，且應選名額越多，篤定當選的票數越少，換言之，只要在選舉區有足夠的實力，縱使是少數意見，仍有機會當選；應選名額越多，此種機會越大，越能展現多元的聲音。

(三)各黨派均可能獲利

如小黨在應選名額大於一的選區中，若能有效地將票源集中起來，當選的機會將大增；反之，大黨因掌握的票源較多，若能有效「配票」，要讓黨所提名的人選全登金榜，亦爲可能之事。

二、缺點

(一)選票的效用不等值

傳統上，「一人一票、票票等值」，係指選票之「計算價值」相等，但是其「成效價值」是否相等，則是有疑義的。例如，民國八十一年之第二屆立法委員選舉，台北縣為一大選區，最高票當選者所獲票數為 235,817 票，最低票當選者只有 36,845 票，但此二位代表在立法院表決時卻皆只有一票，實際上，後者的選票成效可達前者的 6.4 倍[12]。加上現行 SNTV 制之選票不可轉移之規定，非但某「超級明星吸票機」型之候選人，不能將其所超過「篤定當選之票數」的票數轉移給同黨候選人，而且那些投給「落選者」的選票，均無成效價值可言。

(二)助長選舉歪風

仍以「二屆立委」選舉為例，台北縣選區應選名額高達十六名，依一般計算最低當選票數方式而言，任一候選人只要獲得十六分之一加上一票的總票數即可篤定當選；而實際上的最低票數的當選者，只獲得 2.65%的選票。依此之故，某些候選人可依恃個人魅力，採取偏激、聳動、煽情的言行爭取極端選民的認同，或運用公益形象或社會關係網絡尋求這十六分之一加上一票之比率選票的支持，更甚者有所謂「黑金」勢力介入選舉，致使非法利益輸送、賄選、血腥暴力時有耳聞，對民主政治的發展確實是一大負數。

---

[12]參閱朱高正：〈兼顧民主法統：寄望「第二張選票」〉，《中國論壇》，第二十二卷第五期，民國七十五年六月，pp.24-25。

（三）政黨紀律不彰

此一制度常造成同黨候選人在同一選舉區中，不但需要與他黨候選人競爭，同時也需要與同黨候選人競爭。同黨候選人間的競爭經常使得政黨政策模糊，甚至因配票事宜，發生齟齬而彼此相互攻訐。且政黨常為避免同選區的同黨候選人因同質性太高而抵消選舉作戰力，故可能捨棄提名形象清新之人選，代之以「良好關係」的「有力」人士。而有些人評估自己的實力，若與「最低當選票數」相去不遠，則可能「報備參選」或「脫黨競選」（尤其是擁有「派系」支持者），造成黨紀蕩然無存，派系孳生坐大，影響政黨的決策與執行，甚至對社會造成莫大傷害。

三、改進之道

以台灣當前的政治現況與未來的政治發展而言，在進行選舉制度改革時，應兼顧理論與實際，選擇利多弊少、合乎國情與社會狀況的制度。既然現行中央民意代表選舉制度包括了 SNTV 制和 PR 制，那麼在思考上，似乎應跳脫單純的「單一選區相對多數決制」或單純的「比例代表制」，而是朝如何巧妙容納兼採此二種制度的優點，且在相當程度上摒棄其缺點的方向思考，以改進現行制度的缺失較為實際。事實上，朝向單一選區相對多數決制與比例代表制的「混合制」的選舉制度，已是近年來許多民主國家或民主化國家選舉制度改革的主要趨勢，除了德國之外，義大利、俄羅斯、匈牙利、紐西蘭、日本和韓國，皆分別改採混合式的選舉制度[13]。

---

[13]參閱王業立：「對於選舉制度改革的幾點意見」，《政策月刊》，第二十三期，民國八十五年十二月一日，p.10。

若我國選舉制度改採「混合制」，作法上，可以在現有國民大會代表或立法院立法委員總額的基礎上，分別將其產生方式分爲兩部分：一半名額由「單一選區相對多數決制」選出；另一半名額是在「兩票制」下由全國不分區政黨名單比例代表選舉產生；同時，以門檻方式限制進入國會的政黨數量，以避免多黨林立之弊[14]。在各政黨所提名單中，應適度保障弱勢團體、少數族群、婦女代表、學者專家等進入國會殿堂的機會，顧及社會多元聲音、提昇問政品質，有效促進各族群間的和諧。

[14]同上。雖有門檻的限制，但只要任何政黨能在區域選舉中贏得三席或是在全國能得到 5%以上的選票，皆能在國會中依「第二票」（政黨得票率）比例而擁有席次。

6 公民投票

- ❑ 公民投票的意義
- ❑ 公民投票的理論基礎
- ❑ 近代公民投票的發展
- ❑ 公民投票的民意效力
- ❑ 公民投票在台灣的發展

第一節　公民投票的意義

通常人們將英文"plebiscite"和"referendum"譯成「公民投票」、「公民複決」或「複決」，有時"plebiscite"和"referendum"二詞也被交互使用。有些學者認爲公民投票事實上是「憲法規範下的公民投票」（constitutionally-regulated referendum），可再細分爲「創制」和「複決」；和「政策投票」（policy vote[plebiscite]），也就是一般所稱的「公民投票」（plebiscite）兩種。另外，也有學者將"referendum"視爲憲法規定所承認的常態制度，而"plebiscite"則是在特別而又非常態的政治動盪條件下所發生的行爲，不論此一行爲的目的是否爲了個人的統治或領土的變更，其本身並不具有國家制度的性質，僅是臨機性所爲的公民投票而已。而最近的趨勢卻有將"plebiscite"一詞用於非建制性投票的傾向，例如，針對獨立、領土的歸屬等的投票，而將建制內的投票稱之爲"referendum"[1]。

就各國憲法有關公民投票或公民複決之規定，及各國現行公民投票之內涵、種類、效果等言之，最廣義的公民投票，應包括國家建制內或非建制內、憲法規定之常態制度或未規定之非常態制度等的各式公民的投票，換言之，包括了所謂的「創制」、「複決」和「公民投票」。

在本質上，公民投票是一種直接民主的作法，是人民參與政治

[1]參閱吳棟傑：《公民投票法制之憲法許容性暨法政策分析——以全國性公民投票為中心》（台北：台灣大學法律學研究所碩士論文，民國八十四年六月），pp.14-16。謝復生、張台麟：《公民投票（創制複決）制度比較研究》（台北：行政院研考會編印，民國八十五年九月出版），p.5。

的有效途徑之一，除了突顯出「主權在民」的精義外，亦可使政府的決策更增其正當性，然相對地，公民投票有時也表達了人民對間接民主或代議政治的不信任。

一般所謂的「公民投票」，其意義可以下列三方面說明之：

1.是指人民對憲法、一般法案或政府決策，有表示意願或投票決定是否同意之權。

2.由一國或一地區的公民以投票方式表示他們對下列問題的看法：

(1)是否支持某種政府形式。

(2)是否獨立成爲一個國家。

(3)是否歸屬於某一國家。

第一次世界大戰後，在凡爾賽合約所宣示的民族自決原則下，一般進行的公民投票是試圖解決少數民族之國家歸屬的問題。例如，一九三八年希特勒爲合併奧國舉行公投；一九五五年薩爾區公投歸屬於西德；一九五六年馬爾他島人公投決定仍歸屬於英國統治；一九五八年埃及和敘利亞兩個獨立國家以公投方式組成聯邦；一九六五年馬爾他島人公投決定脫離英國成爲獨立國家；一九八〇年、一九九五年加拿大魁北克省「統獨之戰」的公民投票案[2]。

---

[2]一九八〇年的獨立公投，反對獨立的一方以60%對40%的得票率獲勝。一九九四年九月十二日加拿大魁北克省舉行的全省大選中，成立於一九六八年自始即力主魁北克省自加國脫離並獨立的魁北克人黨（Parti Quebecois）獲得七十七席議會席次而成為執政黨，該黨黨魁兼魁省省長的皮羅素（Jacques Parizeau）即宣布於一九九五年底前，舉行全省公民投票，以決定該省是否脫離加國而獨立。同年十月一日開始，贊成與反對魁省獨立的雙方正式展開爭取選票活動。十月三十日，全省約有五百零九萬有投票資格的省民進行投票，其中不贊成獨立者獲得2,307,377票（占50.47%）、贊成獨立者獲得2,265,241票（占49.53%），結果以些微之差否決了獨立案。參見台北：《聯合報》，民國八十四年十月三十一日，第一版。另參見劉嶽雲：〈一九九五年魁北克

3.公民投票有時亦稱為「複決」。但通常使用複決一詞時，是指公民或特定機關對立法機關已通過的法律或憲法草案進行投票。有下列兩種方式：

(1)強制複決：例如，規定凡憲法修正案等均須經選民複決批准始生效力者。如瑞士聯邦憲法（1874年制定、1993年最新修訂）第一二三條規定：「修正之聯邦憲法或聯邦憲法之部分修正，經參加投票之多數瑞士公民及多數邦接受時才發生效力。」法國第五共和憲法（1958年制定）第五十三條規定：「領土之讓與、交換及歸併，非得當地人民之同意，不生效力。」

(2)任意複決：有些國家憲法載明允許人民經一定連署人數後，可申請對法律或政策進行公民投票，以挑戰國會通過的法律或政策，來防止政府決策的偏失。簡言之，選民對國會所通過的法律，得經一定人數之簽署，要求加以複決。例如，瑞士憲法第八十九條規定：「聯邦法令只能在聯邦兩院同意下通過。一般性聯邦法令，如有五萬人以上有選舉權的公民或八個邦以上的請求，必須提交人民決議……。」另外，義大利憲法規定，除了稅法與財政、赦免與減刑以及國際條約之外，修訂憲法、法律及省以下行政區劃的變更，得申請公民投票。

省公民投票表決結果與加國聯邦之前途〉，見《政治研究所學報》，第五期，pp.81-83。

第二節　公民投票的理論基礎

一、雅典的直接民主

公民投票起源於希臘城市國家的直接民主制，最具代表者爲雅典所實施的政治制度：

(一)公民大會

每個月舉行四次，每次參加的人約有二千人至三千人（大多數的公民並不參加，奴隸、外國人、婦女不准參加），一位公民一生大致可輪流當三次法官，法官人數約有六千人，全體公民約有四萬多人。公民大會開會時間在清晨，會中可以提案、討論、修改。提案大多是於第一次開會時提出。若某案通過、實施後，效果不好，則當初的提案人必須負責（故一般人民皆不願提案，而提案的少數人，多數是在政治上具有野心的人）。欠稅、在戰場上遺失盾、違反贍養義務者，均無投票權。一般提案，採舉手表決，有關選舉和放逐事項，採用抽籤或投票方式。在公民大會之上，不存在任何形式上或實際上更高的權力機關。國家的一切機關和官吏：如五百人會議、陪審法庭、十將軍委員會、行政官，都隸屬於公民大會。

(二)五百人會議（政府）

爲公民大會的常設機構，由三十歲以上的全體公民中抽籤選出。由於議員不得連任，所以每位公民一生都有機會擔任一次議員。

此議會負責官吏的選舉，爲公民大會準備提案，同時又主持國家日常工作，執行公民大會的決議，事實上，五百人會議就是雅典的政府。這個議會設立一主席團。當時雅典有十個選區（一百個 DEMO），每個選區選出議員五十人，每一地區的五十人輪流組成主席團，任期各爲一年的十分之一（約三十六天），負責日常工作與審查公民大會的提案。換言之，雅典每一年有十屆政府。這個主席團設主席一人，每天早上由抽籤決定，任職一天一夜，不得延長，不得連任。在這一天內，這位主席是雅典地位最高者，負責主席團工作和五百人會議的活動。

(三)陪審法庭（人民法院）

為雅典最高的法庭，其不但審理訴訟案件，而且兼管官吏的資格審查、紀律檢查和投票表決國家的法律。實際上，它如同公民大會般，也是雅典的權力機構之一。雅典法庭的審判員稱爲陪審員(或稱法官)，由三十歲以上的公民抽籤產生，任期一年，不得連任。每個公民約每隔三年就可以擔任一次陪審員，成員大多是中、下層公民，婦女不得擔任，人數共六千人，再分爲十組，每組五百人，成爲一個審判庭（多出的一千人，候補待用）。何人至那一庭、審那一個案，都是由抽籤決定，以杜絕走後門行賄。此外，另有三十人組成的巡迴法庭和人數一千二百人的大法庭。

(四)行政官

由抽籤產生的，任期一年，人數爲九人，其執政一年的成果，交人民法院審查，若成果不佳，嚴重者將被判死刑，故行政官爲免橫禍，皆安分其位。

（五）司令（將軍）

雅典每一區皆會由人民選出一位司令，由司令中再選出一位總司令，其權力一是來自選舉、一是不受制裁，且連選可連任，若連任則人民法院對於其前一年的施政則不審查（往往一位總司令可做三十年之久）。總司令所提正式法案皆須經公民全體通過，故須以「雄辯」說服公民。

簡言之，古希臘時期民主制度的特點約爲：

1.公民大會掌握大權，政府機關隸屬其下。

2.由抽籤或選舉產生官吏，輪番執掌政權。

3.監督制度嚴密，官吏（通常從當選到卸任，總共不過一年的時間）不敢胡作非爲。

4.民主方式產生法庭，投票表決案件。

雖然蘇格拉底（Socrates, 469-399 B. C.）反對公民大會、反對「民主」，甚至爲此「殉道」，但雅典之爲民主政治思想搖籃卻是不爭的事實，其採取抽籤或選舉的方式確實不能保證、甚至無法產生真正的專家和賢能者來主政，但也因爲這種作法將政治權力普及於公民手中，逐漸打破貴族和門閥政治。雅典一方面實行抽籤和選舉政治，另一方面也設計了監督的機制，例如，「信任投票」；在每一屆主席團任期內，公民大會都必須對行政官和司令（將軍）舉行一次信任投票（總計一年共有十次），看其是否稱職，如果多數公民對某一官吏投不信任票，那麼該官吏就得至法庭受審，若真有問題，法庭將對其處以刑罰或罰金，沒有問題，則官復原職。又例如，「卸任檢查」；每個官吏任職期滿以後，都要由專人對其在職期間的活動和經手的帳目進行審查。審查人員共有十名，每一選區一名，由抽籤產生，任職一年。此外，還有十名助理員，也是由抽籤產生。如果發現官吏貪污或受賄賂，則逕交法庭裁決。若法庭判決有罪，就課以貪污或受賄的十倍罰金。若情節嚴重引起公憤，還可能遭放逐。在西元前四八七年雅典曾實施過所謂的「貝殼流放」措施，在每年的第六屆主席團任期中，不用任何人提議，可對是否有人需要被放逐進行表決。如果多數票認爲需要放逐，就再召集一次公民大會，會上每人領一塊瓦片，上面寫上需要放逐者的名字，然後由專人進行統計，瓦片若少於六千片就算無效，超過六千片，得票最多者，被放逐十年。相較於某些國家在政爭過程中，動輒草率地整肅異己使其身繫囹圄，甚至殘暴地「格殺勿論」造成社會動盪不安，二千多年前雅典的民主作法和精神還是值得世人學習的。

二、盧梭的民主理論

公民投票的理論基礎，可溯源至希臘雅典時代的「直接民主」，以及近代法國思想家盧梭的民主理論。盧梭關心如何建立一個保障全民福祉的政府，在其著作《社會契約論》一書中，他指出達到上述理想的最佳方法是以社會契約建立一個自治政府。他認爲主權源於人民，也應該永遠屬於人民，政府只是公眾的代理人，沒有最終的決定權，所有的法律若未經人民的認可就不是法律。他強調民主的最終原則是「以公共意志來決定大眾福祉」，但他也發現人們對於什麼是「大眾福祉」常有不同的意見，所以將公共意志的理論與「少數服從多數」的投票原則結合在一起。

盧梭主張民主的內涵爲人民的自我立法與自我統治，因此，以公民總投票的方式制憲、立法、決策和選舉官吏，乃被視爲民主的直接表現形式，公民投票的結果，代表的是國家主權者的「全意志」，具有超越代議機關決議的最高權威。一七八〇年美國麻塞諸塞州憲法即服膺盧梭學說而經公民投票複決同意而通過。一七八四年新罕布什州憲法相繼仿效。另外，受到美國革命和盧梭學說之影響，一七九二年執政的法國國民公會（La Convention）政府宣告廢除王室並制定新的憲法，且決議憲法須經人民批准。一七九三年的憲法第十條還規定法律應經人民承認，然而公民投票卻遭到拿破崙的濫用，他先後數度通過公民投票使自己的獨裁政體合法化[3]。

如果盧梭的理論代表法國式的民主理想，那麼霍布斯、洛克、約翰彌爾、韋伯、熊彼得等學者與美國聯邦主義者，則可代表英美式的民主傳統。在他們看來，民主政治就是代議政治，由代議政府主導國家決策的機制，基本上排除了直接民主的內涵。其主要假設：

1.人民選舉代議機關（國會）的議員，以實現全民共同決定的理念。

2.在一定時間內人民的決策權交給國會。

3.由國會來反映人民的意見。

這一傳統且大力批評盧梭的說法，對公民投票也持懷疑態度。例如，彌爾曾深深感嘆在希臘羅馬時代，人們以「公共意志」之名處死了可能是歷史上最聰明的兩個人：蘇格拉底和耶穌。他們強調民主是一個妥協與容忍的過程，認為在「民間社會」（亦即在國家控制之外有一自主性的領域監督國家的運作）中自由而充分的討論，以及政府與民間社會的溝通，透過傳播媒體公開辯論與形成輿論壓力，遠比匆促地以公民投票一決生死、輸贏來的重要[4]。

[3]參閱謝瑞智、柯三吉、蔡重吉等一百二十六人：〈第三屆國民大會第一次會議修憲提案第一一〇號〉，見《第三屆國民大會第一次會議修憲提案》（台北：國民大會秘書處編印，民國八十五年六月出版），pp.181-182。

[4]參閱黃克武：〈反對公投就是反對民主？〉，台北：《聯合報》，民國八十四年十月三十一日，第十一版。

三、中山先生的直接民權

「直接民權」是中山先生於晚年時所極力提倡的一項政治主張。他認爲唯有採行此制，才能體現「主權在民」的意義。否則雖有五權分立、國民大會，仍無法真正落實「民治」。

然而一九八〇年代以來，時代潮流的發展趨勢顯示：大多數民主國家雖未實施先生所主張的直接民權，但實際上，既無礙其國內民主政治的發展，亦無損其人民政治參與的程度。更進一步而言，直接民權並未如中山先生生前所預期，在二十世紀之中，成爲當代世界政治思潮的主流。這究竟是因先生的預言有誤？還是因歷史走上了迂迴於直接民權之外的道路？

(一)中山先生之直接民權的涵意

根據崔書琴先生的研究，直接民權是中山先生於民國五年（1916年）以後才有的主張[5]。是年七月十五日，他在駐滬粵籍議員歡迎會上演講〈中華民國之意義〉時，提議「以縣爲單位，實行直接民權」，但是他認爲此種民權，並不是放諸四海而皆準，在廣漠之省境則不宜行之[6]。兩天後（十七日），他在上海尙賢堂對兩院議員演講〈自治制度爲建設之礎石〉，再次提出類似的見解，主張賦予一縣之民直接民權，並更進一步言，三千縣各舉一代表：「用以開國民大會，得選舉大總統，其對中央之立法，亦得行使其修改之權，即爲全國之直接民權。」

---

[5]崔書琴：《三民主義新論》（台北，商務印書館，民國六十六年五月，修訂台北十二版），p.181。

[6]本文中關於中山先生的言論、著作，係出自《國父全集》（台北：國父全集編輯委員會編，近代中國出版社，民國七十八年十一月二十四日出版）。

由上述兩份講詞觀之，可知直接民權是中山先生對於地方如何自治所提議的一項辦法。所以大陸學者曾景忠認為，實現直接民權，是「孫中山地方自治思想中內涵的最高價值」[7]。至於直接民權的內容，在這兩份講詞中則並未被釐清。

民國七年，中山先生從事《孫文學說》之著述時，曾具體指出：在建設完成時期，施行憲法，「此時一縣之自治團體，當實行直接民權。人民對於本縣之政治，當有普通選舉之權，創制之權，複決之權，罷官之權；而對於一國政治除選舉權之外，其餘之同等權，則付託於國民大會之代表以行之。」

民國八年，他發表〈三民主義〉一文，具體言及瑞士憲法「直接以行民政」，國民有選舉、複決、創制、罷官之權，但他並未就此四權詳加說明，僅曰：「其要領原理，當另著專書詳之。」

民國十一年，中山先生發表〈中華民國建設之基礎〉一文，強調：欲實行民治，必須「分縣自治，行直接民權」和「全民政治。人民有選舉權、創制權、複決權、罷官權」，他進一步說明：「以上二者，皆為直接民權，前者行於縣自治，後者行於國事。」

民國十二年一月二十九日他發表〈中國革命史〉一文，文中所言和他在《孫文學說》中所言一致，主張在建設完成時期，施行憲政：「一縣之自治團體，當實行直接民權。人民對於本縣之政治，當有普通選舉之權，創制之權，複決之權，罷官之權。而對於一國政治，除選舉權之外，其餘之同等權，則付託於國民大會之代表以行之。」雖然時隔數年，但他在文字上並未更動。

對於直接民權，最後及最完整的說明，見諸於民國十三年四月

---

[7]曾景忠：〈孫中山地方自治思想述論〉，收在《孫中山和他的時代——孫中山研究國際學術討論會文集》（北京：中國孫中山學會編，中華書局，一九八九年十月，第一版）。

二十六日之〈民權主義第六講〉，中山先生逐一說明選舉權、罷免權、創制權和複決權的意義後，具體指出：「人民有了這四個權，才算是充分的民權，能夠實行這四個權，才算是徹底的直接民權。」並且，「人民能夠實行四個民權，才叫做全民政治。」

由中山先生以上的論述，可歸納出如下兩點論證：

1.直接民權不是出自先生的創見，而是他觀察瑞士和美國某些州的經驗和制度得來的，其中雖然曾有誤解存在，但民國十三年四月十三日，他講〈民權主義第四講〉時，已經作了澄清，他正確地指出瑞士人民其實只有三權，並說明美國西北幾邦人民較瑞士人民多了個罷官權。

2.直接民權的主要內容是：人民直接行使選舉、罷免、創制、複決等四權。中山先生認為要落實主權在民，必須實行直接民權。起初，他主張以縣為單位，在地方上實行之；後來，他也主張由國民大會在中央行使直接民權：即「國民大會對於中央政府官員有選舉權、有罷免權；對於中央法律有創制權、有複決權。」故而，在〈民權主義第六講〉中，他以人民的四個政權來管理政府的五個治權，指稱：「這九個權，彼此保持平衡，民權問題才算是真解決，政治才算是有軌道。」在此，他似乎已擺脫了中央與地方差異性的考慮，不再限定人民行使直接民權的層次。由此亦可知，對於「直接民權」和「全民政治」，其是等量齊觀，相互通用的。

(二)中山先生提倡直接民權的理由

查考中山先生關於直接民權的言論與著述，不難發現他之所以提倡直接民權，約有下列數點理由：

1.直接民權是新的政治潮流：當年，中山先生於最新提出直接民權的主張時，即聲言：「二十世紀之國，當含有創制之精神，不當自謂能效法於十八、九世紀成法，而引爲自足。」；「雖吾人今既易專制而成代議政體，然何可故步自封，落於人後。」所以他主張追隨美國、瑞士之後，採用最先進的直接民權制。他在〈民權主義第四講〉中說：「這四種權在美國西北幾州，已經行得很有成績，將來或者可以推廣到全美國，或者全世界。將來世界各國要有充分的民權，一定要學美國的那四種民權。」對於歐美之所長，他一向主張「迎頭趕上」，於此，我們又得到一項證明。

2.直接民權是良法美制：中山先生於講述地方自治制度時，曾大力推崇美國克利浮萊城的制度，認爲該制度實行僅三年，即「已成效大著」，所以他樂爲國人介紹此制，並主張「取法乎上」。起初，他認爲在歐洲只有瑞士採行此制，後來，在〈民權主義第六講〉中，他又指出，美國有四分之一的省分，已經實行過了四權，「他們在那幾部分的地方，實行這四個民權，有了很周密的辦法，得了很好的成績。」雖然，他始終未曾清楚表明直接民權的具體優點爲何，但他顯然是受了西洋政治思想家盧梭「直接民主」觀念的影響，故認定直接民權是良法美制。

3.直接民權可補代議制之不足：中山先生主張「主權在民」，他指出：「代表制度，於事實於學理皆不足以當此，近世已能言之矣。」可見在他的時代，代議制度已經廣受批評。中山先生本人則以爲：「爲人民之代表者，或受人民之委任者，祇盡其能，不竊其權，予奪之自由仍在於人民。」但事實則不然，「彼踞國家機關者，其始藉人民之選舉，以獲此資格，其繼則悍然違反人民之意思以行事。」中國國民黨於民國十二年元旦發布宣言，抨擊代議制度，指稱：「現行代議制度已成民權之弩末。」同年十月七日，該黨爲曹錕賄選竊位發表宣言，宣稱中國國民黨主張的直接民權「庶足以制裁議會之專恣，即於現行代議制之流弊，亦能爲根本之刷新。」中山先生另在〈民權主義第四講〉中說，代議政體不是人類和國家的長治久安之計。所以他極力鼓吹直接民權，但應該辨明的是：中山先生並非要以直接民權取代代議制度，兩者是並存的，他雖然批評代議制，卻從未說要行使公民大會式的直接民主。

4.用直接民權以管理萬能政府：中山先生期待建立「萬能政府」——「才可以發出無限的威力」，充分地爲民服務。但是一旦萬能政府出現了，應如何加以適當的駕馭，以免重蹈英美人民對政府不信任的覆轍呢？他的看法是：「人民有了很充分的政權，管理政府的方法很進步，便不怕政府的力量太大，不能夠管理。」在他的觀念裡，直接民權就是控制萬能政府的最佳利器，所以他說：「這四個民權，就是四個放水制，或者是四個接電鈕。我們有了放水制，便可以直接管理自來水；有了接電鈕，便可以直接管理電燈；有了四個民權，便可以直接管理國家的政治。」權能區分的涵意是「政府有能，人民有權」，用人民的四個政權來管理政府的五個治權，俾人民和政府的力量彼此平衡。

(三)行使直接民權的問題

如上所述，中山先生之所以主張直接民權，有其個人堅信的理由，何況，「這四個民權，實在是經驗中的事實，不是假設來的理想。我們現在來採用，是很穩健的，並沒有甚麼危險。」但是究竟應如何依據他所說的「照自己的社會情形，迎合世界潮流做去」，以實行直接民權呢？在結束〈民權主義第六講〉之際，他說：「至於民權之實情與民權之行使，當待選舉法、罷免法、創制法和複決法規定之後，乃能悉其真相與底蘊。」可惜講完三民主義十六講之後，不久先生即辭世，未見他就此有更進一步的發揮。

曾有憲法學者指出：「近代民主國家，行政機關必受立法機關的監督，人民能夠控制立法機關，就可以間接控制行政機關，因之，人民對於行政機關的選舉權與罷免權，沒有必要。同時，公民對於立法機關的罷免權又與公民直接立法（創制與複決）成爲相剋之物。」（薩孟武、劉慶瑞，民67，p.229）此一論證，頗爲合理，中山先生於此似乎未能慮及。一個較爲合理的詮釋是，視罷免、創制、複決三權「均爲備而不用的權力」。因此，中山先生雖未明示四權究應分別行使或共同行使？反而予後人較大的空間去想像、發揮。

自現有的文獻析之，中山先生在介紹美國克利浮萊城的地方自治制度時，曾言之：「今則七十萬人中，苟有七萬人贊成署名，可開國民大會。有人民三十五萬人以上之贊成，即可成爲法律。」具體而言，他所介紹的美式民權中，「所謂創制權等，至少須有全體人民十分之一之發起，過半數之贊成。」因此，他認爲：「假使無理取鬧，斷不能得此。使其爲真正的民意，則得之非難。」此外，民國十二年元旦中國國民黨宣言中亦曾提及：「實行普選制度，廢除以資產爲標準之階級選舉」及「以人民集會或總投票之方式，直接行使創制、複決、罷免各權」。

由於中山先生並未就四權之具體行使，進一步加以制度上的設計，因此，那些官吏應由人民直接選舉？而那些官吏可由人民直接罷免？他都未曾清楚說明。崔書琴先生認爲，就前者而言，中山先生始終主張：人民可以直接選舉本縣或本市首長與議員及出席國民大會的代表。就後者而言，可以推知兩點：一是以地方官吏，二是以選舉的官吏爲限。至於創制、複決兩權行使範圍、方式和限制，因中山先生均未作具體的規定，故尙有商榷的餘地。

多數決的原則看來是一個在倫理上可接受的解決問題的方法，但在某些情況下，由於少數者的利益重要至其成員無法接受多數決的地步，故多數決定是不可能的，語言、宗教及財產權便是其例，若將之應用於多數決，可能導致內戰、國家分裂和摧毀民主[8]。美國政治學者道爾（Robert A. Dahl）認為，參與民主的理想必須面對牽涉的每個人、不同的利益及偏好、能力的需要。亦須面對參與者的經濟面向，亦即人們若是在政治上活躍，便須付出時間、精力、金錢。所以道爾先生堅信，個人必須付出的成本，限制了直接參與在民主政府中所能扮演的角色；授權給經由選舉產生的代表及非選舉產生的專家是必須和可欲的選擇。從實際的經驗觀之，亦有越來越多的證據顯示——多數統治模式有其難處。以美國為例，在投票者的全國樣本中，只有22%的人說他們「大多數時候均能瞭解政府在什麼」，有40%的人說他們只是「偶爾」或「幾乎不」瞭解政治[9]。

中山先生對地方自治有其一貫的主張，例如，地方自治有民主的價值、地方自治是進入憲政的準備、地方自治是建國之基石等，可知他是多麼地強調地方自治的重要性。但是地方自治真的如此重要嗎？研究瑞士、德國威瑪時代和美國各州施行直接立法情形的學者，大都曾藉由經驗觀察得知，參加創制、複決權行使的投票者人數，低於參加選舉官吏者的投票人數。英國公共行政學者史密斯（B. C. Smith）則曾分項檢討地方自治的價值，認為不論是中央層次的「政治教育、領導訓練和政治穩定」，或是地方層次的「平等、自由、責任」，都有相當的反證可以說明前賢對於地方自治上述價值的強調，應該是言過其實。例如，他認為地方民主與國家穩定的關係只是「信心」（faith）的問題罷了，有的國家反因地方政治的熱度過高，而危

---

[8]Gabriel A. Almond, G. Bingham Powell, Jr., Robert J. Mundt, *Comparative Politics : A Theoretical Framework,*（New York: Harper Collins College Publishes, 1993）, p.76.

[9]M. Margaret Conway, *Political Participation in the United States*,（Washington, D.C.: Congressional Quarterly, 1991, 2nd ed.）, p.44.

及國家的穩定[10]。

如前所述，直接民權是中山先生對於地方自治所提出的一項辦法、主張，因此，在地方自治的重要性式微之際，相對地，直接民權在當前時代的價值，自然也就不再那麼重要，但是目前國內的政治環境與氣候卻不是如此，不論朝野，莫不紛紛熱心倡議公民投票法、創制複決法，究其原因錯綜複雜。

崔書琴先生說：「如果中山先生能夠見及這些情形，他是否會修正他的意見？」鄒文海先生也曾質問：「如果中山先生能見到日後人民不熱心於投票，尤其是不熱心於直接立法的投票與地方自治時，他是否仍主張直接民權，似值懷疑。」[11]郭仁孚教授也有類似的疑問：「如果　國父仍在世，親眼看到這些情形，他會不會用『以更少的民主治療民主的弊病』，代替『以更多的民主治療民主的弊病』呢？」[12]

古典的民主政治理論將「民治」（government by the people）詮釋爲「由多數人民統治」（government by the majority of the people）。爲迫使政府向民意負責，多數統治模式便以選舉、罷免、創制、複決四種機制，使人民在政治系統中從事直接參與。這也就是中山先生所倡議的直接民權旨趣之所在，直接民權的四種機制符合了程序民主——「普遍參與」、「政治平等」、「多數統治」、「政府對民意負責」四大原則。多數統治的模式認爲，若有足夠的大眾參與的機制，公民便可控制政府。此一模式並假定：公民對政府和政治都有足夠的

[10]Brian C. Smith, *Decentralization : The Territorial Dimension of the State*(London : George Allen & Unwin Ltd., 1985）, pp.20-30.

[11]鄒文海：〈中山學說與民主效能的調和〉，見《國父百年誕辰紀念論文集》，第五冊（台北：中華民國各界紀念國父百年誕辰籌備委員會，民國五十四年十一月出版），p.26。

[12]郭仁孚：〈民權主義的民主純度〉，見《中華民國中山學術會議論文研討集》，第三冊（台北：中央文物供應社，民國七十三年一月出版），p.27。

知識，他們想要參與政治過程，且他們在選代表時都作了理智的決定[13]。

第三節　近代公民投票的發展

近代公民投票的實施，首見於十八世紀美國獨立時期。受盧梭社會契約說之影響，認爲「主權無法替代」，一切憲法須由人民批准。例如，一七八〇年麻塞諸州憲法由公民投票決定。一七九二年法國國民會議決議，凡未經人民批准的憲法，不得視爲憲法。美國西北各州實施直接民權的經驗傳入瑞士，得以發揚光大。一八四八年瑞士憲法規定「強制性公民投票」，一八七四年改採「任意性公民投票」。瑞士是西方代議政治的一個例外，因爲它直接實現國民主權的理論，在實際運作中，法律與政策基本上需要經人民的同意，公民投票也成爲政治過程的最後決定者。據其聯邦憲法規定，聯邦與郡的若干重大的、憲法權的法案（如修憲案、稅法或沒有憲法基礎的國會決議案），經國會決議後仍需要交由公民投票決定，有些決議案欲獲得通過尙需要全國多數票與多數郡的雙重支持。瑞士擁有最悠久的公民投票傳統，至今已舉行四百次全國性公民投票，近年來公民投票率普遍走低，公投的議題有「申請進入歐洲經濟區」、「提高燃料稅每公升二十分」、「賭場合法化」等，其中「申請進入歐洲經濟區」的公投率高達78.3%創下戰後最高紀錄。

回顧直接民權（公民複決、公民投票）在本世紀的演進，可分

---

[13]Kenneth Janda, Jeffrey M. Berry, Jerry Goldman, abridged by Earl Huff, *The Challenge of Democracy : Government in America*,（Boston: Houghton Mifflin Company, 1994, 2nd ed.）, p.25.

爲下列幾個階段：

一、美國西北各州的實施經驗

自一九一八年以後，美國有二十一州採用此制，但一般的結果並不圓滿。之後，直接民權制在美國開始走下坡：美國進步主義的直接民主理想，無論在中央或各州市，在實際上終歸失敗，最後只剩下新英格蘭地區之州仍實施市鎮大會。甚至在新英格蘭地區，當新居民人數日增，尤其是當不同文化背景的新移民進入這個一度全是白種「盎格魯撒克遜族」的清教徒社區時，爲了避免「量變引起質變」，該地區的原住民亦不得不放棄直接民主，以確保他們能繼續控制地方政府[14]。

二、第一次世界大戰後歐洲各國的經驗

歐洲有些國家的憲法也規定直接立法，不過，因爲手續繁雜而不易實行，事實上，使用次數較美國還少。德國威瑪憲法規定的創制與複決，其實際的價值，遠不如起草時所期望的那樣大。迨至希特勒執政後，人民總投票更變成了國社黨的政治工具。受希特勒和其他獨裁者在一九三〇年代之利用的影響，使得複決權（公民投票）不被認爲是一種民主制度的設計，反而在實際上是一種使獨裁合法化的方法。

---

[14]Calton Clymer Rodee, Carl Quimby Christol, Totton James Anderson, Thomas H. Greene, *Introduction to Political Science*, 4th ed., （Auckland: McGraw-Hill, Inc., 1983）p.45.

三、一九七〇年代之前的情形

直接民權在一九七〇年代以前處於低迷不振之勢。美國政治學者阮尼（Austin Ranney）曾於一九七五年修訂出版的《治理》（*Governing*）一書中說：「近年來，沒有一個民主國家在立法的機制中，增加創制或複決權的使用，而卻有一個國家（西德）廢止了直接立法。定期的選舉立法者、行政人員和法官，是一般人民針對政府該做和不該做而表達意見之主要及正式的一種制度設計。」[15]據統計，除了美國、印度、日本、荷蘭、以色列等五國從未舉行全國性的公民複決外，幾乎各民主國家都曾使用複決權，但複決權雖普遍存在於民主國家之中，卻只有澳大利亞、丹麥、法國、紐西蘭和瑞士等五個國家，曾舉行超過十次的全國性公民複決，大多數國家都只是偶爾用之[16]。

四、一九七〇至一九九〇年代的情形

自一九七〇年代以來，各國紛紛增加對複決權和公民投票的使用。例如，各國用它來決定是否成爲「歐洲共同市場」的一員；希臘和西班牙用它結束獨裁走向憲政民主；英國和加拿大用公民投票來解決分離主義。同時，它們也被一些獨裁政體用來尋求改變或建立一黨專制後的合法性。瑞士伯恩大學的史鐵勒（Jurg Steiner）教授在一九九一年出版《歐洲民主政體》一書中，亦有如下的論證：「即使是以

[15]Austin Ranney, *Governing : A Brief Introduction to Political Science*（台北：馬陵出版社，民國六十八年十月，2nd ed.），p.255.

[16]Vernon Bogdanor, “Referendum and Intiative”,收在 Vernon Bogdanor ed., *The Blackwell Encyclopaedia of Political Institutions*,（Oxford: Basil Blackwell,1987）, p.524.

『主權在議會』爲憲政傳統的英國，亦都迫於形勢，不得不於一九七五年，爲了她是否繼續留在歐洲共同市場，舉行全國性公民複決，至於其他非屬議會主權的國家，當然就更傾向於讓人民經由公民複決來針對若干實質問題作成決定，因此，近年來，公民複決的重要性大增。」[17]

五、一九九〇年代之後的情形

一九九〇年代初期，在歐洲統合過程中，爲了是否簽署或批准馬斯垂克條約，許多歐洲共同體成員國家，如丹麥、法國等紛紛採用公民複決的方式來徵求民意。

一九九七年九月十一日蘇格蘭選民就蘇格蘭自治問題進行公民投票，結果以壓倒性比數通過在愛丁堡設立一個獨立於倫敦西敏寺國會之外，具有徵稅權的國會。此是近三百年來與英格蘭合併爲聯合王國的蘇格蘭所成立第一個自治議會，預定於公元兩千年行使權力，除接管目前蘇格蘭事務部負責的業務外，自治議會並可立法決定各方面內政事務的政策，其首要部部長地位形同蘇格蘭的首相，倫敦西敏寺國會則保留國防、外交、憲政事務、經濟、稅收、就業立法和管理醫藥保健行業的權力；在徵稅權方面，蘇格蘭自治議會有權改變（增加或減少）不超過3%的基本所得稅率，以其全年一百四十億英鎊的稅收爲準，可自行增加四億五仟萬英鎊的財政收入[18]。此外，受到該

[17]Jurg Steiner, *European Democracies*，(New York: Longman, 1991, 2nd ed.)，p.177-178.

[18]一七〇七年蘇格蘭與英格蘭達成協議合併為聯合王國，蘇格蘭取消國會，但保留實體法、程序法、長老教會宗教組織及特別地方、教育制度，蘇格蘭也發行自己的鈔票。一七九七年英國工黨執政的賈拉漢政府時代就曾針對蘇格蘭議會舉行公民投票，雖然投票結果是「贊同成立議會的比例多於反對者（51.6%：48.4%）」，但未超過當年英國政府所定「贊同比率必須超過總投

次公民投票結果的激勵，以蘇格蘭國家黨（SNP）爲首的分離主義派卻高唱脫離英國而獨立[19]。

一九九八年三月五日，美國眾議院經過十二小時辯論，以二百零九票對二百零八票通過法案，允許波多黎各當地三百八十萬居民於今年底舉行公民投票，決定該島的前途。這是波多黎各自一百年前被美國兼併以來首次享有自決的機會——究竟是繼續維持目前美國自治政區地位，或是成爲美國的第五十一州，還是獨立於美國之外[20]。

一九九八年六月二十二日，北愛爾蘭和愛爾蘭共和國就「北愛問題」分別舉行公民投票，結果兩方人民均以絕對多數同意「北愛和平協定」，將長達三十年的北愛衝突暫時劃上休止符[21]。

一九九〇年代後期，各國除了以公民投票決定參與國際事務、國家主權歸屬、解決統獨問題外，公民投票似乎也成爲解決棘手事情的「萬靈丹」，例如，陳列在莫斯科紅場列寧墓內的列寧遺體，每隔一段時間，要泡在化學藥品內兩個月，以保持濕潤，同時還有一組十二名科學家每兩個星期檢查列寧遺體一次。如此照顧列寧使其保存的

票人口的40%」之門檻，而功敗垂成。此次在「應否成立議會」的項目上，贊成與反對的比率為74.3%：25.7%，而在「議會應否具有徵稅權」的問題上，贊成與反對的比率為63.5%：36.5%。參見台北：《聯合報》，民國八十六年九月十二日，第十版；民國八十六年九月十三日，第一版。

[19]據《蘇格蘭人報》刊出的民意調查顯示，蘇格蘭五百萬人口中，多達52%的人贊成獨立。參閱台北：《自由時報》，民國八十七年六月十四日，第九版。

[20]波多黎各曾於一九九三年舉行一次不具效力的公民投票，其中贊成維持現狀者為48.6%，贊成成為美國一州者為46.3%，主張獨立的只有4.4%。波多黎各成為美國的領土已有一百年，之前長達四百年為西班牙的殖民地。波多黎各人目前為美國公民，但是其沒有選舉國會議員或總統的權利；他們毋須付聯邦所得稅，但要服兵役。參見台北：《中國時報》，民國八十七年三月六日，第十版。

[21]北愛衝突本質並非宗教仇恨，它是源於族群認同的差異和政經利益的分配不均；表面上看似天主教徒與新教徒之衝突，暗地裡卻是認同愛爾蘭民族之原住民和認同英國之新移民之爭。參見黃偉峰：〈愛爾蘭展現追求和平決心〉，見台北：《聯合報》，民國八十七年五月二十五日，第十五版。

相當完好，以供共產主義信徒和遊客憑弔。然維持這一切的費用不貲，早在一九九一年前蘇聯崩潰不久，葉爾欽即提議「安葬」列寧，但受到國會強硬派的反對而作罷。一九九七年六月六日，俄羅斯共和國總統葉爾欽提議舉行全國性的公民投票，他說：「讓大家來決定是要給他一個基督教式的葬禮，還是完全維持現狀。」[22]一九九八年六月七日瑞士就遺傳工程在瑞士的前途舉行公民投票，結果由主張可生產遺傳工程動植物且可申請專利的一方以接近二比一的比率獲勝。瑞士因本土資源不豐富，生物科技的研究特別發達，諾瓦提斯與羅氏兩大製藥廠在全球生物科技界均執牛耳地位，兩廠皆表示若主張禁止的一方獲勝，則對其研究工作有嚴重打擊。該次投票的結果可顯示在某種程度上，目前的瑞士人對飯碗的關心遠高於對遺傳工程可能帶給環境難以計數的危險[23]。

第四節　公民投票的民意效力

一般而言，公民創制的法律，其效力較普通法律為高，譬如在美國，各州州長對於州議會通過的法案可以行使否決權，但對於公民所創制的法律則不得行使否決權。其次，公民創制的法律議會不得任

---

[22] 此遭反對黨主導的俄羅斯國會通過一項措詞激烈的決議，譴責這個提議「野蠻」，要求俄羅斯政府少管閒事。此後葉爾欽也不再提此事，但現在俄羅斯政府已不支付保存列寧遺體的費用，要一個名為「列寧墓」的慈善基金自行籌錢。參見台北：《聯合報》，民國八十六年十一月十日，第四十二版。

[23] 投票前的一次最新民意調查顯示，瑞士製藥業和政府均站在反對禁止的一方，認為若禁止生產遺傳基因動植物無異緊閉瑞士研究大門，將一些高薪工作拱手讓給他國。據資料顯示，在瑞士兩大製藥廠所在的巴塞爾區，67%的選民主張繼續發展遺傳工程。參見台北：《聯合報》，民國八十七年六月八日，第十一版。

意改廢。例如，德國有些邦規定：凡法律經公民投票而通過者，該屆議會不得改廢之；議會改選之後，新議會則不受這項限制。

有些國家於憲法中明文禁止或限制公投，例如，海地憲法（1950年制定）規定：「企圖以公民投票方法以修改憲法之任何言論予以嚴格禁止。」；或如德國威瑪憲法第七十三條規定：「預算、租稅法即俸給條例，除經聯邦大總統下令者外，不得交予公民投票。」（西德基本法亦不採公民投票）；義大利憲法第七十五條規定：「禁止人民複決有關預算與財政的法律、大赦及特赦、批准國際條約之同意。」

公民投票之結果，約略有下列四種情況：

一、政府控制的——支持政府的

如一九九〇年爲解決蘇聯的政治危機，戈巴契夫擬實行全蘇公民投票，重新確定蘇聯與加盟共和國之間的權力劃分，該項決定於同年十二月十一日經人代會通過。在投票之前，戈巴契夫及蘇共全力展開宣傳，要求人民支持蘇維埃聯盟以新形式存在；時任蘇聯最大加盟共和國（俄羅斯蘇維埃社會主義共和國）元首的葉爾欽則勸告人民投反對票。選票上的問題是：「你認爲有沒有必要保存蘇維埃社會主義共和國聯盟，使成爲更新的、平權的共和國聯邦，在其境內充分保障各民族人民的自由與人權。」答案是：「贊成」與「不贊成」。結果，全蘇聯總投票率達80%，其中76.4%贊成，21.7%反對[24]。

---

[24]一九九一年三月十七日，蘇聯全國進行公民投票，以決定「蘇維埃聯盟」應否繼續存在？蘇聯共有十五個加盟共和國，其中六個拒絕投票。投票結果，有 76.4%的人贊成維持蘇聯繼續存在。參閱畢英賢，〈蘇聯的公民投票與新聯邦制〉，《問題與研究》，第三十卷第五期（民國八十年五月十日出版），pp.1-6。

二、政府控制的——不利政府的

如依據法國第五共和憲法，總統對若干事項有權提交公民投票決定。當時的總統戴高樂基於過去四次公投成功的經驗，且為使一九六八年五月以來社會動亂的局勢得以重新掌控，遂於一九六九年四月主動提出對參議院改革及地方權限方案的公民投票。結果，總投票之53.2%反對該案，除證明戴高樂的估算錯誤，亦使政府難堪，戴高樂隨即引咎辭職。

三、非政府控制的——支持政府的

如英國沒有公民投票的法律規定，但曾就其與愛爾蘭的權力關係進行公民投票。一九七〇年代北愛爾蘭議會審議國境投票法（Border Poll Act），結果引發各黨派間的暴力衝突事件，為此英國下議院被迫對北愛爾蘭政府與議會作提權處分，且為解決此一問題，遂於一九七六年三月八日提交公民投票決定，以便瞭解北愛爾蘭繼續留在英國的意願。這次投票，在多方勢力的抵制下，投票率僅有58.7%，然而卻有98.9%的投票者支持維持現況。

四、非政府控制的——不利政府的

如瑞士於一九七〇年減少外勞一事。國內外勞占勞動力三分之一，若無外勞對國內人口的補充，瑞士經濟將難成長。但有些瑞士人感覺國家認同日益弱化，並對一般社會福祉頗為憂心，因此民族主義倡導人，斯瓦任巴其要求公投，以確定四年內減少三分之一外勞，雖然有54%的選民投下反對票，卻引發聯邦政府檢討並修訂其勞動政策，採取若干措施以穩定外勞的數目。

第五節　公民投票在台灣的發展

一、過去的經驗

數年前，國內的三個地方政府先後舉辦了三次公民投票，分別是貢寮鄉核四公民投票（投票率58%）、台北縣核四公民投票（投票率18%）、汐止鎮兩項工程投票（投票率17%）。由甚低的投票率似可證實：地方人士對自己地方問題關心的程度，遠低於古典民主理論家的想像。民國八十五年三月二十三日，台北市政府動支第二預備金舉辦「核四公投」，使居住在大台北地區的選民除了投票選舉總統與國大之外，尙可就是否同意興建核四電廠投下第三張票，刻意選在首屆民選總統投票的同一天，多少有拉抬投票率的目的。臺灣地區實施地方自治以來，「村里民大會」始終流於形式，其實早已說明了公民低度參與事實。此外，實施四十餘年的地方自治，衍生出許多問題，例如，地方自治財源嚴重不足，金權、派系政治充斥，鄉鎮區域發展失衡等，恐怕也已抵消了地方自治存在的若干價值，只是尙未被徹底檢討罷了，面對這些事實，我們不能不承認：在當前臺灣地區，地方自治的重要性似已式微。

在台灣公民投票已然成爲流行名詞，但什麼是公民投票，大多數人仍不清楚。以今年三月台中縣拜耳租地設廠案爲例，這個議題適不適合公投？如果要舉行公投，由哪些人來投票？是海線四鄉鎮？還是全台中縣民？如果台灣地區的老百姓都關心這項議題，那麼是否應由全省或全國的公民進行公投？其次，公民投票的拘束力有多大？一旦台中縣公投結果反拜耳，那麼各級地方政府是否就應依照地方民意執行？若不執行該負何種責任？在公民投票法或其他相關法規未制定公布施行前，各級地方政府能不能自行舉行「公民投票」？對同一事件的投票全省公投的效力是否大於或優先於單一縣市的地區公投？這一連串的問題只是點出公民投票的相關問題，若立法院真要認真訂定一公民投票法，則有關公民投票的定義、效力、執行方式等，皆須有完善的配套設計，否則，公民投票非但不能解決公民所關心的議題，反而增加公民、社區、族群等之衝突，實為吾人憂心與不樂見之局。

二、公投入憲的問題

中山先生於民國初年主張直接民權，雖然，經過近一個世紀的演變，直接民權的可行性和可欲目標，如上所析，在今天已有了新的評價，但是我們仍然不得不佩服先生的確是頗具先見之明，在那樣混沌的年代，他早已作了啓蒙思想的工作。

我國憲法第十七條繼受了他的遺教，規定：「人民有選舉、罷免、創制、複決之權。」並於第一二三條及第一三六條分別規定：「縣民關於縣自治事項，依法律行使創制複決之權。對於縣民及其他縣自治人員，依法律行使選舉罷免之權。」暨「創制複決兩權之行使，以法律定之。」但是，行憲近五十年來，由於種種因素之限制，憲法關於人民行使直接民權之上述規定並未被具體落實，學術界且因形格勢禁，對於直接民權的研究也大都限於規範層次，直到最近，由於包括「國家認同」、「核電設廠」等若干重大議題之出現，才使朝野開始重視公民投票、公民複決等相關問題。

民國八十六年底，立法院初審通過省縣自治法修正草案，賦予縣市可就地方事務舉行公民投票，行政院內政部持強烈反對態度[25]。徵諸於法，我國憲法第十二章第一三六條規定：「創制、複決兩權之行使，以法律定之。」換言之，既賦予人民「創制」與「複決」權，政府即應該制定相關法律，以還人民的憲法權利。

綜結以上論述，我們或許可以作出如下的結論：中山先生主張直接民權，有其獨特的時空背景和其自以爲是的理由，但是，直接民權的行使有一定條件的限制，而經過近一個世紀的發展，人們幾已確信：「沒有一個國家可以透過直接民權、不斷地向人民訴求俾治理其國。」[26]因此，一九九〇年代以來，世界各國雖仍在運用公民複決、公民投票，但這種政權的行使，已經脫離中山先生直接民權的原本涵意甚遠。至於近年國內各界熱衷於「公民投票法」或「創制複決法」的研議，只能說是爲人民爭取「遲來的政治權利」，基本上無甚多可喜可賀之處，反倒是因此所引發的一些爭議，凸顯了長期以來臺灣地區地方自治制度的不健全，值得大家警醒與反思！

---

[25]參見台北：《中國時報》，民國八十六年十二月十三日，第四版。

[26]Norberto Bobbio, Translated by Roger Griffin, *The Future of Democracy : A Defense of the Rules of the Game*,（Cambridge: Polity Press, 1987）, p.54.

7 中華民國憲法增修條文概說

- 國民大會
- 總　統
- 行政機關
- 立法機關
- 司法機關
- 考試機關
- 監察機關

中華民國憲法於民國三十五年十二月二十五日由制憲國民大會制定，民國三十六年一月一日經總統公布，同年十二月二十五日施行，除前言外，凡一七五條，計分十四章。依次爲「總綱」、「人民之權利義務」、「國民大會」、「總統」、「行政」、「立法」、「司法」、「考試」、「監察」、「中央與地方之權限」、「地方制度」、「選舉、罷免、創制、複決」、「基本國策」、「憲法之施行及修改」。行憲不久，面對中共的軍事行動，第一屆國民大會第一次會議於民國三十七年四月十八日通過動員戡亂時期臨時條款，同年五月十日由國民政府公布。民國三十八年一月，山河變色，政府播遷來台。民國四十三年三月十一日，第一屆國民大會第二次會議決議動員戡亂時期臨時條款繼續有效，後經數次修訂。其內容爲：

1.總統在動員戡亂時期，爲避免國家或人民遭遇緊急危難或應付財政經濟上重大變故，得經行政院院會之決議，爲緊急處分，不受憲法第三十九條或第四十三條所規定程序之限制。

2.前項緊急處分，立法院得依憲法第五十七條第二款規定之程序變更或廢止之。

3.動員戡亂時期，總統副總統連選得連任，不受憲法第四十七條連任一次之限制。

4.動員戡亂時期，本憲政體制，授權總統得設置動員戡亂機構，決定動員戡亂有關大政方針，並處理戰地政務。

5.總統爲適應動員戡亂需要，得調整中央政府之行政機構、人事機構及其組織。

6.動員戡亂時期，總統得依下列規定，訂頒辦法充實中央民意代表機構，不受憲法第二十六條、第六十四條及第九十一條之限制：

(1)在自由地區增加中央民意代表民額，定期選舉，其須由僑居國外國民選出之立法委員及監察委員，事實上不能辦理選舉者，得由總統訂定辦法遴選之。

(2)第一屆中央民意代表，係經全國人民選舉產生，依法行使職權，其增補選者亦同。大陸光復地區次第辦理中央民意代表之選舉。

(3)增加名額選出之中央民意代表，與第一屆中央民意代表，依法行使職權。增加名額選出之國民大會代表，每六年改選，立法委員每三年改選，監察委員每六年改選。

7.動員戡亂時期，國民大會得制定辦法，創制中央法律原則與複決中央法律，不受憲法第二十七條第二項之限制。

8.在戡亂時期，總統對於創制案或複決案認爲有必要時，得召集國民大會臨時會討論之。

9.國民大會於閉會期間，設置研究機構，研討憲政有關問題。

10.動員戡亂時期之終止，由總統宣告之。

11.臨時條款之修訂或廢止，由國民大會決定之。

筆者不殫其煩地臚列動員戡亂時期臨時條款（37.5.10 公布施行；61.3.23 最後修訂；80.4.30 廢止）條文，實因其確實影響了我國憲政發展的常規性，四十年來的政治機制與相關配套措施，無不以其爲依據，政府雖高聲標榜「推行民主憲政的決心不變」，然而，不可諱言地，動員戡亂時期臨時條款，也阻扼了中華民國憲法規範下的憲政發展，換言之，表面上，我國行憲已歷五十年，然而真正行中華民國憲法本文之「憲」，爲時卻不及一載（36.12.25 至 37.5.10）。

民國七十六年七月，政府宣布解嚴；民國七十九年六月召開「國是會議」，就國會改革、地方制度、中央政府體制、憲法之修訂、大陸政策及兩岸關係等五大議題進行討論。同年七月，執政的中國國民黨經由中央常務委員會的決議在黨內設置「憲政改革策劃小組」，決定採「一機關（國民大會）、兩階段」的方式進行修憲工作。

民國八十年四月，李登輝總統召集第一屆國民大會第二次臨時會議，進行第一階段的修憲工作，完成「中華民國憲法增修條文」第一條至第十條（以下簡稱「一修」條文）及廢止「動員戡亂時期臨時條款」兩案三讀的程序，並由總統於同年四月三十日公布；五月一日，動員戡亂時期終止。

民國八十年十二月，第二屆國民大會代表選舉產生。八十一年三月，召開第二屆國民大會第一次臨時會議，與任期尚未屆滿的第一屆增額國民大會代表，進行第二階段的實質修憲工作，同年五月二十七日通過「中華民國憲法增修條文」第十一至十八條（以下簡稱「二修」條文），次日，總統令公布並施行。

民國八十三年八月一日總統令公布修正「中華民國憲法增修條文」全文共一至十條（以下簡稱「三修」條文）；民國八十六年七月二十一日再公布新修正和增訂之「中華民國憲法增修條文」第一條至第十一條（以下簡稱「四修」條文）。因篇幅所限，本章不涉及制憲過程中各式憲法草案版本，亦未探討憲法各條文之立法意旨，僅針對現行憲法增修條文之內容進行說明。爲行文方便，本章皆以符號數字替代憲法條文（例如，CON25 是指憲法第二十五條；CON28.1 是指憲法第二十八條第一項，其餘類推）。

第一節　國民大會

一、國民大會的地位

CON25：國民大會依本憲法之規定，代表全國國民行使政權。

[說明] 按中山先生政治理論的要義，本其權能區分之學說，將國家主權亦即統治的權力分為兩種：一為政權，另一為治權。政權是人民直接管理政府的力量，操之於人民，也可稱為民權，其表現方法則經由選舉、罷免、創制、複決等四權之行使。所謂治權則是政府處理公務、管理眾人之事的權力，亦即發揮「能」的必要條件，也可稱為政府權。中山先生所設計的國民大會，是基於「主權在民」與「權能區分」的原理，以顯示「政府」與「人民」的關係，在學理上自有其重要價值，至於制度如何運作，理應有詳細說明，可是事實上就其逝世前所遺留的史料觀之，仍多欠缺與不明之處。尤其「國民大會」之制度設計，尚在「理論」之階段，從未完全依中山先生之「原意」運作於實際政治中，且由於其不同於西方「內閣制」或「總統制」的國會，更引發學界多方的論爭。可以這麼說，「國民大會」非但為我國憲法上特有的制度，且為各國憲法未曾見之者。依民國四十六年大法官會議釋字第七十六號解釋（簡稱民46釋76）：「……雖其職權行使之方式，如每年定期集會、多數開議、多數決議等，不盡與各民主國家國會相同，但就憲法上之地位，及職權之性質而言，應認國民大會、立法院、監察院共同相當於民主國家之國會。」

二、國民大會代表的產生方式

CON26：國民大會以下列代表組織之：

(1)每縣市及其同等區域各選出代表一人，但其人口逾五十萬人者，每增加五十萬人，增選代表一人。

(2)蒙古選出代表，每盟四人，每特別旗一人。

(3)西藏、各民族在邊疆地區、僑居國外之國民、職業團體、婦女團體選出之代表，其名額以法律定之。

CON135：內地生活習慣特殊之國民代表名額及選舉，其辦法以法律定之。

[說明] 依上述方式計算，應於民國三十六年底選出之第一屆國代共為三千零四十五人。而實際選出者共有二千九百六十一人。(民49釋85)：「憲法所稱國民大會代表總額，在當前情形，應以依法選出，而能應召集會之國民大會代表人數，為計算標準。」

（一修）：國民大會代表依下列規定選出，不受 CON26 及 CON135 條之限制：

(1)自由地區每直轄市、縣市各二人，但其人口逾十萬人者，每增加十萬人增一人（民國八十年底第二屆國大代表於此部分共選出二百一十九人）。

(2)自由地區平地山胞及山地山胞各三人。

(3)僑居國外國民二十人（採政黨比例方式選出之）。

(4)全國不分區八十人（採政黨比例方式選出之）。

上列(1)選出之名額，(3)、(4)各政黨當選之名額，在五人以上十人以下者，應有婦女當選名額一人，超過十人者每滿十人應增婦女當選名額一人。

（二修）：無。

（三修）：國民大會代表依下列規定選出，不受 CON26 及 CON135 條之限制：

(1)自由地區每直轄市、縣市各二人，但其人口逾十萬人者，每增加十萬人增一人。

(2)自由地區平地原住民及山地原住民各三人。

(3)僑居國外國民二十人。

(4)全國不分區八十人。

上列(3)、(4)之名額，採政黨比例方式選出之。(1)選出之名額及(3)、(4)各政黨當選之名額，在五人以上十人以下者，應有婦女當選名額一人，超過十人者每滿十人應增婦女當選名額一人。

（四修）：國民大會代表依下列規定選出，不受 CON26 及 CON135 條之限制：

該條第一項與（三修）(1)、(2)、(3)、(4)同。

修正：(1)選出之名額，在五人以上十人以下者，應有婦女當選名額一人，超過十人者每滿十人應增婦女當選名額一人。(3)及(4)之名額，採政黨比例方式選出之，各政黨當選之名額，每滿四人，應有婦女當選名額一人。

[說明]　民國八十年十二月二十一日選出之第二屆國大代表共三百二十五人。民國八十五年三月二十三日選出之第三屆國大代表共三百三十四人。其中國民黨：一百八十三人；民進黨：九十九人；新黨四十六人；其他：六人。現行政黨比例代表制，係政黨推薦之候選人得票數達到總投票數 5%者，依政黨事先提供之名單分配其當選席位。

三、國民大會的職權

CON27：(1)選舉總統、副總統。

(2)罷免總統、副總統。

(3)修改憲法。

(4)複決立法院所提憲法修正案。

關於創制複決權，除上列(3)、(4)規定外，俟全國有半數之縣、市曾經行使創制複決兩項政權時，由國民大會制定辦法並行使之。

[說明] 憲法之修改，應依下列程序之一爲之：一、由國民大會代表總額五分之一之提議，三分之二之出席，及出席代表四分之三之決議，得修改之。二、由立法院立法委員四分之一之提議，四分之三之出席，及出席委員四分之三之決議，擬定憲法修正案，提請國民大會複決。此項憲法修正案，應於國民大會開會前半年公告之。

CON4：中華民國領土，依其固有之疆域，非經國民因會之決議，不得變更之。

CON100：議決監察院對總統、副總統的彈劾案。

CON49：總統、副總統均缺位時，由行政院院長代行其職權（期限不得逾三個月），並由立法院院長通告，召集國民大會臨時會，補選總統、副總統，其任期以補足原任總統未滿之任期爲止。

（一修）：無。

（二修）：(1)新增：對總統提名之人員（司法院院長、副院長、大法官；考試院院長、副院長、考試委員；監察院院長、副院長、監察委員）行使同意權。前項同意權的行使，由總統召集國民大會臨時會爲之。

[說明] 依國民大會組織法第八條規定：國民大會非有代表三分之一以上人數之出席不得開議，其決議除憲法及法律另有規定外，以出席代表過半數之同意爲之。

(2)新增：國是建言：國民大會集會時，得聽取總統國情報告，並檢討國是，提供建言；如一年內未集會，由總統召集臨時會爲之。

(3)新增：補選副總統：副總統缺位時，由總統於三個月內提名候選人，召集國民大會臨時會補選，繼任自原任期屆滿為止。

(4)修訂：監察院向國民大會提出之總統、副總統彈劾案，經國民大會代表總額三分之二之同意時，被彈劾人應即解職。

[說明]　依國民大會同意權行使法（81.11.4）規定，審查會由全體國民大會代表組成之，須有代表總額三分之一以上出席，始得開議，對被提名人之同意的議決方式，以國民大會代表總額二分之一以上之出席及出席代表過半數之同意決定之。

（三修）：國民大會之職權如下：

(1)補選副總統。

(2)提出總統、副總統罷免案。

(3)議決監察院提出之總統、副總統彈劾案。

(4)修改憲法。

(5)複決立法院所提憲法修正案。

(6)對總統提名任命人員，行使同意權。

[說明]　依規定「總統、副總統之罷免案，須經代表總額四分之一之提議，三分之二之同意後提出，並經中華民國自由地區選舉人總額過半數之投票，有效票過半數同意罷免時，即為通過。」由是可知，對於總統、副總統的罷免，已變成「兩階段進行」，第一階段須得到國大代表總額三分之二之同意；第二階段須有全國選民（約一千四百三十萬人）過半數以上參與投票，其中贊成罷免的有效票應占全部投票的過半數（至少

約三百五十萬票），才算通過罷免。換言之，罷免總統的條件變得較爲嚴格，而在過程中國民大會代表只有「罷免的提議權」。

（四修）：修訂（三修(3)）：議決立法院提出之總統、副總統彈劾案。其餘同。

[說明]　將總統、副總統之彈劾案提案權，由監察院改爲由立法院行使之。

四、國民大會的集會與召集

CON29：國民大會於每屆總統任滿前九十日集會。

CON30：國民大會遇有下列情形之一時，召集臨時會：一、依 CON49 之規定，應補選總統副總統時。二、依監察院之決議，對於總統、副總統提出彈劾案時。三、依立法院之決議，提出憲法修正案時。四、國民大會代表五分之二以上請求召集時。」國民大會臨時會，如依前項第一款或第二款應召集時，由立法院長通告集會，依第三款或第四款應召集時，由總統召集之。

CON31：國民大會之開會地點在中央政府所地。

（一修）：國民大會爲行使「修改憲法」之職權，應於第二屆國民大會代表選出後三個月內由總統召集臨時會。

（二修）：新增：國民大會集會時，得聽取總統國情報告，並檢討國是，提供建言；如一年內未集會，由總統召集臨時會爲之，不受 CON30 之限制。

（三修）：新增：國民大會自第三屆國民大會起設議長、副議長各一人，由國民大會代表互選之。議長對外代表國民大會，並於開會主持會議。

[說明]　國民大會依（三修）所列職權之(1)、(4)、(5)、(6)規定集會，或有國民大會代表五分之二以上請求召集會議時，由總統召集之。(2)、(3)之集會，由國民大會議長通告集會，國民大會設議長前，由立法院院長通告集會，不適用 CON29、CON30 之規定。

（四修）：因國民大會已設議長，故規定「提出總統、副總統罷免案」、「議決監察院提出之總統、副總統彈劾案」時之集會由國民大會議長通告集會、其餘與（三修）同。

五、國民大會任期

CON28：國民大會代表每六年改選一次。

每屆國民大會代表之任期，至次屆國民大會開會之日為止。

現任官吏不得於其任所所在地之選舉區當選為國民大會代表。

[說明]　依本條規定，若在任所所在地以外之管轄區內選舉區當選為代表，則不在本條限制之列。國民大會代表的任期有多長，憲法並無明文規定，僅規定六年改選一次，所謂「每屆國民大會代表之任期，至次屆國民大會開會之日為止」原為暫時性的權宜規定，不意竟成「萬年國會」。直至民國七十六年六月，大法官會議作成釋字第二六一號解釋：「中央民意代表之任期制度……為適應當前情勢，第一屆未定期改選之中央民意代表除事實上已不能行使職權或經常不能行使職權者，應即查明解職外，其餘應於中華民國八十年十二月三十一日以前終止行使職權，並由中央政府依憲法之精神、本解釋之意旨及有關法規，適時辦理全國性之次屆中央民意代表選舉，以確保憲政體制之運作。」

依第一屆資深中央民意代表自願退職條例，由國家發給第一屆資深民代每人新台幣約四百萬至五百萬元的退職金後，所謂「萬年國代」戲碼，暫告落幕。

（一修）：爲程序性條款：

(1)國民大會第二屆國民大會代表應於中華民國八十年十二月三十一日前選出，其任期自中華民國八十一年一月一日起至中華民國八十五年國民大會第三屆於第八任總統任滿前依CON29規定集會之日止，不受CON28.1之限制。

(2)依動員戡亂時期臨時條款增加名額選出之國民大會代表，於中華民國八十二年一月三十一日前，與國民大會第二屆國民大會代表共同行使職權。

（二修）：無。

（三修）：(1)國民大會代表自第三屆國民大會代表起，每四年改選一次不適用CON28.1之規定。

(2)國民大會第二屆國民大會代表任期至中華民國八十五年五月十九日止，第三屆國民大會代表任期自中華民國八十五年五月二十日開始，不適用CON28.2之規定。

（四修）：國民大會代表每四年改選一次，不適用CON28.1之規定。

六、國民大會的組織和行使職權之程序

CON34：國民大會之組織，國民大會代表之選舉、罷免，及國民大會行使職權之程序，以法律定之。

[說明] 依國民大會組織法（81.1.29 修訂）規定：國民大會以依法選出之國民大會代表組織之。國民大會設主席團，由出席代表互選三十三人組織之。國民大會每次開會，由

主席團互推一人爲主席。國民大會非有代表三分之一以上人數出席，不得開議；其議決，除憲法及法律另有規定外，以出席代表過半數之同意爲之。

（一修）：無。

（二修）：無。

（三修）：新增：國民大會行使職權之程序，由國民大會定之，不適用 CON34 之規定。

[說明]　此爲國民大會實質擴權提供了法理基礎，其可藉此規定擺脫立法院之約束；雖然立法院仍可透過預算權之行使，限制其擴權的行動，但兩者間的爭權、對立，亦因此難以化解。

（四修）：同（三修）。

七、國代的特權

CON32：國民大會代表在會議時所爲之言論及表決，對會外不負責任。

CON33：國民大會代表，除現行犯外，在會期中，非經國民大會許可，不得逮捕或拘禁。

[說明]　所謂「現行犯」，依刑事訴訟法第八十八條規定：「現行犯，不問何人得逕行逮捕之。犯罪在實施中或實施後即時發覺者，爲現行犯。有左列情形之一者，以現行犯論：一、被追呼犯罪人者。二、因持有兇器、贓物或其他物件或於身體、衣服等處露有犯罪痕跡，顯可疑爲犯罪人者。」若非現行犯，必須依刑事訴訟法規定的程序，簽發傳票（於偵查中由檢察官簽名，審判中由審判長或受命推事簽名）傳喚，或簽發拘票（由司法警察〔官〕執行）拘提。

（一修）：無。

（二修）：無。

（三修）：新增：國民大會代表及立法委員之報酬或待遇，應以法律定之。除年度通案調整者外，單獨增加報酬或待遇之規定，應自次屆起實施。

[說明]　美國於一九九二年通過的憲法增修條文第二十七條規定：「國會議員們通過的加薪法案，必須等過一次選舉之後的下一屆會期才能生效。」此案早在美國立國之初，即由開國元勳麥迪遜（James Madison,1751-1836，於1809-1817 任美國第四任總統）提出，但未通過，直至一九九二年五月，因該案獲得超過四分之三州議會的支持，始成爲憲法增修條文。

（四修）：同（三修）。

[說明]　民國八十六年六、七月間國代進行修憲工作時，有所謂「蔡永常條款」事件。此是指國代蔡永常於民國八十六年三月五日因「治平專案」遭檢方收押綠島，成爲中央民意代表此例的第一人，且被具體求處無期徒刑，造成朝野國代一陣錯愕。依民國四十六年大法官會議第七十六號解釋，國民大會、立法院「共同相當於民主國家之國會」。然比較 CON32 與 CON74 有關立法委員人身保護的規定，國代人身保護條款多了「在會期中」四個字，徵諸現況多位有案在身的立委，在非會期中仍然可以安然無恙。由於蔡永常是在非開會期間被檢方逮捕，因此無法參加國大的修憲會議，多位國大認爲，國大與立委都是票選且同爲中央級民意代表，何以立委在平時就享有司法豁免權，而獨獨排除國大？因此於是次修憲即有國代提出修憲案，要求

刪除 CON32 條文之「在會期中」四個字，換言之，就是要求國代在平時也享有司法豁免權。因爲蔡永常案才引起國代群起聲援擬擴大其人身保護條款，故外界通稱此爲「蔡永常條款」。所幸在各界一片撻伐國代藉修憲擴權聲浪中，國代要求其在平時也享有司法豁免權一事功敗垂成，然在國代「沆瀣一氣」之下，反而限制立法委員於平時所享有的司法豁免權，於新增修的條文中，凍結 CON47 之規定。

第二節　總　統

一、總統的地位

CON35：總統爲國家元首，對外代表國家。

（一至四修）：無。

[說明]　依國家法人說之理論，國家爲法人，不能自爲意思並表示於外，故組織各種機關而爲其意思之表示。在眾多機關之中，必須有一居於首腦職位者，對內以元首的地位，統帥百官、發布政令與人民發生各種法律關係；對外代表中華民國，派遣使節、接受外國駐華之使節、參與國際典禮活動與外國發生各種關係等。

二、總統的任期

CON47：總統、副總統的任期爲六年，連選得連任一次。

[說明]　動員戡亂時期，總統、副總統得連選連任，不受

CON47 連任一次限制。

（一修）：無。

（二修）：總統、副總統之任期，自第九任總統、副總統起爲四年，連選得連任一次，不適用 CON47 之規定（第九任總統於民國八十五年三月二十三日選舉產生）。

（三修）：同（二修）。

（四修）：總統、副總統之任期爲四年，連選得連任一次，不適用 CON47 之規定。

[說明] 行憲後，歷任總統任職時間表：

蔣中正 （1948.5-1975.4.5）

嚴家淦 （1975.4-1978.5）

蔣經國 （1978.5-1988.1.13）

李登輝 （1988.1-迄今）

三、總統的產生方式

CON27：由民國大會選舉總統、副總統。

CON45：中華民國國民年滿四十歲者，得被選爲總統、副總統。

CON46：總統、副總統之選舉，以法律定之。

（一修）：無。

（二修）：總統、副總統由中華民國自由地區全體人民選舉之，自中華民國八十五年第九任總統、副總統選舉實施。前項選舉之方式，由總統於中華民國八十四年五月二十日前召集國民大會臨時會，以憲法增修條文定之。

（三修）：總統、副總統由中華民國自由地區全體人民直接選舉之，自中華民國八十五年第九任總統、副總統選舉實施。總統、副總統候選人應聯名登記，在選票上同列一組圈選，以得票最多之一組爲當選。在國外之中華民國自由地區人民返國行使選舉權，以法律定之。

（四修）：同（三修）。

[說明] 有關現行總統、副總統產生之方式，請參閱本書第五章第四節內容。

四、總統的職權

CON35：外交權：對外代表中華民國。

CON38：締結條約、宣戰媾和權。

[說明] 依 CON58 規定，應經行政院會議決議通過，再依 CON63 規定，提請立法院決議通過後方得爲之。

CON36：統帥權（統率全國陸海空軍）。

CON39：宣布戒嚴權（總統依法「戒嚴法」宣布戒嚴，但須經立法院之通過或追認。立法院認爲必要時，得決議移請總統解嚴）。

CON40：赦免權。依赦免法行使大赦、特赦、減刑及復權之權。

CON41：任免官員權（例如，CON56：行政院副院長、各部會首長及不管部會之政務委員，由行政院院長提請總統任命之）。

CON42：授與榮典權。

CON43：發布緊急命令權。（國家遇有天然災害、癘疫，或國家財政經濟上有重大變故，須爲急速處分時，總統於立法院休會期間，得經行政院院會之決議，依緊急命令法發布緊急命令法，爲必要之處置。但須於發命令後一個月內提交立法院追認。如立法院不同意時，該緊急命令立即失效。

CON37：發布命令權（須經行政院院長之副署或行政院院長及有關部會首長之副署）。

CON37：公布法律權（須經行政院院長之副署或行政院院長及有關部會首長之副署）（CON72：立法院法律案通過後，移送總統及行政院，總統應於收到後十日內公布之，但總統得依照 CON57 規定辦理）。

CON57：覆議核可權（行政院對於立法院決議之法律案、預算案、條約案，如認爲有窒礙難行時，得經總統之核可，於該決議案達行政院十日內，移請立法院覆議。覆議時，如經出席委員三分之二維持原案，行政院院長應即接受該決議或辭職）。

CON44：權限爭權處理權（總統對於院與院間之爭執，除本憲法有規定者外，得召集有關各院院長會商解決之）。

CON29：召集國民大會（國大於每屆總統任滿前九十日集會，由總統召集之）。

CON30：召集國民大會臨時會（依立法院之決議，提出憲法修正案時；或國民大會代表五分之二以上請求召集時）。

CON55、79、84、104：人事提名權，包括：

(1)行政院院長由總統提名，經立法院同意任命之。

(2)司法院設院長、副院長各一人，由總統提名，經監察院同意任命之。

(3)考試院設院長、副院長各一人、考試委員若干人，由總統提名，經監察院同意任命之。

(4)監察院設審計長，由總統提名，經立法院同意任命之。

（一修）：(1)總統爲避免國家或人民遭遇緊急危難或應付財政經濟上重大變故，得經行政院會議之決議發布緊急命令，爲必要之處置，不受憲法第四十三條之限制。但須於發布命令後十日內提交立法院追認，如立法院不同意時，該緊急命令立即失效。

(2)總統爲決定國家安全有關大政方針，得設國家安全會議及所屬國家安全局。

（二修）：(1)同（一修(1)、(2)）。

(2)人事提名權（由總統提名，經國民大會同意任命之人員）：司法院院長、副院長，大法官若干人；考試院院長、副院長、考試委員若干人；監察委員二十九人（其中一人爲院長，一人爲副院長）。

[說明] 監察院之審計長，仍由總統提名，經立法院同意任命之。

（三修）：(1)同（一修(1)）和（二修(2)）。

(2)修訂（一修(2)）總統爲決定國家安全有關大政方針，得設國家安全會議。所屬國家安全局，其組織以法律定之。

(3)新增：總統發布依憲法經國民大會或立法院同意任命人員之任免命令，毋須行政院院長副署，不適用 CON37 之規定。

(4)行政院長之免職命令，須新提名之行政院長經立法院同意生效。

（四修）：(1)刪（三修(4)）。

(2)修訂 CON55。行政院長由總統任命之（不須經立法院同意）。

(3)修訂（三修(3)）。總統發布行政院院長與依憲法經國民大會或立法院同意任命人員之任免命令及解散立法院之命令，毋須行政院院長副署，不適用 CON37 之規定。

(4)新增：總統於立法院通過對行政院院長之不信任案後十日內，經諮詢立法院院長後，得宣告解散立法院。但總統於戒嚴或緊急命令生效期間，不得解散立法院。立法院解散後，應於六十日內舉行立法委員選舉，並於選舉結果確認後十日內自行集會，其任期重新起算。

[說明]　「國家安全會議」原是總統依據動員戡亂時期臨時條款第四項之授權，於民國五十五年十二月指派人員籌劃動員戡亂機構之設置，定名為「動員戡亂時期國家安全會議」，次年二月制定組織綱要，公布施行。惟至民國八十年五月一日廢止動員戡亂時期臨時條款並公佈憲法增修條文，依該增修條文（一修）第九條規定：總統為決定國家安全有關大政方針，得設國家安全會議及所屬國家安全局，其組織以法律訂之，在未完成立法程序前，其原有組織法規得繼續適用至民國八十二年十二月三十一日。

依國家安全會議組織法（82.12.30 公布）規定，國家安全會議以總統為主席，主持會議；以副總統、總統府祕書長、參軍長、行政院院長、副院長、內政部部長、外交部部長、國防部部長、財政部部長、經濟部部長、行政院大陸委員會主任委員、參謀總長、國家安全會議祕書長、國家安全局局長及總統指定的人員為組織成員。國家安全會議之決議，作為總統決策之參考。另依國家安全局組織法（82.12.30 公布）規定，國家安全局隸屬於國家安全會議，綜理國家安全情報工作及特種勤務之策劃與執行；並對國防部軍事情報局、電訊發展室、海岸巡防司令部、憲兵司令部、內政部警政署、法務部調查局等機關所主管之有關國家安全情報事項，負統合指導、協調、支援之責。

近十年來，歷次修憲的核心爭議與執政黨的強烈企圖是如何在憲法上建立總統的權力依據，其中，最具關鍵性的修憲工程是將動員戡亂時期臨時條款中的國家安全會議入憲，並進一步將之定位爲總統的「決策機構」。但在修憲的政治角力過程中，有者擔心國家安全會議成爲「太上行政院」侵越「最高行政機關」之行政院的權力領域，擾亂政府全盤政策邏輯和憲政秩序，種種現實因素，使得此種企圖迄今屢試屢敗。依國家安全會議組織法第二條規定其雖爲一「諮詢機關」，然在實際政治運作中「諮詢」與「決策」的界線，巧妙運乎於心，恐有操弄的餘地。在憲法權力機制的設計上，總統享有大權或爲最高行政機關的領導者並不是不可以的，但總統的行爲不論是任命行政院院長、解散立法院或發布緊急命令等，一定都得合乎憲法的規範、遵守憲政的秩序，決不能逾越憲法而成爲有權無責的民粹強人，使國家社會陷於混亂局面。

五、總統的彈劾

CON100：監察院對總統、副總統的彈劾案，須有全體監察委員四分之一以上之提議，全體監察委員過半數之審查及決議，向國民大會提出之。

[說明]　依 CON97 監察院對中央及地方公務員的彈劾，均以「違法、失職」爲前提，但對總統、副總統彈劾的理由，則未規定；另 CO52 規定總統除犯內亂或外患罪外，非經罷免或解職，不受刑事上之訴究。但總統免於刑事訴追的特權，在總統經罷免或解職後消滅之。而總統因個人私法上行爲與一般人民所發生的民事責任，不因其爲國家元首而享有特權，而應與一般人民同受民事有關法律的規範。

（一修）：無。

（二修）：監察院對於總統、副總統之彈劾案，須經全體監察委員過半數之提議，全體監察委員三分之二以下之決議，向國民大會提出，不受 CON100 之限制。

（三修）：同（二修）。

（四修）：立法院對於總統、副總統犯內亂或外患罪之彈劾案，須經全體立法委員二分之一以上之提議，全體立法委員三分之二以上之決議，向國民大會提出，不適用 CON90、CON100 及（四修）第七條第一項有關規定。

[參考] 有關美國總統的彈劾：

1.提出：眾議院獨自享有提出彈劾總統的權力。行使的步驟為：

(1)由眾議院司法委員會做出調查並提出報告以後，由眾議院首先審議彈劾案。

(2)如果彈劾案獲得通過，眾議院再對彈劾條款進行投票表決。

2.審理：所有彈劾案只有參議院有權審理。進行的方式為：

(1)當眾議院提出彈劾聯邦官員時，彈劾案由參議院審理，在審理彈劾案時，全體參議員俱應以宗教或法律的形式宣誓。

(2)當彈劾案之受審理者為美國總統時，應由最高法院首席大法官主持。這項規定取消了副總統和參議院臨時議長主持該彈劾案的資格，因為這二位人士皆是繼任總統的人選，且其本身也可能捲入彈劾風暴之中。

3.結果：

(1)非經出席參議員三分之二多數的同意，任何人不得被判有罪。

(2)彈劾案的判決，以免職及剝奪其擔任或享有合眾國任何榮譽，有責任或有酬金的職位之資格爲限。其是自然免去被彈劾者的職務，但不強制性的剝奪其任職資格。

(3)被定罪者仍有另受依照法律的規定所作之起訴、審問、判決及懲罰的責任。一般認爲總統若被傳喚到法庭接受刑事審判，將危及政府的全部工作。負責調查水門案件的大陪審團，確實是把尼克森總統列爲不予起訴的共謀犯，當時不對總統提起訴訟的原因，主要是爲迴避共和國總統能否被迫受審的棘手問題。

(4)總統離開白宮以後，因其任職期間的作爲而受刑事審判，則是確定的。

[說明] 民國四十三年間監察委員以副總統代理總統的李宗仁，於大陸形勢緊急時期棄職逃往美國，經各機關團體紛電李氏回國主持中樞大計，李氏拒不回國，且稱其在美國可以行使中國總統職權，至此，監察院乃提出彈劾案，國民大會旋亦通過罷免案。

關於對總統、副總統的彈劾，（二修）時提高了監察委員提案彈劾的程序門檻，至（四修）時，則將彈劾案的提案權轉移給立法院，勉強近似美國國會兩院的彈劾制度，但問題也出現了，例如：一、立法院對總統、副總統的彈劾是否僅以「犯內亂或外患罪」爲限？二、立法院能否對總統、副總統之其他違法失職行爲行使彈劾權？因憲法增修條文並未修改或凍結 CON97.2 的規定，總統副總統身爲「中央公務人員」殆無疑義，故於其有違法或失職之情事時，應依 CON97.2 的規定，由監察院行使彈劾權。若總統、副總統涉及「犯內亂或外患罪」時，依(四修)規定應由立法院行使彈劾權。再就刑事責任問題而言，CON52 規定「總統」除內亂外患罪外，非經罷免或解職不受刑事訴究，然憲法只規定除「內亂外患罪」外其他刑事責任不受「刑事訴究」，並未以憲法明文免除其刑事責任之意，換言之，其他違法或瀆職之一般刑事責任，例如貪污、賄選等，在總統任職期間，固不受檢察官等的調查和起訴，但並非表示其在職期間所犯之其他罪，於總統卸職後，亦不得追溯。CON52 所定之刑事上的特別豁免權，適用者僅爲「總統」並不及於「副總統」，若副總統有一般刑事上不法的責任，於任職期間並無不接受刑事訴究的特權。

綜觀我國歷次增修之憲法條文，基本上我國之彈劾權行使（除總統、副總統犯內亂或外患罪的彈劾外)，係由不具國會性質之「準司法機關」的監察院，與「司法機關」的司法院公務員懲戒委員會共同行使，顯已背離民主憲政之由具民意基礎的國會來進行彈劾的機制。除此之外，對總統、副總統的彈劾程序，設定各種多數、並以「立委全體」、「國代總額」作爲計算基準，如此高額的人數門檻(在立法院高過提出修憲案的人數；在國民大會也高於通過修憲案的人數)，使得「彈劾總統比修憲更難」，此在各國憲法例中確實少有，畢竟總統地位如何崇高，也絕不能高過憲法，違背「權責相符」的憲法明訓。

六、總統的罷免與去職

CON27：國民大會職權之一「罷免總統、副總統」（程序、方式憲法未規定；依總統副總統選舉罷免法規定辦理）。

（一修）：無。

（二修）：總統、副總統之罷免，依下列規定：

(1)由國民大會代表提出之罷免案，經代表總額四分之一之提議，代表總額三分之二之同意，即為通過。

(2)由監察院提出之彈劾案，國民大會為罷免之決議時，經代表總額三分之二之同意，即為通過。

（三修）：(1)總統、副總統之罷免案，須經國民大會代表總額四分之一之提議，三分之二之同意後提出，並經中華民國自由地區選舉人總額過半數之投票，有效票過半數同意罷免時，即為通過。

(2)監察院向國民大會提出之總統、副總統彈劾案，經國民大會代表總額三分之二同意時，被彈劾人應即解職。

（四修）：(1)同（三修(1)）。

(2)立法院向國民大會提出之總統、副總統彈劾案，經國民大會代表總三分之二同意時，被彈劾人應即解職。

[說明] 依總統副總統選舉罷免法（84.8.9）第六十二至七十條之規定，有關總統、副總統的罷免方法為：

(1)提出：在總統、副總統任職滿十二個月之後，國大代表以總額四分之一之提議，三分之二之同意後，國民大會應宣告罷免案成立。罷免案宣告成立後十日內，國民大會應將罷免案連同罷免理由書及被罷免人答辯書移送中央選舉委員會。自罷免案宣告成立之日起，任何人不得有罷免或阻止罷免之宣傳活動。

(2)投票：中央選舉委員會應於收到國民大會移送之罷免理由書及答辯書次日起六十日內舉行罷免案的投票，且不得與各類選舉之投票同時舉行。罷免票應在票上刊印「同意罷免」、「不同意罷免」兩欄，由投票人以選舉委員會製備之工具圈定之。投票人圈定後不得將圈定內容出示他人。

(3)結果：罷免案經中華民國自由地區選舉人總額過半數之投票，有效票過半數同意罷免時，即爲通過。罷免案經投票後，中央選舉委員會應於投票完畢七日內公告罷免投票結果。罷免案通過者，被罷免人應自公告之日起，解除職務。被罷免人自解除職務之日起，四年內不得爲總統、副總統候選人；其於罷免案宣告成立後辭職者，亦同。

七、總統的缺位與繼任

CON49：總統缺位（或因故不能視事）時，由副總統繼任，至總統任期屆滿爲止。總統、副總統均缺位（或均不能視事）時，由行政院院長代行其職權，並依 CON30 召集國民大會臨時會（由立法院院長通告集會），補選總統、副總統，其任期以補足原任總統未滿之任期爲止。

CON50：總統於任滿之日解職，如屆期次任總統尚未選出，或選出後總統、副總均未就職時，由行政院院長代行統總職權。

（一修）：無。

（二修）：(1)新增：副總統缺位時，由總統於三個月內提名候選人，召集國民大會臨時會補選，繼任至任期屆滿爲止。

(2)總統、副總統均缺位時，由立法院院長於三個月內通告國民大會臨時會集會補選總統、副總統，繼任至原任期屆滿為止。

（三修）：(1)同（二修(1)）。

(2)修訂（二修(2)）總統、副總統統缺位時，由行政院長代行其職權，並依本條第一項之規定（由中華民國自由地區全體人民直接選舉之）補選總統、副總統　，繼任至原任期屆滿為止，不適用 CON49 規定。

（四修）：同（三修）。

[說明]　依卸任總統禮遇條例(67.5.3 公布)規定，凡卸任總統享有邀請參加國家大典；依現任總統月俸按月致送終身俸；供應房屋及設備，供應交通工具；供應處理事務人員及事務費；供應保健醫療與安全護衛。然上述禮遇，於再任有法定待遇公職時停止之。如因受罷免或判刑確定，則不得享有上述禮遇。

第三節　行政機關

一、行政院的地位及組織

CON53：行政院為國家最高行政機關。

CON54：行政院設院長、副院長各一人，各部會首長若干人，及不管部會之政務委員若干人。

CON61：行政院之組織，以法律定之（行政院組織法 69.6.29 修正公布）。

（一修）：行政院得設置人事行政局。（其機關之組織以法律定之。）

（二修）：無。

（三修）：無。

（四修）：新增：

(1)國家機關之職權、設立程序及總員額，得以法律爲準則性之規定。

(2)各機關之組織、編制及員額，應依前項法律，基於政策或業務需要決定之。

[說明]　行政院各部會之設置：內政部、外交部、國防部、財政部、教育部、法務部、經濟部、交通部；蒙藏委員會、僑務委員會。行政院各部會首長，均爲政務委員。行政院置不管部會之政務委員五人至七人。除上述「八部二會」的組織外，依行政院組織法第六條規定：「行政院經行政院會議及立法院之決議，得增設裁併各部、各委員會或其他所屬機關。」

二、行政院院長的產生方式

CON55：行政院長，由總統提名，經立法院同意任命之。

立法院休會期間，行政院院長辭職或出缺時，由行政院副院長代理其職務，但總統須於四十日內咨請立法院召集會議，提出行政院院長人選徵求同意。行政院院長職務，在總統所提行政院院長人選未經立法院同意前，由行政院副院長暫行代理。

[說明]　副總統可不可以兼任行政院院長？

依大法官會議所作之釋字第 419 號解釋（85.12.31）：「副總

統得否兼任行政院院長憲法並無明文規定，副總統與行政院院長二者職務性質亦非顯不相容，惟此項兼任如遇總統缺位或不能視事時，將影響憲法所規定繼任或代行職權之設計，與憲法設置副總統及行政院院長職位分由不同之人擔任之本旨未盡相符。引發本件解釋之事實，應依上開解釋意旨爲適當之處理。」

（一修）：無。

（二修）：無。

（三修）：無。

（四修）：行政院院長由總統任命之。行政院院長辭職或出缺時，在總統未任命行政院院長前，由行政院副院長暫行代理。CON55 之規定，停止適用。

[說明] 在取消立法院對行政院院長之同意權的條文表決時，在場國大人數爲三百一十六人，其中二百五十九人舉手贊成（修憲之四分之三門檻爲二百三十七人）。

三、行政院副院長、各部會首長、政務委員之任命

CON56：行政院副院長、各部會首長及不管部會之政務委員，由行政院院長提請總任命之。

[說明] 總統對於行政院院長所提之上述人員（即所謂「內閣閣員」如認爲不甚相宜者，可否改動？在實際政治運作過程中，同一政黨的總統和行政院長應會透過溝通、協調而意見一致。另依行政院組織法第七條規定：「行政院院長綜理院務，並監督所屬機關。」行政院院長指揮各部會及其所屬機屬，各部會首長在意見上與院長衝突而不能合作時，即應辭職，否則行政院院長得以局部改組方式，提請

總統更易之。行政院院長因事故不能視事時，由副院長代理其職務。

四、行政院院長的任期

CON：無規定。

（一至四修）：均無規定。

[說明] 歷任行政院院長任職時間表：

翁文灝（1948.5-1948.10）、孫　科（1948.11-1949.3）
何應欽（1949.3-1949.6）、閻錫山（1949.6-1950.3）
陳　誠（1950.3-1954.5）、俞鴻鈞（1954.5-1958.7）
陳　誠（1958.7-1963.12）、嚴家淦（1963.12-1972.5）
蔣經國（1972.5-1978.5）、孫運璿（1978.5-1984.5）
俞國華（1984.5-1989.5）、李　煥（1989.5-1990.5）
郝柏村（1990.6-1993.2）、連　戰（1993.2-1997.8）
蕭萬長（1997.8-）

五、行政院會議之組織及其職權

CON58：行政院設行政院會議，由行政院院長、副院長、各部會首長及不管部會之政務委員組織之，以院長爲主席。
行政院院長、各部會首長，須將應行提出於立法院之法律案、預算案、戒嚴案、大赦案、宣戰案、媾和案及其他重要事項，或涉及各部會共同關係之事項，提出於行政院會議議決之。

CON43：國家遇有天然災害、癘疫，或國家財政經濟上有重大變故，須爲急速處分時，總統於立法院休會期間，得經行政院院會之決議，依緊急命令法、發布緊急命令，爲必要之處置。但須於發布命令一個月內提交立法院追認。如立法院不同意時，該緊急命令立即失效。（直至今日我國尚無緊急命令法之制定）

CON37：總統公布法律、發布命令，須經行政院院長之副署或行政院院長及有關部會首長之副署。

[說明]　副署（countersignature）：係指元首公佈法律或發布命令，須由內閣總理或有關閣員連同署名，以表示負責任之意。依上述規定，未經副署之法律或命令，在法律上不發生效力。

CON59：行政院於會計年度開始三個月前，應將下年度預算案提出於立法院。

CON60：行政院於會計年度結束後四個月內，應提出決算於監察院。

（一修）：總統爲避免國家或人民遭遇緊急危難或應付財政經濟上重大變故，得經行政院會議之決議發布緊急命令，爲必要之處置，不受 CON43 之限制。但須於發布命令後十日內提交立法院追認，如立法院不同意時，該緊急命令立即失效。

（二修）：（有關省縣地方制度）省自治之監督機關爲行政院，縣自治之監督機關爲省政府。

（三修）：總統發布依憲法經國民大會或立法院同意任命人員之任免命令，毋須行政院院長副署，不適用 CON37 之定。

（四修）：同（三修）。

[說明]　行政院會議每週舉行一次，慣例是在每週四上午舉行。必要時，院長得召開臨時會議。行政院會議以過半數之出席爲法定人數，以出席人過半數之同意議決之，但院長或主管部會首長有異議時，則由院長決定之。亦即行

政院院長對行政院會議之討論事項有最後決定權。

六、行政院與立法院的關係

CON57：行政院依下列規定，對立法院負責：

(1)行政院有向立法院提出施政方針及施政報告之責。立法委員在開會時，有向行政院院長及行政院各部會首長質詢之權。

(2)立法院對行政院之重要政策不贊同時，得以決議移請行政院變更之。行政院對於立法院之決議，得經總統之核可，移請立法院覆議。覆議時，如經出席立法委員三分之二維持原決議，行政院長應即接受該決議或辭職。

(3)行政院對於立法院決議之法律案、預算案、條約案，如認為有窒礙難行時，得經總統之核可，於該決議案送達行政院十日內，移請立法院覆議。覆議時，如經出席立法委員三分之二維持原案，行政院院長即應接受該決議或辭職。

[參考]　依美國憲法第一條第七項，給予總統有限制的否決權（qualified veto），有時亦稱為「要求覆議權」。該項第二款規定：「凡眾議院或參議院所通過之法案，應於成為法律前，咨送總統。總統如批准該法案，應即簽署之，否則應附同異議書（objections），交還提出該項法案之議院，該院應將該項異議書詳載於議事錄（journal），然後進行覆議。如經覆議後，該院議員有三分之二人數同意通過該項法案，應即將該法案及異議書送交另一院，該院亦應加以覆議，如經該院議員三分之二人數之認可時，該項法案即成為法律。……如法案於

送達總統後十日內（星期日除外）未經總統退還，即視為總統簽署，該項法案應成為法律。」若這十天之內，國會已休會致總統無法將該項法案退還國會覆議時，則該法案並不因總統未退還國會覆議而成法律，該法案視為無形消滅，此即所謂「保留簽署」或稱「擱置否決」、「口袋否決權」。

[說明]　在我國憲法原始的設計上，立法院對行政院院長有「同意權」，但立法院對行政院沒有「不信任投票權」，行政院對立法院也沒有「解散權」。至於「行政院對立法院負責」是由行政院院長單挑責任，還是由行政院全體（閣員）共同負擔？憲法並無明文規定。

（一修）：無。

（二修）：無。

（三修）：無。

（四修）：行政院依下列規定，對立法院負責，CON57 之規定，停止適用：

(1)行政院有向立法院提出施政方針及施政報告之責。立法委員在開會時，有向行政院院長及行政院各部會首長質詢之權。

(2)行政院對於立法院決議之法律案、預算案、條約案，如認為有窒礙難行時，得經總統之核可，於該決議案送達行政院十日內，移請立法院覆議，立法院對於行政院移請覆議案，應於送達十五日內作成決議。如為休會期間，立法院應於七日內行集會，並於開議十五日內作成決議。覆議案逾期未議決者，原決議失效。覆議時，如經全體立法委員二分之一以上決議維持原案，行政院院院長應即接受該決議。

(3)立法院得經全體立法委員三分之一以上連署，對行政院院長提出不信任案。不信任案提出七十二小時後，應於四十八小時內以記名投票表決之。如經全體立法委員二分之一以上贊成，行政院院長應於十日內提出辭職，並得同時呈請總統解散立法院；不信任案如未獲通過，一年內不得對同一行政院院長再提不信任案。

[說明]　在(四修)以前，依憲法本文所行的覆議制度是「以三分之一的少數推翻二分之一的多數」，亦即覆議時，行政院若能獲得三分之一以上的立法委員之支持，即可否決立法院決議的法律案或其他議案。在責任內閣制的憲政體制中，行政與立法實爲一體，並無覆議的必要。因爲，內閣執政的基礎在於獲得國會過半數的支持，而內閣一切施政亦以國會過半數的支持爲條件；若提出的重大施政案不能獲得國會過半數的支持，結果就是倒閣，或者解散國會並重行選舉，訴諸民意。相對地，在總統制中，總統是由公民直接選舉產生，不向國會負責，其執政的基礎並不依賴國會過半數的支持，因此，若國會過半數通過的某一法案，總統不贊同時，即可要求覆議，而國會必須以三分之二的絕對多數維持原案，方能使該法案生效，透過此種機制，發揮了行政機關與立法機關的制衡關係。我國憲政體制以「行政院院長爲最高行政首長，向立法院負責」爲架構，憲法原規定行政院院長獲得任命必須取得立法院過半數的同意，原則上體現了內閣制的精神，但又加入總統制的覆議制度，卻形成不合理的現象。(四修)條文中仍保留覆議制度，但取消了立法院對總統任命行政院院長的同

意權，卻增加了立法院得經全體立法委員三分之一以上連署，對行政院院長提出不信任案，若不信任案通過，行政院院長必須辭職，並得同時呈請總統解散立法院，然是否解散立法院，最終決定權是在總統手中。雖然民選的總統有強大的民意基礎，擔任內閣（行政機關）與國會（立法機關）齟齬的政治仲裁者，是有一定的道理，但總統僅向其選民定期負責，不因倒閣影響而去職，也不向立法院不定期地擔負政治責任，應無享有主動解散國會權力的充分理由。換言之，現行憲法增修條文既已將「倒閣」、「解散國會」之機制載入憲法，那麼惟有在立法院決意倒閣且行政院院長因而辭職並請求總統解散立法院時，總統始得依其所請解散立法院。

七、行政院院長的去職

CON57：……覆議時，如經出席立法委員三分之二維持原決議，行政院院長應即接受該決議或辭職。

（一修）：無。

（二修）：無。

（三修）：行政院長之免職命令，須新提名之行政院院長經立法院同意後生效。

（四修）：立法院對行政院院長提出不信任案，如經全體立法委員二分之一以上贊成，行政院院長應於十日內提出辭職。

[說明]　新任總統選出後，行政院院長要不要辭職？

依大法官會議所作之釋字第 419 號解釋：「行政院院長於新任總統就職時提出總辭，係基於尊重國家元首所為之禮貌性辭職，並非其憲法上之義務，對於行政院院長非憲法上義務之辭職應如何處理，乃總統之裁量權，爲學理上所稱統治行爲之一種，非本院應作合憲性審查之事項。」

八、行政院院長代行總統職權

CON49：總統缺位（或因故不能視事）時，由副總統繼任，至總統任期屆滿爲止。總統、副總統均缺位（或均不能視事）時由行政院院長代行其職權，並依 CON30 召集國民大會臨時會（由立法院院長通告集會），補選總統、副總統．其任期以補足原任總統未滿之任期爲止。

CON50：總統於任滿之日解職，如屆期次任總統尚未選出，或選出後總統、副總統均未就職時，由行政院院長代行總統職權。

（一修）：無。

（二修）：無。

（三修）：總統、副總統均缺位時，由行政院院長代行其職權，並依本條第一項之規定（由中華民國自由地區全體人民直接選舉之）補選總統、副總統，繼任至原任期屆滿爲止，不適用 CON49 規定。

（四修）：同（三修）。

第四節　立法機關

一、立法院的地位

CON62：立法院爲國家最高立法機關，由人民選舉之立法委員組織之，代表人民行使立法權。

[說明] 依（民 46 釋 76）：立法委員……係依法行使憲法所賦予之職權，自屬公職，既依法支領歲費，應認為有給職。

二、立法委員的產生方式

CON64：立法院立法員依下列規定選出之：

(1)各省、各直轄市選出者，其人口在三百萬以下者五人，其人口超過三百萬者，每滿一百萬人增選一人。

(2)蒙古各盟旗選出者。

(3)西藏選出者。

(4)各民族在邊疆地區選出者。

(5)僑居國外之國民選出者。

(6)職業團體選出者。

立法委員之選舉及前項(2)至(6)立法委員名額之分配，以法律定之。婦女在第一項各款之名額，以法律定之。

[說明] 依上述方式計算，應於民國三十六年底選出之第一屆立法委員共為七百七十三人，而實際選出者共有七百六十人。第一會期前往立法院報到者僅六百四十八人，其餘一百一十二人雖經選出但未辦理報到。民國三十八年政府遷台，次年於台北中山堂舉行第五會期第一次會議，與會委員約三百八十人。之後，多種原因致使立法委員人數漸減少，政府乃於民國五十八年底依據動員戡亂時期臨時中央公職人員增選補選辦法之規定，於自由地區增選十一名立法委員，與第一屆立法委員共同行使職權。民國六十一年再依修正後之動員戡亂時期臨時條款，選出三年一任、

定期改選之增額立法委員五十一名。民國六十七年的選舉因中美斷交而終止，民國六十九年恢復改選並擴大增額選名額爲九十七名，民國七十八年改選擴增爲一百三十名。（連同民國三十七年應選出之七百七十三人，所謂「第一屆」立委，合計有九百零三人）至民國八十年十二月三十一日止，第一屆「資深」立委全部退職，僅剩「增額」立委一百三十人。

（一修）：立法院立法委員依下列規定選出之，不受 CON64 之限制：

(1)自由地區每省、直轄市各二人，但其人口逾二十萬人者，每增加十萬人增一人；逾一百萬人者，每增加二十萬人增一人。

(2)自由地區平地山胞及山地山胞各三人。

(3)僑居國外國民六人。

(4)全國不分區三十人。

上列(3)及(4)之名額，採政黨比例方式選出之。(1)選出之名額及(3)、(4)各政黨當選之名額，在五人以上十人以下者，應有婦女當選名額一人，超過十人者，每滿十人應增婦女當選名額一人。

另依（一修）第五條第二項規定：立法院第二屆立法委員應於中華民國八十二年一月三十一日前選出，自同年二月一日開始行使職權。

[說明]　民國八十一年十二月依（一修）選出之第二屆立法委員共一百六十一人（國民黨：一百零二人；民進黨：五十人；其他：九人；新黨：未成立）。

（二修）：無。

（三修）：無。

[說明]　民國八十四年十二月，依（一修）選出之第三屆立法委員共有一百六十四人。（國民黨：八十五人；民進黨：五十四人；新黨：二十一人；其他：四人）民國八十六年十一月，台灣省二十一縣市長、福建省二縣長選舉，多位立委參選，有的人辭立委投入選戰，有的人則退黨競選，選舉結果，共有五名現任立法委員當選縣市長。依公職人員選舉罷免法（83.10.22 修訂）規定，區域選出者，同一選區內缺額達二分之一時，應行補選，但所遺任期不足一年時，不予補選。依該辦法，基隆市、新竹縣須於三個月內辦理立委補選。未完成立委補選前之第三屆立法委員總額爲一百五十七人。

（四修）：立法院立法委員自第四屆起二百二十五人，依下列規定選出之，不受 CON64 之限制：

(1)自由地區直轄市、縣市一百六十八人。

(2)自由地區平地原住民及山地原住民各四人。

(3)僑居國外國民八人。

(4)全國不分區四十一人。

前項(3)、(4)名額，採政黨比例方式選出之。(1)選出之名額及(3)、(4)各政黨當選之名額，在五人以上十人以下者，應有婦女當選名額一人，超過十人者，每滿十人應增婦女當選名額一人（有關婦女保障名額，並未如國大般提高其名額）。

三、立法委員的任期

CON65：立法委員之任期爲三年，連選得連任，其選舉於每屆任滿前三個月內完成之。

四、立法委員的報酬或待遇

CON：無。

（一修）：無。

（二修）：無。

（三修）：新增：國民大會代表及立法委員之報酬或待遇，應以法律定之。除年度通案調整者外，單獨增加報酬或待遇之規定，應自次屆起實施。

（四修）：同（三修）。

五、立法委員的選舉、罷免

CON129：本憲法所規定之各種選舉，除本憲法別有規定外，以普通、平等、直接及無記名投票之方法行之。

CON130：中華民國國民年滿二十歲者，有依法選舉之權。除本憲法及法律別有規定者外，年滿二十三歲者，有依法被選舉之權。

[說明] 候選人有沒有學歷的限制？依（民 80 釋 290）：「……有關各級民意代表候選人學、經歷之限制，與憲法尙無牴觸。惟此項學、經歷之限制，應隨國民之教育普及加以檢討，如認爲仍有維持之必要，亦宜重視其實質意義，並斟酌就學有實際困難者，而爲適當之規定，此當由立法機關爲合理之裁量。」

CON131：本憲法所規定各種選舉之候選人，一律公開競選。

CON132：選舉應嚴禁威脅利誘。選舉訴訟由法院審判之。

CON133：被選舉人得由原選舉區依法罷免之。

[說明]　（民 85 釋 401）：立法委員因行使職權所爲言論及表決，自應對其原選舉區之選舉人負政治上責任。從而立法委員經國內選舉區選出者，其原選舉區選舉人得以其所爲言論及表決不當爲理由，依法罷免之。

CON134：各種選舉應規定婦女當選名額，其辦法以法律定之。

CON135：內地生活習慣特殊之國民代表名額及選舉，其辦法以法律定之。

（一修）：國民大會代表、立法院立法委員、監察院監察委員之選舉罷免，依公職人員選舉罷免法之規定辦理。僑居國外國民及全國不分區名額，採政黨比例方式選出之。

[說明]　公職人員選舉罷免法第六十五條規定：全國不分區當選名額之分配：一、以各政黨所推薦候選人得票數之和，爲各政黨之得票數。以各政黨得票數相加之和，除各政黨得票數，求得各該政黨得票比率。二、以應選名額乘前款得票比率所得積數之整數，即爲各政黨分配之當選名額；按政黨名單順位依次當選。各政黨之得票比率未達 5% 者，不予分配當選名額。其得票數不列入一計算。

（二至四修）：無。

六、立法院的職權

CON63：立法院有議決法律案、預算案、戒嚴案、大赦案、宣戰案、媾和案、條約案及國家其他重要事項之權。

[說明]　凡法、律、條例、通則均須經立法院通過、總統公布，方得實施。各機關發布之行政命令，應送立法院查照，也得依法交付審查；若發現其中有違反、變更或牴觸法律情形，或應以法律規定事項，立法院均得議決通知原機關

更正或廢止。「預算」爲政府施政之數字化表現，議決預算案爲立法院監督政府的利器。行政院於會計年度開始（七月一日）三個月前，應將下年度總預算案提出立法院審議；立法院應於五月底以前議決；六月十五日以前送總統公布。行政院於民國八十六年十月底核定之八十八年度中央政府總預算爲一兆二千七百一十四億。

CON70：立法院對行政院所提預算案，不得爲增加支出之提議。

[說明]　（民 79 釋 264）：CON70 之規，旨在防止政府預算膨脹，致增人民之負擔。立法院第八十四會期第二十六次會議決議：「請行政院在本（七十九）年度再加發半個月公教人員年終工作獎金，以激勵士氣，其預算再行追加」，係就預算案爲增加支出之提議，與上述 CON70 牴觸，自不生效力。（民 84 釋 391）：立法委員於審議中央政府總預算案時，應受 CON70 之限制及司法院相關解釋之拘束，雖得爲合理之刪減，爲基於預算案與法律案性質不同，尙不得比照審議法律案之方式逐條逐句增刪修改，而對各機關所編列預算之數額，在款項目節間移動增減並追加或刪減原預算案之項目。蓋就被移動增加或追加原預算之項目言，要難謂非上開憲法所指增加支出提議之一種，復涉及施政計畫內容之變動與調整，易導致政策成敗無所歸屬，責任政治難以建立，有違行政權與立法權分立，各本所司之制衡原理，應爲憲法所不許。

CON72：立法院法律案通過後，移送總統及行政院，總統應於收到後十日內公布之，但總統得依照 CON57 之規定辦理。

[說明]　（民 82 釋 325）：「……立法院爲行使憲法所賦予之職權，……得經院會或委員會之決議，要求有關機關就

議案涉及事項提供參考資料，必要時並得經院會決議調閱文件原本，受要求之機關非依法律規定或其他正當理由不得拒絕。但國家機關獨立行使職權受憲法之保障者，如司法機關審理案件所表示之法律見解、考試機關對於應考人成績之評定、監察委員爲糾彈或糾正與否之判斷，以及訴訟案件在裁判確定前就偵查、審判所爲之處置及其卷證等，監察院對之行使調查權，本受有限制。基於同一理由，立法院之調閱文件，亦同受限制。」

（一至三修）：無。

（四修）：新增：對總統、副總統的彈劾案提案權。

立法院對於總統、副總統犯內亂或外患罪之彈劾案，須經全體立法委員二分之一以上之提議，全體立法委員三分之二以上之決議，向國民大會提出，不適用 CON90、CON100 及（四修）第七條第一項有關規定。

七、立法院的組織：（包括：立法委員；立法院院長、副院長；各種委員會）

CON64：（立法委員產生方式）。

[說明]　依立法院組織法，立法委員每人應置公費助理四人以上，立法院應每年編列每一立法委員一定數額之助理費及其辦公事務費預算。公費助理均採聘用制，與委員同進退（目前每位委員公費助理六人，每人薪資新台幣四萬元）。另依立法院組織法，立法院對有立法委員席次五席以上之政黨，應公平分別設置立法院黨團辦公室。

CON66：立法院設院長、副院長各一人，由立法委員互選之。

CON67：立法院得設各種委員會。各種委員會得邀請政府人員及社會上有關係人員到會備詢。

[說明] 委員會會議須五分之一委員出席始得開議，會議公開舉行，必要時也可以召開祕密會議。立法院之各種委員會有：

(1)常設委員會：立法院設有內政及邊政、外交及僑政、國防、經濟、財政、預算、教育、交通、司法、法制等十個常設委員會，審查院會交付審查的議案及人民請願案。委員於每會期完成報到手續後，自由登記參加各委員會。各委會人數以十八人爲上限，登記某委員會人數超過上限時以抽籤決定，每一委員以參加一委員會爲限。各委員會依人數多寡置召集委員一至三人，由各委員會委員互選之。

(2)特種委員會：紀律、程序、經費稽核、公報指導、修憲等五個特種委員會，處理院內特定事項。

(3)全院委員會：由全體委員組成，行使監察院審計長任命同意權，或遇有行政院移請覆議案時舉行之。

(4)全院各委員會聯席會：審查總預算案時舉行之。

CON76：立法院的組織，以法律定之。

[說明] 立法院組織法於民國三十六年三月三十一日國民政府公布，經歷多次修訂，最後一次修正公布時間爲民國八十四年一月二十日。

八、立法院的會期與臨時會

CON68：立法院會期，每年兩次，自行集會，第一次自二月至五月底，第二次自九月至十二月底，必要時得延長之。

[說明] 立法院會議簡稱院會，每週二、五舉行，必要時

經院會決議，可以增減會次。每次院會須有委員總額三分之一出席始得開會。所謂「總額」，依立法院組織法，是以每會期實際報到人數爲計算標準，但依其他法令規定自願退職、解職或辭職者，應扣除之。立法院會議之決議方式，除憲法別有規定外，以出席委員過半數之同意行之，可否同數時，取決於主席。

CON69：立法院遇有下列情形之一時，得開臨時會：一、總統之咨請；二、立法委員四分之一以上之請求。

CON71：立法院開會時，關係院院長及各部會首長得列席陳述意見。

（一至三修）：無。

（四修）：新增：立法院經總統解散後，在新選出之立法委員就職前，視同休會。

新增：總統於立法院解散後發布緊急命令，立法院應於三日內自行集會，並於開議七日內追認之。但於新任立法委員選舉投票日後發布者，應由新任立法委員於就職後追認之。如立法院不同意時，該緊急命令立即失效。

九、立法院的立法程序

(1)提案的來源：行政院、司法院、考試院、監察院及立法委員。

(2)提案送達立法院祕書處之後，由祕書長編擬議事日程，經程序委員會審定後付印。院會審議法案的先後順序，由程序委員會決定。政府提案或委員所提法律案列入議程報告事項，於院會中朗讀標題（一讀）後，即應交付有關委員會審查或逕付二讀。委員會審查議案時，可以邀請政府人員及社會上有關係人員列席對議案提出說明或發表意見，以供委員參考。議案審查完竣後，提報院會討論。二讀會討論經各委員會審查的議案，或經院會決議逕付二讀的議案。二讀時，先朗讀議案，再依次進行廣泛討論及逐條討論（對議案修正、重付審查、撤銷等均是於此階段作成決議）。經過二讀之議案，應於下次會議進行三讀（但經院會決議，也可以於同次會議繼續三讀）。三讀會，除發現議案內容有相互牴觸，或與憲法及其他法律相牴觸外，只得為文字之修正。第三讀會應將議案全案交付表決。依立法院議事規則規定，除法律案、預算案應經三讀程序議決外，其餘議案僅須經二讀會議。完成三讀之法律案及預算案，經立法院院長咨請總統公布並函送行政院。

十、立法院院長的職權

CON30：在「依 CON49 之規定，應補選總統、副總統時」及「依監察院之決議，對總統、副總統提出彈劾案時」，國民大會應召集臨時會，由立法院院長通告集會。

[說明]　行憲後歷任院長依次為：孫科、童冠賢、劉建群、張道藩、黃國書、倪文亞、劉闊才、梁肅戎、劉松藩（現任）。

（一修）：無。

（二修）：總統、副總統均缺位時，由立法院院長於三個月內通告國民大會臨時會集會補選總統、副總統，繼任至原任期屆滿止。

（三修）：同（二修）。

（四修）：(1)總統於立法院通過對行政院院長之不信任案後十日內，經諮詢立法院院長後，得宣告解散立法院。

(2)因國民大會已設議長，於「國民大會提出總統、副總統之罷免案」、「議決立法院所提出之總統、副總統彈劾案」之集會時，由國民大會議長通告集會。

[說明]　綜合憲法與立法院組織法之規定，立法院院長之職權有：「綜理院務」、「召集立法院臨時會」、「主持立法院會議」、「會商解決自治法之爭議」。憲法本文並未規定立法院院長、副院長的任期，因二者係由立法委員互選，除因被罷免、死亡或辭職者外，在法理上，通常是以立法委員的任期爲轉移。民國七十年立法院於第七十六會期第二十四次會議修改立法院組織法，增列「立法院院長任期三年」。

十一、立法委員的限制

CON75：立法委員不得兼任官吏。

[說明]　（民 38 釋 1）：若就任官吏，應即辭去立法委員，其未經辭職而就任官吏者，應於其就任官吏之時視爲辭職。（民 42 釋 24）：公營事業機關之董事、監察人及總經理與受有俸給之文武職公務員，均適用公務員服務法之規定，應屬 CON75 所稱官吏範圍之內，立法委員均不得兼任。（民 43 釋 30）：立法委員不得兼任國民大會代表。

（一至四修）：無。

十二、立法委員的特權

CON73：立法委員在院內所爲之言論及表決，對院外不負責任。

[說明]　（民 85 釋 401）：「CON32、CON73 規定國民大會代表及立法委員言論及表決之免責權，係指國民大會代表

在會議時所為之言論及表決，不受刑事追訴，亦不負民事賠償責任，除因違反其內部所自律之規則而受懲戒外，並不負行政責任之意。」（但應對其原選舉區之選舉人負政治責任）

CON47：立法委員，除現行犯外，非經立法院許可，不得逮捕或拘禁。

（一至三修）：無。

（四修）：立法委員，除現行犯外，在會期中，非經立法院許可，不得逮捕或拘禁。CON47之規定停止適用。

[說明] 大法官會議於 86.8.2 作成釋字第四三五號解釋，界定立法委員言論免責權的涵義，係指立委不因行使職權之言論及表決而受民、刑事追訴，但與立委行使職權無關之行為，例如，蓄意之肢體動作，顯然不符意見表達之適當情節，致侵害他人法益者，不在憲法保障之列。該解釋特別強調，對於具體個案中，立委行為是否已逾保障範圍，除應尊重議會自律原則之外，為了維護社會秩序及被害人權益，司法機關於必要時，仍可依法行使偵查權及審判權。

第五節 司法機關

一、司法院的地位

CON77：司法院為國家最高司法機關……。

（一至四修）：無。

[說明]　各國憲法條文中有關「司法」的規定，主要是「司法權屬於最高法院及各級法院」及「維護司法的獨立」。因此一般即認定掌握司法權的法院就是司法機關。然而何謂司法，若認爲法院或司法機關的權限就是司法權，則實際上並非如此。因爲司法機關亦擁有很多與司法無關的權限，例如，司法行政權限、訴訟相關規則制定權、人事權等。反之，某些特定司法權，並不屬於法院或司法機關。例如，赦免、彈劾審判等。

二、司法院的職權

CON77：司法院……掌理民事、刑事、行政訴訟之審判，及公務員之懲戒。

CON78：司法院解釋憲法，並有統一解釋法律及命令之權。

[說明]　司法是指，對於具體存在的爭議、訴訟，經由獨立的機關，依法律作成裁定的國家權力作用。審判是指，當執行法律發生爭議時，由國家機關判決裁定的作用。實際上並不限定於司法機關，一般行政機關也有審判作用（例如，警察判定違規營業）因爲司法與審判有密切關聯，故一般又稱之爲「司法審判」，居司法作用各種型態中重要的核心部分。司法審判是指，法院依據法律及法定程序，公平、客觀裁決具體紛爭的方法。司法審判除了依據法律之外，亦要求依據「一定的程序」及達成「實際解決的效果」。特別是司法審判程序應以公開、辯論、判決爲原則，由利害關係相對立的當事者提出證據、事實、辯駁，再由事前沒有任何立場的法官，依審判過程的內容作出判決。因此，「法律」、「具體爭議」、「當事者提訴」這些要素即

成爲司法審判的前提要件。

（一修）：無。

（二修）：司法院大法官除依 CON87 之規定外，並組成憲法法庭審理政黨違憲之解散事項。政黨之目的或其行爲，危害中華民國之存在或自由民主之憲政秩序者爲違憲。

（三修）：同（二修）。

（四修）：新增：司法院所提出之年度司法概算，行政院不得刪減，但得加註意見，編入中央政府總預算案，送立法院審議。

[說明]　綜合司法院的職權共有：

(1)民事訴訟之審判。

(2)刑事訴訟之審判。

(3)行政訴訟之審判。

(4)公務員之懲戒。

(5)解釋憲法與統一解釋法令。

(6)審理政黨違憲之解散。

（民 84 釋 371）：「憲法爲國家最高規範，法律牴觸憲法者無效，法律與憲法有無牴觸發生疑義而須予以解釋時，由司法院大法官掌理……。又大法官依據法律獨立審判，憲法第八十條定有明文，故依法公布施行之法律，法官應以其爲審判之依據，不得認定法律爲違憲而逕行拒絕適用。惟憲法之效力既高於法律，法官有優先遵守之義務，法官於審理案件時，對於應適用之法律依其合理之確信，認爲有牴觸憲法之疑義者，自應許其先行聲請解釋憲法，以求解決。是遇有前述情形，各級法院得以之爲先決問題裁定停止訴訟程序，並提出客觀上形成確信法律爲違憲之具體理由，聲請本院大法官解釋。司法院大法官審理案件法第五條第二項、第三項之規定，與上開意旨不符部分，應停止適用。

依司法院大法官審理案件法（82.2.3 修正）規定：

大法官會議方式及憲法法庭之組成：

司法院大法官，以會議方式，合議審理司法院解釋憲法與統一解釋法律及命令之案件；並組成憲法法庭，合議審理政黨違憲之解散案件。會議以司法院院長爲主席，院長不能主持時，由副院長爲主席。院長、副院長均不能主持時，以出席會議的資深大法官爲主席（年資相同時，以年長者優先）。大法官全體審查會議，由值月大法官召集，並由大法官輪流擔任主席。大法官每星期開會三次，必要時得開臨時會議。司法院秘書長應列席大法官會議。

解釋方法、表決方式：

大法官解釋案件，應參考制憲、修憲及立法資料，並得依請求或逕行通知聲請人、關係人及有關機關說明，或爲調查。必要時得舉行言詞辯論。大法官會議時，其表決以舉手或點名爲之。

可決方式：

(1)解釋憲法，應有大法官現有總額三分之二的出席，及出席人三分之二同意，方爲通過。但宣告命令牴觸憲法時，以出席人過半數同意行之。

(2)統一解釋法律及命令，應有大法官現有總額過半數之出席，及出席人過半數之同意，方爲通過。

得聲請解釋憲法的情形：

(1)中央或地方機關，於其行使職權，適用憲法發生疑義，或因行使職權與其他機關之職權，發生適用憲法之爭議，或適用法律與命令發生有牴觸憲法之疑義者。

(2)人民、法人或政黨適期憲法上所保障之權利，遭受不法侵害，經依法定程序提起訴訟，對於確定終局裁判所適用之法律或命令發生有牴觸憲法之疑義者。

(3)依立法委員現有總額三分之一以上之聲請，就其行使職權，適用憲法發生疑義，或適用法律發生有牴觸憲法之疑義者。

(4)最高法院或行政法院就其受理之案件，對所適用之法律或命令，確信有牴觸憲法之疑義時，得以裁定停止訴訟程序，聲請大法官解釋。

依（民 84 釋 371）上列(2)、(3)項與解釋文意旨不符部分，應停止適用。

政黨違憲解散案件之審理：

(1)政黨解散的聲請：政黨之目的或其行為，危害中華民國之存在或自由民主之憲政秩序者，主管機關得聲請司法院憲法法庭解散之。

(2)裁判、言詞辯論及判決宣示：憲法法庭應本於言詞辯論而為裁判。但駁回聲請而認為無言詞辯論之必要者，不在此限。言詞辯論時如委任訴訟代理人者，其受任人以律師或法學教授為限；其人數不得超過三人，且代理人應先經憲法法庭之許可。憲法法庭進行言詞辯論時，須有大法官現有總額四分之三以上出席，始得為之。未參與辯論之大法官不得參與評議判決。經言詞辯論之判決，應於辯論終結後一個月內指定期日宣示。

(3)評議之決定：憲法法庭對於政黨違憲解散案件判決之

評議，應經參與言詞辯論之大法官三分之二的同意決定之。評議未獲前項人數同意時，應為不予解散之判決。對於憲法法庭之裁判，不得聲明不服。被宣告解散之政黨，應即停止一切活動，並不得成立目的相同之代替組織，期依政黨比例方式產生之民意代表，自決生效時起喪失其資格。

三、司法院的成員

CON79：司法院設院長、副院長各一人，由總統提名，經監察院同意任命之。司法院設大法官若干人，掌理本憲法第七十八條規定事項，由總統提名，經監察院同意任命之。

（一修）：無。

（二修）：(1)司法院院長、副院長各一人，大法官若干人，由總統提名，經國民大會同意任命之、不適用 CON79 之規定。

(2)「……有關司法院……人員任命之規定，自中華民國八十二年二月一日施行。中華民國八十二年一月三十一日前之提名，仍由監察院同意任命，但現任人員任期未滿前，毋須重新提名任命。」

（三修）：同（二修）。

（四修）：(1)變更：司法院設大法官十五人，並以其中一人為院長、一人為副院長，由總統提名，經國民大會同意任命之，自中華民國九十二年起實施，不適用 CON79 之規定。

(2)新增：司法院大法官任期八年，不分屆次，個別計算，並不得連任。但並為院長、副院長之大法官，不受任期之保障。

(3)新增：中華民國九十二年總統提名之大法官，其中八位大法官，含院長、副院長，任期四年，其餘大法官任期八年，不適用前項(2)任期以之規定。

四、司法院的組織

CON82：司法院及各級法院之組織，以法律定之。

（一至四修）：無。

[說明]　依司法院組織法（81.11.20 修正）和法院組織法（78.12.22 修正）規定：

(1)司法院設各級法院（地方法院、高等法院、最高法院）、行政法院及公務員懲戒委員會。

(2)大法官之資格：一、曾任最高法院法官十年以上而成績卓著者；二、曾任立法委員九年以上而有特殊貢獻者；三、曾任大學法律主要科目教授十年以上而有專門著作者；四、曾任國際法庭法官或有公法學或比較法學之權威著作者；五、研究法學，富有政治經驗，聲譽卓著者。具有前項任何一款資格的大法官，其人數不得超過總名額三分之一。

(3)司法院設人事審議委員會，依法審議各級法院法官、行政法院評事及公務員懲戒委員會委員之任免、轉任、遷調、考核、獎懲事項。該委員會由司法院院長、副院長、秘書長、最高法院院長、行政法院院長、公務員懲戒委員會委員長、司法院各業務廳廳長、高等法院院長及最高法院法官代表一人、高等法院法官代表二人、地方法院法官代表七人爲委員。法官代表由各級法院法官互選之。

五、法官的地位和保障

CON80：法官須超出黨派以外，依據法律獨立審判，不受任何干涉。

[說明]　本條所謂法官「須超出黨派以外」，是否指法官須不具任何黨籍？

一般的看法有二種：

(1)認為法官不得加入任何黨派，已經加入者，亦應退出。

(2)認為法官亦為國家公民，享有集會結社之自由，但法官之身分與黨員之身分可能發生衝突，故主張法官可具有政黨黨籍，但不得參加黨團活動。

CON81：法官為終身職，非受刑事或懲戒處分或禁治產之宣告，不得免職，非依法律，不得停職、轉任或減俸。

[說明]　此所謂「法官」，依（民 42 釋 13）之解釋可知，不包含檢察官在內。又依（民 69 釋 162）之解釋，也不包含行政法院院長、公務員懲戒委員會委員長。但行政法院評事、公務員懲戒委員會委員，就行政訴訟或公務員懲戒案件，分別依據法律，獨立行使審判或審議之職權，不受任何干涉，依 CON77、CON80，均應認係憲法上所稱之法官。其保障，應本發揮司法功能及保持法官職位安定之原則，由法律妥為規定，以符合 CON81 之意旨。

所謂「終身職」，應解為享有身分保障權之意。據林紀東教授之見解，既非在任何情形之下，均不得停職免職，尤非謂縱令年老力衰，至於「身體殘廢，不堪勝任職務」之程度，國家亦不能命令其退休，蓋如此解釋，不僅與終身職之真意不合，且與憲法本條保障法官身分權，俾能忠誠執法，保障國權民權之本意，亦有未符。（林紀東，民 82，p.129）

另依（民 69 釋 162）解釋文可知，法官若體力衰弱，致不能勝任職務者，可停止其原職務之執行，不照支俸給。

第六節　考試機關

一、考試院、考試委員的地位

CON83：考試院爲全國最高考試機關……。

CON88：考試委員須超出黨派以外，依據法律獨立行使職權。

[說明]　根據 CON83 規定，多位憲法學者認爲若從職權上看「考試院」，其不僅限於狹義之「考試」而已，其地位應是「人事行政之總機關」。例如：薩孟武：「觀考試院之職權，知其不限於考試，乃普及於一般人事行政。所以考試院與其以考試爲名，不如依日本『國家公務員法』所定，改稱爲人事院，猶能名實相符。」林紀東：「所謂考試院爲國家最高考試機關云云，係指其爲人事行政院機關之意，而非僅指狹義之考試而言。」張金鑑：「考試院爲全國人事行政最高機關，而所謂人事行政固不僅考試一端，是則以『考試』命名，似不無應加斟酌之處。」

二、考試院的職權

CON83：「考試院……掌理考試、任用、銓敘、考績、級俸、陞遷、保障、褒獎、撫恤、退休、養老等事項。」

[說明]　由於本條所涵蓋之廣泛的考試院職權，大大削弱了行政院對公務員之人事考選、任用、指揮之權，所以早在民國五十五年動員戡亂時期臨時條款修正條文中便授權總統調整人事機構，蔣中正總統據此於次年制頒行政院人事行政局組織規程，並成立人事行政局。依考試院組織法（36.3.31 制定，83.7.1 修正）第二條規定：考試院行使憲法所賦予之職權，對各機關執行有關考銓業務並有監督之權。另依（民 67 釋 115）：「考試院爲國家最高考試機關，得依其法定職權訂定考試規則及決定考試方式。」

CON87：考試院關於所掌事項，得向立法院提出法律案。

三、考試院的組織

CON84：考試院設院長、副院長各一人，考試委員若干人，由總統提名，經監察院同意任命之。

[說明]　依考試院組織法第五條規定：「考試院院長、副院長及考試委員之任期爲六年。前項人員出缺時，繼任人員之任期至原任期屆滿之日爲止。」

CON89：考試院之組織，以法律定之。

[說明]　考試院組織法第三條規：「考試院考試委員之名額定爲十九人。」

考試委員應具備下列資格之一：

(1)曾任考試委員聲譽卓著者。

(2)曾任典試委員長而富有貢獻者。

(3)曾任大學教授十年以上，聲譽卓著，有專門著作者。

(4)高等考試及格二十年以上，曾任簡任職滿十年，並達最高級，成績卓著而有專門著作者。

(5)學識豐富，有特殊著作或發明，或富有政治經驗，聲譽卓著者。

考試院設考選部、銓敘部、公務人員保障暨培訓委員會；其組織另以法律定之。考試院設考試院會議，以院長、副院長、考試委員及前條各部會首長組織之，決定憲法所定職掌之政策及其有關重大事項。前項會議以院長爲主席。考試院就其掌理或全國性人事行政事項，得召集有關機關會商解決之。考試院組織法 L8：「考試院院長綜理院務，並監督所屬機關、考試院院長因事故不能視事時，由副院長代理其職務。

四、選拔公務員的方法

CON85：公務人員之選拔，應實行公開競爭之考試制度，並應按省區分別規定名額，分區舉行考試。非經考試及格者，不得任用。

CON86：下列資格，應經考試院依法考選銓定之：一、公務人員任用資格。二、專門職業及技術人員執業資格。

[說明]　考試院對於各公務人員之任用，除法律另有規定外，如查有不合法定資格時，得不經懲戒程序逕請降免。

（一修）：無。

（二修）：無。

（三修）：新增：憲法第八十五條有關按省區分別規定名額，分區舉行考試之規定，停止適用。

（四修）：同（三修）

五、憲法增修條文對考試權的更動

(一)縮減考試院的職權

爲了解決多年來考試權與行政權相扞格的難題，第二屆國大臨時會在維持五權憲政體制的前題之下，採納了縮減考試院權限的方案，於民國八十一年五月二十七日三讀通過增修條文第十一條至第十八條，其中第十四條規定考試院掌理下列事項，不適用憲法第八十三條之規定：考試。公務人員之銓敘、保障、撫恤、退休。公務人員任免、考績、級俸、陞遷、褒獎之法制事項。

由此一新條文之規定可知，五權分立制雖仍維持，考試院也還保留爲「國家最高考試機關」；但「第二階段」憲改後，考試院以往擁有的完整人事行政權已受一定程度的限制。之前，考試院既被認定爲人事行政總機關，則憲法第八十三條關於考試院職權之規定，自應解釋爲係例示或概括之規定，而非列舉之規定。

而今，依本條文之規定，在考試院原有明定之十一項人事職權中，除「考試」一項之外，考試院尚完整地保有公務人員之銓敘、保障、撫恤、退休等四項，而公務人員之任免、考績、級俸、陞遷、褒獎等五項則僅餘法制事項權，至於「養老」則已全然剔除在考試院職掌之外。於是，憲法增修條文第十四條規定以外之有關公務人員的其他人事職權，如人事分類、訓練、進修、培育、保險、福利、員工關係等項，依剩餘權歸屬之認定原則，即應統歸於行政院人事行政局所掌有，或至少已不再是考試院應有的職掌了。如此一來，關於考試院權責的爭議，應已大體獲得澄清，但令人不解的是修憲者將考試院職掌另作上述劃分的依據或標準爲何？從組織理論與決策過程觀之，將公務人員之人事行政權割裂並分屬兩機關，不僅牽涉權限如何劃分的問題，尙有公文旅行、聯繫協調等行政效率的問題。其次，所謂「法制事項」的涵義爲何？人事行政方面的職權除了「法制事項」，尙有何種事項？抑或兩者即已構成完整之人事職權？許南雄教授認爲：「法制權責實質方面欠明確，其結果難免治絲益棼。」 由以上諸問題看來，表面上憲法增修條文已將考試院的職掌作了較清楚的定位，但真正的問題，恐怕得等到考試權實際運作之後才會逐一浮現。

(二)國民大會對考試院行使同意權

憲法第八十四條謂：「考試院設院長、副院長各一人，考試委員若干人，由總統提名，經監察院同意任命之。」依據本條之規定可知，考試院係由院長、副院長、考試委員所構成。三者均由總統提名，經監察院同意任命之。既然總統掌握了提名權，則無論提名的方法和過程如何，總統個人的主觀意志終是最後決定因素之一，由此可以斷言，總統的地位高於考試院院長，至於考試院院長是否因此須向總統負責？在憲法相關條文中似無如是規定和設計，或可參考政黨因素和實際政治加以研判。至於因同意權的行使，是否使得考試院必須向監察院負責？衡諸行憲以來的經驗，監察院行使憲法賦予之權限以監督考試院有之，但並未有考試院向監察院負責之確切機制出現。

因此，考試院應負責的對象，在我國行憲史上是個不明確的問題，國家政策研究中心於民國七十八年十二月召開「民間國建會」，在總結報告中提出了：「考試院向立法院負責」的主張， 其理由在於立法院是最具代表性的民意機關。國民大會的代表性雖不如立法院，但不失爲民意機關。故考試院向國大負責，亦有其正當性。民國八十三年通過之憲法增修條文第五條第二項已明文規定：「考試院設院長、副院長各一人，考試委員若干人，由總統提名，經國民大會同意任命之」。即將對考試院同意權的行使自監察院移至國民大會，但此舉除了可爲國民大會之擴權作一見證外，是否可以因此推論說，修憲者已隱然有回歸五權憲法，讓考試院向政權機關負責之意呢？吾人檢視相關的文獻似乎無法獲得足夠的證據。退一步而言，由於缺乏相關配套之制度設計，即便有心使考試院向國民大會負責，亦無從爲之。

六、憲改以來行政、立法、考試三權的互動

(一)由「行政院人事行政局組織條例」觀之

「第一階段」憲法增修條文於民國八十年五月一日公布生效，其第九條第二項謂：「行政院得設人事行政局」，同條並規定其組織以法律定之，在未完成立法程序前，其原有組織法規得繼續適用至民國八十二年十二月三十一日止。於是行政院乃積極進行人事行政局組織條例之研議，由於該條例所規範之人事行政局職掌，與考試院之若干職掌有所重疊，爲此，兩院乃於民國八十二年六月四日開會協商，作成十點結論，經兩院代表同意略作修改後，人事行政局組織條例草案由行政院送請立法院審議，旋即三讀通過，由總統於同年十二月三十日公布。

該條例第一條謂：「行政院爲統籌所屬各機關之人事行政，設人事行政局。本局有關考銓業務，並受考試院之監督。」與動員戡亂時期該局組織規程第一條人事行政局「有關人事考銓業務，並受考試院之指揮監督」之規定相比，可知考試院與人事行政局的關係已

有一定程度的調整，在權力體系中，前者和後者的關係，已由積極的「指揮監督」窄化爲消極的「監督」，而在業務監督的範圍則由廣泛的「人事考銓」縮減至狹義的「考銓」。此外，由於立法院並未依考試院的原意，同時審查通過「考試院組織法」及「銓敘部組織法」部分條文修正草案，俾救濟憲法增修條文之不足，以協助釐清行政院和考試院在公務人員人事行政事項上的權限問題，因此，後來立法院通過考試院組織法部分條文修正案時，曾予行政院人事行政局極大的挑戰。

(二)由考試院組織法新修正條文觀之

考試院於民國七十九年間曾經成立專案小組研修組織法，後因憲改之進行而擱置。「第二階段」憲法增修條文公布後，考試院乃於八十二年二月二十二日完成組織法部分條文修正草案，送請立法院審議，至八十三年六月十四日始完成三讀，並於同年七月一日公布。

考試院組織法新修正條文與該院定位有關之內容如下：

(1)明定考試院對各機關執行有關考銓業務有監督之權。

[說明] 原第二條謂：「考試院行使憲法所賦予之職權」，現增加下文：「對各機關執行有關考銓業務並有監督之權。」以確立考試院監督各機關執行有關考銓業務的法源。

(2)增設「公務人員保障暨培訓委員會」，其組織另以法律定之。

[說明] 「保障」和「培訓」雖都是人事行政的事項，但兩者的性質頗爲不同，如何在同一委員會之下使兩者順利運作，是將來考試院規劃成立委員會時的難題。

(3)規定考試院就其掌理或全國性人事行政事項，得召集有關機關會商解決之。

[說明] 如前所述，憲法增修條文已縮減考試院的職掌，該院

實質上已不再是「人事行政總機關」，因此，此一規定似應解釋爲僅具象徵性的意義，即所謂「召集」並不具有主持仲裁的涵義。

(4)擴大考試院的組織編制，增設副秘書長、秘書處處長、副處長及組長（由參事兼任），實際增加員額四十一人至四十八人。

[說明]　秘書處組織架構及層級之修正，係參考其他各院組織法，而員額之增加因係在當前政府精減人事政策的前提下獲致，可謂極爲難得。

由以上四點內容可知，立法委員對考試院藉由修改組織法亟思積極作爲的表現，頗爲支持。這和當時考選部王作榮部長個人的魅力，當然有極大的關係。雖然，表面上看來，立法院有「考試院組織法原列考試委員十九人，應予減縮，考試院應於半年內完成評估，提案修改考試院組織法送立法院審議」及「考試院公務人員保障暨培訓委員會所需工作人員，應於考試院、考選部及銓敘部編列員額內調充之」兩項附帶決議，爲考試院此次修改組織法必須付出的代價，但一者，考試委員總人數爲何，尚有頗多討價還價的空間，筆者認爲人數將來降至個位數的可能性甚微。

再者，「公務人員保障暨培訓委員會」之成立，突破了考試院傳統兩部的小格局，雖未直接帶給考試院新增員額，但如前第四點所述，由於相關業務的擴充，通過組織法的修改，考試院可望增加實際員額共四十一人至四十八人。而且，因該委員會的增設，考試院也有了準司法性質的職權，其意義尤其重大。所以，在吾人看來，此次修改組織法，考試院可以說是頗有所獲。

(三)由考試院與行政院協商觀之

爲使考試院、銓敘部及行政院人事行政局三個相關單位的組織法迅速通過修法或立法程序，民國八十二年六月四日考試與行政兩院副院長乃共同主持協商會議，就「考試院組織法部分條文修正草案」、「銓敘部組織法部分條文修正草案」及「人事行政局組織條例草案」之有關職權先行釐清，以利立法院法制委員會之審查。

要之，考試院未堅持憲法增修條文賦予之法制事項權，同意行政院向立法院提出人事行政局組織條例草案，而行政院則將憲改後顯似由其獨有之人事剩餘權分與考試院共享。本文前曾論及，所謂「法制事項權」並不明確，因此，人事行政局之組織條例草案由其主管機關行政院向立法院提出，或有其必要，不能逕謂違反憲法第八十七條「考試院關於所掌事項，得向立法院提出法律案」之規定，至於有無後遺症則尚有待觀察。惟行政院未堅持其在憲法增修條文中「剩餘權」的獨享，反而認可考試院掌有公務人員訓練、進修方面的部分職權，遂使考試院得以突破行憲以來一院兩部的傳統組織架構，增設「公務人員保障暨培訓委員會」，並因而導致立法院法制委員會在審查通過考試院組織法修正案的同時，作出：「人事行政局公務人員訓練中心」應合併於考試院該委員會，並限期於本法修正通過後三個月內完成立法程序之附帶決議。本項附帶決議依人事行政局的看法，既「嚴重影響行政院之職權，且牴觸人事行政局組織條例之規定」。

綜上所析，可見此次兩院副院長階層對等式的協商，不僅未能解決老問題，反而留下了新的問題。新的考試院組織法賦予考試院就其掌理或其全國性人事行政事項，得召集有關機關會商解決的權限，但「召集」會商是否可就商議內容加以仲裁，不無疑問，因此，上述兩院由副院長共同主持和協商的模式宜否繼續進行，值得商榷。

第七節　監察機關

一、監察院的地位

CON90：監察院為國家最高監察機關，……。

[說明]　現行憲法頒行後，引發出監察院究為「政權機關」抑「治權機關」,「法律性機關」抑「政治性機關」等問題。其後民國四十六年大法官會議曾作一引起爭論最多的釋字第七十六號解釋：「我國憲法係依據孫中山之遺教而制定，於國民大會外並建立五院，與三權分立制度本難比擬。國民大會代表全國國民行使政權，立法院為國家最高立法機關，監察院為國家最高監察機關，均由人民直接間接選舉之代表或委員所組成，其所分別行使之職權，亦為民主國家國會重要之職權。雖其職權行使之方式，如每年定期集會，多數開議，多數決議等，不盡與各民主國家國會相同，但就憲法上之地位及職權之性質而言，應認國民大會、立法院、監察院共同相當於民主國家之國會。」大法官會議的解釋對國民大會、立法院與監察院的定位而言，可說是「面面俱到」，但對憲政發展而言，則帶來了更多的問題。民國七十九年六月，李登輝總統邀集海內外各界人士舉行「國是會議」，商討動員戡亂時期結束後的憲政改革問題，其間關於監察院的改革建議，大致有三個方向：

(1)維持監察院，但要求廢除監察院之「同意權」，使「國會權」統一由立法院行使，並釐清政權中「罷免權」與治權中「彈劾權」之問題，而盡量將彈劾權的行使對象縮小爲只及於非民選之官員。

(2)要求擴張監察院之功能，將立法院與監察院調整爲國會兩院體制，使監察院除了擁有目前之職權外，再賦予其法案、預算，甚至將法務部之檢察權併入監察院。

(3)裁撤監察院，併其職權於立法院。基本上國是會議討論監察權時，仍是三權憲法與五權憲法之爭，大體上國民黨抱持回歸憲法和小幅度修憲的基本態度，主張維持五權憲法體制，監察院應作適當調整但不可輕言廢除。相對於國民黨的看法是：應凍結中華民國憲法，議定新憲法，解散國民大會、監察院，成立一院制國會。針對單一制國會的主張，有人認爲容易出現不能代表全國民意的反常現象，導致國會獨裁，侵害人民權益；另一方面就採行兩院制之民主國家觀之，除美國之參院外，其他國家的上院，概皆退爲諮詢顧問的角色，不再具有與下院平等之決定權，由是似乎也沒有必須設立第二院的理由。

二、監察委員產生的方式與任期

CON91：監察院設監察委員，由各省市議會、蒙古、西藏地方議會，及華僑團體選舉之。其名額分配，依下列之規定：一、每省五人。二、每直轄市二人。三、蒙古各盟旗共八人。四、西藏八人。五、僑居國外之國民八人。

CON93：監察委員之任期爲六年，連選得連任。

（一修）：(1)「監察院監察委員由省、市議會依下列規定選出之、不受 CON91 之限制：一、自由地區台灣省二十五人。二、自由地區每直轄市各十人。三、僑居國外國民二人。四、全國不分區五人。前項第一款台灣省、第二款每直轄市選出之名額，在五人以上十人以下者，應有婦女當選名額一人，超過十人者，每滿十人應增婦女當選名額一人。」

(2)「……監察院監察委員之選舉罷免，依公職人員選舉罷免法之規定辦理之。僑居國外國民及全國不分區名額，採政黨比例方式選出之。」此一條文有關監委部分依八十一年五月二十八日公布的憲法增修條文第十五條第二項規定，已停止適用。

(3)「監察院第二屆監察委員應於中華民國八十二年一月三十一日前選出，均自中華民國八十二年二月一日開始行使職權」。此條係明白規定新舊監察制度的變換時期。

[說明] 監委名額一向較立委名額爲少，此次修憲決定以定額方式規定監委人數，而非比照國大或立委部分，依人口增減而予調整。然此一條文在第二階段憲改中被擱置。在增修條文第十五條中，監察院被改制爲非代議機構，不再具備國會功能，監委亦不再由省、市議會選出，而改由總統提名，經國民大會同意任命之。

（二修）：監察院設監察委員二十九人，並以其中一人爲院長、一人爲副院長，任期六年，由總統提名，經國民大會同意任命之。CON91 至 CON93、增修條文（一修）第三條，及第四條、第五條第三項有關監察委員之規定，停止適用。

[說明] 原 CON93 規定：「監察委員之任期爲六年，連選

得連任」。在（二至四修）中並未明文規定監委是否可連任。監委的任期必須限制只能一任，不能連任，唯有如此監委才能不畏權勢，打擊不法。

（三、四修）：同（二修）。

三、監察院的職權

CON90：監察院行使同意、彈劾、糾舉及審計權。

C0N94：監察院依本憲法行使同意權時，由出席委員過半數之議決行之。

[說明]　依據我國憲法原先之規定，立法院和監察院各自行使一部分的同意權，立法院對行政院院長和審計長的任命有同意權（CON55 和 CON104）；監察院對司法院院長、副院長和大法官及考試院院長、副院長和考試委員的任命有同意權（CON79 和 CON84）。至於監察院應否享有同意權？部分學者持反對意見，其理由爲：我國監察權係淵源於歷代監察制度，歷代監察權行使的範圍，雖有大小不同，但均不包括人事任命同意權。且監察權之作用本多監察政治於事後，若在事前行使同意權，變爲推動政治於事前，與監察權之功能背道而馳。過去監察院行使同意權的主要目的，係依據憲法之規定，完成憲法所規定的手續，以審查被任命人的資格及其犯罪記錄，並防止總統任用私人而已。與立法院對行政院長之帶有「信任與負責」意義的政治性同意權全然不同。

C0N95：監察院爲行使監察權，得向行政院及其各部會調閱其所發布之命令及各種有關文件。

CON96：監察院得按行政院及其各部會之工作，分設若干委員會，調查一切設施，注意其是否違法或失職。

[說明]　就監察權的內容而言，過去「五五憲草」，賦予監察院彈劾、懲戒及審計的權力；「政治協商會議修改五五憲草原則及憲法草案」則將之損益為同意、彈劾、監察及糾正權；制憲國民大會最後確定為同意、彈劾、糾舉、糾正及審計權。對於憲法所賦予監察院的各項職權，其運用程序，又分別由監察法、審計法、監試法等作詳細的規定。

（一修）：無。

（二修）：(1)刪除「同意權」。

(2)新增：「監察委員須超出黨派以外，依據法律獨立行使職權」。

(3)「監察院對於總統、副總統之彈劾案，須經全體監察委員過半數之提議，全體監察委員三分之二以上之決議，向國民大會提出，不受 CON100 之限制」。此次修憲所以將彈劾條件規定得更為嚴格，應是認為原彈劾條件可能過於簡易，以及避免監委個人輕率提議之故。

[說明]　有關總統、副總統之罷免，除由國民大會代表提出罷免案外，監察院可提出彈劾案，國民大會為罷免之決議時，經代表總額三分之二同意，即為通過。在（二修）中，將罷免、彈劾總統、副總統行使的條件均規定得更嚴格。而有關監察院對於總統、副總統的彈劾案，須經全體監察委員過半數之提議（原憲法之規定為「四分之一」），全體監察委員三分之二以上之決議（原憲法之規定是「過半數」），向國民大會提出。（三修）時，則規定：「監察院向國民大會提出之總統、副總統彈劾案，經國民大會代表總額三分之二同意時，被彈劾人應即解職。」

(4)「監察院對於中央、地方公務人員及司法院、考試院人員之彈劾案，須經監察委員二人以上之提議，九人以上之審查及決定，始得提出，不受 CON98 之限制」。(此條文將 CON98：「對於公務員彈劾須有監察委員一人以上之提議，九人以上之審查及決定，始得提出」之規定，改爲須有監察委員「二人」以上之提議，九人以上之審查及決定。

(5)「監察院對於監察院人員失職或違法之彈劾，適用 CON95、CON97.2 及前項之規定」。此一部分乃增列監察院對監察人員失職或違法後予彈劾之規定。換言之，監察權之行使，不僅包括行政院及其各部會、司法院及考試院，以及中央及地方公務人員，且及於監察院人員。根據 CON97 規定，監察院對行政院及其各部會的施政，得提出糾正案，促其注意改善。對公務人員，認爲有失職或違法情事，得提出糾舉案或彈劾案。而糾舉與彈劾之間的差別是，彈劾案需要經監委九人以上之審查，過半數通過後，則送公務員懲戒委員會懲戒，公懲會採合議制；糾舉案則只需要監委三人以上之審查，採多數決，通過後則直接送被糾舉人之主管長官，作停職、調職或其他急速處分。由於糾舉案之程序較爲簡便，也較具緊急性，如適當行使，確實可補彈劾權之不足。

(6)「憲法第一百零一條及第一百零二條之規定，停止適用」。此乃因監察委員產生方式改變，已非民意代表，則屬於民意代表之言論免責權及免於拘押權，自應不再適用。此外，監察委員行使職權時也必須以保密爲原則，不應以國會的公開會議方式進行，而應比照大法官會議及考試院院會開會的方式，不對外公開。

[說明]　就執政黨決定將監委改由總統提名、國大同意任命而言，監委不再經由選舉產生，使監察院從國會一變而爲準司法機關，原屬國會的彈劾權及調查權仍由已非國會的監察院行使，似乎不符合議會政治的基本理念；同時，相當於國會的立法院反而沒有調查權及彈劾權，因而有「跛腳國會」之慮，且無法充分落實監督行政的功能。固然，五權架構不一定要將監察院定位爲國會，但學理上的扞格與權責的紊亂，卻不能漠視。

監察院既專司風憲，自應超出黨派以外，依據法律獨立行使職權，與人法官、考試委員並無不同，第二屆國代修憲時爰參照憲法原第八十八條關於考試委員獨立行使職權之規定，增定此條。加以 CON103 規定：「監察委員不得兼任其他公職或執行業務。」足見對監察委員限制之嚴，其所以如此，實爲免其有利用職權，要挾行政首長，以作爲攫取名位之私圖，或因個人之利害關係，與政府官員互相勾結，而妨礙監察權之行使。至於所以規定監委須超出黨派以外，主要目的即在確保監委於行使調查、糾舉、彈劾等職權時，能不受黨派因素影響而有所偏頗，且因此種準司法權之行使，難免牽動政治層面之效應，故監委如不能超然於黨派之外，將無法充分行使其法定職權。

（二修）有鑑於監察院定位的變更，立法院部分委員認爲，爲解決目前立、監兩院與決算審查權的問題，立法院應在監察院喪失國會地位後，仿照美國國會，納入審計權，否則將形成「由立法院同意的審計長向國民大會同意的監察院負責」的怪現象。CON90 雖規定審計權由監察院行使，

CON104 也規定監察院設審計長，不過審計部與監察院在實務上並沒有明顯的隸屬關係。監察院不僅對所屬審計長人選無置喙餘地，審計部人事也是依審計人員任用條例自成體系，而且兩個單位在審計法與決算法中也都少有牽連，故主張審計部門獨立設置，或是附屬於國會。事實上，審計權放在監察院是值得商榷的。從人事上說，審計長是總統提名，立法院同意後任命，監察院無權與聞。從業務上說，審計長每年應向立法院而非監察院提出決算報告。加上審計法第十條規定，審計人員應依法獨立行使職權，不受干涉。監察院當然不得干涉，如此將審計權列爲監察院的職權是有問題的。

又，原先掌握國會調查權的監察院，由於修憲後定位爲準司法機關，多位朝野立委都有意將國會調查權納入立法院，強化現有立法權、質詢權、預算權的運作效能，且作爲對行政部門監督的手段。所以，從第二屆立委開議以來，立法院即不斷提出在立委職權中增列調查權。反對者以我國憲法明定調查權屬監察院，立法院不宜擁有該權；支持者則認爲調查權爲民主國家國會必須之職權，尤爲行使立法院其他職權所需，因此，即使憲法並未明文規定，亦不能逕行否定立法院具有此權。此項爭議於民國八十二年七月二十三日經由司法院大法官會議釋字三二五號解釋，獲得原則性解決。依該解釋，由立法院院會或委員會議決，立法院得要求行政機關提供與其審議事項有關之參考資料，必要時得經由院會決議調閱文件原本；受要求之機關，非依法律或其他正當理由不得拒絕。經大法官會議之解釋：其認定調查權（即爲追究行政機關有無違法失職而調查一切設施之權）專屬於監察院，立法院所享有者，僅爲文件調閱權。文件調閱權的行使，是附屬於立法院其他職權之權，並非獨立存在的權力。文件調閱權是立法院的職權，不是立法委員的職權，必須經由院會決議集體行使。

（三至四修）：同（二修）。

四、憲改後監察權之展望

依現行憲法暨增修條文之規定，所謂監察權，實際上包括監察院所掌之彈劾、糾舉、審計、糾正及監試權，以及法律提案權、調查權等。不過，監察院之職權雖多，但彈劾實爲其最重要之職掌。就五權分立制的觀點言，在結構上，立法、司法與行政三權乃用來「對事」，而考試、監察兩權乃用以「對人」，以此共同組成政府。在「對人」方面，考試權所處理的乃是考選、陞遷與任用，所以用人是否允當、其資格是否適才適所及考績陞遷之是否合理等問題均屬之；監察權則是對已進入官僚體系內的人員是否有違法失職之處予以監督，如「百僚之屬」有違法失職者，則監察院要代表國家告發，此即爲糾舉、彈劾權的行使範圍。

依原先憲法的設計，國會職權切割爲事前監督與事後監督，事前監督權歸立法院，行政院做什麼事，要先經立法院同意，這部分透過立法及預算落實。事後監督權則屬監察院，政府官員做錯事，監察院透過調查及審計瞭解後，可以糾正、彈劾。但監察院由國會改爲準司法機關後，國會的事後監督權在那裡？民意監督與司法或準司法的監督是不同的，未來立法院若無國會調查權，根本無法進行事後監督，以後如何確實追究違法失職官員的政治責任？

除了上述問題外，憲法增修條文規劃之新監察制度最受人質疑的是，依原憲法的設計，總統所受到的直接監督，有監委的彈劾權及國大的罷免權，但監委改由總統提名後，將造成監督關係之混亂，就實際的運作而言，被總統提名的監委既是「恩由上賜」，幾無彈劾總統的可能性。重以國代可兼官吏，多少受制於總統的任官權，而國代又掌握對監委的同意權，這也混淆了監督關係。

8 地方自治

- 權力的地域分配
- 中山先生的均權主義
- 均權主義下的地方自治
- 台灣的地方自治

第一節　權力的地域分配

「地方」是政治及行政上相對於「中央」的一個概念。當今之世，除了極小型的國家，例如，歐洲的摩納哥和安道爾（Monaco and Andorra），及屬於小型島國的馬爾它（Malta），因範圍有限，可由中央提供應屬地方政府所提供的服務，此外，幾乎世界上所有國家的統治工作，都分配在中央和次級政府所組成的階層中。政治學者史庫茲（Ernst B. Schulz）認爲，每一個國家的政府爲了方便行事，不得不在統治權力上作地域性的分配，劃分中央及地方。

一、權力分配的概念

(一)權力的概念

「權力」向來是政治學者們所探討的主要概念之一。美國政治學者拉斯威爾（Harold D. Lasswell）和卡普蘭（Abrabam Kaplan）兩氏在他們所合著的《權力與社會》（*Power and Society*）一書的導論中，甚至強調：「作爲一種經驗的學科，政治科學是研究權力的形成與享有。」「權力」的界定，有許多不同的說法，本書主要是將權力解析爲：存在於個人、團體或機構間的一種「關係」概念，任何一方可使另一方依自己的意願行事，這就是「權力」的運作。在一個政治系統裡，權力可用種種方式加以描述並分析。美國政治學者道爾（Robert A. Dahl）在《國際社會科學百科全書》中，曾提出權力的數量(magnitude)、分配(distribution)、範圍(scope)和擴張(domain)

等分析者所欲解釋的四個特徵，本節乃是以權力的「分配」為分析解釋的重點。

(二)權力分配的概念

英國格拉斯哥大學地理系的政治地理學者派迪生（Ronan Paddison）認為，權力的分配可用兩種方式加以解析，即「誰有權力？」和「在地理意義上，權力位於何處？」依據「誰有權力」的觀點，分配所指涉的是權力究竟係集中的或分散的？這有二種不同的看法，多元主義者認為權力是廣泛分散於個人、團體和機構之間；精英主義者和馬克思主義者則都認為政治權力是集中的，前者相信應由社區之經濟及社會的傑出份子來負責統治；後者同意政治權力是由習於保護資產階級的少數所壟斷。從「權力位於何處」的觀點觀之，分配所指涉的是國家分權之程度和方法，尤其是不同型態國家的次級政府。它也涉及國家政治的「空間化」（spatialization），即在國家政治結構裡不同之地方所代表的程度。所有的國家，尤其是比較先進的工業國家，都面對如何組織空間權力的問題。權力的空間劃分是由於在國家各級政府間劃分統治功能的需要，譬如，地方政府必須擁有某些權力和義務，及履行其責任的財源。

這兩個面向的權力分配是可以互補的，「權力在何處」的問題，其實就是中央與地方的關係及地方自治的問題。「誰擁有權力」的問題，可以從縣市公共事務的分配加以觀察。

二、權力的地域分配之類型

政治學者施孟德（Henry J. Schmandt）和史坦畢克（Paul G. Steinbicker）認為，政府權力的分配有「地域分配」及「功能分配」

兩種不同的類型，而中央與地方權力的劃分，即是政府權力的「地域分配」，亦即將政府權力分配予不同層次的政府，故無論是中央或地方政府都有相同的功能，如制定法律、管理行政、司法審判等。此種政府權力的地域分配與將政府權力依行政、立法、司法等性質之不同，而作垂直劃分的政府權力的功能分配，顯然並不相同，因此，又可稱爲政府權力的「平行分配」。本節所探討的重心，即爲權力的「地域分配」。

從國家次級政府的角度觀之，權力的地域分配，與次級政府應完成某些特定功能的責任有關，不論這些功能是政治中心或中央政府所賦予的，或是該次級政府所擁有的。

在一般主權國家中，權力的地域分配可能有幾種不同的方法。最簡單的分類法是將國家區分爲聯邦制和單一制的二分法。所謂單一制，即不論實際上分權幅度的大小，政府權力分配的主體是中央政府，反之，如果是由憲法規定政府權力如何分配，且此一憲法不是中央政府所能片面修改的，則這種制度就是聯邦制。兩者主要的不同，即在單一制的國家，政治權力是不分開的，並集中在中央政府的不同機構，中央政府對地方政府的授權，是以普通的法律而非以憲法爲之，且中央可隨時撤消授權。在聯邦制的國家，權力分屬中央和地方，理論上沒有一方被認爲是附屬於另一方的。聯邦制與單一制的另一相異點，在於權力分配的過程不同。前者，權力的移轉是向上的，即由地方授與較大的地域單位，不論是自願或強迫的；在後者，則權力是中央賦予下級的地域單位。

分權也有不同的層次。在統治過程中，「負責制定法規」和「負責執行政策」的不同政治機構，在兩者之間尚有「負責解釋上級政府所訂法律」的決策機關，政府機關根據決策權可裁決來自中央權力（中央政府）的指示將如何解釋和執行。「授權」（deconcentration）

則涉及在地方如何於上級政府監督之下執行決策。在高度中央化的國家，制定法規和決策之權集中在中央；相反的，在低度中央化的國家，甚至制定法規的權力，也分散在各地域。

不同的國家若依權力的地域分配而加以分類，可形成「集中——分權」光譜。即：分離、領土的分裂→邦聯的結構→聯邦主義→複合的單一國→地方政府→行政分權→集中主義。光譜的兩個極端，分是由於權力完全分散和國家分裂所引起的全部分權，和中央保留全部權力的全部集中。前者造成領土的分列割據，後者是較無效率且不民主的統治方法，因此，在實際上，兩者可能都不被世界各國所接受。

由上可知，聯邦主義是最鮮明的分權政府的型式，但由於「分權」一詞蘊含著將權力由中央移轉至邊陲的意義，而歷史上，在聯邦主義的國家，如美國、瑞士和澳大利亞，並沒有權力由中央分給地方的事實，中央政府控制和規範的權力，反而是來自結盟的原始單位。因此，並沒有中央與州及地方政府的層級關係，如美國政治學者依烈莎（Elazar）所言：「沒有高或低的權力中心，只有政治決策和行動之大或小的地域範圍。」

在單一制國家，權力主要是授予各地方政府，各級政府間是階層的關係。典型的地方政府具原有法定的空間，並負責執行上級（中央）賦予的權力。因此，地方政府可說是中央組織其政治腹地的一種設計。地方政府有種種不同的型態，它們的主要工作是在一個它們能徵收地方稅的特定範圍內，提供公共的服務。在這個基本定義之下，它們可能是多重目的或特殊目的，代表性或非代表性的。

將國家簡單地分類爲聯邦制或單一制，必然面臨越來越多的國家不能適當地被歸類的問題。一般而言，聯邦制的國家多實行地方分權，單一制的國家多實行中央集權，但近來聯邦制國家中央政府的權力與責任頗有擴張的趨勢，另一方面，英國雖是單一制的國家，但其國地方分權的事實頗為明顯，因此，聯邦制與地方分權，單一制與中央集權，都並不是相同的概念。因此，依烈莎有所謂複合單一制（compound unitary）的說法，即國家將實質的權力，包括制訂法規的權力，授與次級政府。因此，這些國家實際上像聯邦主義。複合單一制可更精確的劃分為兩種型態：第一種類型主要是多民族的國家，它們之所以像聯邦制是源自地方政府的建立，地方政府擁有在單一制國家裡通常被視為是中央政府的特權之立法權和（或）功能責任。第二種類型是一種政治結盟的型式，容許相當小的社區經由不同的政治組織，維持它們的文化認同，而對一個較、較有力的民族國家保持經濟、政治、軍事等等的關係，最常見的例子是近海的島嶼。依烈莎的說法，雖較為周延，但仍不能涵蓋世界上的所有國家。

如上所述，將世界上的國家簡單的劃分為單一制、聯邦制甚或複合單一制，似嫌不夠周延，且單一制未必即是中央集權，聯邦制也未必即是地方分權。

第二節　中山先生的均權主義

我國幅員廣大，各地的情況不同，因此，如何釐定中央與地方的關係，自然是一個極重要的問題。自古以來，中國政制即有所謂「內重外輕」或「外重內輕」的主張，外國學者也常有「中央集權」與「地方分權」的爭權，然皆不免流於偏頗，中山先生為補偏救弊，故提出均權主義的主張。

一、均權思想的演進過程

中山先生對我國中央與地方關係應如何地釐定，曾不時有所主張：

(一)早期主張聯邦制

民國前十五年（1898 年）八月，中山先生在與日籍友人宮崎寅藏的談話中，流露出他要在中國進行革命，以建立聯邦政府的決心。兩年後，他在致香港總督書中主張「於都內設立一中央政府，以總其成，於各省設立一自治政府，以資分理。」武昌起義成功後，中山先生自倫敦取道巴黎返國，他在巴黎接受記者訪問時，提出中國的面積與歐洲相似，不適於中央集權，故欲仿效美國實行聯邦制，以建設中國為新共和國之構想。民國元年元旦，中山先生在「臨時大總統就職宣言」中，強調「國家幅員遼闊，各省自有其風氣為宜。前此清廷強化中央集權之法行之，遂其偽立憲之術；今者各省聯合，互謀自治，此後行政期於中央政府與各省之關係調劑得宜。」

由上述可知，中山先生早期似乎受美國革命經驗的影響，故主張在中國應採聯邦制，並將中央與各省的權限劃分清楚。

(二)民初主張單一制

辛亥革命以後，中央與地方權力之糾葛，仍被認為是新成立之民國政府所面對之第一大問題，中山先生於民國元年八月十三日發表的「國民黨宣言」中主張：「保持政治統一，將以建單一之國，行集中之制，便建設之事，網舉目張，在民國二年四月公布的「國民黨政見宣言」中對政體之主張則確認單一國制：「吾國今日之當採單一國制，已無研究之餘地。臨時約法已規定我國爲單一國制，將來憲法亦必採用單一國制，自不待言。惟今尚多有未能舉單一制之實者，故吾黨不特主張憲法上採用單一國制，並力謀實際上舉單一國制之精神。」他雖然明顯的主張單一國制，但同時主張省爲自治團體，有列舉立法權：「各省除省長所採之官治行政外，當有若干行政，必須以地方自治團體掌之，以爲地方自治行政。此自治團體，對於此等行政有立法權，惟不得與中央立法相牴觸。至於自治行政之範圍，則當以與地方關係密切之積極行政爲限，其目有六：①地方財；②地方實業；③地方工程；④地方交通事業；⑤地方學校；⑥慈善公益事業。皆明定法律，列舉無遺，庶地方之權，得所保障。」崔書琴先生認爲這一段話是「均權主義的最初說明」，筆者卻認爲這一段話是中山先生「單一制下的地方自治」主張之說明，中山先結合了「單一制」和「地方自治」兩個概念，亦於政體主張單一制，但在單一制下，也主張實施地方自治。此一主張，後來隨著他對政體認知由單一制改爲均權制的轉變，也改爲主張「均權主義下的地方自治」。

(三)晚年主張均權主義

中山先生對釐定中央與地方關係所持的主張，其名稱與內容最後是在民國十三年才確定的。他在當年的「民權主義第四講」及「中國國民黨第一次全國代表大會宣言」中，都曾表示反對「聯省自治」、「聯邦制」的主張，在「中國國民黨第一次全國代表大會宣言所附政綱」和「國民政府建國大綱」中，則說明他所主張的是「均權主義」或「均權制度」。依據「國民黨政綱」對內政策第一項和「建國大綱」第十七條的規定，所謂均權主義或均權制度，即：「凡事務有全國一致之性質者，劃歸中央；有因地制宜之性質者，劃歸地方。

不偏於中央集權（制）或地方分權（制）」。

二、權限劃分的標準與方法

中山先生批評中央集權、地方分權甚或聯省自治，認爲那只不過是內重外輕，內輕外重之常談而已。他主張權之分配，不當以中央或地方爲對象，而當以權之性質爲對象。他說：「權之宜屬中央者，屬之中央可也；權之宜屬於地方者，屬之地方可也。例如軍事、外交，宜統一不宜分歧，此權之宜屬於中央者也。教育、衛生，隨地方情形而異，此權宜屬於地方者也。更分析，言同一軍事也，國防宜屬之中央；然警備隊設施，豈中央所能代勞，是宜屬之地方也。同一教育也，濱海之區宜側重水產，山谷之地宜側重礦業或林業，是故宜予地方以措置之自由。然其學制及義務教育年限，中央不能不劃一範圍，是中央亦不能不過問教育事業矣。是則同一事業，猶當於某種程度以上屬之中央，某程度以下屬之地方。彼漫然主張中央集權或地方分權甚或聯省自治者，動輒曰某取概括主義，某取列舉主義，得勿嫌籠統乎？」因此，他主張「權力分配不當挾中央或地方之成見，而惟依其本身之性質爲依歸，事之非舉國一致不可者，以其權屬於中央，事之應因地制宜者，以其權屬於地方。易地域的分類，而爲科學的分類，斯爲得之。」

至於中央與地方權力的劃分，應以憲法爲之，或以普通法律爲之，中山先生並未進一步說明。他只說過中央的權力是「統括的」，地方的權力是「列舉的」，因此，崔書琴先生認爲用憲法或普通法律劃分，都不算違反均權主義。

三、均權主義的價值

中山先生均權主義的主張，一方面是根據中國國情，另一方面是參酌中外學理折衷而得結論。此項主張，雖然簡單，但卻有以下優點：

(一)適合國情

因中國幅員遼闊，歷代以來，中央與地方關係調整適當時，則國家太平，反之則禍亂隨生。過度的中央集權，固易形成中央專制，引起地方反抗；過度的地方分權，又常造成地方割據。所以要使中央與地方的關係適當，能彼此恰得其分，均權制度自然是最合理的原則。

(二)避免極端

均權主義的特點是「不偏於中央集權制或地方分權制」。中央集權的優點在使政府工作有效率，缺點在不能因地制宜。地方分權的優點在減輕中央立法機關工作的繁重，而使各地都能因地制宜；缺點在使中央與地方的關係不易調整，與不能「因時制宜」。而均權主義不偏於中央集權或地方分權，其結果必能使中央與地方的關係「調劑得宜」。

(三)賦有彈性

中山先生未將中央與地方的權限逐項列舉詳細劃分，只概括性的規定，旨在使此項權限劃分，賦有彈性而能適應事務性質，隨時有改變可能的情勢。因為一種具有因地制宜性質的事務，很可能因情勢需要，而必須取得全國一致的性質，所以中山先生只提出一個概括性的原則。

第三節　均權主義下的地方自治

一九八九年十月，英國「地方政府研究中心」舉辦慶祝成立二十五週年學術會議，邀請西歐國家的一些學者參加，與會人士於探討歐洲主要國家的地方政府及政治後發現：在歐洲，除了英國外，中央與地方的關係已普遍轉向地方分權(decentralization)及地方自治(local autonomy)[1]。

我國的地方自治是以國父孫中山先生的遺教爲指導原則，並且是實行於臺灣地區的，深受地理環境的制約。因此欲瞭解中央與地方關係的變化，必須從中山先生「均權主義」、「地方自治」兩項主張切入。由於這兩項主張的涵義有所同、亦有所不同，爲能清楚地予以界定，本節側重縱剖面，自歷史演進的過程加以說明，並擬進一步探討兩者的關係。此即本節的重點之一。

「均權主義」、「地方自治」雖是中山先生生前重要的政治主張，但是其提出距今已將近一個世紀，兩者是否仍各有時代意義，這是本節所要探討的第二個重點。

如何將「均權主義」、「地方自治」這兩項看似獨立，卻又有一定程度關聯的主張，作一適當的連結，是本節的第三個重點。

誠如美國政治學者林百克（Paul M. A. Linebarger）所言，在中央、省、縣三者關係的界定上，中山先生並未留下確切而最後的宣

---

[1]Richard Batley and Gerry Stoker, *Local Government in Europe : Trends and Developments* （England:Macmillan Education Ltd., 1991）, p.12.

示，必須從他的政治哲學去探索[2]。

一、地方自治與均權主義的關係

如上節所述，均權主義或均權制度只是中山先生對於權力應如何適當分配的一項見解，「均」字在此被很清楚的解釋為「允執其中」的意思。他在晚年以之平息國內關於中央集權或地方分權甚或聯省自治的紛爭。因此，均權主義只有在與這三個概念相對照之下才有意義。筆者以為，不能將它視為「聯邦制」和「單一制」之外國體的另一種類別。至於中山先生主張地方自治，有著清楚的歷史軌跡可循。民國前十五年七月，他曾向日本友人宮崎寅藏宣示：「以人群自治為政治之極則。」民國前十二年五、六月間，他致書予香港總督主張各省立一自治政府，並說明所謂自治政府者：「由中央政府選派駐省總督一人，以為一省之首，設立省議會，由各縣貢士若干名以為議員，所有該省之一切政治、徵收、正供皆有全權自理，不受中央政府遙制。」民國前七年同盟會革命方略之軍政府宣言表明擬行「約法之治」，即：「每一縣既解軍法之後，軍政府以地方自治權，歸之其地之人民，地方議會議員及地方行政官，皆由人民選舉。」

民國成立之後，中山先生仍繼續鼓吹地方自治，在元旦發表的臨時大總統就職宣言中呼籲「各省聯合互謀自治」，繼而反對分權、集權之說，他指出：「中央有中央當然之權，軍政、外交、交通、幣制、關稅是也。地方有地方當然之權，自治範圍內是也。」他在民國五年七月十五日演講〈中華民國之意義〉時，進一步主張以縣為單位，實行直接民權，並謂：「地方財政完全由地方處理之，而分任中央之政費。其餘各種實業，則懲美國托拉斯之弊，而歸諸中央。」

[2]Paul M. A. Linebarger, *The Political Doctrine of Sun Yat-sen : An Exposition of the San Min Chu I* （Baltimore : The JohnsHopkins Press, 1937）, pp.228-231.

隔了一日，他講〈自治制度爲建設之基石〉，強調地方自治爲建國之礎石，並再一次重申其以縣爲單位。民國九年三月一日他發表〈地方自治開始實行法〉，說明：「地方自治之範圍，當以一縣爲充分之區域。如不得一縣，則聯合數鄉村，而附有縱橫二、三十里之田野者，亦可爲一試辦區域，其志向當以實行民權、民生兩主義爲目的。」民國十年五月五日就任大總統時，宣稱：「使各省人民完成自治，自定省憲法，自選省長。」民國十一年〈中華民國建設之基礎〉一文則強調分縣自治、行直接民權，並說明省長的地位：「一方受中央政府委任，以處理省內國家行政事務；一方則爲各縣自治之監督者。」民國十二年十月他在演講中定義地方自治：「是在兵事完結之後，把全國一千六百多縣都劃分開，將地方上的事情，讓本地方人民自己去治，政府毫不干涉。」同年年底他又在〈發揚民治說帖〉提出：「自治團體愈多而愈佳，自治區域愈小而愈妙」的觀點，力主以縣爲自治單位，舉縣議會，選議長，凡關乎地方之事，賦予全權，而以城鎮鄉爲下級團體。

民國十三年元月召開之中國國民黨第一次全國代表大會對中山先生自治的主張作出了新的詮釋，除了在國民黨政綱的對內政策中，仍然確定縣爲自治單位外，還同時規定：「各省人民得自定憲法，自舉省長」同年四月十二日中山先生手書〈國民政府建國大綱〉，在說明縣如何進行自治後，於大綱第十六條規定：「凡一省全數之縣皆達完全自治者，則爲憲政開始時期，國民代表會得選舉省長，爲本省自治之監督……。」當年十一月十日發表的北上宣言，再次重申國民黨對內政策，在於劃定中央與省之權限，使國家統一與省自治各遂其發達而不相妨礙。同時確定以縣爲自治單位，以深植民權之基礎。由此可見，中山先生於晚年時雖反對「聯省自治」說，但他所反對的是國家統一之前軍閥假聯省之名而行割據之實，並非反對各省於國家統一後，實行地方自治。至於省是否可以自定省憲？省長如何產生？他的意見前後不一，崔書琴先生認爲，以最後意見爲準，他顯然主張各省自定省憲法並自選省長[3]。但這應該是在國家完成統一，也就是軍政、訓政時期完成，進入憲政時期之後，才能實行。

雖然，中山先生並未能如願完成《地方政府》一書，但從歷來他所發表的相關言論、著作，後人已能大致明白其地方自治理論之梗概，包括地方自治的意義、範圍、組織、工作項目等等，因篇幅有限，於此不逐項一一說明。

由以上的論述可知，地方自治是中山先生從未改變的一項政治主張，儘管「地方」的概念，始終未被他清楚的界定，且「自治」的內涵也經常在改變，但終其一生，卻不曾動搖要在中國推行地方自治的決心。

相對而言，對於建立「聯邦制」或「單一制」的國家，他則有前後不同的看法。

民國前十五年七月，在向日本友人宮崎寅藏宣示追求人群自治的同時，中山先生已經考慮實行「聯邦共和」，俾消弭各路革命英雄的政治野心。兩年後，致書香港總督，崔書琴先生認爲他在信中所言者即爲聯邦制的構想。武昌起義成功後，他取道巴黎返國時，曾向記者表示，中國面積大於全歐，各省氣候不同，人民習性互異，於政治上不宜中央集權，以仿效美國聯邦制度爲最適宜。

雖然臨時大總統就職宣言中尙有建立聯邦制政府、中央與各省關係調劑得宜的宣示。但隨著中國同盟會之改組爲國民黨，建立「單一制」之國已成爲新政黨的政治訴求。國民黨在民國元年八月十三日的「宣言」及二年四月的「政見宣言」中都表明此一立場。後者

[3]崔書琴：《三民主義新論》（台北，商務印書館，民國六十六年五月，修訂台北十二版），p.217。

甚至明示：「吾國今日之當採單一國制，已無研究之餘地。」當時中山先生任國民黨理事長，為何在短短的半年中，他的政治主張竟會如此轉變？這或許可從以下這段話找到線索：「余遊歷北部之觀察，更給余以鐵證。」他在北部的親身經驗，使他相信中國向來即是單一國，且將永遠如是。惟此一發現及政治主張的改變，並未影響他自民國初年以來即對地方自治的堅持。但是一般而言，聯邦制國家大多實行地方分權，單一國制國家則多實行中央集權。國民黨一方面要「建單一之國，行集中之制」，另一方面要「發展地方自治」，為兼顧二者，便不得不主張省為自治團體有列舉之立法權，其理由在於：「在單一國制，立法權固當屬於中央，然中國地方遼闊，各省情形各異，不能不稍事變通，故各省除省長所掌之官治行政外，當有若干行政，必須以地方自治團體掌之。」如前所述，中山先生於晚年主張均權主義，不偏中央集權或地方分權，雖然他未再倡言建立單一制國家，且贊成各省如同聯邦制國家之各邦，自定省憲，自選省長。但從他在民權主義第四講中重申反對聯省自治，並強調：「中國的各省，在歷史上向來都是統一的」、「中國原來既是統一的，便不應該把各省再來分開」的說詞，可知他似乎仍堅持國體宜採單一制，在此一大原則之下，他仍然堅決地要推行地方自治，於是折衷取向的均權主義似乎成為他最佳的抉擇。

二、均權主義的當前意義

如前所述，中山先生提出均權主義的理念，是為了以之破解當時甚囂塵上的中央集權、地方分權甚或聯省自治之說，有其特殊的時代背景，後人於探討此一階段的歷史時，大多給予均權主義高度的評價。但是，在時序即將進入二十一世紀的今天，此一理念尚具有時代意義否？茲從三方面論述之。

(一)尚有研究的空間

英國政治地理學者派迪森（Ranan Paddision）認爲，權力的分配可用「誰享有權力」和「權力的地理位置位居何處」兩種方式加以解析[4]。從前者切入，分配指涉的是權力集中或分散；從後者切入，則分配指涉的是國家之內分權的程度和方法，這可能涉及國家政治的空間化問題。

美國政治學者施孟德與史坦畢克在合著的《政府的基本原理》（*Fundementals of Government*）一書中指出，政府的權力分配，除了「地域分配」外，尙有所謂「功能分配」，前者是一種「平行的分配」，劃分中央與地方的權力，後者則是將政府的權力依行政、立法、司法之不同性質而予以垂直劃分，所以是一種「垂直的分配」[5]。

中山先生於晚年已經看出，權力不能僅從「地域」的面向談分配，所以他主張：「易地域的分類，而爲科學分類」。由中山先生相關的言論、著作可知，他的均權主義說，不但可從「地域分配」加以解析，且可從「功能分配」的取向加以探討，因此，此一政治主張，在今日仍有深入研究的餘地。

(二)彈性大而易務實

中央集權和地方分權各有其利，亦各有其弊。過度的中央集權易於形成中央專制，引起地方的反抗；而過度的地方分權，卻容易造成地方割據，迫使中央束手無策。中國幅員遼闊，徵諸史實，歷

---

[4]Ronan Paddison, op.cit., p.4.

[5]地域分配與功能分配，兩種類型並不相關。參見 Henry J. Schmandt & Paul G. Steinbicker, *Fundamentals of Government* (Milwaukee: The Bruce Publishing Company,1954), p.335.

代以來，若中央與地方關係調整適當，則國家太平；反之，則禍亂隨生。

中山先生既未說明中央與地方權力之劃分應以憲法或以普通法律為之，亦未將中央與地方的權限逐項列舉、詳細劃分，可見均權主義所指出的只是一個原則，只作概括性的規定，可隨時因情勢的需要而變化。例如，當一項原本屬於地方權限範圍，具有「因地制宜」性質的事務，因配合情勢的發展而產生「全國一致」的性質後，即可依據均權主義將之改隸中央，而不致於扞格。

冷戰結束以後，堅持意識形態已經不具太大的意義，「務實」（pragmatism）取向成為解決問題的最佳途徑。美國經濟學者高伯瑞（John K. Galbraith）即曾指出，美國目前面臨的經濟衰退，主要是因戰後美國未能務實地調整經濟發展目標所致，至於臺灣經驗的成功，則源自務實態度致力推動生產等[6]。均權主義因「不偏於中央集權或地方分權」，故有較大的彈性，可以隨情勢的變更而作不同的適應，換言之，也符合務實的時代趨勢。

(三)符合當前國情的需要

均權主義是中山先生根據國情而提出的一項政治主張。彼時，一方面國家尚未統一，故倡言中央集權或地方分權顯然不切實際，另一方面軍閥擁兵自重，故響應聯省自治反而「為武人割據作護符」。中山先生認為當時中國不能統一，僅是暫時的亂象，是由於武人的割據，而美國之所以富強，不是由於各邦之獨立自治，是「由於各邦統一的結果，不是各邦分立的結果。」[7]所以，他反對聯省自治

---

[6]參見台北：《工商時報》，民國八十一年十一月十六日，第三版。

[7]L. J. Sharpe, 'Decentralist Trends in Western Democracies : A First Appraisal' in L. J. Sharpe ed., *Decentralist Trendsin Western Democracies* (London:Sage Publications, 1979), p.10.

者學習美國聯邦制度，要各省自定憲法，分省自治，俟省憲實行以後，再行聯合成立國憲的謬議。在中央與地方的關係上，他力排中央集權、地方分權和聯省自治的爭議，主張均權主義。中華民國政府雖未放棄對大陸的主權，但現今政府有效管轄的範圍僅有臺灣省、台北市、高雄市，及福建省的金門、連江兩縣，其中臺灣省轄區與中央有98%的重疊，人口則有80%的重複。在當前國情之下，中央與地方應如何劃分權限，自然更要審慎地考慮。

在一九六〇年代以前，幾乎所有社會科學家都認為中央集權是必然的趨勢，但自一九八〇年代以後，中央與地方的關係，卻正朝著地方分權的方向發展。由於臺灣是一小型島嶼，面積只有三萬六千平方公里，人口僅二千一百餘萬，加上島上交通、資訊發達，因此，雖才自長期的戒嚴體制下獲得紓解，並已開始實施「省縣自治法」、「直轄市自治法」，但在自治區域尚未重劃、自治機關仍維持省（直轄市）、縣（省轄市）、鄉鎮（縣轄市）三級的情況下，目前似乎尚無立即採激進手段以行地方分權的迫切性。職是，先暫時實行均權主義以為過渡，並細心觀察世界潮流的未來走向，再作進一步的設計，應符合當前時代的需要。

三、地方自治的當前意義

中山先生於晚年既主張均權主義，也主張地方自治，但他對後者的堅持，不僅在時間的長度上遠超過前者，且在所持的理由上也比前者複雜得多。政府在臺灣實施地方自治已有四十餘年的經驗，而近百年前中山先生地方自治的主張，是否至今仍禁得起考驗，具有時代意義？茲從四方面論述。

(一)仍為民主的表徵之一

自治並不必然伴隨著民主，有些自治團體甚至以反民主的方式運作。但十八世紀的西洋政治思想家如孟德斯鳩、盧梭等人，大都持有分權和自治即等於民主的觀念，中山先生基本上也有類似的見解，曾區別「官治」和「民治」之不同，主張「主權在民」，他說：「欲以人民爲基礎，必當先行分縣自治」，「蓋無分縣自治，則人民無所憑藉，所謂全民政治，必無由實現。無全民政治，則雖有五權分立、國民大會，亦終未由舉主權在民之實也。」

著名的美國政治學者道爾與杜弗得（Edward R. Tufte）曾以公民效果（citizen effectiveness）和系統能力（system capacity）作爲界定理想的民主政體之標準，認爲公民應直接參與決策以控制政府及決策，且政府應採自治的方式，俾有效的反應公民之集體喜好[8]。因此，從規範的層次而論，中山先生主張地方自治、直接民權，增加公民參與政治的管道，仍符合當前民主的信念。

(二)猶有訓諫人民行使政權的必要

中山先生之所以力主實行地方自治，另一個極爲重要的原因是爲了訓諫人民，「人民有縣自治以爲憑藉，則進而參與國事，可以綽綽然有餘裕。」制訂建國大綱宣言中亦有類似的說詞：「地方自治已成，則國家組織始臻完密，人民亦可本其地方上之政治訓諫以與聞國政。」他認爲，以我國人民的知識和政治能力，未經「約法之治」或「訓政時期」，則「共和憲政」便不可能，而「主權在民」也將成爲空話。

---

[8]Robert A. Dahl and Edward R. Tufte, *Size and Democracy* (California : Standford U. Press, 1973), pp.20-21.

其實地方政事和中央政務的性質和內容未必相同，地方自治培訓出來的政治人物可否直接擔當國家大任也不無疑問。但是證諸臺灣經驗，上至五院院長、部會首長、中央級民意代表，曾任地方級政府官員或民代者，不乏其人，可見臺灣實行地方自治的確為中央政府培育出不少人才，值得肯定。此外，依據中山先生的原始意見，地方自治包括人民直接行使選舉、罷免、創制、複決四權，但實施四十餘年的臺灣地方自治，並未賦予人民後兩項權利的行使，曾有立法委員擬議制定「公民投票法」，欲實行全國性的公民投票，部分人士卻期期以為不可，惟在此之前，先落實地方自治的直接民權應是可行之道。

(三)獲得歐洲國家實務經驗的肯定

中山先生提倡地方自治的另一個理由是吸收歐美國家的經驗。他以為美國獨立後，其政治之所以蒸蒸日上：「全恃地方自治之發達也。」反之，中南美各拉丁人種之殖民地脫離母國改建共和後，其政治進步之不如美國，而變亂常見：「全係乎其地方自治之基礎不鞏固也。」而歐洲之法國在革命之後猶不能實行共和憲政的原因之一，也是「無自治之為基礎」。

後來，他為了駁斥「聯省自治」之說，雖曾改口曰：「吾國以數千年統一之國……欲行聯邦制政體，何異東施效顰。」亦曾曰：「美國之所以富強，不是由於各邦之獨立自治，還是由於各邦聯合後的進化所造成的一個統一國家。」但他並未否定歐美地方自治在往日即有的貢獻。

英國地方政治學者史多克（Gerry Stoker）最近曾歸納歐洲各國地方政治的發展趨勢，指出：除了英國因已發展出一個較為中央集權的政治系統，而對於選舉產生之地方當局的角色不予重視外，一般而言，其他歐洲各國對於地方控制的運作及地方民主的價值較為滿意[9]。整個歐洲地方自治的變遷，除了英國外，均是朝向更多的分權及地方自主發展。

史多克的研究證實了地方自治在歐洲尚未衰竭。在英國方面，自從柴契爾首相於一九九〇年因為新的地方稅（the Poll Tax）處理不當而下台後，前述情況也已產生某種程度的改變，地方政府的財政及地方稅成為全國性的議題，地方事務的重要性在英國已然與日俱增。

四、地方自治行於均權主義之下

「均權主義」、「地方自治」是中山先生兩項極為重要的政治主張。但是中山先生畢竟不是一位政治學者，他的主張在今日有無學理或實用上的價值，必須以嚴謹的學術方法進行論證。歷來，研究此兩項政治主張的學者，大多將兩者分開加以探討。張鐵君先生曾言：「國父既主張均權制度，而又重視地方自治，則必使二者相互為用，始能發揮均權制度的功能。」[10]但張先生並未進一步說明何以必使二者相互為用，均權主義的功能才能發揮。筆者數年前曾撰〈論均權主義與地方自治的聯結〉一文，即企圖回答該項問題，但自忖並未尋得滿意的答案。近日再三閱讀中山先生原著，這才領悟，原來正如三民主義之民族、民權、民生三大主義有其連環性，中山先生所主張的均權主義和地方自治亦有其連環性。研究均權主義不能不考慮如何實行地方自治，而研究地方自治則不能不先釐清國家的體制及中央與地方的關係。

[9]Richard Batley and Gerry Stoker, op.cit., p.11.

[10]張鐵君編著：《三民主義教本》（台北，幼獅書店，民國五十九年八月，初版），頁 103-104。

在自治二法完成立法前，筆者曾應邀出席立法院聽證會，發表對「省縣自治法草案」、「直轄市自治法草案」的意見，指出兩項草案最大的缺失在於未先行明確釐清中央與地方的關係，若倉促完成立法付諸實施，恐將引發不少爭議。果然，自此二法公布施行，雖然解決了臺灣地方自治的法制化問題，但因爲未爲顧全全局，同時進行相關法規（如行政區域劃分法、財務收支劃分法）的修訂，不僅模糊了地方自治權的行使，也影響了國內政治結構的安定。

中山先生畢生追求國家的統一，如正文中所述，他在晚年嚮往恢復前朝歷代的統一，將中國造成單一制的國家，讓各省自治，並以縣爲地方自治單位。他提出均權主義的主張，是要以事務的性質劃分中央與地方的權限，既不偏於中央集權也不偏於地方分權，俾地方可以充分自治，因此，落實均權主義是地方自治的先決條件。反之，地方自治若不健全，也就難收均權主義之效。根據本文的相關分析，我們可以斷言，在均權主義和地方自治之間，是以前者爲前提，後者爲根本，故而他所主張的地方自治，乃是「均權主義下的地方自治」。這個概念，一如上述，在今天仍有其時代意義，值得進一步研究。

第四節　台灣的地方自治

清末，滿清政府曾於光緒三十四年頒布「城鎮鄉地方自治章程」，復於宣統元年先後頒布「府廳州縣地方自治」和「京師地方自治」兩項章程。惟章程尙未見諸實施，而清廷遂亡。民國成立以後，先有軍閥之作亂，繼有日本帝國主義之入侵，後有共產黨之顛覆，故國民政府雖曾依據「訓政約法」試辦地方自治，但效果不彰。因此，國民政府決心在台灣地區實施地方自治，並無在大陸上實施地方自治成功的經驗，可資參考借鏡。

一、台灣實施地方自治的背景

台灣在日據時代是一個受異族統治的殖民地，並無地方自治可言。民國三十三年國民政府設立台灣調查委員會，即積極從事收復台灣的準備工作，並在「台灣省接管計畫綱要」中規定：「預備實施憲政，建立民權基礎」（計畫綱要通則第二項），「民國一切法令，均適用於台灣」（計畫綱要通則第五項），「接管後應積極推行地方自治」（計畫綱要內政第四項）。民國三十四年，抗戰勝利，台灣光復後，先總統　蔣中正先生就立意想把台灣建設為實行三民主義的模範省，分期實施地方自治。因此，台灣省行政院長官公署於同年十二月二十六日公布「台灣省各級民意機關成立方案」，並於次年先成立村里民大會，由大會選舉鄉鎮區民代表，組成鄉鎮區民代表會，再由代表會選舉縣市參議員，組成縣市參議會，最後由參議會選舉省參議員，組成省參議會，以為推行地方自治之準備。

此外，國民政府之所以在台灣實施地方自治，還有以下幾項重要的原因：

(一)三民主義的理論指導

「地方自治」是　國父孫中山先生極重要的一項政治主張，他認為「自治制度為建設之礎石」（民國五年七月十七日在上海尚賢堂對兩院議員演講）、「辦理地方自治是人民之責任」（民國五年八月二十日在杭州省議會演講）、「地方自治為社會進步之基礎」（民國五年八月二十四日在寧波歡迎會演講），他之所以有上述之地方自治的理念，主要來自中國傳統思想、歐美學說和經驗及他本人的領悟三方面的結合。總之，他不僅再三強調地方自治的重要性，也具體地指出地方自治實施範圍係以縣爲單位，中心工作依爲清戶口、立機關、訂地價、修道路、墾荒地、設學校，更手撰「地方自治開始實行法」，列舉地方自治的具體事項。

國民政府既以實行　國父遺教，建設台灣爲三民主義的模範省，作爲政治反攻的一項號召，勢必要實踐　國父主張的地方自治。

(二)領導者的認知

如前所述，國民政府的主要領導人蔣中正先生，在抗戰勝利台灣光復之初，便有在台灣分期實施地方自治的想法。民國三十八年，蔣先生下野以後，更認定必須以台灣作爲革命復興的根據地，當時他抱定決心，不論擔任政治職務與否，必須貫徹「建立民主制度」等五項方針，而爲使方針見諸事實，故決心貫徹「養成守法精神，實行地方自治」等五種辦法。

民國三十八年當時，台灣省政府主席陳修辭先生「亦以台灣將爲中華民國的復興基地，日後反政大陸的軍事攻勢，必須配合政治的政勢，才能使反共國軍，早日完成……台灣省自應先行實施地方自治，以表示對民主自由的尊重與努力，而達到人民至上的目的。此不僅是爲了實踐既定的革命建設計畫，並且也是反共大業中的政治競賽。使世界人士瞭悉真相，大陸人心知所嚮往……」因此，陳氏乃於民國三十八年八月，設立「台灣省地方自治研究會」決心在台灣推動地方自治，阮毅成先生在所著《地方自治與新縣制》一書中，特別推崇時任台灣省主席的陳辭修先生，謂「陳氏當年的遠見與決心，是不可磨滅的」。

(三)台灣所具備的條件

建國大綱第八條訂有各縣籌備自治條件：「其程度以全縣人口調查清楚、全縣土地測量完竣、全縣警衛辦理妥善、四境縱横之道路修築成功，而其人民曾受四權使用之訓練，而完畢其國民之義務，誓行革命之主義者」。

台灣光復初期，既有日人遺留之經營基礎，復有政府與人民之努力圖治，故省內交通便利、教育普及、戶籍比較精確、治安良好，具備實施自治的條件。加以省籍人士「懇切需求建國基本工作的地方自治」、「有提前實施地方自治之要求」，例如，省參議員積極指案討論各鄉鎮自治，顯示民間意見領袖的期望。在本身所具備的各項主、客觀因素相互配合之下，台灣實施地方自治，遂能水到渠成。

台灣光復之後，省行政長官公署依據中央法令，將日據時期之五州三廳，改為八縣，十一州轄市改為九省轄市和兩縣轄市。縣之下設區，區之下設鄉、鎮，但省轄市之區與鄉鎮縣轄市地位相同。鄉、鎮縣轄市、區之下設村、里。村、里之下設鄰。此一變革，實質上仍維持日據之行政區域，僅更換形式上的名稱而已，因此，台灣在進行地方自治的準備時，首先面臨自治區域重劃的問題，主要考慮的原則，包括面積、人口、資源等。其次，台灣光復初期，依據推行地方自治之法令規章，除「省參議會組織條例」，「省參議員選舉條例」，「縣參議員選舉條例」，以及有關地方自治選舉法規，已由中央訂頒者外，由長官公署訂定者計有「鄉鎮民代表會組織規程」，「省轄市區民代表會組織規程」，「鄉鎮民代表選舉規則」，「省轄市區民代表選舉規則」等，不下三十餘種，均須進一步予以修改或合併。因此，自治法規的修訂，是另一項急切的準備工作。

我國憲法第十一章有關條文規定，省自治和縣自治均應依中央所制定的「省縣自治通則」，分別制定省、縣自治法，以實行地方自治。故省縣自治通則之制定公布，實為全國各省縣實行地方自治之前提，各省縣「自治法」之制定公布，又為各該省縣實行地方自治之前提。然行憲未久，即值戡亂，省縣自治通則之制定公布，既尚有待，各省自治法，亦無從制定公布，故各省均未實行地方自治。因此，國民政府在台灣欲實施地方自治，除前述行政區域之調整與劃分的問題外，並涉及無基本法的難題。

民國三十八年一月，台灣省政府採納省參議會的建議，制定「台灣省自治研究會組織規程」，聘請張厲生等學者、專家、地方人士共二十九人，於同年八月十五日成立「台灣省地方自治研究會」，負責蒐集有關地方自治資料，調查有關地方自治實際問題，研討有關地方自治規章辦法。該會以四個月零六天，研擬完成「台灣省調整行政區域草案」、「台灣省縣市實施地方自治綱要草案」「台灣省縣市議會議員選舉罷免規程草案」三種，並將尚未研擬完成之「台灣省縣市長選舉罷免規程草案」，一併送請省政府參考。上述法規經行政院核定後，於民國三十九年四月以後，由台灣省政府陸續公布施行。於是行政區域之調整與劃分，和地方自治法規之制定，乃初步完成。

二、台灣實施地方自治的內容

自民國三十九年起，台灣開始施行地方自治，三十餘年來，累積了不少實務的經驗。茲從自治法規、自治區域、自治組織、自治人民、自治事項、自治監督等方面扼要說明台灣實施地方自治的主要內容：

(一)地方自治法規

台灣實施地方自治之初，係以「台灣省各縣市實施地方自治綱要」(以下簡稱綱要)爲基本法規，省政府爲因應事實之需要，並曾廣邀專家學者、中央有關部會代表、省政府有關單位業務人員、縣市地方人士組成法規修訂委員會，以「綱要」爲基礎，陸續訂定共十七種法規，報請行政院核備後，由省政府公布實施。其後，各種自治法規爲因應社會之進步，復經多次修正，不僅在量的方面予以簡化，在內容上也頗多改進。民國六十九年五月十四日公布之「動員戡亂時期公職人員選舉罷免法」，意義尤其重大，取代了原「台灣省各縣市公職人員選舉罷免規程」、「台灣省各縣市公職人員選舉罷免監察委員會組織規則」及「台灣省妨害選舉罷免取締辦法」等有關選舉罷免的法規。故目前台灣省之自治法規僅有「綱要」、「台灣省各縣市議會組織規程」、「台灣省各縣鎮轄市民代表會組織規程」三種，而台北和高雄分別於民國五十六年和六十八年改制爲院轄市後，均另訂兩市「各級組織及實施地方自治綱要」，以爲兩市各級組織及地方自治之基本法規。

(二)地方自治區域

台灣省地方自治團體計有「縣、市」,「鄉、鎮、縣轄市」兩級。市以下雖得設區，但區並無自治法人的地位，故非自治團體。鄉、鎮、縣轄市、區以下雖有村、里、鄰的設置，但村、里係鄉、鎮、縣轄市、區以內的編制，而鄰係村、里以內的編制，亦皆非自治法人。

縣、市之區域，依據「綱要」第五條之規定，係「依其現有之區域」。縣、市區域之變更，則依據「綱要」第八條之規定，係「由省政府提請省議會通過後，陳報行政院轉呈核定」。至於鄉、鎮、縣轄市區域之變，依「綱要」第十條規定，係「由縣市政府提請議會通過後，陳報省政府核定」。

雖然，由法條上的解釋不難看出，台灣地區自治區的劃分係採彈性的原則，理論上可隨時予以調整，但實際上則甚少變更或調整。三十餘年來，以縣、市而言，除台北、高雄兩市，改制為院轄市，故合併台北縣、高雄縣部分鄉鎮外，其餘縣市自治區域均未曾調整。以鄉、鎮、縣轄市而言，除新竹、嘉義改制為省轄市，少數鄉鎮或因人口增加、或因自治法規修改為縣轄市外，自治區域亦少有變更。

(三)地方自治組織

台灣實施地方自治以來，在省（院轄市）議會、縣（市）議會、鄉鎮縣轄市民代表會等三級地方議會，係兼採「權力分立制」和「一院制」，即各級地方議會只有一個，並無「上院」、「下院」之分，且地方議會與地方行政機關完全立於平等與相互對立的地位，分別對選民或有監督權之上級機關負責。各級議會的職權均採法定主義，即明文列舉於議會組織規程中。議員（代表）由地方公民直接選舉產生，任期初為二年，後改為三年，現均為四年。

在地方行政機關方面，台灣實施地方自治以來，在省政府係混合制，即省政府置有委員若干人，省政府委員會並有法定事項之議決權，惟省政府又置有主席一人，有執行省府委員會之決議案、監督所屬行政機關之執行、處理省府日常事務及緊急事務之權。此外，院轄市政府、縣（市）政府、鄉鎮縣轄市公所等各級地方行政機關，均採首長制。除省主席和院轄市長皆由行政院派任外，縣市長、鄉鎮縣轄市長均由公民選舉產生，任期同為四年。各級行政機關首長的職權及機關組織，亦皆採明文列舉的法定主義。

(四)地方自治人民

自治人民有「居民」和「公民」兩種身分的區分。依據「綱要」第十一條規定:「凡中華民國人民,現居縣市區域內者為縣市居民」;第十四條則規定:「居民年滿二十歲,無左列情事之一者為公民。一、褫奪公權尚未復權者,二、受禁治產之宣告尚未撤銷者」。居民與公民之主要區別在於,唯公民始依法享有選舉、罷免、創制及複決之權。

(五)地方自治事項

台灣實施地方自治以來,歷次自治法規之修訂,常涉及自治事項的增改。由此可見,自治事項每亦隨著時代環境的演進、主事者觀念的改變而有其不同的內容。依據現行「綱要」之規定,縣市自治事項計有「縣市自治之規劃」、「縣市所屬行政區域之調整事項」、「縣市公職人員選舉罷免之執行事項」、「縣市辦理之地籍事項」、「縣市教育文化事業」、「縣市衛生事業」、「縣市農、林、漁、牧事業」、「縣市水利事業」、「縣市交通事業」、「縣市公用及公營事業」、「縣市公共造產及觀光事業」、「縣市工商管理」、「縣市建管管理」、「縣市財政、縣市稅及縣市債」、「縣市銀行」、「縣市警衛之實施」、「縣市戶籍登記與管理事項」、「縣市國民住宅興建及管理事項」、「縣市合作事業」、「縣市公益慈善事業及社會救助與災害防救事項」、「縣市人民團體之輔導事項」、「縣市國民就業輔導事項」、「縣市勞工、婦幼、老人、殘障福利及其他社會福利事項」、「縣市社區發展事項」、「縣市有關文化之古籍、古物及古蹟保存之執行事項」、「縣市文獻編撰事項」、「縣市端正禮俗及心理建設推行事項」、「縣市新聞事業」、「與其他縣市合辦之事業」、「其他依法賦予之自治事項」第三十項。

鄉鎮縣轄市自治事項計有「鄉鎮縣轄市自治之規劃」、「村里區域之調整事項」、「鄉鎮縣轄市公職人員選舉罷免之執行事項」、「鄉鎮縣轄市教育文化事業」、「鄉鎮縣轄市衛生事業」、「鄉鎮縣轄市農、林、漁、牧事業」、「鄉鎮縣轄市水利事業」、「鄉鎮縣轄市交通事業」、「鄉鎮縣轄市公用及公營事業」、「鄉鎮縣轄市公共造產及觀光事業」、「鄉鎮縣轄市財政事項」、「鄉鎮縣轄市合作事業」、「鄉鎮縣轄市公益慈善事業及社會救助與災害防救事項」、「鄉鎮縣轄市社區發展事業」、「與其他鄉鎮縣轄市合辦之事業」、「其他依法賦予之自治事項」等十六項。至於「綱要」所未列舉者，原則上均非自治事項而爲委辦事項，但依省政府於民國六十二年八月二十四日頒布的「台灣省縣市自治事項細目與委辦事項劃分原則」之規定，於自治事項或委辦事項發生疑義時，尙可層報行政院核定，以爲仲裁。

(六)地方自治財政

依據行政院所頒布的「財政收支劃分法」之現行規定，自治財政的稅源，有各級政府的獨立稅源和各級政府間的共分稅源：

1.省：省以印花、營業稅、商港建設費（即港工捐）爲獨立稅源，使用牌照稅與各縣市共分，並與中央共分公賣利益；同時，省以印花稅及營業稅之半數作爲統籌分配款，並共分縣市稅之土地增值稅。

2.院轄市：院轄市（台北市及高雄市）以土地稅、房屋稅、娛樂稅、契稅及使用牌照稅立稅源，並中央共分印花稅及營業稅作爲中央之統籌分配款。

3.縣市：縣市以田賦、地價稅、房屋稅、娛樂稅、契稅爲獨立稅源，並與省共分土地增值稅。

4.鄉鎮縣轄市：各縣以田賦及娛樂稅劃歸所轄鄉鎮縣轄市，作為其獨立稅源，同時以地價稅、房屋稅及契稅與鄉鎮縣轄市共分。

各自治團體除稅課收入外，依「綱要」規定，尚有：公共造產收入、工程受益費收入、罰鍰及賠償收入、規費收入、信託管理收入、財產收入、營業盈餘及事業收入、補助收入、捐獻及贈與收入以及其他依法賦予之收入等非稅課收入。另縣市尚有公債及賒借收入及因地制宜依法舉辦之臨時性稅課收入。不過地方自治團體的這些非稅課收入，除補助收入占有極為重要的地位外，其他收入並不多。

(七)地方自治監督

「綱要」中關於自治監督，僅規定「縣市自治之監督為省政府，鄉鎮縣轄市自治之監督為縣政府」，顯然是偏重於上級自治機關對下級自治機關的行政監督。在台灣地方自治實際運作的過程中，上級自治機關對下級自治機關的行政監督，大都透過核准備案、監視檢舉、解決爭議、停止撤銷、停職免職、解散（係針對地方議會）以及依法獎懲等權以行使其監督權。例如，對於違法失職或廢弛職務之縣市長或鄉鎮長，可送請監察院或移送公務員懲戒委員會議處（公務員懲戒法第十一條）。其次，依據「綱要」第六十條之規定：「縣市議會、縣市政府、鄉鎮縣轄市民代表會、鄉鎮縣轄市區公所之職員，均為公務員，適用公務員有關法令」；第六十一條規定：「縣市長、鄉鎮縣轄市長除法令別有規定外，適用公務員服務法之規定。」省、縣政府自可據此，對縣市或鄉鎮縣轄市人員，依公務員有關法令或公務員服務法，加以考核，依法獎懲。

除上述者外，由於台灣省各地方自治團體財政普遍困難，多需要仰賴上級政府補助，上級政府還往往利用補助金之核給，對各地方自治團體行使監督權。而這種監督的運用往往會發生莫大的監督作用。其次，由於近代科技日益發達，科學化運動也在政治領域內展開，因而政府行政設施多有採用科學設備者，有許多事務的處理，也需要高度的技術，但這些設備或技術，各地方自治團體並不一定都具有，因此亦有賴於上級政府的協助或指導，這種協助或指導，亦具有監督的意味，並也發生監督作用。

三、台灣實施地方自治的檢討

民國三十九年，在無先例可循、未經訓政時期之適當準備的情況下，台灣邁出地方自治的第一步。此後三十八的實施過程與經驗，確實值得深入翫索研究，茲分別從成就與問題兩方面，先加以檢討未來可能的發展。

(一)台灣實施地方自治的成就

政治參與的擴大

民主政治雖是一個不易充分說明的概念，但「民治」爲其主要的部分之一。所謂民治，乃是將決定公共事務的大權，切實掌握在人民手裡的政治，它是民主政治的必要條件。台灣自實施地方自治以來，地方公職人員的選舉不僅在省（院轄市）、縣（市）、鄉（鎮縣轄市）實施，並普及到村里階層，由歷屆選舉中候選人的踴躍登記、政見發表會的熱烈進行，選民的高投票率……在在都顯示民眾政治參與的積極，符合民主政治「主權在民」的理想。

行政效率的提昇

甄拔人才的功能是現代政治系統必須具備的功能之一。從此一角度觀之，各國實行地方自治，就有如設立學校一般，使地方上的人才獲得歷練的機會。台灣實施地方自治的成果之一，便是拔擢了許多優秀的人才，這些人才不論是留在地方服務，或是躍登中央任職，由於他們的投入，提昇了政府的行政效率和施政水準。

經濟繁榮的促進

政治安定和經濟繁榮，有「焦不離孟，孟不離焦」的複合關係。台灣實施地方自治三十餘年來，由於政治參與的擴大，行政效率的提昇，提供了一個安定的政治環境，有利於各項建設的進行，成就了台灣經濟發展的奇蹟。經濟繁榮的福祉，不僅爲全民所共享，而且也掀起了「經濟學台北」，甚至「政治學台北」的浪潮，達成了當局在台灣實行地方自治，建設三民主義的模範省，以爲光復大陸復興中華之「政治號召」的最初目標。

(二)台灣實施地方自治的問題

法制化的問題

依據現行憲法的規定,「省縣自治通則」才是地方自治的基本法，該通則迄今遲遲未能完成立法程序，其原因甚多，或有其事實上的困難，但以行政命令代替法律，終非長治久安之計。因此，地方自治的法制化遂成爲憲改的一大問題，近年「省縣自治法」、「直轄市自治法」的頒布施行，加以增修條文的四度修正，都環繞此一問題。

自治區域的問題

前曾述及，台灣地區自實施地方自治以來，各自治區域甚少人爲的變更或調整。其間雖曾有「擴大縣市區域範圍」、「鄉鎮縣轄市長官派」等各項主張的提出，但終未被採納。然而隨著工業化的快速發展，過去三十八年來，台灣的社會、政治與經濟型態均已發生劇變，筆者同意薄慶玖教授的看法，即「在轉變的過程中，由於各產業活動，都選擇運輸、水電、原料及人力資源相對有利之區位，致現階段工業發展都集中在南北兩端，其次為中部。致使台灣省各縣市鄉鎮自治條件懸殊，造成了很多地方自治的問題，其中尤以鄉鎮為甚，很多鄉鎮在基本上已不具備自治團體的條件，根本無法發揮自治功能，其存在似僅在養活鄉鎮公所人員而已。所以自治區域，有重新調整之必要，至少應將一些不具備自治條件，人、財兩缺的過小區域予以合併或調整，使自治區域都配合經濟發展或整體規劃，以改善人民的生活環境。」筆者認為，政府有關機關，應儘速面對問題，邀請學者專家、地方賢達、籌組專案小組，研討台灣地區自治區域重劃的問題。

自治財政問題

近年來，各國中央政府的權力與責任，頗有與時俱增的趨勢，即使是講求地方分權的美國，地方政府與上級政府相比也頓然失勢，其中最主要的原因，便是地方財源的不足，常須仰賴上級政府的補助。台灣實施地方自治的經濟顯示，也有類似的情況發生，即地方對上級政府補助的依賴，有越來越深的趨勢。由於地方財源的不足，使地方政府無法應付生態環境污染、公共設施不足、污物廢水處理等現代社會所面臨的新興問題，也難以推動基層建設。筆者認重新規劃稅源，修訂財政收支辦法以寬裕地方自治經費，實為當務之急。由「中央與地方財政收支法」的遲難修訂，可見此一問題的複雜度。

自治組織的問題

組織日漸膨脹、冗員日益充斥，是探討組織理論時最常見的一項組織病態。之前台灣省各縣市政府的局、科、室、處、區，係由各縣市政府依據「台灣省各縣市政府組織規程準則」自行設置，呈報省政府核定後實施。各鄉鎮縣市公所的單位則依「台灣省鄉鎮轄市公所組織規程準則」組設。地方自治事項種類繁多，與民眾關係最密切，隨著社會的演進，自治組織有日趨擴張之勢，不但分散了管理者的精力，也因單位增加，人員增多，增加了財政上的負擔。筆者認爲，各級自治組織宜根據人口、面積、財源、交通等標準，切實調整組織編制，以提高效率、節約支出。自治二法施行後，此一問題並未獲得妥適解決，政治力角逐的結果，走上了所謂「精省」、「凍省」之途。

9 公民教育

- 憲法與公民教育的關聯性
- 公民教育的教學規劃
- 三民主義教學研究的危機與轉機
- 我國公民教育的檢討

第一節　憲法與公民教育的關聯性

政府宣步解嚴後，官定的意識形態受到劇烈的衝擊，大專院校必修的「國父思想」課程，因而被教育部以「憲法與立國精神領域」替代之，然則所謂「立國精神」所指爲何？何以其有必要成爲大專院校之必修課程？依教育主管當局的解釋：即爲孫中山先生創立中華民國的遺教、三民主義和建國大綱。教育部認爲「國父思想」並非被廢，在立國精神領域中，仍可作爲教學的主要內容。此一說法，並不能使各界信服。質疑「國父思想」藉屍還魂者，仍然大有人在。自從大法官會議作成：部訂大學必修課程違反大學法的解釋後[1]，原「憲法與立國精神領域」內的所有課程，猶如雪上加霜，除了泛政治化的抨擊之外，還加上了適法與否的質疑。台灣大學一向執台灣學術界的牛

---

[1]民國八十四年五月二十六日，司法院大法官會議作成釋字第三八〇號解釋：「憲法第十一條關於講學自由之規定，係對學術自由之制度性保障；就大學教育而言，應包括研究自由、教學自由及學習自由等事項。大學法第一條第二項規定：『大學應受學術自由之保障，並在法律規定範圍內，享有自治權』，其自治權之範圍，應包含直接涉及研究與教學之學術重要事項。大學課程如何訂定，大學法未有明文規定，然因直接與教學、學習自由相關，亦屬學術之重要事項，為大學自治之範圍。憲法第一百六十二條固規定：『全國公私立之教育文化機關，依法律受國家監督。』則國家對於大學自治之監督，應於法律規定範圍內為之，並須符合憲法第二十三條規定之法律保留原則。大學之必修課程，除法律有明文規定外，其訂定亦應符合上開大學自治之原則，大學法施行細則第二十二條第三項規定：『各大學共同必修科目，由教育部邀集各大學相關人員共同研訂之。』惟大學法並未授權教育部邀集各大學共同研訂共同必修科目，大學法施行細則所訂內容即不得增加大學法所未規定之限制。……與上開憲法意旨不符，應自本解釋公布之日起，至遲於屆滿一年時，失其效力。」參見林紀東等編纂：《新編六法參照法令判解全書》（台北：五南圖書出版有限公司，民國八十六年元月，初版），pp.38-39。

耳，在這個問題上，台大的課程委員會採取了先進的作法，將「憲法與立國精神領域」改爲「本國憲法與公民教育」課程，且由上、下學期各兩學分（合計四學分）改爲一學期兩學分，爲了宣示課程改革的決心，台大課程委員會並作成附帶決議：本案於民國八十六和八十七學年度試行，兩年後再作評估，據以決定是否繼續實行。

當時台大課程委員會委員之所以將「本國憲法」與「公民教育」並舉，合列單一課程名稱，依筆者親身在現場參與決策制定過程所聞所見，主要是多數委員認爲：修習本國憲法乃是培養台大學生成爲現代公民的必要條件，反之，台大學生公民教育的主要內容、題材不外乎是本國憲法。但此一觀點是否正確，亦即本國憲法與公民教育兩者果真具有「焦不離孟、孟不離焦」的密切關係嗎？本文將予以釐清。

「公民」（citizens）是相對於「私民」的一個概念，所謂私民是指個別存在的自然人，以其個人的私慾和利益及其因自然人的身分而衍生的人際關係爲行事的法則和前提。而「公民」的理念則恰與之相反，是指以國家和社會的一個成員身分而存在的政治人和社會人。（陳其南，民81，pp.9-10）當公民觸及與國家和社會利益的問題時，他會以其公民的身份爲優先，克服其爲私民的利益與人際關係。因此，公民意識與公民倫理，不僅是建立一個現代國家和現代社會基本條件，亦爲民主政治的根本精神所在。公民教育的目標，即在灌輸並培植受教者的公民意識和公民倫理，換言之，公民教育的目標是要傳承自由民主社會的根本理念。然而，此與我國憲法何干？

我國憲法除前言外，共一百七十五條，分十四章，依次爲：總綱；人民之權利義務；國民大會；總統；行政；立法；司法；考試；監察；中央與地方之權限；地方制度；選舉、罷免、創制、複決；基本國策；憲法之施行及修改。其涵蓋的內容包括：國家的性質和定位、公民資格的規範和要求、反應和表達、公民意志的機制、政府的組織和職掌、政府與公民互動的關係等。可見，身為公民有必要熟習本國憲法。而歷經半個世紀的運作，加以最近幾次的修憲，這部憲法是否能夠充分體現當前台灣社會的多元價值與信仰？此一課題其實是主政者、各黨派、憲政學者共同的責任。但既然「本國憲法與公民教育」已是大學裡的一門必修課程，我們不得不假設上述命題是成立的。根據加侖（Eamonn Callan）教授的見解，即使是自由民主的國家，亦不得不透過其教育政策來保證宗教和文化的多元主義，公民教育的問題在於：如何使自由民主的理念得以傳續，同時並使可能威脅這些理念的行為和信仰獲得尊重。憲法是國家的根本大法，行憲是民主國家的重要表徵，理論上，憲法課程的教學具有凝聚公民共識的作用，由此可知，台大將「本國憲法與公民教育」訂為一科，確有其理。然而，今（民國八十七年）年五月間，台大法學院課程委員會向台大共同教育委員會提出建議──將二學分之校訂共同必修科目「本國憲法與公民教育」課程分為：「本國憲法」二學分，仍為共同必修，「公民教育」二學分，為通識課程。春江水暖、鴨先曉，由於「本國憲法與公民教育」的授課教師幾乎全來自法學院，法學院事實上掌握了該課程的規劃權，因此，此一建議似有指標性的作用。惟有朝一日「本國憲法」、「公民教育」分開講授，孰能保證不會有界限不明、範圍重複的問題？概如前所析，憲法與公民教育確是難予剝離的。

第二節　公民教育的教學規劃

所謂「公民教育」應是終身教育的一種，為求其成效，分重點規劃與階段實施實有其必要性。本節先針對現行國民中學「公民與道德」課程之教材與教法進行評析。首先說明理想的「公民與道德」教材所應涵蓋的範圍，進而從架構和內容分別檢討現行課文的優點和缺點，並提出改進意見與該階段公民教育應有的規劃。

教育部自民國五十七年起，爲加強生活教育，將原「公民」一科[2]在國民小學改稱「生活與倫理」，國民中學改稱爲「公民與道德」，其教材內容不僅在確立學生行爲規範，尤注重其道德行爲之實踐。自「公民與道德」列爲國民中學共同必修之課程，至今實施近三十年，其教學成效如何？對學生、對整個社會有何影響？迄無長期的追蹤考核。民國八十五年五月台北市教育局吳英璋局長曾言：「近幾十年來，我國在政治、經濟、社會和文化方面的發展和進步，令世人稱羡與讚嘆。究其原因，乃植基於國民教育的穩固基礎，以及各級教育均能發揮應有的功能。」[3]

但弔詭的是：官方統計，民國八十五年台灣地區計發生刑案十九萬件，平均每不到三分鐘就有一件刑案發生，每六小時就有一名婦

[2]從光緒二十八年壬寅學制中學堂課程之教學科目中即有「修身」（每週八小時）的設計；民國元年壬子學制中學校課程教學科目中仍有「修身」（每週五小時）的規劃，至民國十一年實施之新學制初級中學課程將「修身」改為「公民」（每週六小時）。民國十八年頒訂之中學課程暫行標準，於初中部分，取消「公民」改設「黨義」科目（每週六小時），講授三民主義。民國二十一年公布之中學課程標準，「黨義」科目改為「公民」（每週十小時）。民國三十七年教育部為適應行憲需要，又修訂中學課程標準，將「訓育規條」列為公民科教材大綱之一部分，以加強「教訓合一」。民國四十一年，為使「公民」等課程標準符合「反共抗俄」之基本國策，以及與「戡亂建國教育實施綱要」配合，再修訂課程標準，注重培養學生做人態度、加強激發民族精神方面之教材。民國五十一年，修訂之中學課程標準，將「公民」與「公民訓練」合併，仍稱「公民」，其內容特別注重「道德教育」之實施，教材分為「講習綱要」與「生活規條」二部分，前者著重於「知」，後者著重在「行」。民國五十六年決定實施九年國民教育，民國五十七年元月一日公布「國民中學暫行課程標準」。以上參閱教育部：《國民中學課程標準》，民國八十三年十月出版，pp.763-787。

[3]台北市政府教育局編印，《邁向二十一世紀的公民教育》(台北：台北市政府教育局，民國八十五年六月出版)，序言。

女慘遭狼吻，每兩天就有一件擄人勒贖案，美麗的寶島似乎已成為「惡魔島」。另據教育部的資料顯示，今年一月至八月青少年犯罪人數為一萬五千六百八十八人，犯罪型態中，觸犯麻藥和妨害風化罪的人數較去年同期成長了六成，平均每天有一點二五名青少年觸犯妨害風化罪；更嚴重者，青少年再犯罪型態則轉為較嚴重的搶奪與殺人等[4]。

針對上述現象，立法院曾於八十六年十一月三日舉行公聽會，會中當時的教育部訓委會鄭石岩常委表示：「少年犯罪原因以『家庭因素』居首位，家庭因素中又以管教不當者最多、破碎家庭的影響排名第二。」[5]當問題發生時，官員們或可將矛頭指向「家庭教育失敗」，但事實上這些問題家庭的成員，不都是曾經接受過九年國民義務教育？當然我們不忍心也不能將嚴重偏差的社會問題全歸諸「學校教育失敗」，但面對現今「平均每十七分鐘二十三秒就有一名少年犯」的慘況，這雖不單是學校「公民與道德」教學或訓導、輔導系統的責任，但確也是息息相關，令人不得不深思箇中原因。

一、公民教育的定位

已故台灣大學文學院院長侯健教授曾言：「國家辦教育、設學校，必有其特定目的或政治意圖」；「課程都是國家、社會的」[6]。社會學者瞿海源教授認為：「公民教育並不是知識的傳授」；「國中的公民與道德課本是不合格的」[7]。自政府宣布解嚴後迄今十個年頭

---

[4]參閱台北：《中國時報》，民國八十六年十一月四日，第七版。

[5]參閱台北：《中國時報》，民國八十六年十一月六日，第十一版。

[6]參閱侯健：〈學術、政治、通識課程〉，刊在台北：《聯合報》，民國七十七年二月十二日，第十二版。

[7]引自瞿海源教授於民國八十六年十一月二十九日在台灣大學共同教育委員會舉辦之「本國憲法與公民教育」教學研討會發言。

過去了，許多課程逐漸脫離政治權力的保障，重以教材編纂者亦多不願自我設限，紛紛強調價值多元化與學術的自主性。但在擺脫政治對學術、教育干預的角力過程中，現今教科書之政治目的雖已較不明顯，然而仍可見「威權」的影子與「教條」式的說理。面對現今社會價值的混淆，國民道德、公民道德的斲喪，所謂「公民與道德」的教學目標，嚴格言之是未達到的，重新定位「公民與道德」的教學目標，強化教學過程，在當前是格外重要的。

自民國元年起迄今「公民」教育之教學定位，乃係從加強民族精神教育、加強生活教育、增進學生公民知識、重視道德行為的實踐、培育樂觀進取的青少年、到標榜塑造具有未來意識和環保意識的「二十一世紀的健全國民」。一般而言，健全的國民至少應具備二個條件：一是具有豐富的知識，作為處理事務，解決問題的能力；其次是具有良好的德行與素養，有了豐富的學識與良好的德行，之後，服務社會參與各種不同的公共事務。如果公民教育歷程是終身養成教育的一種，且其最終目標是在培養健全的國民，以期為社會服務，那麼服務社會所需要的知識與德行，即是構成公民教育的重要內涵。在國民中學階段的公民教育——「公民與道德」的教學應是規範性教育，而非純知識性的傳授或追求真理式的教育，其課程規劃，必須是「知識」與「德行」並重，經由課程的設計普遍實施，且與其他科目不同者，在課程設計上，除了重視外顯課程外，尤應重視潛在課程的效果。換言之，公民科的學習重在實踐，經由實踐的過程，將學習的知識予以活用，並內化為一己的行為習慣。

一般而言，個人因身分之不同而為「國民」或「公民」（行使參政權的國民），綜合憲法和法律的規定，我國國民至少要年滿二十歲才能行使選舉權，換言之，年滿二十歲的國民才是公民，由是筆者認為行使參政權的相關知識與教育，應置於高中的「公民」或大學「公民教育」課程的授課範圍似乎較爲妥當，國中程度的公民教育，則宜延續國民小學「生活與倫理」之「國民」教育，著重「誠意」、「正心」、「修身」與「齊家」之事實的陳述與周遭事物的判斷與處理，不必急於進行「政治教育」的宣傳、「政黨團體」的介紹、「公職選舉」的模擬、「投資理財」的規劃、「貨幣政策」的解析等，至於有關「興家」、「立業」、「治國」等內容之教育，於高中「公民」課程中再予加強即可。總之，所謂公民教育應是終身養成教育，在人生的歷程每個階段都有不同的社會情境與需要，區隔各階段的教學定位，才能達成教學的階段性目標。教學定位清楚，從這個角度出發的教學過程，才不至於「揠苗助長」，而「塑造健全國民」的跨二十一世紀目標才有實現的可能。

二、國中「公民與道德」教材的檢討

筆者撰寫本文所據之國民中學「公民與道德」課本，係國立編譯館依民國七十四年修訂之「國民中學公民與道德課程標準」主編而成，民國八十四年八月改編版，第六版，共六冊。本來，較嚴謹的檢討方式應是就課程標準、編輯大意、課文架構、各冊各章內容逐項檢視後加以評析，但緣於教育部已於民國八十三年十月頒布新的「國民中學公民與道德新課程標準」，且國立編譯館奉教育部指示已著手同時編輯四冊新教材：「學校的生活」、「法律與政治生活」、「經濟生活」、文化生活」[8]。新版之「公民與道德」教材，預定於國二與

---

[8]基於「立足台灣，胸懷大陸，放眼世界」之原則，於國民中學一年級開設「認識台灣」一科，分為社會篇、歷史篇、地理篇三部分，每週各授課一節，代替原來開設的國一公民與道德、歷史以及地理三科，以期使國中生對自己的生活環境（臺、澎、金、馬）有較為整體和深入的瞭解。在國中整體課程設

國三的學習時段實施，新課本依計畫於八十七學年度始正式面市，對於新版之「公民與道德」教材，本文暫不予涉及，僅針對現行教材提出幾點意見。

現行的六冊教材分別為：第一冊「完善的教育」、第二冊「和諧的社會」、第三冊「公正的法律」、第四冊「民主的政治」、第五冊「成長的經濟」、第六冊「協和的社會」，在每個大單元標題都加上諸如「完善的」、「公正的」等溢美之詞，令人一望莞爾，似無必要。在教材內容方面，一般的反應是太偏重理論層次、架構龐雜，高估國中學生吸收與理解的能力，尤其是第四、五冊專有名詞過多、內容深澀，有些內容似與社會脈動脫節，節錄的生活規條則流於形式，有些條目甚至不切實際，在此一情況下，即便授完整套教材，如何養成學生批判、反省的能力？另一方面，欠缺提供學生在面對壓力時自我紓緩，解決學習與生活上所面臨的問題。以下就課文內容、作業與生活規範實踐活動三部分舉例檢討。

(一)課文內容舉隅

第四冊第四章強調「民主素養要從小處、從細節、從生活中去體驗、去培養。」旨哉斯言！凡事公私有別、講權利義務、守法治、遵規範等觀念乃西洋文化的基本內涵，也是現代公民教育的重點，但這些所謂民主素養的內涵實為我國文化所欠缺者，該章論「如何培養

計上，「認識台灣」仍和二、三年級的「公民與道德」、「歷史」以及「地理」等三科，合為社會科。「認識台灣」（社會篇）之課程標準仿照「公民與道德」課程標準之設計，其教材綱要分成教材綱目與生活規條二部分，其綱目分別為：人民與語言、家庭和親屬、節日慶典和風俗習慣、名勝古蹟和地方文物、教育概況、經濟概況、政治概況、休閒生活、宗教信仰、重要的社會問題。社會生活規條則為誠實、愛國、守法、仁愛、孝悌、禮節、勤儉、正義、公德、負責、合作、尊重。

民主素養」，課文內容寫道：「可透過家庭的管道。為了培養民主的家庭氣氛，凡與全家有關的事情應經過溝通、理性分析，才作決定，不可獨斷獨行。家庭成員個個要身體力行，重視倫理，做到父慈子孝、兄友弟恭，夫妻相敬如賓。」以上短短數語，說理容易、實踐困難，若真要依上述方式培養民主素養，則應先教育「家長」，而對國中生的教法，則應秉持「民主乃是一種生活方式」的先決條件，於教材中貫穿尊重他人、容忍異見的生活案例討論，透過學習互動與教師的指導，將民主素養與法治觀念植基於學生心中，才能收潛移默化之效。

此外，第四冊第六章第四十三頁內容，在「怎樣實踐三民主義」一節提及「要宣揚三民主義……要做到這一點，必須大量編印三民主義與共產主義比較的各種書刊及翻譯本，輸往大陸，每一個中華民國兒女都應做三民主義的宣傳員、傳播者。」事實上近些年來，在台灣有關「三民主義」或「孫學」的研究，未必如彼岸大陸學者所下功夫多，其中原因錯綜複雜，當然執政當局的主觀作法與反對黨高唱之「主流意識」，在某種程度上居關鍵因素，而教材內容強調的說法可能只是編輯者因循舊材、一廂情願的作法，「三民主義」價值為何？到底好不好、重不重要，都應讓其歸返學術研究的園地去討論，不應再以之為政治宣傳的工具，在受教育者未明其所以然前，即予以填鴨式灌溉，徒增受教者反感，為未來高中三民主義之教學憑添不利之因子。

再例如，第四冊第十二章第九十六頁提及「怎樣關心政治與參與政治」一節中寫道：「參與政治雖然不是我們國中生的能力所能做到，可是我們可以間接的推動民主憲政，例如，政府在舉辦公職人員選舉時，我們可以利用課餘時間，去聽證見發表會，並相互討論，……對於歪曲事實、誣衊政府等不當言論，應立即予以導正。」在教材的選編上以國中生能力所不及的主題作為素材，除了放言空論，看不出有何實質的意義。

在課文檢討部分，爲筆者舉例批判者皆屬第四冊「民主的政治」的內容，除了承續前文觀點外，實因本冊內容多爲高中「三民主義」課文的濃縮，尤其是第六章「我國的建國原則」、第七章「我國的基本國策」、第八章「中央政府」、第十章「地方自治」、第十一章「我國的政治建設」。此類教材不僅生硬而且艱深，實非國中生所應學習，應自國中「公民與道德」課程規劃中移除。

(二)作業部分

第四冊第五章第四十頁，要學生解說或討論：「當國家利益與國民個人的利益相衝突時，你認爲該怎麼辦？爲什麼？」然而在課文內容中並未定義何謂「國家利益」及「個人利益」，即便以文字定義，對國中生而言「國家利益」的概念尚未清楚，在此情況下要其如何去選擇「國家利益」與「個人利益」？基於其他類似教材內容與考試的「標準答案」，可知教育者預想的答案不外是「國家利益優先」，甚至希望受教者「犧牲個人利益來完成國家利益」，但這超高的情操畢竟不是紙上作業，符合答案且得高分未必就能證明受教育者的德性將禁得起未來生活中的挑戰。任課教師應該舉實例講解，提供學生思辯的機會，讓學生瞭解個人利益的保障是要靠國家的保護；而國家的利益即是個人利益的總和，這兩者在邏輯上應是不衝突的，但在現實生活中，兩者爲什麼會有衝突發生？是國家政策出了問題，還是個人太自私？當現今社會不時出現「違法但道德」的抗爭以爭取自身權益保障時，身爲教育主管機關或高層決策，不應在教科書上片面地僅要求民眾「犧牲小我、完成大我」、「犧牲個人利益、完成國家利益」，否則如此惡性循環，新一代國民不得不嘆「叫國家太沈重」。

再例如，第四冊第八章第六十七頁作業，請學生解說或討論：「五權分立制度與三權分立制度有什麼不同？我國是採行五權分立制度爲什麼？」此類題目多爲高、普考試或法政類博、碩士班入學試題。雖然第三冊第四章的註釋曾簡單提及，但要國中生討論不同的政治體制其實必須具備相關的法政知識，包括英國議會內閣制的起源與發展、美國制憲會議所規劃之政體機制的論辯與二百多年來憲政運作的實際、孫中山於不同時期所主張的憲政建構、民國三十六年公布施行之「中華民國憲法」與近五年經過四次的「增修」，這遠非國中生之所能，何況其中最大的疑問是「我國是採行五權分立？」而不是「爲什麼採行五權分立？」。

(三)生活規範實踐活動

現行六冊教材，共規劃了二十三個單元的「生活規範實踐活動」，各單元的活動主題分別是：第一冊之「班（級）會的成立」（會議示範）、「認識圖書館」（參觀或邀約講演）、「實踐青年守則的方法」（分組討論）、「郊遊旅行或露營」（旅行）；第二冊之「家庭倫理」（短劇表演）、「表揚班上『好人好事』代表」（模擬）、「參觀社會福利機構」（參觀活動）、「模擬『村（里）民大會』」（會議示範）；第三冊之「守法是國民應盡的義務」（講演比賽）、「中華民國憲法前言與總綱」（分組座談）、「瞭解學校附近警察機關或青少年輔育院」（參觀訪問或邀約講演座談）、「權利比義務重要、義務比權利重要」（辯論比賽）；第四冊之「縣（市）長模擬選舉」（選舉演習）、「怎樣做一個愛國的國民」（演講比賽）、「參觀地方政府或議會」（參觀活動）、「我國的政治建設」（分組座談）；第五冊之「如何合理消費」（演講比賽）、「認識當地的產業活動情形」（參觀訪問）、「參觀當地的經濟建設」（分組調查並撰寫報告）、「生活中的公害問題」（分組討論）；第六冊之「參觀與欣賞各類展演活動」（參觀與欣賞）、「怎樣發揮大眾傳播功能，以促進文化交流與國際合作」（座談會）、「我們怎樣傳承與創新中華文化」（演講比賽）。課程主編者規劃了各式各樣、琳瑯滿目的活動，但實際能做到的程度有多高？據多位教師反應：「執行不易」，常使活動淪爲有名無實的課程單元。

在實踐活動的說明中，都穿插著「生活規條」，例如，「不忽視書本以外知識」、「反對任何殘酷虐待的行爲」、「遵守社會秩序」、「反對出賣國家的奸匪」等，相同的生活規條反反覆覆出現於各冊各章中，頗有教條化之嫌，焉能期待得到好效果。

三、改進意見

根據以上的批判，筆者試擬下列數項改進意見：

(一)重訂「國中公民與道德課程標準」

課程標準爲學校教育活動實施的準則，除了確立教學目標外，其所訂之有關各學科的課程目標、教學科目與時數、教材綱要以及實施通則等，均爲編選教材與進行教學的主要依據。民國八十三年十月教育部修訂之課程標準，旨在以培養「二十一世紀健全國民」爲最高理想目標，爲日後課程發展及教育實施奠定良好基礎。但據以修訂之課程標準仍未脫僵化、口號化之本質，欲變更教材內容，仍須依原先就欠缺「未來化」、「國際化」、「統整化」、「生活化」和「人性化」的課程標準來編寫與審定國民中學「公民與道德」教科書，則如何能期以之發揮「跨世紀的教育功能」？若當局有心重新訂定課程標準，應廣泛徵求各界（當然包括受教學生）意見，特別是邀請與公民教育有關或關心該教育之專業人士參與。

(二)課程規劃

課程名稱雖爲「公民與道德」，但有關「道德」的內容少而零碎，不易使受教者得到完整的概念進而身體力行。國民中學的公民教育重點應是在培養公民良好的德性與啓發公民意識，因此，在教材的編輯上，不應以編輯國中版的「社會科學」教材來取代。既然公民德行爲國中公民教育的重要內涵，在題材的選編上可以原先之生活規條如「誠實」、「守法」、「孝悌」、「友愛」、「勤儉」、「負責」、「尊重」等爲單元中心概念發展，加上目前青少年所面臨的問題討論，例如，「青少年犯罪」、「家庭暴力的防治」、「電玩」、「禁煙」、「治安」、「愛情（殉情？）」、「課業壓力（自殺？）」、「網路、第四台、電話色情」、「人權」等，在編寫上內容須生活化或以故事導入實例舉證，在遣詞用字上須淺顯生動不刻版，多運用富創意的「漫畫」吸引學生思考問題，教學進行的方式儘量活潑化，教材的份量不宜過多、過重。

(三)教學方法

基本上，在任何一科的教材編纂上，編者總是有知有覺地將教材份量編的很「充實」，「公民與道德」一科亦不例外，教材多、時間少、考試要考，致使教學方法多爲訓誡式、背誦式、記憶式，效果如何不言可喻。一般認爲，以潛移默化、啓迪方式的闡釋、個案問題的探討，將使教學效果提高。而如何引起學生的學習動機，使其關注整個教學過程，培養其對人與環境的良性互動，獲得和諧的人際關係與同儕的肯定，應比灌輸課本知識、應付考試更爲根本。當然在這樣的教法中，教師素質必須相對提高，且教師的身教重於言教，在結合時事與社會爭議事件的個案討論中，若欲協助學生重塑道德觀念、提昇其判斷力，則教師的「客觀性」與「公平性」更是重要，畢竟在青少年階段，教師是學生最主要的模仿對象。此外，在現行教育體系「考試領導教學」的現象仍未改變之際，取消關於「公民與道德」的記憶性考試，或許是使教學正常化的可行之道。

當教育改革者不斷推出各種教改政策時，我們不要忘記檢討：爲什麼「不快樂的孩子似乎越來越多」，在學習過程中，青少年遭遇許多難題卻苦於找不到答案及解決之道。長期以來，國中「公民與道德」課程被冠上刻板印象，其中之因素，實非本文所能一一觀照，然而無可諱言地，若能有一生活化、人性化之完善且前瞻的公民教育教學規劃，或許能爲正徬徨於歧路邊緣的學子們，打通一條新生之道，帶來新生的契機。

第三節　三民主義教學研究的危機與轉機

「弘揚三民主義思想」是民國七十七年七月，中國國民黨第十三次全國代表大會的主要議題之一；同年八月下旬，中常會進一步將之加以落實，通過改進大專院校國父思想教學之決議，希望加強其與「中華民國憲法」及「民權初步」的結合。但不久之後，十二月三十日，臺灣大學學生會公布了一份「國父思想教學評鑑」[9]，由於評鑑成績甚差，嚴重搖撼了社會大眾對大學國父思想課程存在價值的信心，遂引爆了國父思想課程存廢的爭議，並導致中央研究院及各相關

[9]評鑑結果顯示：「大一學生對於國父思想課的認同程度並不高，大多數人既不願多花課外時間在這上面，也不覺得這門課能給他很多新知識。」參見孟子青：〈國父思想教學評鑑結果公布〉，台大學生會福利部出版，《福利報導》，第二期，第二版，民國七十七年十二月三十日。

大學三民主義研究所進行所名之更改，教育部亦順勢將「國父思想」改為「中華民國憲法與立國精神」領域。

在局勢大致明朗之際，筆者曾撰文指出：「一旦大學國父思想之教學失去其繼續存在的意義與地位，下一步衝擊的目標，極可能為高中三民主義的教學」[10]。嗣後事情的發展，說明筆者僅猜中一半，首當其衝的不料竟是高普考已決定廢考國父遺教及三民主義，至於大學聯招是否廢考三民主義雖仍未定，但此一芻議對高中高職的三民主義教學已經帶來嚴重打擊。民國八十四年二月上旬，在「八十三學年度寒假高中職三民主義教師研習會」上，與會的許多教師便曾強烈表達危機感。筆者忝為大學國父思想教學工作者，且是三民主義研究工作者，親身經歷了自解嚴以來，三民主義教學與研究的各種挑戰，除了感嘆世事難料之外，針對當前各界爭論的有關議題，倒有一些心得與淺見，不吐不快。

一、三民主義應有教學研究的價值

在國父思想保衛戰、三民主義廢考廢教的爭議中，「三民主義有無教學研究的價值」是一個最根本的問題。若欲精準地回答此一問題，則必須儘量摒除政治因素的考慮，從學術的立場出發，作客觀的檢證。

三民主義發軔於西元一八八五年，完成於一九二四年。殷海光先生認為中山思想因富於廣含性，故能吸收、兼消民初各種思想[11]。

[10]周繼祥：〈高中三民主義課本（民生主義部分）內容商榷〉，革命實踐研究院「高中三民主義教學研討會」論文，民國八十年六月二十八日。

[11]殷海光：〈我對於三民主義的看法和建議〉，載：《殷海光選集》，第一卷（香港：友聯公司，一九七一年出版），p.583。

三民主義既攝取當時歐美社會科學的精華，復融合中國傳統儒家思想，加上中山先生本人的若干創見，可謂集時代思潮之大成。或許有人批評三民主義早已過時，但從大趨勢加以觀察，自本世紀以來，國際政治社會始終遵循著三民主義指引的軌跡在演進，強調民族平等、主張主權在民、揭櫫均富。遠的不提，近者如東歐、蘇聯共產集團瓦解後的世局，依然跳脫不出這三大範疇的氛圍。

作爲意識形態的一支，三民主義當然可以如同其他的各種主義（包括無政府主義及共產主義），在多元化的民主社會中，成爲教學研究的對象。從立法院第二屆第四會期教育委員會第六次會議紀錄觀之，即使是主張大學聯招廢考三民主義的民進黨籍及無黨籍立委，亦大都不反對三民主義的教學；而強烈認爲三民主義課程無學術基礎的李筱峰教授，其所持廢教的理由則是：「三民主義課程已淪爲執政者統治的宣傳工具，已喪失其學術之意義」。李教授並未進一步明言三民主義有無學術本質？或許如李教授所言「執政者可隨著政策而任意解釋三民主義」，在過去威權體制的時代，這種情形或有所見，而現在從事三民主義教學研究的大多數學者其目的豈不正是要堅持價值中立，還主義真正的面目嗎？況且，李教授的詰難中，隱藏著一個並非三民主義課程所特有的難題，即國家辦教育難道不能預設其特定的宗旨嗎？任何一個民主國家的政府，難道都不應從事「政治社會化」的工作嗎？如果依李教授的定義，大概僅有自然科學才是真正的學術。業師周道濟教授在〈談國父學說的研究〉一文中指出[12]，由於國父學說範圍廣泛，內容豐富，因此研究起來十分困難，筆者固然同意其觀點，但在自己多年三民主義教學研究的生涯中，更深刻體會到：「泛政治化、和現實政治糾纏不清」才是海峽兩岸孫中山研究者

---

[12]周道濟：〈談國父學說的研究〉，收在周道濟等：《三民主義研究》（台北：政治大學公企中心，民國七十一年六月，初版），pp.191-192。

最大的困境。

二、三民主義回歸學術是必然的趨勢

民國七十九年，「國父遺教研究會」等相關單位團體，唯恐教育部將「國父思想」改為「中華民國憲法與立國精神」將會使得中山學說在大學教育中銷聲匿跡，曾發起所謂「國父思想保衛戰」。但根據「八十二學年度國立臺灣大學大一共同必修科目課程簡介」所載，在「中華民國憲法通論」和以憲法為核心的一些課程之外，台大尚有「民權主義與當代政治」、「民生主義與經濟政策」、「孫學與國家發展」、「中山學說與當代思潮」、「產業政策與民生主義」、「孫中山與中國現代化」、「中山思想與西方學說」、「中山政治學說」、「民生主義與台灣經濟」、「孫中山與近代中國」、「孫中山與中國政治」等與三民主義或孫中山有直接關係的課程供大一學生選修，和同一領域內其他課程進行良性的競爭，筆者且曾經信心十足地要求台大教務處就同一領域內所有的課程舉辦教學評鑑，以便客觀地加以比較，給予仍以三民主義為教學重心之課程真確的評價，可惜校方因人力、物力、經費不足並未進行評鑑。惟由台大的例子可見，教育部對大學國父思想的改革，不但未必如反對人士所期，會毀滅三民主義在大學中的教學研究，反而，如費景漢院士在〈三民主義與中國前途〉演講中所言：「這種改革使三民主義研究教學不再是『三民主義學家』之專利，而可以由『人文社會學者專家』共同自由參與。教育部提出的改革，使三民主義研究因活潑競爭化，呈現多采多姿的面貌，是為三民主義研究學術化重要之里程碑。」至少，在台大已經如此，前文述及目前在台大仍有開設與三民主義直接關聯的課程，且大部分是由獲有國內外知名大學政治學或經濟學博士學位的學者任教，由於他們的投入，快速提昇了三民主義、國父思想的學術地位。

數年前，考試院院會通過公務人員將免試國父遺教及三民主義之決議，對三民主義之學術化也頗具意義。據當時教育部兩位次長的說詞，考選部廢考的理由：「因爲高普考的應試人員均具有一定學歷，而其在學期間及各項升學考試中，已反覆的應試『國父遺教』或『三民主義』，爲避免重覆，故予廢考。」惟根據考選部出版的《考選周刊》報導，廢考有兩個主要原因：「第一是現行憲法的內涵本已包括國父遺教之主要內容，不必重複列考，二是專科以上學校原必修科目之國父思想，已改爲『中華民國憲法與立國精神』領域，授課內容與國父思想有別，故不宜再列考國父遺教，俾免『教』、『考』之間失調。」以上兩種說詞，在反對廢考的人士看來，理由並不夠堅強：如果第一種說法是正確的，則一旦大學聯招廢考三民主義，試問高普考試焉有可能因而恢復國父遺教及三民主義之科目？第二種說法雖然較具說服力，但仍有疑點，首先，究竟是憲法涵蓋了國父遺教呢？還是國父遺教包含了憲法？抑或兩者根本就是互不相屬？某知名憲法學者曾戲稱：「現行憲法違背國父遺教，而國父遺教則牴觸現行憲法」，他的意見顯然可歸爲第三類。其次，若欲避免教和考之間失調，則不考國父思想而代之以立國精神有何不可？若謂立國精神沒有標準課本，則試問那一科目有標準讀本？而更荒謬的是所謂立國精神，根據前教育部毛高文部長的定義，指的就是三民主義，於是主事者的意思很清楚了，即爲了廢考不得不找些牽強的理由。其實，爲了應付考試而強記，豈是治學術思想之道？廢考畢竟是三民主義學術化的契機而非危機。

大學聯招廢考三民主義與三民主義之學術化，關係其實不大。主張廢考者所持的理由主要是學術性不足，而反對廢考者所持的理由則包括立國根基不可失、任課教師將喪失工作權等等，大都不是從學術需要的專業立場出發，反而不如中研院李遠哲院長所言：「中學生對各種社會發展思想制度，應多方接觸，而不是只限於三民主義」之較具說服力。據報載，教育部官員表示，一旦大學聯招不考三民主義，則高一、高二的公民和高三的三民主義就可能合併，其實，這就是執行立法院教育委員會於民國八十三年十月五日所作的決議，亦即在大專聯考廢考三民主義學科後，將原有三民主義課程內容之精華融入公民課程中，如此一來，高中三民主義課程可能就從此消失了。罷教當然比罷考的影響層面大得多，但筆者認爲在高中階段罷教三民主義，對三民主義學術化仍然衝擊不大。因爲高中三民主義課程的主旨是：「在使學生對於三民主義有深入的認知和正確的信仰，並能實踐力行。」其立論爲：「以國父遺教、先總統蔣公言論、政府現行法令政策與國家建設實況爲準據，力求融會貫通。」其內容爲：「著重於三民主義的基本理論、實行方法、時代意義及其與現代世界思潮、與復國建國的關係。」所以它並不是單純的知識教育，因爲被賦予崇高的使命、加上過多的詮釋，使它被抨擊爲「淪爲政黨政治的工具」、「官定的意識形態」。罷教既無損其學術本質，反而使三民主義有機會擺脫長期的政治干預，以樸實的面貌重新現於世。

大學國父思想改爲「中華民國憲法與立國精神」、高普考廢考國父遺教及三民主義、大學聯招廢考三民主義及高中取消三民主義課程等一連串的事件，說明三民主義解除多年政治力的桎梏，回歸正常的學術研究已是必然的趨勢。

三、台大三民主義研究所的改革經驗

體察大環境的變遷，台大三研所在民國八十年即率先嘗試更改所名，並因此遭致各界頗大的誤會，大家或者只看表面而不計實質，以為本所更改所名是要揚棄三民主義，卻忽視了所方長期以來為提昇三民主義之學術水準所作的努力：

(一)合併三民主義科

「三民主義科」原直屬台大教務處，負責國父思想之教學，與隸屬於法學院之下的三研所，本來互不相干。賀前所長凌虛教授不畏其難，說服校方並通過校務會議決議，將科所合併，所的資源因此大增，否則以教育部所訂「四員一工」之編制，本所豈有發展的餘地？

(二)增設博士班

賀前所長深思熟慮，於科所合併後，立即乘勢提案擬設博士班，經過激烈的爭辯，該案終於獲校務會議通過，並經多方溝通，再蒙政府核定立案，於七十七學年度開始招生。現在看來，本案如延遲一、二年，在泛政治化的情緒高漲之後，必無通過成立的可能，而若無博士班，台大三研所定無目前之學術地位，各校三研所亦不免將蹈台大覆轍，則三民主義之學術研究必然早已沈寂，焉能延續至今。

(三)進行分組教學研究

所方依據現有專任、兼任師資的專長，先將碩士班分成「國家政策研究」和「大陸問題研究」兩組招生，並再分法律、政治、經濟、社會等四個學程進行教學研究。概括而言，即結合現代人文與社會科學，運用科際整合的研究方法，從事中山學說、國家政策、兩岸關係、大陸問題等多面向的教學及研究，既為學生開拓較為寬廣的學習和探討領域，兼為三民主義提供比較研究的參考架構。

(四)加強對外溝通

三民主義和三研所長期以來飽受誤解，如何去除成見，尤其如何讓外界瞭解台大三研所已經轉型之事實，成為本所師生的要務。所方乃於民國八十三年開始赴外校舉辦「招生說明會」，由報考人數之倍增，即可證明此舉之成功。

(五)推動學術交流

交流的對象已由國內相關研究單位團體，擴及至大陸孫中山學界。在三民主義的學術研究發展方面，大陸學者的貢獻絕不亞於我方，筆者在〈中國大陸孫中山研究述評〉、〈兩岸孫中山研究初探〉兩文中，曾予高度的推崇。此外，本所尚與北京大學社會發展研究所、復旦大學國際政治學系、中山大學孫中山研究所建立對口關係，積極進行雙向交流。

台大三研所改革的經驗顯示：事在人為。外在環境的種種衝擊，看似是三民主義教學研究的危機，但危機之中已蘊藏著轉機，然而，面對新局，三民主義應如何學術化呢？

四、加強三民主義教學研究之道

擺脫政治因素干擾後的三民主義，已不復是「官定意識形態」、「國民黨黨義」，而是如同金耀基教授在〈孫中山先生與「後毛澤東時代」中國大陸的現代化〉演講詞中所稱，是「中國現代化的學說」。因此，對其進行教學的研究，允宜注意以下數點：

(一)堅持批判的態度

作爲一種開放的意識形態，三民主義必須與時俱進，不斷地被「觸類引伸」、「匡補闕遺」、「更正條理」，但是在威權體制之下，長期扭曲、神化的結果，使它失去了對一般社會大眾的吸引力，唯有以批判的態度進行教學研究，才有可能使其返璞歸真，恢復彈性和活力。遺憾的是當前仍有部分捍衛之士，罔顧不同時空環境的限制，繼續以三民主義早期的光榮爲號召， 交不出好的教學研究成果，如此愛之適足以害之，除了激化對主義好惡的兩極態度外，並無積極的意義。

(二)運用科際整合的方法

中山先生自稱所治者乃革命之學：「凡一切學術，有可以助余革命之知識及能力者，余皆用以爲研究之原料」。在學術的範疇裡，三民主義並未被建構成爲一門獨立的「學科」，其語言概念、系統邏輯、理論架構等，基本上均是取自人文科學與社會科學，因此，三民主義必須和人文與社會科學的核心「學科」，如哲學、歷史學、政治學、法律學、社會學、經濟學等，不斷地進行學術對話，藉由科際整合的方法，開拓教學研究的深度和廣度。曾經流行一時的「三民主義××學」，由於缺乏學術生命的滋潤，在解嚴後的現今，大都已銷聲匿跡。

(三)需要有田野研究的經驗

從事人文與社會科學的研究，親身經歷的「臨場感」是不可或缺的。政府實施開放探親政策，爲三民主義的教學研究者提供了赴中國大陸進行實地調查、訪問的機會。後起的年輕學者在戒嚴時期至多只能依據二手資料文獻，從事國民革命史的間接研究，如今兩岸三民主義學者已經透過交流，相互觀摩，彼此大開眼界，形成良性的循環。

(四)結合現實並印證時勢

三民主義的原則與精神不可變，細節和方法則可變。因此，三民主義的教學研究，一方面必須忠實的反映現實，指陳社會的善與惡、光明與黑暗；另一方面必須超越時空，導引時代的發展。然而，基於我們社會的本質已是開放的、多元的，故三民主義的詮釋便可以眾說紛云、莫衷一是，而學術才是進行檢驗的唯一標準。

面對詭譎的世變、多元的社會，筆者一貫主張：三民主義的教學研究，必須放棄長期以來對政治的依賴，在多種思潮的氛圍之下，自然地發展。因此，贊成將國父思想改為選修，並自信有能力、夠水準，可和其他通識課程競爭，吸引學生選課；再者，贊成高普考免試國父遺教及三民主義，並慶幸三民主義藉此走出政治的迷障，不再成為考生、政府官員、民代的眾矢之的；同時，反對將高中三民主義教學合併為公民教育，並主張將其定位為啓智的通識教育，在沒有聯考壓力之下，由開明的老師配合著其他主義思潮，介紹給啓蒙中的青年，激盪他們的思維。

已故的知名學者徐復觀先生曾言：「政治與學術，各有其領域。學術的真價，是要在學術的領域中去決定，而不是在政治的領域中決定」[13]。若秉持此一信念，則日後不論是中國國民黨、民進黨或新黨執政，三民主義仍可自恃其原始之學術本質，在教學及研究上，繼續開創發展的空間。反之，若政治的領域可以決定學術、學術必須為

[13]徐復觀：〈學術與政治之間〉，見氏著：《學術與政治之間》（台北：學生書局，民國六十九年出版），p.166。

政治服務，則今後不論何黨執政，三民主義教學研究的前途殆矣！

第四節　我國公民教育的檢討

在《創造公民：政治教育與自由民主》（*Creating Citizens: Political Education and Liberal Democracy*）一書中，加命教授強調：任何一個自由民主的國家都必須在其教育政策中重視宗教和文化的多元主義。若不重視之，則會背離民主政治基本的自由與容忍的理念。他進一步指出：政治教育的問題，在於使自由民主的理念獲得世代間的傳承，而同時對不時威脅那些理念的各種行爲和信仰保持善意。誠如加侖教授所言，沒有一個國家政府會放棄其政治社會化（political socialization）的責任，而採自由放任的教育政策。問題是：每個國家的國情不同，公民教育應如何善自規劃，實爲一大考驗。

陳其南教授指出：傳統中國社會向來只有封建帝國的「子民」（subjects）觀念，而無源自於西歐歷史的國家「公民」意識，直接阻礙了中國社會走向民主政治的道路。從推翻滿清建立民國以來，政治上的紛爭擾攘，似乎印證了他的論點。威權政治時代的台灣公民教育，從小學至中學而大學，顯然以一套由官方定爲一尊的意識形態爲其精髓，其效果如何，固然引發諸多爭議，但表面上社會維持著一定程度的和諧和共識，卻也是事實。倒是解嚴以後，隨著官定意識形態的權威之勢微，在舊的意識形態面臨崩潰，而新的價值系統尚未建構完成之際，我國既有公民教育制度便捉襟見肘，在混淆未明、國家認同出問題、統獨問題層出不窮的時代環境中，成爲飽受攻擊的對象。

當前我國公民教育的缺失，大體而言，可以分從師資、教材、制度三方面加以評論。

首先，在師資方面，由於長期以來採師範體制教育的結果，目前中小學公民教育的師資絕大多數爲師範系統的畢業生，師資來源集中於一途，和台灣社會的多元化發展背道而馳，這顯然不利於公民意識與公民倫理的形塑。所幸，受教育改革的衝擊，施行「師資培育法」的結果已爲公民教育的師資來源鬆綁，經由各大專院校培育出來的合格公民教師之參與，今後我國中小學公民教育可望有一新的契機。至於大學公民教育的師資，則多半係以曾經接受社會科學訓練的教師爲主，因此，尙能維持一定的教學品質。

其次，在教材方面，由於時代的快速發展，舊教材已不能滿足教師及學生求新求變的要求，新教材的編寫不斷推陳出新。雖然教材的內容見仁見智，未必能符合各界的期許但進步的快速，確爲有目共睹。其實，好的公民教材應當有其客觀的標準，必須重視啓發性，至少不能流於說教、強迫學生記憶，因此，教材編輯陣容應當擴大，甚至可考慮開放市場，採自由競爭的方式來刺激我國各級公民教育教材。

最後，在制度方面，由於我國中、小學受升學主義的影響大且深，考試領導教學的結果，使得在升高中和大學聯招考試中佔分數比例不高的公民科，不爲校方、學生、家長的重視，自習、代課、換課等種種奇特的現象經常發生於此一課程。大學中的公民教育課程，也有被視爲「營養學分」的情況。如果社會大眾不能改變觀念，仍以「考試掛帥」，則公民教育在各級教育體系中，將永無翻身之日。這對我國公民意識與公民倫理的養成，將有大不利的影響，而健全的公民教育正是走向民主社會不可或缺的基本條件。

最後是教育政策上的問題，理想的公民教育，自國小→中學→大學應有其一貫性，在求學的每一個階段應當各有重點。我們的教育當局迄今未能有一套完整的理念說服國人：在跨向二十一世紀的前夕，到底台灣社會需要什麼樣的公民教育？但有一個答案恐怕是必須的：公民教育是要孕育一個個健全的公民。多元主義的文化價值正向我們呼喚！

10 重要憲政議題

- 中山先生的國家統一觀
- 民族主義與現代化
- 總統直選後的兩岸關係
- 憲改後台灣原住民的參政權

第一節　中山先生的國家統一觀

近年兩岸關係的發展，雖較以前大有突破，惟台灣與大陸距離實值或形式的「統一」爲期尚遠。「統一」此一曾被視爲考驗八〇年代中國人智慧的重要課題，現則仍爲全球華人最關切的焦點。

當前除〈國家統一綱領〉外，關於「統一」的主張或言論，可謂眾說紛紜，莫衷一是。此時此刻，重新檢討近代中國偉大的革命家孫中山先生生前對「統一」的若干看法，溫故而知新，自其中尋求一些啓示，毋寧是一件有意義的事。

中山先生畢生奔走中國革命，推翻滿清專制政府，建立了亞洲第一個民主共和國，他的生平志業，海峽兩岸均給予相當的評價。他留給兩岸人民的，除了偉大人格的感召外，更重要的是他的思想、學說。四十年來，兩岸孫中山研究者，在研究和闡揚他的思想和學說方面，已經有了很好的成績，但他的「國家統一觀」，至今尚較少有人注意。在本節中，首先說明民初中山先生主張中國統一的時代背景。其次則分從「統一的理由」、「統一的基礎」、「統一的方案」等三個不同的面向，探討中山先生主張統一的整套思想體系，進而檢討此一思想在當前兩岸政治的生態環境中之可行性。

一、背景

清末中山先生領導革命，其目的：「欲建立共和政府」，故當清帝退位，中華民國改曆改元，他就極樂觀地認爲南北已經統一了。在臨時大總統就職宣言中，他揭櫫了「民族統一、領土統一、軍政統

一、內治統一、財政統一」等項政務方針，約言之，他希望在破壞之後，加速建設國家的任務，以謀國民的幸福。民國初年的史實證明：國家的統一不能徒有形式而已。

自民國成立以來，先有袁世凱的毀法稱帝，繼有北洋軍閥的亂政，凡此種種已使中山先生瞭解：國家統一不能有期於軍閥，必須自己有積極的作為。於是，在一九一七年七月間，中山先生眼見國會被非法解散，政局紛擾——「統一發生問題」，北洋政府毫無實行約法的誠意，他乃率海軍艦隊南下赴粵，組織軍政府，誓言護法。他後來亦曾作如是觀：「數年以來，國內戰爭，乃護法及毀法戰爭，絕非南北戰爭。」同年九月十日，中山先生就軍政府大元帥職，從此南北對峙之局遂成。南北分裂之後，中山先生並不認為他是造成分裂的罪魁禍首。一九一八年五月四日，他在通電中謂：「慨自國會非法解散，中更復辟之變，民國已無依法成立之政府。使馮段兩氏果有悔過之心，雖爭個人權力，苟能撤銷非法解散國會之命令，使國會繼續開會，則與一言興邦何異，夫誰得而議期後者，乃必思以北洋兵力，征服全國，遂至釁啓川湘，而全國之統一已破。」中山先生必然認為，分裂既是馮、段二氏所造成，則他反而是統一的提倡者。同年八月在「軍政府對友邦之宣言書」中有一段文字謂，國會之所以開非常會議於廣州，改組軍政府，係：「為擁護約法也，為正誼人道也，非欲分裂中國也。」更進一步而言：「向使余不設法使南北分裂，則中國今日早為日本之附庸矣。」

當年，中國的北方已為日本所控制，若南北不分裂，則中國全國將歸日本掌握。如今因為南方一息尚存，尚可據理力爭，既要求段祺瑞宣布停止中日一切密約，並要求取消軍事協定，以為重行議和、統一南北之基礎。因此，中山先生之所以南下護法，在他自己看來，其動機不但不是為了搞分裂、割據，反而是為了統一。由後來他譴責陳炯明妄圖割據稱雄，或可印證此說。一九二一年五月五日，中山先生就大總統職後，在對外宣言中明示：他的第一職務，在統一民國各省各區。一九二二年三月十一日在出師北伐的通告中，中山先生再以大元帥的身分，重申誓達統一之目的。此後，至他逝世為止，中山先生即以統一為其晚年奮鬥的目標。

二、統一的理由

中山先生之所以主張統一，依筆者之見，約可歸納為以下兩點理由：

(一)統一是全國人民的期望

一九一一年四月，中山先生在廣州告訴來訪的遠東共和國報界代表：「中國人民對連續不斷的紛爭和內亂早已厭倦，並深惡痛絕。他們堅決要求停止這些紛爭，使中國成為一個統一、完整的國家。因而，我們正在盡力完成賦予我們的這一艱鉅的歷史使命。」中山先生認為他和他的同志們——「為中的統一，強大而奮鬥的立憲民主的新中國的代表」，所以，「所有進步勢力都支持我們，全體人民站在我們一邊，而且，實際上事態的進一步發展將證明我們是正確的。」翌年一月二十六日，中山先生在上海告訴參議員王用賓：「自民六護法以來，一般政界要人及社會群眾，皆知國家分裂若此，有統一之必要。」此外，在一九二四年三月二十四日的一次演講中，他很清楚地說道：「想推翻北方的軍閥官僚，統一中國，想把中國變成很強盛的文明國家，不只南方革命黨有這種思想，就是北方軍隊、學生和一般有覺悟的人民，都有這種思想。這就是全國人民現在的心理，這就是全國人民現在要做的大事。」他接著又說：「我們在廣州住了一年多，不去北伐，北方的人心便很失望，對於我們有很不好的批評；說我們得了廣東，便割據一方，長享安樂，再不去奮鬥，做國家的大事，這真是沒有志氣。」

(二)統一才會使人民幸福

一九二三年二月二十四日，孫大元帥發表「實行裁兵宣言」，中山先生在宣言中指出：因他認爲統一能「立供國民以福利」，所以他不惜率先裁兵，一九二四年二月，他在廣東大元帥府語某日人：「民國之幸福，以統一爲主」他並言及他之所以敬服漢高祖，推崇明太祖，因：「彼等能統一國內，增進國民之幸福故也。」一九二四年十一月二十四日，他對神戶新聞記者說：「『統一』是中國全體國民的希望。能夠統一，全國人民便享幸福，不能統一便要受害。」在此他雖未能繼續引申何以統一後人民便能享幸福，但由他的其他有關論述中，不難推知：他認爲統一之後政治安定，各項建設可以進行，故人民得享安樂。

由以上兩點觀之，可知中山先生所持中國必須統一的理由，都是以「人民」爲本位，以民意作爲出發點的。此與他的「民有、民治、民享」說，恰可相互呼應。

三、統一的基礎

因有民初的失敗經驗，中山先生在晚年所主張、所追求的統一，並非僅是形式上的南北統一而已。吾人從他的言論、著作中，可以很清楚地認知他是以「自治」與「和平」爲統一的基礎。

(一)自治

中山先生於一九二一年五月五日就大總統時，慨乎言之：「集權專制，爲自滿清以來之弊政。今欲解決中央與地方永久之糾紛，唯有使各省人民完成自治，自定省憲法，自選省長。中央分權於各省，各省分權於各縣，庶幾既分離之民國，復以自治主義相結合，以歸於統一，不必窮兵黷武，徒苦人民。」其有關「自治」與「統一」的其他言論尚散見以下各處：

1.一九二一年一月八日《北京日報》刊出他的談話：「統一南北，固余日蘄之而不可得者。惟非打破軍閥專制，則民治之精神，無由實現。今北方各省軍閥，余感較前尤盛，縱遷就言和，不久亦兆分崩之禍，與其敷衍一時，何如堅持到底？余之所亟亟從事於連省制者，即欲以自治之基而造就鞏固不拔之統一政府。……」

2.一九二一年四月上旬，他回答美國記者辛默說：「南北統一後，吾人當根據於地方自治政府之基，而建一中央政府。中央政府所操之權，則不能歸屬於地方政府之權爲限。」

3.從一九二二年四月他與《美京郵報》訪員的談話中，亦可知他希望中國統一於民意合法政府之下。

4.一九二四年十一月十日的「北上宣言」，再次重申對國民黨的對內政策：「在劃定中央與省之權限，使國家統一與省自治各遂其發達而不相妨礙。同時確定縣爲自治單位，以深植民權之基礎。」

中山先生曾謂：「地方自治，乃建設國家之基礎。民國建設後，政治尚未完善，政治之所以不完善，實由地方自治未發達。若地方自治已發達，則政治即可完善，而國家即可鞏固。」無怪乎他視自治爲統一的基礎，但有一點必須加以澄清，即他所謂的自治乃：「全國人民共有、共治、共享之謂，非軍閥託自治之名、陰行割據所得而藉口。」

(二)和平

軍政府成立的次年元旦，即一九一八年一月一日，中山先生以大元帥的名義發表的元旦布告，他對國家六年紛亂、民生多艱，深感不安，他期勉國民與海陸軍，速圖戡定內亂，回復和平，使法治之效，與並世列強同軌。但時隔未久，為了響應南京督軍李純如和平救國的主張，他通電全國曰：「國亂經年矣，當列強環伺之時，為鬩牆煮豆之舉，苟有人心，豈應若是？」繼之，他指出：「好治者人之天性，戰爭者不得已之行為」，再則，他稱自己：「素以博愛為信條，平和本屬初志」。歐戰結束後，世界潮流趨於和平，而在歐戰尚未結束前，國內外嚮往和平的氣氛即以開始瀰漫。即便是列強亦有主張中國應停止內戰者，為回應此一情勢，軍政府於一九一八年八月對友邦發表宣言：「吾人非不知列強希望吾國之早趨於和平，吾人希望和平之心，且比列強為益切」。後來，於演講民主主義時，他便直接指出：愛和平就是中國的一個大道德，中國人才是世界中最愛和平的人。

中山先生曾斷言：「統一而不和平，其危機更大。」及「不採取和平的辦法，要想達到統一，那是幻想。」此外，一九二三年一月間，他也曾多次與人談論和平統一，由此可知他主張的統一是以和平為基礎。此亦符合人民的願望，因為：「吾民對此萬惡之軍閥，靡不異口同聲，表示厭惡，喁喁之望，厥惟南北統一，與地方和平。」但中山先生所主張的和平統一，並非無條件者，例如，對於一九一九年二月二十日在上海召開之「南北和會」，他便曾先後發表宣言和通電，謂他的和平條件約為對內、對外兩要點，要言之，對內：「尊重約法，恢復國會」；對外：「廢止中日軍事協定及二十一條」。顯然，中山先生所提倡的和平，並非一廂情願的和平。

四、統一的方案

中山先生在遺囑中所言及之「開國民會議」及「廢除不平等條約」，是他晚年所構思的統一方案。稍早，他曾先後主張「裁兵」和「北伐」，茲依次論述於後：

(一)裁兵

中山先生於一九二二年六月六日發表工兵計畫宣言，欲安置軍隊，掃除一切不法之武力，以謀和平統一之進行。他體察民情，認為當時國民最痛苦者，莫如兵多，因此他主張先裁兵，由於人民樂於裁兵，故人民亦必樂於統一，他相信裁兵即統一之根本條件。北洋政府因不裁兵與不統一之故，以致兵愈多，匪愈熾，國家分裂，地方糜爛，人民受害，「臨城劫案」更波及外國人士。

為了表現他的誠心，中山先生於一九二三年二月二十四日發表實行裁兵宣言，率先裁粵軍之半，以昭示天下。數日後他在廣州以大總統身分告知某君：「裁兵便是統一的方法，先裁兵，後統一，那才算是真統一。如果先統一，後裁兵，便是假統一。」他所謂的裁兵，其實寓有「化兵為工」從事建設的積極意義，並非僅是消極的將兵源裁汰而已。所以他也強調：「欲圖中國之和平，必首先裁兵及行工兵政策入手。」但三個月後，他卻覺悟了，宣稱：與迷信武力主義的北洋軍閥協商裁兵，無異與虎謀皮。

(二)北伐

如前所述，中山先生以和平為統一的基礎，但若謀和失敗，他並不排除使用武力。黃埔建軍、北伐，即為此一理念下的產物。當不得已要使用武力時，他希望——「東面而征西夷怨，南面而征北狄怨」，儘可能讓各省瞭解革命的大義。一旦和平統一成爲片面之要求，強敵（按：指直系軍隊）在前，則使用武力有正當防衛的消極意義，故他的通電中有云：「兵爲防守，不爲爭權。」

國民革命的目的在造成獨立自由的國家，以擁護國家及民眾之利益。民國成立十三年來，帝國主義者與軍閥互相勾結，成爲國民革命的阻礙，他宣稱：「十三年來之戰禍，直接受自軍閥，間接受自帝國主義。」爲掃除革命障礙，中山先生不得不號召全國響應北伐的行動。他進一步指出：軍閥雖挾其「武力統一」的夢想，終於不能不失敗，其原因在於國民革命——「武力與國民結合」、「武力爲國民之武力」。

(三)開國民會議

一九二四年十一月二日曹錕宣告退職，中山先生認爲此爲和平統一之良機，故他毅然決定北上。在十一月十日發表的北上宣言中，他以國民黨的名義，提議召集國民會議，以謀中國之統一與建設。幾天之後，中山先生對上海新聞記者演講，強調國民會議解決中國內亂之法，他說：「我們在這個時機要問是全國大亂的終結，還是和平統一的開始？就全靠我們的國民。我們國民要想是和平統一，便應該萬眾一心，全國各團體，都派出代表來加入國民會議，研究現代時局的弊病，討論補救的方法。」過幾天，他在神戶又重申：「如果召開了國民會議，並由之產生政府，定出根本大法，則全國一切均將歸於統一。」同年十二月二十二日發布的「國民黨最小綱領宣言」，宣示國民會議的主要任務爲：「惟在謀國家之統一與重新建設。」關於國民會議召集前之準備工作及國民會議之組成方法，因限於篇幅，不擬在此述及，但必須指出的是：中山先生雖主張開國民會議，認爲此係解決時局之唯一方法，但他並不支持段祺瑞執政政府所召集的「善後會議」，因後者並非以人民團體爲基礎。

(四)廢除不平等條約

早在一九二四年一月三十日中國國民黨第一次全國代表大會便已宣稱要取消一切不平等條約。同年九月十八日，國民黨在北伐宣言中重申：「要求重新審訂一切不平等之條約，即取消此等條約中所定之一切特權而重訂雙方平等互尊主權之條約，以消滅帝國主義在中國之勢力。」兩個月後，中山先生在離滬臨行前語日本記者：「中國擾亂之原因，即在對華抱有野心之列國，迄今當有事之際，利用一部分武人使然耳。即中國之國政愈亂，彼等歐美列強對華實現其壓迫的野心之可能性愈多，中國非完全排除此等外力，則國家之統一不能永久。」隔兩天，他對神戶新聞記者談話時，再度強調此一觀點：「中國革命以來，連年大亂，所以不能統一的原因，並不是由於中國人自己的力量，完全是由於外國人的力量！爲甚麼中國不能統一，其中的原動力，完全是由於外國人呢？這個原故，就是因爲中國和外國有了不平等的條約，每個外國人在中國總是利用那些條約來享特別權利。近來西洋人在中國，不只利用不平等的條約來享特別權利，並且在那些特權之外來妄用條約、濫用條約。」

同年十一月二十五日，他在神戶東方飯店演講時說道：「說到和平統一，是我在數年前發起的主張，不過那些軍閥，都不贊成，所以總是不能實行這種主張。這次我到北方去，能夠作成和平統一，也未可知。不過要以後真是和平統一，還是要軍閥絕種；要軍閥絕種，便要打破串通軍閥來作惡的帝國主義；要打破帝國主義，必須廢除中外一切不平等的條約。」十二月一日，他又表示：「廢除不平等條約，於中國前途才有大益，南北也才可以調和、統一。」他在日本門司告訴來訪者，廢除不平等條約，使中華民國成爲眞正大統一之國家是他的第一目的。由上述可知，中山先生認爲廢除不平等條約亦是爲了和平統一。

中山先生逝世的前一天，在病榻前面諭隨侍諸同志：「我此次放棄兩廣來北京，是謀和平統一，我主張統一的方法，是開國民會議，實行三民主義與五權憲法，建設一新國家。」；「余此次來京，以放棄地盤謀和平統一，以國民會議建設新國家，務使三民主義、五權憲法實現。」此兩段談話，皆將國民會議和三民主義與五權憲法聯結在一起，再參照他的遺囑，吾人似可推斷他主張開國民會議和廢除不平等條約的最終目的，即是爲了實行三民主義與五權憲法，以建立一政治最修明、人民最安樂之國家。

五、檢討與感想

中山先生對統一的看法，係提出於七、八十年前，固有其特殊的時代背景，但在今日看來，他的若干論點，卻歷久而彌新，仍深具參考借鏡的價值，試提出下列述點檢討意見：

(一)就統一的理由而言

首先，中山先生認爲中國人民期望統一，而目前不論是那一方面，凡主張大陸與台灣應統一者，他們所持的最根本的理由都是:「因爲統一是海內外中國人共同的願望」，此與當年中山先生的觀點不謀而合。

其次，中山先生認爲統一才會使人民幸福。大陸方面一再強調，共同的民族利益是統一的基礎。而台灣方面，眼前某些反對立即統一者，則認爲驟然統一會降低台灣人民既有之生活水平，再者台灣有關當局亦不斷重申，推動兩岸關係的原則是「理性、和平、對等和互惠」。可見雙方基本上仍然是以人民的福利爲思考兩岸關係的著眼點。

(二)就統一的基礎而言

一者，中山先生屢陳「自治」的重要性，在大陸方面，自鄧小平提出「一國兩制」的構想，多位中共國家領導人的對台工作講話，都一貫地承諾統一後，會給予台灣充分自治的地位。但台灣方面則仍堅持「一國兩區」的理念，即不願居於地方政府的地位。觀乎中山先生曾言：「統一於合法民意政府之下」；再者，他又屢次強調以民治爲基礎，約言之，他所謂的自治是民主政體下的自治。若就中山先生此意加以投射，則不論是「一國兩制」或「一國兩區」，其前提應爲民主政治，就此而言，眼前定位此一問題的時機，顯然尚未成熟，兩岸宜各自加速民主化的腳程，暫時迴避主權的爭執問題，落實文化、學術等交流活動，以增進彼此間的瞭解與良性互動。

再者，中山先生強調和平統一。台灣方面早已諱言軍事反攻，於兩岸關係上，甚至包括在野黨亦均主張「和平」。可見臺灣朝野就兩岸之未來似已達成「和平解決」的共識。在大陸方面，雖仍以「和平統一」爲對台工作方針，但中共領導人卻始終未保證放棄對台使用武力。中山先生當年爲了和平統一曾率先裁兵，並曾放棄兩廣地盤冒險北上，這是何等的氣魄！與之相比，中共方面作法和氣度均嫌不如。

(三)就統一的方案而言

1.中山先生曾有裁兵與化兵爲工之議。此一主張在今日若仍對兩岸有意義，則雙方首應檢討彼此現有之武力與軍事預算，宜否仍維持在先前兩岸定於敵對僵持狀態下的水準？如有節流，則應將之運用於發展民生工業，提昇全民之生活品質。

2.中山先生曾視北伐爲統一之不得已的手段。因其屬武力統一，而他反對軍閥即因彼等主張武力統一，但他並非自相矛盾者，在企劃北伐時，他曾言：「我輩之北伐，乃順應大勢，故其成功也必矣。」話雖如此，一旦他認爲和平統一有望，即北上謀和，表現其「拿得起、放得下」的磊落胸懷。兩岸現階段的領導人雖已不再相互放言「解放」或「反攻」，但於如何完成和平統一，似不如中山先生一般的積極主動，但與其勉強統一，倒不如維持現狀，更切合民意，而臺灣人民的意願尤其需要尊重。

3.開國民會議本是中山先生的遺志，一九三一年五月五日召開的國民會議，胡春惠教授認爲其本質上是「中國國民黨掌握政權後，首次召集的全國性民意會議。」其目的與中山先生賦予其之原始任務—謀中國之統一，已異其趣，故不能以其表現來評斷中山先生的識見。中共方面現今所提統一的談判原則爲「國共兩黨之黨對黨」，雖尚云：「可吸收兩岸黨派、團體有代表性的人士參加。」但此一構想若較諸中山先生所提：「國民會議之自身會員應由上列各團體之代表（按：即各省實業、商業、教育機關、大學校及學生聯合會等）組成之。惟各代表必須由各團體人員直接選出，軍隊亦得同樣選出其代表列席國民會議」之構想，前者之代表性與民主程度均顯然不如後者。中山先生生前常喜以「天下爲公」爲人題字，其懷抱可見一般，至盼兩岸領導人於構思統一方案時，亦能去私存公，超越黨派之利益。

4.廢除不平等條約是中山先生的另一遺志。他認爲要達成中國統一的目標，關鍵在於廢除不平等條約。國民政府廢除不平等條約的運動，始於抗日戰爭前，完成於抗戰期間。就兩岸的現實政治析之，固然兩岸都堅稱只有一個中國，且都自稱是主權獨立的國家，但於兩岸關係上，雙方皆應進一步對世界各國公開宣示：和平統一是兩岸人民自己的事，絕不容許第三國插手或干涉。

除上述四點檢討意見外，對中山先生的統一觀，筆者另有三點感想：

1.他以民意爲依歸：中山先生常批評民初「武力統一」、「法律統一」、「策士統一」等三種統一政策，謂以上三種政策雖有誠僞、善惡、虛實之不同，而有一絕對相同點，即「皆就政界之人而言統一，未嘗實證於國民之前，而求其承認也。」他進而指出：「中國今日紛擾之根本病源，即強僕各自有其是非，而四萬萬之弱主人，無置喙之機會是也。」旨哉斯言，佐以他要用四萬萬人民作皇帝的說詞，可知他的「民本」思想是何等的濃厚了。

2.他相當重視宣傳：中山先生在言談、著述間曾多次提及「宣傳」的重要性，要黨員、軍隊都要注意宣傳工作。雖然他每以民意爲依歸，但他亦懂得應爭取輿論的支持，以加速統一。此點值得兩岸政府深思，攸關兩岸關係的協商或承諾，切忌搞黑箱作業，意圖蒙蔽人民的耳目。

3.他的統一觀頗爲務實：中山先生論述統一，極少引經據典、長篇大論。相反的，他經常自現實的觀點談論統一的價值及影響。如他曾言要在十年內爲中國造二十萬里鐵道，以統一中國，此即凸顯他務實的態度。此外，對於滿、蒙、臺灣等已失之疆土的未來，他也極少高談闊論，僅謂有信心中國必能收復失土，且絕不需要外人之幫助。

在中山先生的時代，中國處於南北分裂的對峙狀態；在我們所處的時代，則是大陸與臺灣隔海對立的分裂、分治狀態。今日統一問題之複雜性亦恰如彼時，彼時反對統一者有「聯省自治」等說，今日反對統一者則有「獨立保台」等說。彼時南北雙方都各有統一的手段和方法，今日兩岸雙方亦皆各倡其統一之論調與途徑。彼時，幸有中山先生爲和平統一而極力奔走，鞠躬盡瘁，死而後已。今日，則尚有待大智、大仁、大勇如中山先生者，挺身而出，體察兩岸民意，以和平的手段，在中山先生思想精神的指引下，爲謀求兩岸的和平統一而努力。誠望所有關切臺灣與大陸前途的人士，於思考問題時，不論是立足於那一個角度，都應該重新反省中山先生的觀點，致力於長治久安、民主、自由、繁榮之道。

第二節　民族主義與現代化

民族主義是一種信念，它認爲每個民族都有權利和義務將本民族組成一個國家。一般皆認爲：民族主義是塑造現代世界的主要力量之一，歷史學者王曾才教授便曾明確指出：「它所要達成的目標是雙重的：形成民族（nation-building）和建立國家（state-building）。」

國父孫中山先生在清朝末年鼓吹民族主義，其目的是要：「推翻滿清王朝」、建立一「漢人民族之國家」。亦即孫中山早期的民族主義是以「建立國家」爲主要鵠的。英籍思想家柏林（Isaiah Berlin）接受記者訪問時說：「二十世紀，在亞洲或非洲……左翼運動若不跟民族主義的感情連結在一起是不會成功的。」就此觀點而言，孫中山可謂頗具先見之明，他在二十世紀之初倡導民族主義，成功地推翻滿清政府，建立了亞洲第一個民主共和國。

但民國成立之後不久，孫中山在不同場合的演講中，卻屢次談道：民族主義和民權主義已達到目的，今後應積極進行民生主義，著手社會革命。其實，民族主義的作用，不僅是形成民族，建立國家而已，如國際政治學者羅克（John T. Rourke, 1986, p.84）就曾指出：民族主義有促進經濟發展的正面意義。

民國初年，孫中山未就民族主義作進一步的發揮，顯然是他在當時尚未考慮到民族主義和民權主義及民生主義，三大主義間的連環性問題，更明確而言，他似乎忽略了民族主義與現代化之間可能存在的種種關係，筆者撰寫本文的主要目的，即在嘗試為其釐清。但談論現代化，不免要觸及對傳統文化的認知、情感與價值判斷，故本文亦兼就孫中山對傳統文化的觀點作一剖析。

「現代化」一詞具有多種涵義，民國六〇年代，國內學術界並曾為此進行過論戰，當時有些民族主義者尚且直斥現代化：就是「西化」、「就是殖民地化」。（王曉波，1980，pp.157-264）在本文中是將「現代化」視為「是一種生活方式擴展的過程」、「目的是要求生存及使生活之內容更豐富」[1]。

一、民族主義是現代化的動力

經濟學者羅斯托（W. W. Rostow）在其名著《經濟成長的階段》（*The Stages of Economic Growth*）一書中，明白指出：「歷史事實顯示，反動的民族主義——即反抗先進國家侵略——成為從傳統社會進入現代社會的一個重要而有力的原動力，其重要性至少和營利動機相等。」（楊志希譯，1961，p.30）心理學者楊國樞教授也曾說：「民族主義有著動機的作用，能夠推動個人對國家、民族及文化做出某些行為。」[2]楊氏在其文中所列舉的第一項：「使國家更獨立富強，使

---

[1]此乃採用政治學者魏鏞教授的看法。參見魏鏞：〈論「現代化」的目標途徑與層次〉，收在氏著：《科學，人才，與現代化》（台北：學生書局，民國六十九年五月，初版），pp.245-249。

[2]楊國樞：〈從心理學看民族主義〉，收在中國論壇社主編，《挑戰的時代—

民族更昌盛壯大，使文化更振興發揚的行為」，其實就是民族主義推使國家走上現代化的行為。

何以民族主義具有推動一個民族國家走向現代化的力量呢？心理學者馬克利蘭（D. C. McClelland）教授和楊國樞教授的論點，可供讀者思索。前者指出：「現代化的動力部分在於個人的美德——成就需欲，部分存在於社會的美德——對於同胞福利的關懷。」（林清江譯，1972，p.17）後者則斷言：「在亞洲國家中，早期現代化的動力常是民族主義。」主因是：「國家的獨立自主成為最高目標，從而激發出全國人民奮發向上的動機，在理性的領導之下，這種解決問題以求自強的意願，自然會導向現代化的活動。」[3]

孫中山在早期的言論中，雖未明白強調民族主義與現代化的關係，但民國十三年他在民族主義第三講頭一句話便說：「民族主義是國家圖發達和種族圖生存的寶貝。」由此可知他在此時已注意到民族主義的功能。而他大力呼籲國人恢復民族精神，便具有用民族精神來救國，和以此為動力來提昇民族地位的構想。

二、民族主義是現代化的目的

民族主義的主要內涵包括：國家的自立自強、維護優良傳統、強調共同的政治、經濟及文化理想等。現代化的目的，則如前所述，是要求生存及使生活內容更豐富，兩者在一定程度上是互通的。國家獨立、自主及尊嚴，既是民族主義所追求的目標，而欲達此一境界，楊國樞教授認為現代化似乎是最明顯的手段或途徑，「因為已獨立、

—對當前問題的一些看法》（台北：中國論壇社，民國六十九年十月，初版），p.51。

[3]楊國樞：〈現代化與民族主義——代序〉，收在楊國樞、金神保主編，《現代化與民族主義》（台北：聯經書局，民國六十九年十月，初版），p.12。

能自主、有尊嚴的國家，大都是現代化程度較高的國家。在通常的情況下，現代化可以改新政治、掃除文盲、增加財富、提高文化、加強傳統、促進安定，而這些進步都有助於增強國力，以達到民族主義的目的。」孫中山認為民族主義就是：「要中國和外國平等的主義，要中國和英國、法國、美國那些強盛國家都一律平等的主義，」也就是要中國強盛到可以「和歐美並駕齊驅」的地位，欲達此目的，國家自然必須現代化。

三、民族主義是傳統與現代的媒介

從傳統進入現代，不能不付出相當的代價，政治學者江炳倫教授認為：「如何緩和現代化過程的陣痛，以順利建設一個被世人所尊重的現代社會和國家，乃是所有民族主義者在獨立之後必須十分慎重從事的艱鉅過程。」[4]

在亞洲地區民族主義者心中，現代化是一段不愉快的經驗，殷海光教授曾說：「就事論事，西方近代文化之入侵亞非地區，的確為亞非地區之現代化舖了路；可是它同時也給亞非地區帶來了因社會文化激變所產生的不安。西方人的確曾藉由種種優越的力量把他們支配之手伸向亞非地區；但是，這也激發起亞非地區一般人民獨立的覺醒，或民族意識的高漲。」[5]針對此一兩難，應如何妥善解決？楊國樞教授的看法是：「如無民族主義的觀念與考慮，現代化便可能如脫韁之馬，到處橫衝直撞，就會產生很多無謂的破壞。在現代化的過程中，如能多從民族主義的觀點權衡得失，便自然會顧到國家社會的整

---

[4]江炳倫：〈民族主義與民主政治〉，《中國時報》，民國七十二年十一月十二日，第十四版。

[5]殷海光：〈現代化問題〉，收在《中國文化的展望》（香港：大通書局，一九八一年二月出版），p.453。

體利害，也可使傳統文化做最有利之適應」[6]，歷史學者許倬雲教授最近也還在強調：「現代化應向傳統尋根」。他認爲日本就是一個最好的例子，它成功的融傳統於現代化中，打破了「現代化就是西化」的觀念[7]。孫中山對傳統文化基本上抱持的是肯定的態度，雖然他並未釐清他所倡導的民族主義在從傳統到現代之間，是否具有媒介或橋樑的功能，但他明顯的希望保有固有文化的優點，同時學習西方文化的長處，在他看來，中西文化似乎並不衝突，可以並存，當然這種觀點，應該進一步加以澄清。

四、孫中山晚年主張的民族主義

民初，孫中山受歷史條件和種種客觀條件限制，未進一步發揮並運用民族主義。事實證明這是他的失策，後來，他覺悟似地說道：「中國革命志士犧牲頭顱財產，以求推翻滿清政府，此是民族主義使然，但革命十年中國仍無可以大慰民志者，此因由三民主義未發達，亦由民族主義不徹底之故。」

歐戰結束後，他再次提倡民族主義，有人以爲：此乃受聯俄容共政策的影響，崔書琴教授卻不以爲然，他列舉使孫氏重新強調民族主義的兩個重要原因：第一是「他以爲革命的失敗，多半是由於帝國主義者與反革命派的勾結，而他們對革命運動又不時從中作梗」，第二是「他受了歐戰後民族自決運動的影響」。（崔書琴，民 66，p.8）孫中山後期民族主義的說明，見於國民黨第一次全國代表大會的宣言和民族主義的六次演講中。

---

[6]楊國樞：〈現代化與民族主義——代序〉，p.13。
[7]許倬雲：〈現代化向傳統尋根〉，收在《天下雜誌》，一九九一年十一月十八日，p.262。

中國大陸學者對孫中山後期民族主義的內容爲何之見解,一般而言大同小異，大多認爲：「對外，實行反帝；對內，主張民族同化、民族平等、民族自決。」[8]台灣地區學者的看法大體亦不外如此。

孫中山後期民族主義雖然主張反帝，要剷除列強對中國的經濟壓迫，但他卻不是一個經濟民族主義（Economic Nationalism）者[9]，早在民國成立前，他就曾主張「利用外資以振興中國工商業」。他在歐戰結束後所提出的「實業計畫」，更是利用外國資本、技術、人才，由國際共同開發中國的一項藍圖。一九六〇年代，以拉丁美洲爲主的第三世界的部分學者，曾自民族主義者的立場，提出依賴理論（dependency theory）作爲其本國低度發展的解釋[10]，與之相比，同是民族主義者的孫中山，顯然溫和而理性多了。他晚年所主張的民族主義，強調濟弱扶傾，以世界大同爲最後理想。雖然，也有人批評他對列強始終心存幻想，但由此亦可證明，他的民族主義並非仇外的、我族中心的民族主義，對外，他也主張世界各民族一律平等。

五、孫中山對傳統文化的態度

在中國，傳統文化與現代化之間，可能有四種關係：一是中國

---

[8]參見林家有：〈建國以來孫中山民族主義研究述評〉，收在孫中山研究學會編，《回顧與展望──國內外孫中山研究述評》（北京：中華書局，一九八六年七月，第一版），p.149。

[9]由於被殖民的經驗與被剝削的教訓，第三世界國家經常訴諸經濟民族主義，即只管自己國族的經濟利益而不管對別國的影響。尤其是那些擁有珍貴資源的第三世界國家，經常以此要脅工業國家。Economic Nationalism 的概念參見 Leon P. Baradat, *Political Ideologies:their orgins and imapct*, New Jersey:Prentice Hall International, 1984, 3rd edition, pp.249-251。

[10]參見呂亞力:〈「低度發展」的一種解釋:附庸論〉，收在氏著：《政治發展與民主》（台北：五南圖書公司，民國六十八年十月，初版），pp.80-81，呂氏在文中將 dependency 譯成「附庸」。

傳統阻礙現代化，二是中國傳統促進現代化，三是中國傳統文化對現代化既無阻礙也不促進，四是中國傳統文化有些或有的方面有時阻礙現代化，有些或有的方面有時促進現代化。據政治學者孫廣德教授的研究指出，兩者的關係應屬前述第四種[11]。研究中國現代化甚力的金耀基教授曾說：「『傳統』與『現代』非二個絕緣的隔離體；『變革』與『認同』非二個相剋的對立體。從而，如何保有傳統以無礙，而且更強化現代化；如何善用認同以不害，而更且加速變革，乃成爲我們當前歷史文化最重要之課題。」[12]類似的觀點，頗爲常見，如人類學者李亦園教授說：「現代化是全人類追求的目標，但是在現代化之下，應該容忍或者鼓勵每一個文化保有它的特性」[13]。哲學家劉述先教授也認爲：「某種程度的西化或現代化是一必然的趨勢，而且有道理上的必然性，並非一時的權宜之計，問題在如何西化而還能保留傳統之中一些不可輕棄的價值。」[14]

綜觀上述學者的見解，可知他們都不否認傳統文化在一個價值變遷的社會中有其功能。孫中山對傳統文化的看法，亦大體如是。他曾說他的民族主義：「特就先民所遺留者，發揮而光大之。且改良其缺點……發揚吾固有文化，且吸收世界之文化而光大之」，在國內「新文化運動」的高潮之後，他並未隨波逐流，反而堅持對傳統文化的認同，在民族主義第六講中，他說道：「……但是現在受外來民族的壓迫，侵入了新文化，那些新文化的勢力，此刻橫行中國，一般醉心新

---

[11]孫廣德：《晚清傳統與西化的爭論》（台北：台灣商務印書館，民國七十一年五月，初版），p.189。

[12]金耀基：〈現代化與中國現代歷史〉，收在氏著：《中國現代化與知識份子》（台北：言心出版社，民國六十六年四月，初版），p.34。

[13]李亦園：〈現代化問題的人類學檢討〉，收在氏著：《信仰與文化》（台北：巨流圖書公司，民國六十七年八月，一版），p.321。

[14]劉述先：〈從哲學的觀點看中國的現代化〉，收在氏著：《中國哲學與現代化》（台北：時報文化出版公司，民國六十九年六月，初版），p.11。

文化的人，便排斥舊道德，以爲有了新文化，便可以不要舊道德，不知道我們固有的東西，如果是好的，當然是要保存，不好的才可以放棄。」但他並不是盲目的崇古，而是具有選擇性的。他明確的點出：「歐洲之所駕乎我中國之上的，不是政治哲學，完全是物質文明。」從他演講的內容中，我們可以察知，他把人類文明區分爲「物質文明」和「道德文明」，他認爲前者即人生日用的衣、食、住行種種設備和海陸軍的種種武器彈藥，所有這些新設備和新武器都是由科學昌明而來，中國要學歐洲，就是要學科學。後者就是大學中所說「格物、致知、誠意、正心、修身、齊家、治國、平天下」的政治哲學，這些和「忠孝、仁愛、信義、和平」八德一樣，都屬於道德的範圍，是外國人所沒有的，是中國傳統文化中獨具的寶貝，他主張應予以保存。

有人根據孫中山上述的觀點，因此認定孫氏超越中西文化而前進，是文化上「超越前進的創造主義者」[15]，胡秋原先生也有類似的看法，他認爲孫中山的學說就是「超越前進論」[16]。但這種說法，卻要受到下文中所述觀點的質疑。

六、對孫中山文化思想的質疑

殷海光曾將近百年來中國文化價值變動，區分爲：「器用的現代化」、「制度的現代化」、「思想的現代化」三個層次[17]。金耀基也曾以「器物技能」、「制度」、「思想與行爲」三層次來分析中

[15]趙英敏：〈孫中山對中西文化的態度〉，收在胡適等著：《胡適與中西文化》（台北：水牛出版社，民國五十七年九月，再版），p.9。

[16]胡秋原：《一百三十年來中國思想史綱》（台北：學術出版社，民國六十九年五月，四版），p.226。

[17]殷海光：〈現代化問題〉，收在《中國文化的展望》（香港：大通書局，一九八一年二月出版），pp.460-477。

國現代化的演變。金氏並進一步指出中國現代化的四個障礙：一是民族的崇古心理；二是知識份子不健全的心態，基於「優越意結」的擁抱傳統，或基於「自卑意結」的反逆傳統；三是普遍認知不足；四是舊勢力的反抗[18]。

若從金氏的上述觀點來檢視孫中山對傳統文化的有關言論，則不難有以下幾點發現：首先，孫中山確有民族的崇古心理，早在民國元年，他就說過：「中國是四千餘年文明古國，人民受四千餘年道德教育，道德文明，比外國人高若干倍，不及外國人者，只是物質文明。」民國五年，他在談及彈劾、考試二制時，亦曾言：「此二種制度在我國並非新法，古時已有此制，良法美意，實爲近世各國模範。」其次，孫中山也有基於「優越意結」而擁抱傳統的傾向，此從他在民權初步序文中所寫：「中華民族，世界之至大者也，亦世界之至優者也」及他在民族主義演講時讚揚優美傳統文化的一些言論中，不難窺知。第三，儘管孫中山和某些「傳統派」或所謂「東方文化派」的主張有所不同[19]。但在本質上，孫中山對理想文化的理解，幾乎可等同於：中國文化之長處加上西方文化之優點。此即他所謂：「吾人採外國良法，對於本國優點亦殊不可棄。」他的論點似若符合了金氏對中國知識份子：「擅作文章，卻在學術認知方面貧瘠」的批評。金氏說：「中國知識份子最普遍而有影響力的看法是，中國文化的特質是精神的，西方文化的特質是物質的，這一種看法是『中學爲體，西學爲用』的衍緒，而二者又最易拍合、相互爲用。一百年來，這種『體用』、『精

---

[18]參見金耀基：〈中國的現代化〉，收在氏著：《從傳統到現代》（台北：中國時報出版公司，民國六十九年三月，四版），pp.183、189-206。

[19]大陸學者左雙文認為孫中山文化思想與東方文化派的主張，在內容上、在對待科學的態度上、在趨向上、在目的上，有原則上的區別，參見左雙文：〈孫中山文化思想芻議〉，收在廣東省孫中山研究會主編，《孫中山研究》第二輯（廣州：廣東人民出版社，一九八九年十月，第一版），pp.345-347。

神物質』的二分法的思想模態，無形中支配了絕大多數中國的知識份子。而在此二分法的思想模態的基礎上，又很自然地發展出種種廉價的折衷主義，一廂情願的調合主義與無所不可的和事佬主義。」[20]平心而論，孫中山文化思想的折衷論調，確有中學爲體，西學爲用的痕跡。雖然金氏在其近著〈對民族住義的一些考察與省思〉一文中，盛讚孫中山是：「二十世紀極少數先導的知識份子中不以爲需揚棄中國文化才能救中國的人，他倡導民族主義救國，但他不以爲需要在中國文化與中國民族中作一取捨，反之，他覺得恢復中國文化中有些儒家的倫理原則，正足以強化民族主義，正可以抗拒帝國主義，重建中國。」[21]但金氏此處的讚譽，終究不能掩飾孫中山文化思想原有的缺陷。孫氏對中西文化的認知僅達到器物與制度的層面，至於此二層面更上層所隱含的中西思想行爲之差異，他的理解似乎極爲有限。

《中國文化新論》的總主編劉岱先生認爲：「文化是一個完整的實體，不能機械的分割爲精神和物質兩個獨立的層面。」[22]設若這種論點是正確的，則主張：「歐美的物質文明，我們可以完全倣效，可以盲從，搬進中國來，也可以行得通。」此習於把世界文化兩分爲：只有物質而缺乏精神之「西方文化」和富於義理心性但缺乏科學之「東方文化」的某些知識份子的觀點，都是不無疑義的。

歷史學者李國祁教授認爲：「一個民族固有道德固有智識固有能力，可概括以民族文化以名之，故堅定國人對民族文化的信仰原是救國家救民族的最好方法，亦是民族主義中最重要的本質。而這種堅定民族文化的信仰就意義言，也就是在增強其民族內的份子對其本民

[20]金耀基：〈中國的現代化〉，收在氏著：《從傳統到現代》，pp.198-199。

[21]金耀基：〈對民族主義的一些考察與省思〉，民國八十年六月一日在中華民國民族主義學會第一屆學術研討會主題演講，p.7。

[22]劉岱：〈不廢江河萬古流〉，收在《中國文化新論》，序論篇（民國七十年九月，初版），p.21。

族的自我體認。故國父視增強民族自我體認爲民族主義的真諦。」[23]

中山先生對傳統文化的苦心孤詣，與前文論點若合符節，即：他隱然有以民族主義爲聯繫傳統與現代的媒介的吉光片羽，至於在理論上如何予以匡正條理、補充闕疑，則是後人的責任，不能苛求於中山先生本人，而譏其立論不夠清晰。在二十世紀即將結束之際，共產主義陣營已瀕臨全面崩潰，人類社會的浩劫卻尚未結束，民族主義的利劍在東歐、蘇聯、甚至世界各地，正向自由主義展開另一場決戰。在可見的未來，民族主義仍將是世界政治舞台上最重要的因素之一。在近代中國，民族主義始終是知識份子的最愛，即使是主張全盤西化的陳序經也承認：「救治目前中國的危亡，我們不得不要全盤西洋化。」[24]但向來中國知識份子對民族主義相關概念的澄清，卻始終做得不夠，這使民族主義者常自陷於紛爭，爲了愛國，彼此甚至可以視如寇讎，這是何等令人痛心的事！

在目前台灣，學術界對民族主義之教學與研究也始終是三大主義中最薄弱的一環[25]，相對的，台灣在現代化的過程中，一方面傳統文化對歐美強勢文化入侵的回應，顯得十分乏力，另一方面，國家認同的危機也最爲嚴重，統獨爭議始終是危及社會安定的一層陰影。此時此地，重新檢討中山先生民族主義中的若干觀點，探討其對現實

[23]李國祁：〈中國近代民族思想〉，收在周陽山、楊肅獻編：《近代中國思想人物論——民族主義》（台北：時報文化出版公司，民國七十四年十一月，初版四刷），p.42。

[24]陳序經：《中國文化的出路》（台北：牧童出版社，民國六十六年二月，初版），p.123。

[25]依三民主義學術資料中心於民國七十二年四月出版的《各大學三民主義研究所博士碩士論文提要》一書中所收錄論文作一統計，發現：民族主義研究僅占 17.6%，較民權主義研究的 34.3%，民生主義的 35.3%，相距甚遠。民國七十九年一月，台大三研所編印之「國立台灣大學法學院三民主義研究所概況」之歷屆畢業生碩士論文分類統計圖（p.180），亦可佐證：民族主義 4.8%，民權主義 29.9%，民生主義 26.7%。顯見研究民族主義者的比率，相對偏低。

政治的影響，毋寧是一件有意義的事。可以這麼說，中山先生雖不能預見民族主義對經濟發展、國家現代化有積極推動的作用，但他已然肯定傳統文化的價值，意識到民族主義可作爲聯繫傳統與現代的媒介，而他提倡民族主義，其目的就是要追求國家的現代化。

第三節　總統直選後的兩岸關係

民國八十五年三月八日，中共當局即在台灣海峽進行連續且重疊的三波軍事演習，使得自「李總統康乃爾大學之行」以來呈現僵化的兩岸關係，於我首次公民直選總統的前夕，達到空前的緊張。

三月二十三日晚選舉結果揭曉，執政的中國國民黨提名的總統和副總統候選人以 54%的得票率當選。二十五日中共結束陸、海、空三軍聯合作戰演習。爾後，兩岸之緊張關係逐漸鬆弛，台北股市迅速飆漲，台幣對美元的匯率大幅回升，資金積極回流……[26]。儘管中共高層否認曾說過，但上述跡象卻顯示：兩岸關係似已「雨過天晴」。然而，若說兩岸關係從此便天下太平，則未免太過樂觀，因爲，總統直選前，影響兩岸關係的若干不穩定因子似仍存在，並未因選舉結束而消失。深一層觀察，選後的兩岸關係其實是在走向和緩中隱隱

[26] 大陸在台海的軍事演習，對兩岸的經濟構成嚴重的損害，其中台灣方面受害較深，大陸方面的損失也不小。自從台海風雲惡化，台灣股市及一蹶不振，民國八十四年上半年由 7,124 點一路緩降，六月平均加權股價下滑至 5,510 點。大陸軍事演習開展後更節節下挫，一度跌至 4,474 之最低點。戰爭的陰影，造成台灣資金外流，外匯存底由八十四年的一萬零四億美元，大幅減為八十五年一月的八百九十六億美元，下降一成以上，而新開工廠登記資本額較去年同期下降了 70.39%。因兩岸關係的惡化，使台灣經濟遭受損失，已屬無可置疑。參閱鄭竹園：〈兩岸軍事對立破壞經濟發展〉，見台北：《中國時報》，民國八十五年三月二十日，第十一版。

透露著幾許不安。事故究竟如何正確解讀目前的兩岸關係，成為政府決策官員、學者專家近期全力以赴的目標，但舉目所見，盡是百家爭鳴，莫衷一是，可見國人對於總統直選後的兩岸關係，在認知上尚未達成共識。筆者長期關照大陸事務，多次赴大陸從事學術交流活動，對兩岸關係的發展略有所思，爰抒管見，以饗讀者。

一、中共對台政策的基調未變

總統選舉結果揭曉之當晚，中共「國台辦新聞局」立即發表如下之聲明：「世界上只有一個中國，台灣是中國不可分割的一部分。台灣領導人產生方式的改變及其結果，都改變不了台灣是中國領土一部分的事實。我們堅決反對製造『兩個中國』、『一中一台』和『台灣獨立』的立場也是一貫的。台灣問題純屬中國內政。我們反對外國勢力以任何形式和藉口干涉中國內政。我們寄望台灣人民，熱忱呼籲包括台灣同胞在內的全體中國人攜手起來，為反對分裂、反對『台獨』，為發展兩岸關係，促進祖國統一進行堅持不懈的努力。」以上聲明，其實即是我總統直選後（甚至是選前），中共對台政策的基本架構，包括：堅持一國中國原則，反兩個中國、反一中一台、反台獨，中國人自行解決兩岸問題。對照自民國八十年三月二十四日以來，中共高層領導人江澤民、李鵬、喬石、李瑞環等人於國內外各種場合的相關言論，即可查知，他們談話的內容，大體上均未超越上述國台辦聲明的範疇，例如，時任中共副總理兼外交部長錢其琛與美國國務卿克理斯多福的對話中，即曾表示「只要台灣不追求獨立，北京願意等待台灣領導人拿出實際行動，而不是只有嘴巴說說，再和台北恢復對話。」因此，便有媒體分析指出，顯見中共對台政策似有改變：從完全不理性轉為觀望和期待，觀望我政府的下一步動作，期待我政府善意的回應。筆者認爲觀望和期待的確有之，但不能據此斷言，中共對台政策已有轉變。因爲，早在選前，類似錢氏的談話，筆者便曾多次親耳聞及，中共官員甚至露骨強調李總統須於當選後要「言行一致」，才能終止中共方面對他的批判。美國國防部前助理部長傅立民也於具體指出：「北京靜觀李總統就職演說，才會決定對台政策。」

更進一步而言，前述聲明與葉劍英的「和平統一」、鄧小平的「一國兩制」、江澤民的「江八點」在基調上都是一脈相承、一貫相連的。因此，當前中共或已進行檢討下一階段的對台政策，但尙無任何證據可資驗明，中共在李總統高票當選後，已改變其對台政策。筆者在總統選舉前即曾斷言，台灣問題尙落在港澳問題之後，並未列入北京當局的日程表上，江澤民的施政方針還是以「經濟建設」爲中心，除非台灣宣布立即獨立、內亂或外國勢力介入，否則北京不會在選前對台動武。這是基於中共對台政策未變所作的判斷，事實證明此一判斷大致正確。

二、李總統對兩岸關係可掌握主動

李總統排除萬難，讓不可能成爲可能，赴美訪問母校康乃爾大學，而中共的回應則是「軍壓、批李」，即一方面發動各種演習，運用軍事力量對我施壓，另一方面動員各種媒體，製造輿論對李總統個人進行批判。「軍壓、批李」的主要目的，是要凸顯兩岸關係形勢的嚴峻，將兩岸關係惡化的一切責任加諸於李總統個人，並冀藉此影響選情，拉下李總統，使其不能連任。爲此中共片面終止第二次辜汪會談、停止與我官方接觸，甚至連民間的兩岸學術文化之交流，亦遭其選擇性的刻意阻撓。兩岸學者都承認，自民國八十四年下半年以來，進出大陸的確較前困難多了，這也是說明兩岸情勢果然「十分嚴峻」。

與此同時，中共所有傳聲筒進行有組織的、毫不留情的批李，甚至到了失理、無禮的地步。結果，「文攻武嚇」反而助長了「李連配」聲勢，中共強硬的對台政策，顯然未達預期的效果。這不免令人好奇：聲稱「對李總統的台獨傾向完成定性」，對他不再抱任何希望的中共當局，在「李連配」的高票當選後，究竟應如何下台階繼續以李總統爲談判對象呢？中共方面的看法：「這不是我們找下台階的問題，而是看李先生自己如何下台階。」此一論點，固然有幾分恃武力而逞霸的味道，但卻也透露中共當局刻意將我總統直選後的兩岸關係，交由李總統來採取主動，他們再伺機而動的策略。

兩岸關係發展的契機果真掌握在李總統手中？在從我總統直選後不久，時任中共總理的李鵬在訪法的談話曾說：「李總統爲了適應國際上和台灣島的需要，可能會有些改變，我們還要觀察，聽其言，觀其行」。若將李鵬的說法，再印證之前錢其琛在荷蘭發表「等待台灣領導人拿出行動」的說法，則更加強筆者的論證，即中共目前對台政策尚未改變，他們必然會俟李總統先出招後，再決定是否變更決策。雖然行政院大陸委員會之負責當局，呼籲國人不要只對一份文件抱以過高的期望，但如前所析，李總統之就職演說稿將是研判未來兩岸關係發展最重要的一份文件，非但國人寄予厚望，國際間亦密切關注，吾人更可從中解讀兩岸關係未來的最新發展。

在李總統的就職演說中，提出了「和平之旅」、「兩岸簽署和平協定」的構想，但中共方面卻設下了「回歸一個中國原則」，開始進行兩岸政治談判的程序等前提，致使兩岸關係依然陷於僵持。

三、知彼知己、主動出擊

筆者樂觀的認爲：掌握主動，即可贏得機先。事實上，面對中共霸權，我們再也沒有悲觀的權利，而為了把握機先，進而百戰百勝，我們先要能知彼和知己。

首先，在知彼方面，如前所述，中共的對台政策並未改變，由於其採「民主集中制」原則，故相關人士從上到下，口徑皆一致，底限十分清楚。現階段我政府兩岸分裂分治的主張暨一再強調之務實外交、擴大國際生存空間、重返聯合國，均不能為其所接受。因此，我們不分黨派，必須主動出擊，加強對大陸各階層的溝通，讓他們聽到台灣兩千一百萬人的各種聲音，讓他們瞭解台灣的民意，以免對方重蹈覆轍，錯估民意和兩岸情勢，並從中化解既存的誤會和成見。畢竟，在台灣主張或贊成台獨的只是少數，中共當局為了警告少數而傷害大多數，這豈是明智的作法？

其次，在知己方面，眾所皆知，「國統綱領」和「李六條」是我對大陸政策的指導原則。歷來學者對「國統會」、「國統綱領」的批評所在多有，例如，在程序上質疑其合法性、迴避立法機關的監督；在實質內容上，則批評近、中、遠程三階段的劃分過於僵硬等，有關方面宜針對各界的質疑和批評，進行認真虛心的檢討，進而透過立法院的政黨協商，凝聚新的共識，修訂通過新的國家統一綱領。至於「李六條」，因為它是李總統的談話，故具有較大的彈性，可由李總統本人伺機、適時予以修正。淺見以為，「李六條」可以修正的部分，包括：第一，少用「分裂」來形容兩岸之現況，以免刺激中共，可強調中華民國存在之事實以代之。第二，正面回應三通，宣示兩岸進行三通的時機和條件。第三，毋須堅持與中共領導人僅能在國際場合見面，庶免圖予對方宣稱我援引外國勢力干預的藉口。第四，呼籲雙方簽訂和平協定，取代前此要求大陸表現善意而放棄武力的不切實際想法。第五，強烈表達全民推動務實外交、爭取國際活動空間的共識與決心，同時釐清這些作為並不等同於在推動或實行台獨。

最後，筆者仍願意再次強調，從事兩岸交流應該是多層次且全方位的，絕非某黨派或少數人的責任和義務。中共既宣稱寄希望於台灣人民，則將計就計，全民應充分表達自己的心聲。之前中共對台工作單位首度承認，過去他們接觸的對象、蒐集的資訊與台灣大多數民意之落差顯著，令人憂心的是這使得中共對台工作小組的決策產生偏差，而影響所及的卻是二千一百萬人的安危，甚至是整個中華民族命脈的存續和發展，可見資訊錯誤的可怕。長期以來，兩岸政治人物習於各自表述，語義不明，甚至刻意創造模糊空間，經過此次台海危機，大家這才警悟如此有多麼危險。李總統再怎麼說統一，中共還是認定他搞台獨，該如何化解歧見？除了具體的回應之外，釜底抽薪之計，恐怕還是只有從最基本的人與人的直接溝通做起。

四、未來兩岸關係的展望

「爭取早日解決台灣問題，實現祖國的完全統一是全黨全國九十年代的重大政治任務」這是一九九〇年十二月中旬，中共召開「全國對台工作會議」時大會的共識。隨著香港九七「回歸中國」、澳門九九大限的屆臨，兩岸關係將成爲新、舊世紀交替之際，考驗兩岸政治人物智慧的核心問題。八年後，即一九九八年五月中共「全國對台工作會議」在基調上似已作出重大改變，有意落實其寄望於台灣人民的作法，刻意的矮化我海峽交流基金會，繞過該會，直接和反對黨、台商、統派團體建立聯繫管道。使兩岸已建立的兩會對等交流的模式，面臨嚴重考驗！許多人對中共的作法深感不解，看來，中共有意在後李總統時代維持僵化的兩岸關係，不急於「春暖花開」。更甚者，中共似乎想讓國際間尤其是美國，誤以爲在兩岸經貿交流實行「戒急用忍」政策的我方故意推遲兩岸關係的和緩，塑造我成爲「製造麻煩者」的角色！因此，如何突破僵局，創造雙贏，實需關心兩岸前途的有心人士共同努力！

第四節　憲改後台灣原住民的參政權

國家而有一個以上的民族，在國際政治學上稱之爲「多民族的國家」（multinational state）。曾經有一項研究發現：世界上只有 9%的國家符合「民族國家」（nation-state）的概念，其餘的國家則於其國境內都有一個以上的民族，甚至有 29.5%的國家，其國內竟沒有人口數超過總人口二分之一的「多數民族」[27]。因此，「少數民族」的存在，是國際舞台上一種正常的現象，但是每個國家的少數民族其各自所享有的參政權其實並不一致，其中原委反映出的問題甚爲複雜，殊值研究。

依憲法學者管歐教授的界定：參政權乃人民參與國家政治之權利，人民以國民一分子之資格及主動之地位，在政治上享有其權利，得謂之爲主動之公權——此等權利，亦得概稱之爲公民權（管歐，民80，p.163）。薩孟武教授則直接指陳：「依我國憲法第十七條規定，參政權有選舉、罷免、創制、複決四權。」（薩孟武，民 63，p.135）本文研究的對象是台灣原住民的參政權，然則台灣原住民係如何定義的呢？根據官方的說法：「台灣原住民依族群劃分大約可分爲泰雅、賽夏、布農、鄒、排灣、魯凱、阿美、卑南、等九族，依據一九九三年底統計，人口數計有三十五萬七千七百三十二人，約占全台灣地區

---

[27]John T. Rourkoe, *International Politics on the World Stage* (Califonia : Brooks / Cole Publishing Company, 1986), p.87.

人口 1.7%左右」[28]，在九〇年代以前，台灣原住民的政治參與，相對於島上其他族群的，顯得微不足道[29]。民國七十九年進行的「憲政改革」，爲解嚴後的台灣社會帶來了政治運動的高潮，其波瀾之壯闊，影響之深遠，在此間已有定論。但是此一鉅大的工程，對居於少數民族地位的臺灣原住民有何種意義的討論，至今則尚未多見，歷經多次憲改的洗禮，對原住民參政權的衝擊及影響爲何？是值得關心的重要議題。

一、原住民參政權的憲法法源

現行憲法第二章規範人民的權利與義務，訂有多條民族與種族平等之一般規定，昭示：人民無分男女、宗教、種族、階級、黨派，在法律上一律平等。此外，更有第一百六十八條：「國家對於邊疆地區各民族之地位，應予以合法之保障，並於其地方自治事業，特別予以扶植。」及第一百六十九條：「國家對於邊疆地區各民族之教育、文化、交通、水利、衛生及其他經濟、社會事業，應積極舉辦，並扶助其發展，對於土地使用，應依其氣候、土壤性質，及生活習慣之所宜，予以保障及發展。」之特殊規定。雖然曾有學者指出：「從政府歷年來所頒布的山地政策母法及方案來看，多數法規大都僅籠統地指出當前山地政策係依據國父遺教及憲法民族平等之精神，並未『具体的』指出憲法上的法源。」[30]但是根據內政部主管官員最近的說詞，

[28]鍾福山：《現階段原住民政策的回顧與展望》，民國八十四年四月十三日，p.1。

[29]陳茂秦：〈臺灣原住民的族群標幟與政治參與〉，收在國家政策研究中心出版：《省籍、族群與國家認同研討會論文集》，一九九二年四月十二日 pp.4-6。

[30]高德義：〈臺灣實行民族區域自治制度的可行性〉，收在趙建民等：《中國大陸少數民族區域自治制度研究》，民國八十二年五月出版，p.252。

則明言：「政府各部門對原住民輔導措施的設計與擬定，基本上是依據憲法對偏遠地區居民及少數族群扶植的規定，特別是第一百六十八條、一百六十九條暨憲法增修條文第一條第一項第二款，第三條第一項第二款及第九條第七項等條文之規定……。」

憲法第一百六十八條及第一百六十九條之條文已引述如上，就條文內容觀之，這兩條牽涉邊疆地區民族的權益範圍甚廣，惟其是否適用於台灣原住民則尚有爭議，臺灣原住民是否即為憲法上所稱之「邊疆民族」？於此各方有不同的見解。而若僅就台灣原住民的參政權而言，則這兩條與之並不具強烈的相關性。

民國八十三年八月一日公布的憲法增修條文（三修）在文字上落實了原住民的參政權。第一條第一項第二款規定：「國民大會代表——自由地區平地原住民及山地原住民各三人」，及第三條第一項第二款規定：「立法院立法委員——自由地區平地原住民及山地原住民各三人」，亦即：台灣平地及山地原住民可分別選出國民大會代表及立法委員各三人，合計十二人[31]。原住民國大代表占全体國大代表約2%，原住民立委則占全体立委的4%左右，因此，與2%左右的人口比例相比，顯見原住民民代占國會議員的比例其實並不算少。由此可以推論如下：上述兩條增修條文之規定，基本上有利於原住民參政權之行使。

〈三修〉條文第九條第七項則規定：「國家對於自由地區原住民之地位及政治參與，應予保障；對其教育文化、社會福利及經濟事業，應予扶助並促其發展。對於金門、馬祖地區人民亦同。」本條文

[31]我國原住民屬性的認定延續日據時代的政策，劃分為「平地原住民」和「山地原住民」，以目前的立法院生態為例，六席原住民區域立委中，「平原」部分全為阿美族，「山原」部分則泰雅族二席、布農族一席。參閱台北：《中國時報》，民國八十六年十月二十日，第十一版。

將原住民與位處台灣島邊陲的金、馬居民一概視為弱勢團体，明文予以特殊的扶持照顧。與憲法第一百六十八條及第一百六十九條相比，本條文固然凸顯了對原住民「政治參與」的保障，卻未強調原住民的「地方自治」。其實，原住民對於「自治」可能有較高和較多的期待。更進一步言，本條只是原則性的宣示，至於國家應如何保障原住民的政治參與？則還應有待其他法令的補充規定及配合。

二、原住民參政的法令依據

如前所述，台灣原住民的參政權最高可溯其源至憲法，憲法相關條文的規定並確保原住民的參政權。在憲改之前，中央及地方各級議會和代表會之組織規程均訂有相關條文，保障原住民的當選名額。憲改之後，除了中央級原住民民意代表的當選名額改由憲法增修條文直接規範外，其餘地方級民意代表的當選名額則由民國八十三年七月二十九日同一日公布之省縣自治法、直轄市自治法分別予以保障：

省縣自治法第十七條第三項規定：「省、縣（市）、鄉（鎮、市）有平地原住民人口在一千五百人以上者……應有平地原住民選出之省議員、縣（市）議員、鄉（鎮、市）民代表名額。有山地鄉者，應有山地原住民選出之省議員，縣議員名額。」同一條第五項另有保障婦女名額之規定：「縣（市）選出之山地原住民、平地原住民名額在五人以者，應有婦女當選名額；鄉（鎮、市）選出之平地原住民名額在四人以上者，應有婦女當選名額。」

直轄市自治法第十四條第二項的規定則較為簡單：「市有原住民人口在四千人以上者……，應有原住民選出之市議員名額。」

根據官方最近發表的統計，臺灣現任原住民保障當選之各級民意代表有：國民大會代表六人、立法委員六人、台灣省議員四人、台北市及高雄市議員各一人，縣（市）議員五十二人及鄉（鎮、縣轄市）民代表三百六十六人。

除了保障原住民民意代表的當選名額外，省縣自治法第三十七條第二項另規定：「山地鄉鄉長以山地原住民爲限。」因此，加上現有三十個山地鄉的鄉長，總計台灣原住民經由選舉產生的政治菁英人數，共有四百六十六人。可見原住民參政的層面尙屬廣泛，至於其對決策的影響力如何，則是另外的問題。

三、原住民參政權的內容

在台灣，薩孟武、林紀東等大部分的憲法學者都認爲：選舉、罷免、創制、複決四權即爲人民的參政權。亦有部分學者認爲憲法第十八條：「人民有應考試服公職之權」也是關於參政權之規定。下文即以此兩個層面加以討論。

就前一層面言，台北光復以來，有關原住民政治建設方面的重大措施，包括：

1.民國三十五年訂頒台灣省山地鄉村組織規程、台灣省各縣完成山地鄉民意機關辦法。

2.民國四十年訂頒台灣省臨時省議會組織規程、台灣省臨時省議會選舉罷免規程及山地施政要點。

3.民國五十二年訂頒山地行政改進方案。

4.民國七十六年內政部民政司增設山地行政科。

5.民國七十九年台灣省民政廳第四科改制成立台灣省山胞行政局。

以上各項措施，與原住民的參政權有較密切關係者，顯然是立法保障原住民民意代表的當選名額。換言之，側重在讓原住民行使選舉權和罷免權，至於創制和複決兩權的行使，則未見當局曾作任何的舉措或規定。這相當具体的反應出戒嚴時期台灣人民參政權受到限制的事實。不僅省縣自治通則遭受擱置的命運，即便是「國民大會行使創制複決兩權辦法」亦未獲得發揮的空間，一般人民僅享有中山先生「直接民權」之名，實則僅能間歇性、定期性的行使選舉權和罷免權而已。就後一層面言，原住民除了可參加公務人員高、普考等國家考試，以取得公務人員任用資格進而成爲國家正式公務員外，自民國四十五年起迄民國八十二年止，政府共舉辦十七次原住民行政暨技術人員特種考試——「對於原住民社會基層與中高級行政人才的培育均極具意義的措施。」因此，原住民藉由應考試服公職的途徑，的確增加了參政的機會。

憲改之後，由於省縣自治法及直轄市自治法的制定，原住民的參政權已奠定了法制化的基礎，兩法並分別賦予人民「對於地方自治事項有依法行使創制、複決之權」，這當然是進步可喜的現象，但行使兩權的具体辦法至今尚未制定，故憲改後，原住民參政權的內容，尙與解嚴前相差不多。甚至由於憲法增修條文並未特別增訂原住民自治條款，故雖假以時日，俟台灣人民可以行使直接民權後，而原住民仍將只是其中之一部分，無法凸顯其爲少數民族，擁有與多數民族不同的參政權內容之特色[32]。這裡存在一個根本的問題，即台灣的原

[32]台北市政府原住民事務委員會主委巴札克·吉靈主張各級議會應保障至少5%的席次予原住民，以提昇其政治影響力；同時為確保参政機會均等，廢除山原平原選區劃分，原住民代議士的產生應以族群比例選出，並輔以政黨比例代表制，人口達四萬以上之族群單獨選舉，人口不足四萬之族群則聯合選舉，而小族群、婦女集清寒專業人士可透過政黨比例制加以保障，以確保原住民選舉制度的公平性、代表性和專業性。参見台北：《中國時報》，民國八十六年十月二十日，第十一版。

住民有沒有必要成立民族自治單位？從官方擬訂的「強化立法保障原住民權益」、「提昇原住民行政組織與功能」等七點未來原住民政策展望觀之，可知政府尙無這方面的考量。但是自政府解除戒嚴以來，民間團體、輿論成立原住民自治單位、給予原住民高度自治權的各種主張，便已屢見不鮮[33]。

四、原住民參政的困境

「少數服從多數，多數尊重少數」，是西方社會耳熟能詳的一句口頭禪。多數決的原則在倫理上是一個可接受的解決問題之方法，但是在某些情況下，例如，語言、宗教及財產權，往往由於少數者的利益至其成員無法接受多數決定的地步，因此，多數決是不可能的[34]，臺灣原住民參政最主要的難處，便是「少數必須服從多數」的問題。約占2%的原住民人口，和其他「外省」、「客家」、「閩南」三個漢人族群相比，實在是微不足道。因此，雖有憲法及法律作爲法源，保障了原住民的參政權，但是：「在『多數決』的民主社會方式，原住民的權益仍操縱在絕對多數的漢民族手中，這些保障名額只是『政治花瓶』罷了。」[35]而且黨團勢力介入原住民事務的情況嚴重，造成黨意高過民意，是以「原住民權利促進會」等團體要求成立自治

[33]如民進黨籍立法委員巴燕・達魯於民國八十六年十月十七日的立法院施政總質詢時指出，隔年元旦將於大壩尖山成立「泰雅民族議會」，要求與政府對談，爭取原住民自治。參見台北：《中國時報》，民國八十六年十月十八日，第九版。

[34]Gabriel A. Almond, G. Bingham Powell, Jr. Robert J. Mundt, *Comparative Politics: A Theoretical Framework*, (New York : Harper Collins College Publishes, 1993), p.76.

[35]劉文雄、麥村連：〈臺灣原住民族發展史〉（中），民國八十年七月二十四日，《自立晚報》，第十七版。

區，認爲唯有爭取自治權，才能使族群的文化、社會生活重現生機。

誠然，欲提昇原住民的政治地位，充實原住民的參政權，專門設立原住民自治單位不失爲一條可行之道。問題是：戰後臺灣社會歷經了工業化和都市化，鄉鎮差距已然形成原住民因所居地區環境變遷或因就業與生活之需，而遷往都市者年年增加，據民國八十二年底的官方統計，原住民遷至城鄉都市者已近八萬餘人，約爲原住民人口數的四分之一強。因此，自治區的設置，便可能如孫大川先生所言：「大量的人口外流，必然使自治區成爲一個空殼，除了『美名』之外，它將什麼也不是。」[36]

平心而論，臺灣幅員狹窄，自然資源有限，而原住民的人口過少，尤其山地經濟困難，雖有三十個山地鄉，但沒有一個可以成立爲自給自足的原住民社區，何況幾十年來政府施政的目標在於厲行「同化政策」，不惟漢族、原住民的居地已犬牙交錯，使便原住民已逐漸失去其傳統文化、族群意識，現在，在憲改之後，猛然欲走回頭路已是不可能了[37]。如以回復原住民姓氏爲例，據內政部主管山地行政的林江義（阿美族）科長親口告訴筆者，儘管政府已修法同意，但僅有少數原住民付諸實際行動，至戶政單位更改姓名。若是爲了成立原住民自治區，必須影響原住民的目前生活，進行大量的人口遷移，則

[36]孫大川：〈四黨黨綱裡的原住民〉，刊在《中國論壇》，二十九卷三期，民國七十八年十一月，p.23。

[37]當台灣社會經濟發達以後，原住民反成為文明進化的弱勢族群，成為生活共同體的邊際人。印度東正教主教長批評世界性的原住民權益運動時曾說：「對於原住民，最重要的事不是政府訂出什麼政策，促使原住民同化，而是政府必須教育非原住民，使他們改變原本對原住民的態度；且應讓原住民自己表達他們所期待的生活方式，而非由別人來替他們訂出什麼。」旨哉斯言！參閱社論：〈嚴肅思考原住民的困境與出路——從中秋夜安坑違建大火燒出原住民的悲情談起〉，見台北：《自由時報》，民國八十六年九月十八日，第三版。

其可欲性和可行性不言可喻。

綜上所述，不免令人對於臺灣原住民的參政前景不敢樂觀。我們可以很清楚地看到原住民參政的困難；然而，我們卻又束手無策，似乎只能眼睜睜地看著原住民逐步同化於漢族文化之中。本文依次扼要地說明：在憲政改革之後，臺灣原住民參政來自憲法、省縣自治法及直轄市自治法的法源，並明白的指出：儘管憲改已完成，但由於公民投票法和創制複決權行使辦法遲遲未能完成立法，故原住民（臺灣其他族群亦同）的參政權其實還是與解嚴前相同，只有選舉權和罷免權。最後，必須說明的：在目前的民主政體和結構之下，不論是國民黨、民進黨或新黨執政，原住民參政的結果都將相同，即無力阻擋其本身被漢化的尷尬。歷史的巨輪不能倒轉，現在我們不能判定：如果當初政府未採取強硬的同化政策，則臺灣原住民的文化發展在今日是否會有截然不同的面貌？但是換個角度看：一個多民族的國家若是採取文化多元主義，各民族相互尊重，各自發展，難道其國內就不會有少數民族參政的敏感問題嗎？

中山先生主張民族同化，而且是以漢文化爲基礎的同化，後人曾批評他是「大漢沙文主義者」，批判他違反「文化多元主義」的精神，但是深刻瞭解他的思想之後，應該知道他主張的民族同化乃是以和平、王道精神爲基礎的自願性同化，如果制定、執行原住民政策的官員多一些用心，多一點體會他的想法，那麼今天臺灣原住民的情況將是如何？他們被漢化的悲情，以多元主會一份子的心情參政，競選國家社會有限的資源，爭取最大多數人的福利，又豈是不可能呢？

附錄一　中華民國憲法

中華民國三十五年十二月二十五日國民大會通過
中華民國三十六年一月一日國民政府公布
中華民國三十六年十二月二十五日施行

中華民國國民大會受全體國民之付託依據孫中山先生創立中華民國之遺教，爲鞏固國權，保障民權，奠定社會安寧，增進人民福利，制定本憲法，頒行全國，永矢咸遵。

第一章　總綱

第一條　中華民國基於三民主義，爲民有民治民享之民主共和國。

第二條　中華民國之主權屬於國民全體。

第三條　具有中華民國國籍者爲中華民國國民。

第四條　中華民國領土，依其固有之疆域，非經國民大會之決議，不得變更之。

第五條　中華民國各民族一律平等。

第六條　中華民國國旗定爲紅地，左上角青天白日。

第二章　人民之權利義務

第七條　中華民國人民，無分男女，宗教，種族，階級，黨派，在法律上一律平等。

第八條　人民身體之自由應予保障。除現行犯之逮捕由法律另定外，非經司法或警察機關依法定程序，不得逮捕拘禁。非由法院依法定程序，不得審問處罰。非依法定程序之逮捕，拘禁，審問，處罰，得拒絕之。

人民因犯罪嫌疑被逮捕拘禁時，其逮捕拘禁機關應將逮捕拘禁原因，以書面告知本人及其本人指定之親友，並至遲於二十四小時內移送該管法院審問。本人或他人亦得聲請該管法院，於二十四小時內向逮捕之機關提審。

法院對於前項聲請，不得拒絕，並不得先令逮捕拘禁之機關查覆。逮捕拘禁之機關，對於法院之提審，不得拒絕或遲延。

人民遭受任何機關非法逮捕拘禁時，其本人或他人得向法院聲請追究，法院不得拒絕，並應於二十四小時內向逮捕拘禁之機關追究，依法處理。

第九條　人民除現役軍人外，不受軍事審判。

第十條　人民有居住及遷徙之自由。

第十一條　人民有言論，講學，著作及出版之自由。

第十二條　人民有祕密通訊之自由。

第十三條　人民有信仰宗教之自由。

第十四條　人民有集會及結社之自由。

第十五條　人民之生存權，工作權及財產權，應予保障。

第十六條　人民有請願，訴願及訴訟之權。

第十七條　人民有選舉，罷免，創制及複決之權。

第十八條　人民有應考試服公職之權。

第十九條　人民有依法律納稅之義務。

第二十條　人民有依法律服兵役之義務。

第二十一條　人民有受國民教育之權利與義務。

第二十二條　凡人民之其他自由及權利，不妨害社會秩序公共利益者，均受憲法之保障。

第二十三條　以上各條列舉之自由權利，除爲防止妨礙他人自由，避免緊急危難，維持社會秩序，或增進公共利益所必要者外，不得以法律限制之。

第二十四條　凡公務員違法侵害人民之自由或權利者，除依法律受懲戒外，應負刑事及民事責任。被害人民就其所受損害，並得依法律向國家請求賠償。

第三章　國民大會

第二十五條　國民大會依本憲法之規定，代表全國國民行使政權。

第二十六條　國民大會以左列代表組織之：

一、每縣市及其同等區域各選出代表一人，但其人口逾五十萬人者，每增加五十萬人，增選代表一人。縣市同等區域以法律定之。

二、蒙古選出代表，每盟四人，每特別旗一人。

三、西藏選出代表，其名額以法律定之。

四、各民族在邊疆地區選出代表，其名額以法律定之。

五、僑居國外之國民選出代表，其名額以法律定之。

六、職業團體選出代表，其名額以法律定之。

七、婦女團體選出代表，其名額以法律定之。

第二十七條　國民大會之職權如左：

一、選舉總統副總統。

二、罷免總統副總統。

三、修改憲法。

四、複決立法院所提之憲法修正案。

關於創制複決兩權，除前項第三第四兩款規定外，俟全國有半數之縣市曾經行使創制複決兩項政權時，由國民大會制定辦法並行使之。

第二十八條　國民大會代表每六年改選一次。

每屆國民大會代表之任期至次屆國民大會開會之日為止。

現任官吏不得於其任所所在地之選舉區當選為國民大會代表。

第二十九條　國民大會於每屆總統任滿前九十日集會，由總統召集之。

第 三 十 條　國民大會遇有左列情形之一時，召集臨時會：

一、依本憲法第四十九條之規定，應補選總統副總統時。

二、依監察院之決議，對於總統副總統提出彈劾案時。

三、依立法院之決議，提出憲法修正案時。

四、國民大會代表五分之二以上請求召集時。

國民大會臨時會，如依前項第一款或第二款應召集時，由立法院院長通告集會。依第三款或第四款應召集時，由總統召集之。

第三十一條　國民大會之開會地點在中央政府所在地。

第三十二條　國民大會代表在會議時所為之言論及表決，對會外不負責任。

第三十三條　國民大會代表，除現行犯外，在會期中，非經國民大會許可，不得逮捕或拘禁。

第三十三條　國民大會之組織，國民大會代表之選舉罷免，及國民大會行使職權之程序，以法律定之。

第四章　總統

第三十五條　總統爲國家元首，對外代表中華民國。

第三十六條　總統統率全國陸海空軍。

第三十七條　總統依法公布法律，發布命令，須經行政院院長之副署，或行政院院長及有關部會首長之副署。

第三十八條　總統依本憲法之規定，行使締結條約及宣戰媾和之權。

第三十九條　總統依法宣布戒嚴，但須經立法院之通過或追認。立法院認爲必要時，得決議移請總統解嚴。

第 四 十 條　總統依法行使大赦，特赦，減刑及復權之權。

第四十一條　總統依法任免文武官員。

第四十二條　總統依法授與榮典。

第四十三條　國家遇有天然災害，癘疫，或國家財政經濟上有重大變故，須爲急速處分時，總統於立法院休會期間，得經行政院會議之決議，依緊急命令法，發布緊急命令，爲必要之處置，但須於發佈命令後一個月內提交立法院追認。如立法院不同意時，該緊急命令立即失效。

第四十四條　總統對於院與院間之爭執，除本憲法有規定者外，得召集有關各院院長會商解決之。

第四十五條　中華民國國民年滿四十歲者得被選爲總統副總統。

第四十六條　總統副總統之選舉，以法律定之。

第四十七條　總統副總統之任期爲六年，連選得連任一次。

第四十八條　總統應於就職時宣誓，誓詞如左：

『余謹以至誠，向全國人民宣誓，余必遵守憲法，盡忠職務，增進人民福利，保衛國家，無負國民付託。如違誓言，願受國家嚴厲之制裁。謹誓。』

第四十九條　總統缺位時，由副總統繼任，至總統任期屆滿爲止。總統副總統均缺位時，由行政院院長代行其職權，並依本憲法第三十條之規定，召集國民大會臨時會，補選總統副總統，其任期以補足原任總統未滿之任期爲止。總統因故不能視事時，由副總統代行其職權。總統副總統均不能視事時，由行政院院長代行其職權。

第 五 十 條　總統於任滿之日解職。如屆期次任總統尚未選出，或選出後總統副總統均未就職時，由行政院院長代行總統職權。

第五十一條　行政院院長代行總統職權時，其期限不得逾三個月。

第五十二條　總統除犯內亂或外患罪外，非經罷免或解職，不受刑事上之訴究。

第五章　行政

第五十三條　行政院爲國家最高行政機關。

第五十四條　行政院設院長副院長各一人，各部會首長若干人，及不管部會之政務委員若干人。

第五十五條　行政院院長由總統提名，經立法院同意任命之。立法院休會期間，行政院院長辭職或出缺時，由行政院副院長代理其職務，但總統須於四十日內咨請立法院召集會議，提出行政院院長人選徵求同意。行政院院長職務，在總統所提行政院院長人選未經立法院同意前，由行政院副院長暫行代理。

第五十六條　行政院副院長，各部會首長及不管部會之政務委員，由行政院院長提請總統任命之。

第五十七條　行政院依左列規定，對立法院負責：

一、行政院有向立法院提出施政方針及施政報告之責。立法委員在開會時，有向行政院院長及行政院各部會首長質詢之權。

二、立法院對於行政院之重要政策不贊同時，得以決議移請行政院變更之。行政院對於立法院之決議，得經總統之核可，移請立法院覆議。覆議時，如經出席立法委員三分之二維持原決議，行政院院長應即接受該決議或辭職。

三、行政院對於立法院決議之法律案，預算案，條約案，如認爲有窒礙難行時，得經總統之核可，於該決議案送達行政院十日內，移請立法院覆議。覆議時，如經出席立法委員三分之二維持原案，行政院院長應即接受該決議或辭職。

第五十八條　行政院設行政院會議，由行政院院長，副院長，各部會首長及不管部會之政務委員組織之，以院長爲主席。

行政院院長，各部會首長，須將應行提出於立法院之法律案，預算案，戒嚴案，大赦案，宣戰案，媾和案，條約案及其他重要事項，或涉及各部會共同關係之事項，提出於行政院會議議決之。

第五十九條　行政院於會計年度開始三個月前，應將下年度預算案提出於立法院。

第 六 十 條　行政院於會計年度結束後四個月內，應提出決算於監察院。

第六十一條　行政院之組織，以法律定之。

第六章　立法

第六十二條　立法院為國家最高立法機關，由人民選舉之立法委員組織之，代表人民行使立法權。

第六十三條　立法院有議決法律案，預算案，戒嚴案，大赦案，宣戰案，媾和案，條約案及國家其他重要事項之權。

第六十四條　立法院立法委員依左列規定選出之：

一、各省，各直轄市選出者，其人口在三百萬以下者五人，其人口超過三百萬者，每滿一百萬人增選一人。

二、蒙古各盟旗選出者。

三、西藏選出者。

四、各民族在邊疆地區選出者。

五、僑居國外之國民選出者。

六、職業團體選出者。

立法委員之選舉及前項第二款至第六款立法委員名額之分配，以法律定之。婦女在第一項各款之名額，以法律定之。

第六十五條　立法委員之任期為三年，連選得連任，其選舉於每屆任滿前三個月內完成之。

第六十六條　立法院設院長副院長各一人，由立法委員互選之。

第六十七條　立法院得設各種委員會。

各種委員會得邀請政府人員及社會上有關係人員到會備詢。

第六十八條　立法院會期，每年兩次，自行集會，第一次自二月至五月底，第二次自九月至十二月底，必要時得延長之。

第六十九條　立法院遇有左列情事之一時，得開臨時會：

一、總統之咨請。

二、立法委員四分之一以上之請求。

第 七 十 條　立法院對於行政院所提預算案，不得為增加支出之提議。

第七十一條　立法院開會時，關係院院長及各部會首長得列席陳述意見。

第七十二條　立法院法律案通過後，移送總統及行政院，總統應於收到後十日內公布之，但總統得依照本憲法第五十七條之規定辦理。

第七十三條　立法委員在院內所為之言論及表決，對院外不負責任。

第七十四條　立法委員，除現行犯外，非經立法院許可，不得逮補或拘禁。

第七十五條　立法委員不得兼任官吏。

第七十六條　立法院之組織，以法律定之。

第七章　司法

第七十七條　司法院為國家最高司法機關，掌理民事，刑事，行政訴訟之審判，及公務員之懲戒。

第七十八條　司法院解釋憲法，並有統一解釋法律及命令之權。

第七十九條　司法院設院長副院長各一人，由總統提名，經監察院同意任命之。

司法院設大法官若干人，掌理本憲法第七十八條規定事項，由總統提名，經監察院同意任命之。

第 八 十 條　法官須超出黨派以外，依據法律獨立審判，不受任何干涉。

第八十一條　法官為終身職，非受刑事或懲戒處分，或禁治產之宣告，不得免職。非依法律，不得停職，轉任或減俸。

第八十二條　司法院及各級法院之組織，以法律定之。

第八章　考試

第八十三條　考試院為國家最高考試機關，掌理考試，任用，銓敘，考績，級俸，陞遷，保障，褒獎，撫卹，退休，養老等事項。

第八十四條　考試院設院長副院長各一人，考試委員若干人，由總統提名，經監察院同意任命之。

第八十五條　公務人員之選拔，應實行公開競爭之考試制度，並應按省區分別規定名額，分區舉行考試。非經考試及格者，不得任用。

第八十六條　左列資格，應經考試院依法考選銓定之：

一、公務人員任用資格。

二、專門職業及技術人員執業資格。

第八十七條　考試院關於所掌事項，得向立法院提出法律案。

第八十八條　考試委員須超出黨派以外，依據法律獨立行使職權。

第八十九條　考試院之組織，以法律定之。

第九章　監察

第九十條　監察院為國家最高監察機關，行使同意，彈劾，糾舉及審計權。

第九十一條　監察院設監察委員，由各省市議會，蒙古西藏地方議會，及華僑團體選舉之。其名額分配依左列之規定：

一、每省五人。

二、每直轄市二人。

三、蒙古各盟旗共八人。

四、西藏八人。

五、僑居國外之國民八人。

第九十二條　監察院設院長副院長各一人，由監察委員互選之。

第九十三條　監察委員之任期為六年，連選得連任。

第九十四條　監察院依本憲法行使同意權時，由出席委員過半數之議決行之。

第九十五條　監察院為行使監察權，得向行政院及其各部會調閱其所發布之命令及各種有關文件。

第九十六條　監察院得按行政院及其各部會之工作，分設若干委員會，調查一切設施，注意其是否違法或失職。

第九十七條　監察院經各該委員會之審查及決議，得提出糾正案，移送行政院及其有關部會，促其注意改善。監察院對於中央及地方公務人員，認為有失職或違法情事，得提出糾舉案或彈劾案，如涉及刑事，應移送法院辦理。

第九十八條　監察院對於中央及地方公務人員之彈劾案，須經監察委員一人以上之提議，九人以上之審查及決定，始得提出。

第九十九條　監察院對於司法院或考試院人員失職或違法之彈劾，適用本憲法第九十五條，第九十七條，及第九十八條之規定。

第一百條　監察院對於總統副總統之彈劾案，須有全體監察委員四分之一以上之提議，全體監察委員過半數之審查及決議，向國民大會提出之。

第一百零一條　監察委員在院內所為之言論及表決，對院外不負責任。

第一百零二條　監察委員，除現行犯外，非經監察院許可，不得逮捕或拘禁。

第一百零三條　監察委員不得兼任其他公職或執行業務。

第一百零四條　監察院設審計長，由總統提名，經立法院同意任命之。

第一百零五條　審計長應於行政院提出決算後三個月內，依法完成其審核，並提出審核報告於立法院。

第一百零六條　監察院之組織，以法律定之。

第十章　中央與地方之權限

第一百零七條　左列事項，由中央立法並執行之：

一、外交。

二、國防與國防軍事。

三、國籍法，及刑事民事商事之法律。

四、司法制度。

五、航空，國道，國有鐵路，航政，郵政及電政。

六、中央財政與國稅。

七、國稅與省稅縣稅之劃分。

八、國營經濟事業。

九、幣制及國家銀行。

十、度量衡。

十一、國際貿易政策。

十二、涉外之財政經濟事項。

十三、其他依本憲法所定關於中央之事項。

第一百零八條　左列事項，由中央立法並執行之或交由省縣執行之：

一、省縣自治通則。
二、行政區劃。
三、森林，工礦及商業。
四、教育制度。
五、銀行及交易所制度。
六、航業及海洋漁業。
七、公用事業。
八、合作事業。
九、二省以上之水陸交通運輸。
十、二省以上之水利，河道及農牧事業。
十一、中央及地方官吏之銓敘，任用，糾察及保障。
十二、土地法。
十三、勞動法及其他社會立法。
十四、公用徵收。
十五、全國戶口調查及統計。
十六、移民及墾殖。
十七、警察制度。
十八、公共衛生。
十九、振濟，撫卹及失業救濟。
二十、有關文化之古籍，古物及古蹟之保存。前項各款，省於不牴觸國家法律內，得制定單行法規。

第一百零九條　左列事項，由省立法並執行之，或交由縣執行之：
一、省教育，衛生，實業及交通。
二、省財產之經營及處分。
三、省市政。

四、省公營事業。
五、省合作事業。
六、省農林，水利，漁牧及工程。
七、省財政及省稅。
八、省債。
九、省銀行。
十、省警政之實施。
十一、省慈善及公益事項。
十二、其他依國家法律賦予之事項。
前項各款，有涉及二省以上者，除法律別有規定外，得由有關各省共同辦理。
各省辦理第一項各款事務，其經費不足時，經立法院議決，由國庫補助之。

第一百十條　左列事項，由縣立法並執行之：
一、縣教育，衛生，實業及交通。
二、縣財產之經營及處分。
三、縣公營事業。
四、縣合作事業。
五、縣農林，水利，漁牧及工程。
六、縣財政及縣稅。
七、縣債。
八、縣銀行。
九、縣警衛之實施。
十、縣慈善及公益事項。
十一、其他依國家法律及省自治法賦予之事項。
前項各款，有涉及二縣以上者，除法律別有規定外，得由有關各縣共同辦理。

第一百十一條　除第一百零七條，第一百零八條，第一百零九條及第一百十條列舉事項外，如有未列舉事項發生時，其事務有全國一致之性質者屬於中央，有全省一致之性質者屬於省，有一縣之性質者屬於縣。遇有爭議時，由立法院解決之。

第十一章　地方制度

第一節　省

第一百十二條　省得召集省民代表大會，依據省縣自治通則，制定省自治法，但不得與憲法牴觸。

省民代表大會之組織及選舉，以法律定之。

第一百十三條　省自治法應包含左列各款：

一、省設省議會。省議會議員由省民選舉之。

二、省設省政府，置省長一人。省長由省民選舉之。

三、省與縣之關係。

屬於省之立法權，由省議會行之。

第一百十四條　省自治法制定後，須即送司法院。司法院如認爲有違憲之處，應將違憲條文宣布無效。

第一百十五條　省自治法施行中，如因其中某條發生重大障礙，經司法院召集有關方面陳述意見後，由行政院院長，立法院院長，司法院院長，考試院院長與監察院院長組織委員會，以司法院院長爲主席，提出方案解決之。

第一百十六條　省法規與國家法律牴觸者無效。

第一百十七條　省法規與國家法律有無牴觸發生疑義時，由司法院解釋之。

第一百十八條　直轄市之自治，以法律定之。

第一百十九條　蒙古各盟旗地方自治制度，以法律定之。

第一百二十條　西藏自治制度，應予以保障。

第二節　縣

第一百二十一條　縣實行縣自治。

第一百二十二條　縣得召集縣民代表大會，依據省縣自治通則，制定縣自治法，但不得與憲法及省自治法牴觸。

第一百二十三條　縣民關於縣自治事項，依法律行使創制複決之權，對於縣長及其他縣自治人員，依法律行使選舉罷免之權。

第一百二十四條　縣設縣議會。縣議會議員由縣民選舉之。

屬於縣之立法權，由縣議會行之。

第一百二十五條　縣單行規章，與國家法律或省法規牴觸者無效。

第一百二十六條　縣設縣政府，置縣長一人。縣長由縣民選舉之。

第一百二十七條　縣長辦理縣自治，並執行中央及省委辦事項。

第一百二十八條　市準用縣之規定。

第十二章　選舉　罷免　創制　複決

第一百二十九條　本憲法所規定之各種選舉，除本憲法別有規定外，以普通，平等，直接及無記名投票之方法行之。

第一百三十條　中華民國國民年滿二十歲者，有依法選舉之權。除本憲法及法律別有規定者外，年滿二十三歲者，有依法被選舉之權。

第一百三十一條　本憲法所規定各種選舉之候選人，一律公開競選。

第一百三十二條　選舉應嚴禁威脅利誘。選舉訴訟，由法院審判之。

第一百三十三條　被選舉人得由原選舉區依法罷免之。

第一百三十四條　各種選舉，應規定婦女當選名額，其辦法以法律定之。

第一百三十五條　內地生活習慣特殊之國民代表名額及選舉，其辦法以法律定之。

第一百三十六條　創制複決兩權之行使，以法律定之。

第十三章　基本國策

第一節　國防

第一百三十七條　中華民國之國防，以保衛國家安全，維護世界和平爲目的。

國防之組織，以法律定之。

第一百三十八條　全國陸海空軍，須超出個人，地域及黨派關係以外，効忠國家，愛護人民。

第一百三十九條　任何黨派及個人不得以武裝力量爲政爭之工具。

第一百四十條　現役軍人不得兼任文官。

第二節　外交

第一百四十一條　中華民國之外交，應本獨立自主之精神，平等互惠之原則，敦睦邦交，尊重條約及聯合國憲章，以保護僑民權益，促進國際合作，提倡國際正義，確保世界和平。

第三節　國民經濟

第一百四十二條　國民經濟應以民生主義爲基本原則，實施平均地權，節制資本，以謀國計民生之均足。

第一百四十三條　中華民國領土內之土地屬於國民全體。人民依法取得之土地所有權，應受法律之保障與限制。私有土地應照價納稅，政府並得照價收買。

附著於土地之鑛，及經濟上可供公眾利用之天然力，屬於國家所有，不因人民取得土地所有權而受影響。

土地價值非因施以勞力資本而增加者，應由國家徵收土地增值稅，歸人民共享之。

國家對於土地之分配與整理，應以扶植自耕農及自行使用土地人爲原則，並規定其適當經營之面積。

第一百四十四條　公用事業及其他有獨佔性之企業，以公營爲原則，其經法律許可者，得由國民經營之。

第一百四十五條　國家對於私人財富及私營事業，認爲有妨害國計民生之平衡發展者，應以法律限制之。

合作事業應受國家之獎勵與扶助。

國民生產事業及對外貿易，應受國家之獎勵，指導及保護。

第一百四十六條　國家應運用科學技術，以興修水利，增進地力，改善農業環境，規劃土地利用，開發農業資源，促成農業之工業化。

第一百四十七條　中央爲謀省與省間之經濟平衡發展，對於貧瘠之省，應酌予補助。

省爲謀縣與縣間之經濟平衡發展，對於貧瘠之縣，應酌予補助。

第一百四十八條　中華民國領域內，一切貨物應許自由流通。

第一百四十九條　金融機構，應依法受國家之管理。

第一百五十條　國家應普設平民金融機構，以救濟失業。

第一百五十一條　國家對於僑居國外之國民，應扶助並保護其經濟事業之發展。

第四節　社會安全

第一百五十二條　人民具有工作能力者，國家應予以適當之工作機會。

第一百五十三條　國家爲改良勞工及農民之生活，增進其生產技能，應制定保護勞工及農民之法律，實施保護勞工及農民之政策。

婦女兒童從事勞動者，應按其年齡及身體狀態，予以特別之保護。

第一百五十四條　勞資雙方應本協調合作原則，發展生產事業。勞資糾紛之調解與仲裁，以法律定之。

第一百五十五條　國家爲謀社會福利，應實施社會保險制度。人民之老弱殘廢，無力生活，及受非常災害者，國家應予以適當之扶助與救濟。

第一百五十六條　國家爲奠定民族生存發展之基礎，應保護母性，並實施婦女兒童福利政策。

第一百五十七條　國家爲增進民族健康，應普遍推行衛生保健事業及公醫制度。

第五節　教育文化

第一百五十八條　教育文化，應發展國民之民族精神，自治精神，國民道德，健全體格，科學及生活智能。

第一百五十九條　國民受教育之機會一律平等。

第一百六十條　六歲至十二歲之學齡兒童，一律受基本教育，免納學費。其貧苦者，由政府供給書籍。

已逾學齡未受基本教育之國民，一律受補習教育，免納學費，其書籍亦由政府供給。

第一百六十一條　各級政府應廣設獎學金名額，以扶助學行俱優無力升學之學生。

第一百六十二條　全國公私立之教育文化機關，依法律受國家之監督。

第一百六十三條　國家應注重各地區教育之均衡發展，並推行社會教育，以提高一般國民之文化水準，邊遠及貧瘠地區之教育文化經費，由國庫補助之。其重要之教育文化事業，得由中央辦理或補助之。

第一百六十四條　教育，科學，文化之經費，在中央不得少於其預算總額百分之十五，在省不得少於其預算總額百分之二十五，在市縣不得少於其預算總額百分之三十五。其依法設置之教育文化基金及產業，應予以保障。

第一百六十五條　國家應保障教育，科學，藝術工作者之生活，並依國民經濟之進展，隨時提高其待遇。

第一百六十六條　國家應獎勵科學之發明與創造，並保護有關歷史文化藝術之古蹟古物。

第一百六十七條　國家對於左列事業或個人，予以獎勵或補助：

一、國內私人經營之教育事業成績優良者。

二、僑居國外國民之教育事業成績優良者。

三、於學術或技術有發明者。

四、從事教育久於其職而成績優良者。

第六節　邊疆地區

第一百六十八條　國家對於邊疆地區各民族之地位，應予以合法之保障，並於其地方自治事業，特別予以扶植。

第一百六十九條　國家對於邊疆地區各民族之教育，文化，交通，水利，衛生，及其他經濟，社會事業，應積極舉辦，並扶助其發展，對於土地使用，應依其氣候，土壤性質，及人民生活習慣之所宜，予以保障及發展。

第十四章　憲法之施行及修改

第一百七十條　本憲法所稱之法律，謂經立法院通過，總統公布之法律。

第一百七十一條　法律與憲法牴觸者無效。

法律與憲法有無牴觸發生疑義時，由司法院解釋之。

第一百七十二條　命令與憲法或法律牴觸者無效。

第一百七十三條　憲法之解釋，由司法院為之。

第一百七十四條　憲法之修改，應依左列程序之一為之：

一、由國民大會代表總額五分之一之提議，三分之二之出席，及出席代表四分之三決議，得修改之。

二、由立法院立法委員四分之一之提議，四分之三之出席，及出席委員四分之三之決議，擬定憲法修正案，提請國民大會複決。此項憲法修正案應於國民大會開會前半年公告之。

第一百七十五條　本憲法規定事項，有另定實施程序之必要者，以法律定之。

本憲法施行之準備程序由制定憲法之國民大會議定之。

附錄二　中華民國憲法增修條文

（民國八十六年七月二十一日修正公布）

前言

為因應國家統一前之需要，依照憲法第二十七條第一項第三款及第一百七十四條第一款之規定，增修本憲法條文如左：

第一條

（第一項）國民大會代表依左列規定選出之，不受憲法第二十六條及第一百三十五條之限制：

一、自由地區每直轄市、縣市各二人，但其人口逾十萬人者，每增加十萬人增一人。

二、自由地區平地原住民及山地原住民各三人。

三、僑居國外國民二十人。

四、全國不分區八十人。

（第二項）前項第一款每直轄市、縣市選出之名額，在五人以上十人以下者，應有婦女當選名額一人，超過十人者，每滿十人，應增婦女當選名額一人。第三款及第四款之名額，採政黨比例方式選出之，各政黨當選之名額，每滿四人，應有婦女當選名額一人。

（第三項）國民大會之職權如左，不適用憲法第二十七條第一項第一款、第二款之規定：

一、依增修條文第二條第七項之規定，補選副總統。

二、依增修條文第二條第九項之規定，提出總統、副總統罷免案。

三、依增修條文第二條第十項之規定，議決立法院提出之總統、副總統彈劾案。

四、依憲法第二十七條第一項第三款及第一百七十四條第一款之規定，修改憲法。

五、依憲法第二十七條第一項第四款及第一百七十四條第二款之規定，複決立法院所提之憲法修正案。

六、依增修條文第五條第一項、第六條第二項、第七條第二項之規定，對總統提名任命之人員，行使同意權。

（第四項）國民大會依前項第一款及第四款至第六款規定集會，或有國民大會代表五分之二以上請求召集會議時，由總統召集之；依前項第二款及第三款之規定集會時，由國民大會議長通告集會，不適用憲法第二十九條及第三十條之規定。

（第五項）國民大會集會時，得聽取總統國情報告，並檢討國是，提供建言；如一年內未集會，由總統召集會議爲之，不受憲法第三十條之限制。

（第六項）國民大會代表每四年改選一次，不適用憲法第二十八條第一項之規定。

（第七項）國民大會設議長、副議長各一人，由國民大會代表互選之。議長對外代表國民大會，並於開會時主持會議。

（第八項）國民大會行使職權之程序，由國民大會定之，不適用憲法第三十四條之規定。

第二條

（第一項）總統、副總統由中華民國自由地區全體人民直接選舉之，自中華民國八十五年第九任總統、副總統選舉實施。總統、副總統候選人應聯名登記，在選票上同列一組圈選，以得票最多之一組爲當選。在國外之中華民國自由地區人民返國行使選舉權，以法律定之。

（第二項）總統發布行政院院長與依憲法經國民大會或立法院同意任命人員之任免命令及解散立法院之命令，無須行政院院長之副署，不適用憲法第三十七條之規定。

（第三項）總統爲避免國家或人民遭遇緊急危難或應付財政經濟上重大變故，得經行政院會議之決議發布緊急命令，爲必要之處置，不受憲法第四十三條之限制。但須於發布命令後十日內提交立法院追認，如立法院不同意時，該緊急命令立即失效。

（第四項）總統爲決定國家安全有關大政方針，得設國家安全會議及所屬國家安全局，其組織以法律定之。

（第五項）總統於立法院通過對行政院院長之不信任案後十日內，經諮詢立法院院長後，得宣告解散立法院。但總統於戒嚴或緊急命令生效期間，不得解散立法院。立法院解散後，應於六十日內舉行立法委員選舉，並於選舉結果確認後十日內自行集會，其任期重新起算。

（第六項）總統、副總統之任期爲四年，連選得連任一次，不適用憲法第四十七條之規定。

（第七項）副總統缺位時，由總統於三個月內提名候選人，召集國民大會補選，繼任至原任期屆滿爲止。

（第八項）總統、副總統均缺位時，由行政院院長代行其職權，並依本條第一項規定補選總統、副總統，繼任至原任期屆滿爲止，不適用憲法第四十九條之有關規定。

（第九項）總統、副總統之罷免案，須經國民大會代表總額四分之一之提議，三分之二之同意後提出，並經中華民國自由地區選舉人總額過半數之投票，有效票過半數同意罷免時，即爲通過。

（第十項）立法院向國民大會提出之總統、副總統彈劾案，經國民大會代表總額三分之二同意時，被彈劾人應即解職。

第三條

（第一項）行政院院長由總統任命之。行政院院長辭職或出缺時，在總統未任命行政院院長前，由行政院副院長暫行代理。憲法第五十五條之規定，停止適用。

（第二項）行政院依左列規定，對立法院負責，憲法第五十七條之規定，停止適用：

一、行政院有向立法院提出施政方針及施政報告之責。立法委員在開會時，有向行政院院長及行政院各部會首長質詢之權。

二、行政院對於立法院決議之法律案、預算案、條約案，如認爲有窒礙難行時，得經總統之核可，於該決議案送達行政院十日內，移請立法院覆議。立法院對於行政院移請覆議案，應於送達十五日內作成決議。如爲休會期間，立法院應於七日內自行集會，並於開議十五日內作成決議。覆議案逾期未議決者，原決議失效。覆議時，如經全體立法委員二分之一以上決議維持原案，行政院院長應即接受該決議。

三、立法院得經全體立法委員三分之一以上連署，對行政院院長提出不信任案。不信任案提出七十二小時後，應於四十八小時內以記名投票表決之。如經全體立法委員二分之一以上贊成，行政院院長應於十日內提出辭職，並得同時呈請總統解散立法院；不信任案如未獲通過，一年內不得對同一行政院院長再提不信任案。

（第三項）國家機關之職權、設立程序及總員額，得以法律爲準則性之規定。

（第四項）各機關之組織、編制及員額，應依前項法律，基於政策或業務需要決定之。

第四條

（第一項）立法院立法委員自第四屆起二百二十五人，依左列規定選出之，不受憲法第六十四條之限制：

一、自由地區直轄市、縣市一百六十八人。每縣市至少一人。

二、自由地區平地原住民及山地原住民各四人。

三、僑居國外國民八人。

四、全國不分區四十一人。

（第二項）前項第三款、第四款名額，採政黨比例方式選出之。第一款每直轄市、縣市選出之名額及第三款、第四款各政黨當選之名額，在五人以上十人以下者，應有婦女當選名額一人，超過十人者，每滿十人應增婦女當選名額一人。

（第三項）立法院經總統解散後，在新選出之立法委員就職前，視同休會。

（第四項）總統於立法院解散後發布緊急命令，立法院應於三日內自行集會，並於開議七日內追認之。但於新任立法委員選舉投票日後發布者，應由新任立法委員於就職後追認之。如立法院不同意時，該緊急命令立即失效。

（第五項）立法院對於總統、副總統犯內亂或外患罪之彈劾案，須經全體立法委員二分之一以上之提議，全體立法委員三分之二以上之決議，向國民大會提出，不適用憲法第九十條、第一百條及增修條文第七條第一項有關規定。

（第六項）立法委員除現行犯外，在會期中，非經立法院許可，不得逮捕或拘禁。憲法第七十四條之規定，停止適用。

第五條

（第一項）司法院設大法官十五人，並以其中一人爲院長、一人爲副院長，由總統提名，經國民大會同意任命之，自中華民國九十二年起實施，不適用憲法第七十九條之有關規定。

（第二項）司法院大法官任期八年，不分屆次，個別計算，並不得連任。但並爲院長、副院長之大法官，不受任期之保障。

（第三項）中華民國九十二年總統提名之大法官，其中八位大法官，含院長、副院長，任期四年，其餘大法官任期爲八年。不適用前項任期之規定。

（第四項）司法院大法官，除依憲法第七十八條之規定外，並組成憲法法庭審理政黨違憲之解散事項。

（第五項）政黨之目的或其行爲，危害中華民國之存在或自由民主之憲政秩序者爲違憲。

（第六項）司法院所提出之年度司法概算，行政院不得刪減，但得加註意見，編入中央政府總預算案，送立法院審議。

第六條

（第一項）考試院爲國家最高考試機關，掌理左列事項，不適用憲法第八十三條之規定：

一、考試。

二、公務人員之銓敘、保障、撫卹、退休。

三、公務人員任免、考績、級俸、陞遷、褒獎之法制事項。

（第二項）考試院設院長、副院長各一人，考試委員若干人，由總統提名，經國民大會同意任命之，不適用憲法第八十四條之規定。

（第三項）憲法第八十五條有關按省區分別規定名額，分區舉行考試之規定，停止適用。

第七條

（第一項）監察院為國家最高監察機關，行使彈劾、糾舉與審計權，不適用憲法第九十條及第九十四條有關同意權之規定。

（第二項）監察院設監察委員二十九人，並以其中一人為院長、一人為副院長，任期六年，由總統提名，經國民大會同意任命之。憲法第九十一條至第九十三條之規定停止適用。

（第三項）監察院對於中央、地方公務人員及司法院、考試院人員之彈劾案，須經監察委員二人以上之提議，九人以上之審查及決定，始得提出，不受憲法第九十八條之限制。

（第四項）監察院對於監察院人員失職或違法之彈劾，適用憲法第九十五條、第九十七條第二項及前項之規定。

（第五項）監察委員須超出黨派以外，依據法律獨立行使職權。

（第六項）憲法第一百零一條及第一百零二條之規定，停止適用。

第八條

國民大會代表及立法委員之報酬或待遇，應以法律定之。除年度通案調整者外，單獨增加報酬或待遇之規定，應自次屆起實施。

第九條

（第一項）省、縣地方制度，應包括左列各款，以法律定之，不受憲法第一百零八條第一項第一款、第一百零九條、第一百十二條至第一百十五條及第一百二十二條之限制：

一、省設省政府，置委員九人，其中一人爲主席，均由行政院院長提請總統任命之。

二、省設省諮議會，置省諮議會議員若干人，由行政院院長提請總統任命之。

三、縣設縣議會，縣議會議員由縣民選舉之。

四、屬於縣之立法權，由縣議會行之。

五、縣設縣政府，置縣長一人，由縣民選舉之。

六、中央與省、縣之關係。

七、省承行政院之命，監督縣自治事項。

（第二項）第十屆臺灣省議會議員及第一屆臺灣省省長之任期至中華民國八十七年十二月二十日止，臺灣省議會議員及臺灣省省長之選舉自第十屆臺灣省議會議員及第一屆臺灣省省長任期之屆滿日起停止辦理。

（第三項）臺灣省議會議員及臺灣省省長之選舉停止辦理後，臺灣省政府之功能、業務與組織之調整，得以法律爲特別之規定。

第十條

（第一項）國家應獎勵科學技術發展及投資，促進產業升級，推動農漁業現代化，重視水資源之開發利用，加強國際經濟合作。

（第二項）經濟及科學技術發展，應與環境及生態保護兼籌並顧。

（第三項）國家對於人民興辦之中小型經濟事業，應扶助並保護其生存與發展。

（第四項）國家對於公營金融機構之管理，應本企業化經營之原則；其管理、人事、預算、決算及審計，得以法律為特別之規定。

（第五項）國家應推行全民健康保險，並促進現代和傳統醫藥之研究發展。

（第六項）國家應維護婦女之人格尊嚴，保障婦女之人身安全，消除性別歧視，促進兩性地位之實質平等。

（第七項）國家對於身心障礙者之保險與就醫、無障礙環境之建構、教育訓練與就業輔導及生活維護與救助，應予保障，並扶助其自立與發展。

（第八項）教育、科學、文化之經費，尤其國民教育之經費應優先編列，不受憲法第一百六十四條規定之限制。

（第九項）國家肯定多元文化，並積極維護發展原住民族語言及文化。

（第十項）國家應依民族意願，保障原住民族之地位及政治參與，並對其教育文化、交通水利、衛生醫療、經濟土地及社會福利事業予以保障扶助並促其發展。其辦法另以法律定之。對於金門、馬祖地區人民亦同。

（第十一項）國家對於僑居國外國民之政治參與，應予保障。

第十一條

自由地區與大陸地區間人民權利義務關係及其他事務之處理，得以法律為特別之規定。

習　題

第一章

1.何謂「憲法」？何以一個國家必須有憲法？試申論之。

2.試說明憲法的詞源與法源。

3.何謂憲法的變遷？其途徑有哪些？試扼要說明之。

4.中華民國憲法究爲欽定憲法或民定憲法？若欲加以修改，應循何種方式？

5.何謂憲法的「社會化」？試舉例說明之。

6.試說明當代憲法的發展趨勢。

7.試解釋下列名詞：

①憲法習慣

②社會主義憲法

③不成文憲法（unwritten constitution）

④柔性憲法（flexible constitution）

⑤規範憲法（normative constitution）

⑥名目憲法（nominal constitution）

⑦詭譎憲法（semantic constitution）

⑧內閣（cabinet）

⑨影子內閣（shadow cabinet）

⑩司法審查（judicial review）

📖 第二章

1.試說明人權概念的起源。

2.試說明洛克（John Locke, 1632-1704）的人權思想及其影響。

3.試說明盧梭（Jean Jacques Rousseau, 1712-1778）的人權思想及其影響。

4.試說明潘恩（Thomas Paine, 1737-1809）的人權思想及其影響。

5.憲法與人權的關係爲何？試略述之。

6.我國人民之自由受憲法保障者，有哪些？又在何種情況下得以法律限制之？試就有關條文之規定闡釋之。

7.我國憲法除分條列舉人民之各種自由權利外，復兼採概括式，此項概括補充，在憲法中如何規定？何以尚應有此其他自由權利之保留？試論述之。

8.我國憲法規定的人民權利內容爲何？請分項說明之。

9.試評析我國憲法對於平等權的規定。

10.何謂意見自由？其與思想自由有何不同？

11.何謂人身自由？其重要性爲何？試說明之。

12.何謂出版自由？請簡述各國管理出版的制度？

13.試解釋下列名詞：

①人權（human rights）

②大憲章（Magna Carta, 1215）

③權利請願書（Petition of Right, 1628）

④人身保護法（Habeas Corpus Act, 1679）

⑤權利法案（Bill of Rights, 1689）

⑥宗教平等

⑦精神自由

⑧請願

⑨訴願

⑩行政訴訟

📖 第三章

1.試解析國家與人民的關係。

2.試說明近代政府的各種類型。

3.試說明當代政府與人民的關係。

4.試闡述萬能政府的時代意義。

5.試解釋下列名詞：

①君主制

②共和制

③單一制

④聯邦制

⑤民主政制

⑥威權政制

⑦凱恩斯（John Maynard Keynes, 1883-1946）

⑧經濟自由化

⑨國家社會主義

⑩理念（ideology）

📖 第四章

1.試說明內閣制的主要特徵。

2.試說明總統制的主要特徵。

3.何謂雙首長制？何謂「左右共治」？試以法國的政制說明之。

4.就憲法監督的職權而言，法國憲法委員會和美國最高法院有何不同？

5.如果沒有虛位元首，還能夠採用內閣制嗎？為什麼？

6.為何施行「總統制」的各個國家都有中斷的紀錄，唯獨美國能夠適合？

7.為什麼學者普遍認為內閣制較佳？

8.法國第五共和之總統享有哪些權力？試扼要說明並評論之。

9.試扼要說明瑞士委員制之特徵及其運作方式。

10.試解釋下列名詞：

①信任投票

②解散權

③半總統制（semi-presidential system）

④內閣總統制（premier-presidential system）

⑤議會總統制（parliamentary-presidential republic）

⑥人民代表大會制（people's congress system）

⑦議行合一

⑧袋中否決（pocket veto）

⑨戴高樂（Charles de Gaulle, 1890-1970）

⑩左右共治（cohabitation）

📖 第五章

1.試述我國憲法上之公民參政權。

2.我國憲法對於選舉的方法有何規定？試就重點解說之。

3.何謂創制權？何謂複決權？我國人民及國民大會，在當前情形之下，可否行使憲法所規定之創制權與複決權？試說明其故。

4.何謂「直接選舉」？何謂「間接選舉」？試以我國中央及地方各類公職人員的產生方式說明之。

5.何謂「平等選舉」？何謂「不平等選舉」？試說明之。

6.何謂比例代表制？其類型有哪些？

7.何謂相對多數決制？其類型有哪些？

8.何謂絕對多數決制？其類型有哪些？

9.試簡述選舉制度的起源及其近代的發展情況。

10.我國憲法增修條文規定之總統、副總統產生的程序爲何？請說明之。

11.試簡述美國總統選舉的方式。

12.試舉例說明各國國家元首選舉的類型。

13.試述我國現行中央民意代表選舉制度，並評析其優缺點。

14.試提出我國中央民意代表選舉的改進之道。

15.試解釋下列名詞：

①公民資格

②全額連記法

③限制連記法

④單記非讓渡投票制

⑤兩輪決選制

⑥選擇投票制

⑦複數選區

⑧普通選舉

⑨直接選舉

⑩無記名投票

📖 第六章

1.何謂「公民投票」？又「公民投票」與「公民複決」有何不同？

2.反對公民投票是否就是反民主？試抒己見。

3.就您的看法暨參照各國的經驗，哪些議題該進行公民投票？

4.誰有資格參與公民投票？公民投票是否具有「排他性」？試舉例說明之。

5.公民投票是不是解決公共政策爭議的萬靈丹？爲什麼？

6.一次公投的效力維持多久？頻繁舉行公民投票是否將造成國家政策的搖擺不定？試評析之。

7.試舉例說明公民投票在各國實施的情形，並預測其發展趨勢。

📖 第七章

1.試說明國民大會的性質與地位。

2.國民大會臨時會的召開，有由總統召集者，有由國民大會議長通告集會者，其不同之事由爲何，試比較說明之。

3.何謂言論免責權？何以各國憲法都予國會議員此項特權？

4.我國總統究爲單純的國家元首或是「最高」的行政首長？試究現行憲法與增修條文之內容及總統與行政院院長的實際關係，申抒己見。

5.依現行憲法規定說明我國總統產生的方式及罷免的途徑。

6.憲改後，總統新增了哪些職權？又，總統對於哪些人士擁有提名權？試分項說明之。

7.在何種情況之下，總統可以發布緊急命令？行使的程序爲何？

8.依現制，如何彈劾總統或副總統？在程序上與彈劾一般文官有何不同？試說明之。

9.我國行政院院長產生的方式，與一般內閣制國家閣揆之產生方式有何異同？試說明之。

10.現行憲法對於總統與行政院、立法院之關係，如何規定？

11.副總統的角色與功能爲何？其可否兼任行政院院長？

12.總統缺位與總統不能視事有何不同？所謂「不能視事」應如何判定？有無標準或相關法律規定？試就我國憲政經驗與各國之憲法實例說明之。

13.試解釋憲法第五十七條「立法委員不得兼任官吏」之義。

14.有權向立法院提出法律案者有哪些機關？試說明之。

15.試說明立法委員之「不得逮捕特權」。

16.解釋憲法之權屬於何種機關？依何種程序爲之。

17.現行憲法將公務員之彈劾權交由監察院行使，而對公務員之懲戒權則交由司法院行使，試評論是項規定。

18.民國八十六年公布之憲法增修條文納入司法預算自主條款，若立法院邀請司法院院長到立法院報告預算，此舉合憲否？試評析之。

19.司法院院長是不是大法官？試就憲法增修條文之規定說明之。

20.試說明法官的地位及保障。

21.試述考試權之淵源，並依現行憲法之規定說明考試院的地位。

22.考試院之職權究應以考試權爲限，還是應包括銓敘權範圍，試申論之。

23.試說明憲改後監察權之變革。
24.試說明現行監察委員產生之方式及任期。
25.試解釋下列名詞：
①動員戡亂時期臨時條款
②國家安全會議
③調查權
④糾正權
⑤糾舉權
⑥同意權
⑦覆議
⑧憲法法庭
⑨三讀
⑩立法院之常設委員會

第八章

1.何謂「權力的地域分配」？其類型為何？
2.試論均權主義的當代意義。
3.試論地方自治的當代意義。
4.試扼要說明中山先生均權思想的演進過程。
5.申論均權主義下的地方自治。
6.試論台灣地方自治的得失利弊。

第九章

1.試說明憲法域公民教育之關聯性。

2.試說明公民教育的定位，並檢討現行公民教育之優缺點。

3.試說明三民主義教學的危機與轉機。

第十章

1.試述中山先生對中國統一的看法。

2.試述民族主義與現代化的關係。

3.試說明總統直選後兩岸關係的走向與發展。

4.試析憲改後台灣原住民的參政權。

5.原住民行使參政權的困境為何？如何解決？

參考資料

1.Alan Grant著，劉世忠編譯，《美國政府與政治》，台北：五南圖書出版公司，民國八十五年六月，初版一刷。

2.Andrew Heywood著，林文斌、劉兆隆譯：《政治學》（上冊），台北：韋伯文化事業出版社，一九九八年四月，初版一刷。

3.Austin Ranney, *Governing,* 5th ed. New Jersey：Prentice-Hall Inc., 1990, p.197.

4.Cristopher Colclowgh and Janes Manor ed., *States and Markets：Neo-Liberalism and the Development Policy Debate*, cited from：The Economist, Vol.322, No.7750, March 14th, 1992.

5.Eamonn Callan, *Creating Citizens: Political Education and Liberal Democracy*, New York：Oxford University Press Inc., 1997.

6.Georg Brunner著，鄒忠科、黃松榮譯：《比較政府論》，台北：五南圖書出版公司，民國八十四年十一月，初版一刷。

7.Henry J. Schmandt & Paul G. Steinbicker, *Fundamentals of Government* , Milwaukee：The Bruce Publishing Company, 1954.

8.John T. Rourke, *International Politics on the World Stage,* California：Brooks / Cole Publishing Company, 1986.

9.L. J. Sharpe, "Decentralist Trends in Western Democracies：A First

Appraisal" in L. J. Sharpe ed., *Decentralist Trendsin Western Democracies,* London：Sage Publications, 1979.

10.Leslie Derfler, *President & Parliament：A Short History of the French Presidency*, A Florida Atlantic University Book / University Presses of Florida, 1983.

11.Paul M. A. Linebarger, *The Political Doctrine of Sun Yat-sen：An Exposition of the San Min Chu I*, Baltimore：The Johns Hopkins Press, 1937.

12.Richard Batley and Gerry Stoker, *Local Government in Europe：Trends and Developments*, England：Macmillan Education Ltd., 1991.

13.Richard Rose, *Understanding Big Government：The Program Approach*, London：Sage Publications, 1984.

14.Robert A. Dahl and Edward R. Tufte, *Size and Democracy*, California：Standford U. Press, 1973.

15.王作榮：《走上現代化之路》，台北：天下雜誌社，一九九〇年九月，第二次印行。

16.王勁松：《中華人民共和國政府與政治（1949.10-1992）》，北京：中共中央黨校出版社，一九九五年一月，第一版。

17.王國璋：《當代美國政治論衡》，台北：三民書局股份有限公司，民國八十二年十月，初版。

18.王業立：《比較選舉制度》，台北：五南圖書出版公司，民國八十七年二月，二版一刷。

19.王曉波：《西潮的回應》，台中：藍燈文化事業公司，民國六十九年二月，初版。

20.安東尼・阿博拉斯特著，胡見平譯：《民主制》，台北：桂冠圖書股份有限公司，一九九二年四月，初版一刷。

21.艾洛維茲（Larry Elowitz）著，張明貴譯：《美國政府與政治》，台北：桂冠圖書公司，一九九五年十月，初版一刷。
22.艾倫・李帕特（Arend Lijphart）著，陳坤森譯：《當代民主政府類型與政治》，台北：桂冠圖書公司，一九九四年四月，初版三刷。
23.艾爾蒙（G. A. Almond）著，龔文祥等譯：《當代比較政治與政府》，台北：風雲論壇出版社，民國八十四年四月，第二版。
24.亨利・馬爾賽文、格爾・范德唐合著，陳云生譯：《成文憲法的比較研究》，台北：桂冠圖書股份有限公司，一九九〇年八月，初版一刷。
25.李任初：《新自由主義——宏觀經濟的蛻變》，香港：商務印書館，一九九一年一月，第一版。
26.李鴻禧：《憲法教室》，台北：月旦出版社股份有限公司，一九九四年十月，一版二刷。
27.周永新：《社會福利的觀點和制度》，香港：中華書局，一九九〇年十二月，初版。
28.林紀東：《中華民國憲法逐條釋義》（一至四冊），台北：三民書局股份有限公司，民國八十二年八月，修訂七版。
29.林紀東等編纂：《新編六法參照法令判解全書》，台北：五南圖書出版有限公司，民國八十六年元月，初版。
30.林清江譯，威納爾編，《現代化》，台北：台灣商務印書館，民國六十一年四月，第二版。
31.林鐘雄：《西洋經濟思想史》，台北：三民書局，民國六十八年二月，初版。
32.金鋯城、張海濱：《當代韓國政府與政治》，北京：人民出版社，一九九六年十二月，第一版。

33.姚志剛等著：《法國第五共和的憲政運作》，台北：葉強出版社，一九九四年十一月，初版。
34.施九青、倪家泰：《當代中國政治運行機制》，濟南：山東人民出版社，一九九三年六月，第一版。
35.胡大康：《英國政府與政治》，台北：揚智文化事業股份有限公司，一九九七年一月，初版一刷。
36.埃爾金等編、周葉謙譯：《新憲政論——爲美好的社會設計政治制度》，北京：三聯書店，一九九七年八月，第一版。
37.夏道平、馬凱、林全、吳惠林譯：《自由經濟的魅力——明日資本主義》，台北：經濟與生活出版公司，一九八八年九月，第三次印行。
38.孫殿柏：《比較經濟制度》，台北：三民書局，民國七十四年十二月，初版。
39.浦興祖等著：《中華人民共和國政治制度》，香港：三聯書店（香港）有限公司，一九九六年十一月，香港第一版第二刷。
40.翁松燃編：《中華人民共和國憲法論文集》，香港：中文大學出版社，一九九〇年，第二版第一刷。
41.荊知仁：《中國立憲史》，台北：聯經出版事業公司，民國七十八年十月，初版四刷。
42.荊知仁：《美國憲法與憲政》，台北：聯經出版事業公司，民國七十八年十月，第四次印行。
43.涂懷瑩：《現代憲法原理》，台北：正中書局，民國八十二年一月，臺初版。
44.國民大會秘書處資料組：《世界各國憲法大全》，台北：國民大會秘書處，民國八十五年五月，初版。
45.崔書琴：《三民主義新論》，台北：商務印書館，民國六十六年五月，修訂台北十二版。
46.張世賢：《比較政府概要》，台北：中華民國公共行政學會，民國八十三年五月，三版。
47.張台麟：《法國政府與政治》，台北：五南圖書出版公司，民國八十四年六月，初版一刷。
48.張君勱：《中華民國民主憲法十講》，台北：洛克出版社，民國八十六年九月，再刷版。
49.張承漢：《二十世紀的美國社會思潮》，台北：巨流圖書公司，民國七十九年四月，第一版。
50.張鐵君編著：《三民主義教本》，台北：幼獅書店，民國五十九年八月，初版。
51.曹沛霖等譯：《比較政治學》，台北：五南圖書出版公司，民國八十年五月，初版二刷。
52.許志雄：《憲法之基礎理論》，台北：稻禾出版社，一九九三年十月，初版二刷。
53.許慶雄：《憲法入門 ：政府體制篇》，台北：月旦出版社股份有限公司，一九九八年二月，初版。
54.許慶雄：《憲法入門》，台北：月旦出版社股份有限公司，一九九四年五月，一版三刷。
55.郭秋永：《政治參與》，台北：幼獅文化事業公司，民國八十二年十一月，初版。
56.陳其南：《公民國家意識與台灣政治發展》，台北：允晨文化實業股份有限公司，民國八十一年五月，初版。
57.陳淞山：《國會制度解讀》，台北：月旦出版社股份有限公司，一九九四年四月，一版。
58.陳新民：《憲法學導論》，台北：自刊本，民國八十五年一月出版。
59.新加坡聯合早報編輯：《李光耀——四十年政論選》，新加坡：聯邦出版社，一九九五年一月，再版。
60.楊志希譯：《經濟起飛論》，台北：台灣聯合書局，民國五十年九月，初版。
61.葉自成：《俄羅斯政府與政治》，台北：揚智文化事業股份有限公司，一九九七年八月，初版一刷。
62.董翔飛：《中國憲法與政府》，台北：自刊本，民國八十一年九月，大修訂第二十四版。
63.路易斯・亨金著、鄭戈等譯：《憲政與權利——美國憲法的域外影響》，北京：三聯書店，一九九六年十二月，第一版。
64.鄒文海：《比較憲法》，台北：三民書局股份有限公司，民國五十五年四月初版，民國七十年十二月第六版。
65.趙永茂：《中央與地方權限劃分的理論與實際：兼論台灣地方政府的變革方向》，台北：翰蘆圖書出版有限公司，一九九七年二月，初版。
66.蔡定劍：《中國人大制度》，北京：社會科學文獻出版社，一九九二年八月，第一版。
67.薩孟武、劉慶瑞：《各國憲法及其政府》，台北：自刊本，民國六十七年十月，修訂增補版五刷。
68.羅豪才、吳擷英：《資本主義國家的憲法和政治制度》，北京：北京大學出版社，一九九七年四月，重排版第一刷。
69.蘆部信喜著，李鴻禧譯：《憲法》，台北：月旦出版社股份有限公司，一九九五年一月，初版。
70.顧長永：《東南亞政府與政治》，台北：五南圖書出版公司，民國八十四年九月，初版一刷。

憲法與公民教育　　POLIS 1

作　　者／周繼祥
出 版 者／揚智文化事業股份有限公司
發 行 人／葉忠賢
總 編 輯／孟樊
執行編輯／鄭美珠
登 記 證／局版北市業字第 1117 號
地　　址／台北市新生南路三段 88 號 5 樓之 6
電　　話／(02)2366-0309　2366-0313
傳　　真／(02)2366-0310
E-mail／tn605547@ms6.tisnet.net.tw
網　　址／http://www.ycrc.com.tw
印　　刷／偉勵彩色印刷股份有限公司
法律顧問／北辰著作權事務所　蕭雄淋律師
初版一刷／1998 年 10 月
初版三刷／2000 年 2 月
ISBN／957-8446-95-0
定　　價／新台幣 450 元
郵政劃撥／14534976

南區總經銷／昱泓圖書有限公司
地　　址／嘉義市通化四街 45 號
電　　話／(05)231-1949　231-1572
傳　　真／(05)231-1002

國家圖書館出版品預行編目資料

憲法與公民教育 / 周繼祥著. -- 初版. -- 台
北市：揚智文化，1998 [民 87]
面；　公分. -- （polis；1）
參考書目：面
ISBN　957-8446-95-0（平裝）

1.憲法 - 中國　2.公民教育

581.2　87011650